R 7982
18D.

R

TRAITE

SUR

L'ESPRIT PUBLIC.

Cet ouvrage a été composé à l'époque où l'on prépara la Constitution de l'an 3, et il devoit être publié vers le commencement de l'an 5; des circonstances involontaires en ont seules retardé l'impression.

TRAITÉ

SUR

L'ESPRIT PUBLIC;

Par Dieudonné THIEBAULT,

Professeur aux Écoles centrales ; membre de l'Académie de Berlin, et de la Société libre des sciences, belles-lettres et arts, de Paris.

STRASBOURG,
Chez F. G. Levrault, imprimeur-libraire;
Et à Paris,
Chez Fuchs, libraire, rue des Mathurins.

An VI de la République française.

INTRODUCTION.

Convaincu que l'homme est né pour le bonheur, j'ai vu que par tout il étoit malheureux. Persuadé que la plupart des formes de gouvernement établies en Europe sont combinées de manière à pouvoir au moins faire respecter les propriétés des citoyens et les principes de l'ordre public, j'ai vu que toutes toléroient les injustices les plus révoltantes et les abus les plus odieux; j'ai vu que presque par tout le bien général n'étoit qu'un prétexte allégué pour justifier le mal qu'on faisoit aux individus : c'étoit pour l'avantage de la société qu'on en plongeoit ou retenoit tous les membres dans l'infortune. Ceux qui étoient appelés à instruire les peuples et à consoler les hommes souffrans, ne substituoient à l'ignorance que des préjugés et des erreurs: ils imprimoient au mensonge le caractère sacré de la vérité; ils ne nous retraçoient que des images désespérantes, et ne nous prêchoient qu'une morale d'anéantissement.

Ceux qui devoient protéger et défendre, humilioient, opprimoient sous le poids de leurs titres, de leur autorité et de leur orgueil. Aucun frein ne retenoit l'iniquité de ceux qui, devant maintenir chacun dans ses droits, dévoroient les fortunes des particuliers, comme une proie à eux seuls dévolue! Le pauvre, enfin, n'éprouvoit que des vexations de la part de ceux qui avoient à pourvoir aux besoins de la société et à ceux des pauvres. Tel étoit, à mes yeux, le tableau de l'Europe, bien moins hideux encore que celui du reste du monde.

Lorsque, fatigué de le parcourir, je voulois ramener plus particulièrement mes pensées sur ma patrie et sur les événemens qui se passoient autour de moi, je voyois lutter en vain contre la misère, la nation française, naturellement active et industrieuse : naturellement douce, sensible amie des arts et des connoissances utiles, et douée des qualités agréables les plus précieuses, cette nation ne recueilloit de ces dons inestimables qu'une futile apparence et des vices honteux. Soumise à un gouvernement qui sembloit modéré, c'est-à-dire, retenu par des formes antiques et par des maximes réputées fondamentales, elle étoit tombée dans les excès les plus funestes. S'étant enfin généreusement déterminée à une entière réformation, et dans le temps qu'elle résistoit avec tant de courage aux efforts de l'Europe conjurée pour sa perte, elle accumuloit elle-même, au milieu des sacrifices les plus admirables et les plus héroïques, de nouveaux désordres sur ceux qu'elle vouloit arrêter, de nouveaux crimes sur ceux qu'elle cherchoit à proscrire, et de nouveaux malheurs sur ceux auxquels elle succomboit. J'ai vu une nation spécialement faite pour être heureuse par le climat qu'elle habite, par le génie qui la distingue, et plus encore par ses propres vertus et par la philosophie qui l'éclaire ; je l'ai vue malheureuse de ses propres avantages, abusant de ce qui pouvoit plus sûrement opérer son salut, se livrant à tous les déchiremens qui caractérisent l'esprit de parti, s'abandonnant au délire de toutes les passions, et se précipitant ainsi, d'abyme en abyme, dans le gouffre où elle alloit disparoître et s'anéantir.

Accablé de douleur et de scandale, tenté

de maudire jusqu'au bien, dont on fait naître le mal, j'ai cherché les causes de tant de calamités réservées au genre humain; j'en ai cherché sur tout le remède. Cette double recherche m'a conduit à celle de tout ce qui concerne l'esprit public : je me suis assuré que c'est de cet esprit public égaré et perverti que proviennent tous les maux qui affligent les sociétés politiques et nationales, et que ce n'est que de ce même esprit public, mieux dirigé et plus énergique, que peuvent provenir tous les biens auxquels la nature humaine nous permet d'aspirer ; et c'est ainsi qu'en sondant les plaies des nations j'ai aperçu le moyen de les guérir, et que j'ai fait ce livre.

TRAITÉ
SUR L'ESPRIT PUBLIC.

Je vais rassembler dans cet ouvrage les observations les plus intéressantes et les plus utiles que de longues études aient pu me fournir sur l'homme moral et social. J'espère prouver que *l'esprit public* est ce qu'il y a de plus essentiel à établir, à diriger, à perfectionner et à maintenir dans l'ordre politique des sociétés ; et que, pour nous garantir le succès, les avantages et la durée de nos institutions ou entreprises nationales, il n'est pour nous sur la terre aucun appui plus ferme, aucun motif déterminant plus actif, et aucun principe moteur plus efficace et plus décisif.

C'est pour remplir les vues et atteindre le but que j'annonce, que je vais successivement traiter,

1.º De la nature et de l'essence de *l'esprit public* en général ;
2.º De l'importance et de la nécessité de l'esprit public dans les sociétés politiques ;
3.º De l'histoire philosophique de l'esprit public, chez les différens peuples ;
4.º Des moyens de déterminer, recueillir et assortir entr'eux les élémens encore informes et vagues de l'esprit public, chez les peuples nouveaux, et sur tout des moyens

de ranimer, redresser et réintégrer l'esprit public des peuples affoiblis et corrompus;

5.º Et, enfin, des objets vers lesquels on doit principalement chercher à diriger l'esprit public, dans tous les temps, et par conséquent aussi, ou même sur tout, dans les temps de révolutions.

Les cinq parties que cette division nous présente sont également dignes de fixer l'attention de quiconque aspire à connoître l'organisation fondamentale des sociétés politiques, les élémens primitifs qui les constituent, et leurs intérêts les plus essentiels. Mais ces mêmes parties ne sont pas toutes susceptibles de détails également faciles à saisir; quelquefois le sujet exige une discussion plus abstraite dans les principes, plus rigoureuse dans les formes, et par conséquent un peu sèche : on ne m'imputera pas ce défaut inévitable, qui d'ailleurs ne doit pas se prolonger sur tout l'ouvrage.

Ai-je besoin de prévenir, et le lecteur n'aperçoit-il pas déjà, que mon but n'est point de discuter les différentes formes de gouvernement, de les comparer entr'elles; d'en développer les avantages, les dangers et les inconvéniens, et de désigner celles qui peuvent convenir le mieux à chaque nation? Pour juger ainsi de toutes les mesures propres à établir l'ordre public ; pour en juger sainement d'après la nature des choses, d'après l'expérience des siècles, et sur tout d'après les qualités des personnes et les circonstances des lieux et des temps (1); il faudroit être doué d'un génie d'observation, et d'une sagacité d'esprit, infiniment rares, que le travail le plus suivi ne donne point, et qu'aucun autre mérite ne peut remplacer.

Ce n'est donc pas le code des peuples que je vais tracer; mais mon ouvrage n'en sera pas moins important, si je puis en remplir le cadre d'une manière convenable, puisqu'alors on y trouvera le code des législateurs et des hommes publics de toutes les nations. En effet, les vérités que je me propose d'établir sont également le patrimoine de toutes les sociétés; ces vérités sont d'un ordre supérieur et antérieur aux causes particulières qui font varier les formes organisatrices des peuples : elles appartiennent toujours également à tous, parce qu'elles leur restent toujours indispensablement nécessaires.

La discussion de ces points de vue généraux offre une carrière brillante à ceux qui, marchant sur les pas de Socrate, de Platon, d'Aristote, et des philosophes anciens et modernes les plus célèbres, font leurs plus chères délices des recherches morales et politiques. Si j'ose ouvrir cette carrière nouvelle, ce n'est que dans l'espoir que d'autres, plus heureux et plus habiles, s'empresseront d'y entrer, et la parcourront toute entière.

PREMIÈRE PARTIE.

De la nature et de l'essence de l'esprit public en général.

L'esprit public, dans sa plus grande acception, est la totalité des opinions nationales qui sont ou peuvent être liées aux affections des hommes considérés comme membres de la société. Essayons de justifier cette définition en la développant; et, pour cet effet, reprenons de suite les termes qui la composent (2).

1.°

Une *opinion*, en termes d'école, est un jugement non démontré, mais admis comme vrai; ou, si l'on veut, le mot *opinion* présente à l'esprit l'idée d'une proposition réputée vraie d'après des autorités respectées, quoique peut-être peu respectables et, en tout cas, toujours faillibles.

Opiner, c'est aller au-devant de la vérité, à travers les ténèbres et les incertitudes ; c'est imiter celui qui part avant le jour, pour aller au-devant de quelqu'un, dans un pays peu connu : c'est donc s'exposer à s'égarer. L'esprit qui, pour juger, attend que la lumière de l'évidence soit venue l'éclairer, est le seul qui ne puisse pas se tromper.

Une proposition évidente, ou démontrée, n'est donc plus simplement une *opinion* pour celui qui en aperçoit l'évidence : elle appartient à un ordre de choses plus relevé, plus parfait et plus important. Mais il arrive toujours que dans les élémens qui composent l'esprit public il entre des points de doctrine qui, même à l'insu du peuple, tiennent à des axiômes invariables, à des vérités dites éternelles, évidentes en un mot ou démontrées; parce que ces axiômes, ces vérités, ne conservant pas leur caractère d'évidence aux yeux de ceux qui ont des connoissances ou des facultés plus bornées, c'est-à-dire, principalement aux yeux du plus grand nombre des citoyens, ceux-ci n'y voient que de simples opinions, ou, si l'on veut, des jugemens qu'ils n'admettent que d'après des considérations sujettes à erreur, et non d'après les démonstrations qui frappent si vivement les hommes plus intelligens ou plus instruits.

Ainsi, en posant pour principe que le jugement que l'on porte n'a pas besoin d'être vrai pour être considéré comme opinion, et qu'il suffit, pour cet effet, qu'il soit admis comme vrai, et fasse un point de doctrine avouée chez ceux qui l'admettent; il ne faut pas néanmoins oublier d'observer que les vérités éternelles, évidentes ou démontrées, peuvent, même dans l'état actuel des choses, faire réellement partie de l'esprit public, puisque, moyennant quelques conditions ou circonstances particulières, on les voit tomber ou descendre, chez le plus grand nombre, au rang des opinions ordinaires.

Les observations que l'on vient de faire se réduisent à rappeler au lecteur que les moyens que nous avons de connoître la vérité, et d'en juger, varient nécessairement, selon nos facultés, nos lumières acquises et nos habitudes : chez nous, la vue de l'un embrasse un horison plus vaste que la vue de l'autre; celui-là s'éclaire d'une lumière plus vive et plus pure que celui-ci; outre que, pour l'ordinaire, la diversité des préjugés, des intérêts et des passions, jette sur les objets des couleurs si différentes que souvent une même chose devient autre pour chacun de nous : ainsi, et par une conséquence prochaine de ce qui précède, jusqu'à ce que le gouvernement, à la faveur d'une éducation plus parfaite et d'autres procédés également heureux, nous ait ramenés à l'uniformité des moyens, et rapprochés de l'égalité des succès; une même proposition pourra souvent nous paroître en même temps, mais selon les personnes, contenir une vérité évidente, une vérité présumée, une vérité douteuse, et même une erreur inadmissible.

Est-il besoin d'avertir, que dans les principes que nous venons de poser nous n'avons considéré les hommes que comme l'histoire nous les représente, ou tels que l'observation nous les montre ; c'est-à-dire que, en nous occupant de cet ouvrage, nous ne voyons les hommes que dans le passé ou dans le présent, sans les aller chercher dans le monde encore idéal ou douteux de l'avenir? En tout cas, c'est une déclaration que nous faisons ici, et nous espérons qu'elle suffira pour faire comprendre comment et pourquoi nous n'apercevons que des *opinions* dans l'esprit public. Nous dirons ailleurs combien il seroit à désirer, et de quelle manière il seroit possible, que ce même esprit public, transformant ses propres élémens en des élémens plus parfaits, c'est-à-dire, substituant peu à peu des propositions évidentes à de simples opinions, parvînt à la fin au point d'élévation que le philosophe se propose toujours dans ses méditations et ses recherches, lors même que, par sagesse, le législateur est forcé de rester infiniment au-dessous dans ses plans. L'esprit public n'a été jusqu'ici, et n'est encore, composé que d'opinions : ne doutons pas qu'un jour il ne se perfectionne assez pour n'admettre que des vérités démontrées, et contribuons, s'il est possible, à faire luire bientôt cet heureux jour.

2.°

Une opinion devient *nationale*, lorsqu'elle est admise ou professée comme vraie par la majeure partie des individus qui composent la nation, ou dont il est juste de compter les voix en cette matière.

On appelle aussi *nationales* les opinions qui n'appartiennent, en quelque sorte, qu'à une seule nation, en ce qu'elles ont pris naissance chez elle ; qu'elles proviennent de quelque anecdote de son histoire, ou de son caractère spécifique, ou de son intérêt particulier, et par ce que les autres peuples les ont moins adoptées qu'empruntées, si même ils ne les ont pas entièrement rejetées : mais, en ce dernier cas, l'expression *opinion nationale* offre un sens beaucoup plus resserré que celui que nous devons y attacher si nous voulons donner au sujet que nous traitons toute la latitude qu'il comporte.

N'oublions pas d'ajouter que parmi nos opinions il en est quelques-unes qui sont, pour ainsi dire, plus que nationales, et d'autres qui ne sont nationales que partiellement ou imparfaitement. Les premières sont celles qui sont admises par plusieurs nations, par des siècles entiers, ou même par toutes les nations connues et par tous les siècles ; elles se rapprochent plus ou moins, comme on le voit, de l'universalité, à laquelle néanmoins il en est très-peu qui puissent atteindre (3).

Si l'on réunit ensemble le petit nombre de celles qui appartiennent ainsi à la totalité ou presque-totalité des hommes, on verra qu'elles sont en général composées des idées élémentaires du sens commun, et si l'on veut en extraire les maximes qu'elles renferment relativement à la conduite, on y trouvera le code moral du genre humain. Mais cette honorable prérogative, de faire partie du code de tous les hommes, et, par conséquent, de porter l'empreinte et le sceau de la vérité et de la nature, n'est accordée qu'aux opinions vraiment universelles : les autres, toutes celles qui sont placées à des degrés inférieurs, peuvent être, et sont quelquefois aussi fausses, aussi funestes et aussi honteuses que généralement adoptées. Il arrive même, quelquefois, que l'on maintient encore avec persévérance certaines opinions vicieuses dont on connoît les défauts et les inconvéniens, tandis que d'autres sont publiquement rejetées d'un commun accord, et même avec une sorte de dédain ou d'effroi, quoique la plupart des hommes médiocrement instruits sentent en leur ame qu'elles sont indubitablement vraies.

Les exemples de cette foiblesse, s'il étoit besoin d'en citer, nous seroient principalement fournis par les systèmes religieux; car les religions, toujours ombrageuses, défendent également de porter la main et la pensée sur tout ce qui les intéresse ou les environne : la vérité, qui les blesse, est toujours présentée par elles comme une suggestion du père du mensonge, et l'erreur, qui leur est utile ou nécessaire, est élevée par elles aux honneurs des vérités révélées, des vérités divines, incompréhensibles par leur sublimité; et c'est ainsi en particulier que les religions préparent elles-mêmes, par l'excès et l'abus d'autorité qu'elles se permettent, une première cause de leur affoiblissement et de la corruption de l'esprit public.

Nous devons conclure de ces diverses observations, que, lorsque nous disons qu'une opinion est nationale quand elle est admise ou professée par le plus grand nombre, c'est une admission publique et sociale que nous avons en vue, et non pas toujours et nécessairement de la part de tous une admission intérieure et sincère : heureusement, au surplus, que les exemples de la foiblesse que nous venons de reprocher à l'espèce humaine, ne survivent guères au fanatisme religieux.

Les opinions qui, resserrées dans des cercles plus étroits, ne sont admises que par une certaine minorité de la nation, ne produisent des effets bien remarquables, dans le cours ordinaire des choses, qu'autant qu'elles sont liées à quelque intérêt sensible, commun et cher à tous les cœurs, et que même elles l'embrassent, pour ainsi dire, tout entier, ou semblent du moins propres à le consolider ou à le compromettre : mais la minorité, qui adopte ces opinions, se prend quelquefois dans toutes les classes de citoyens, et d'autres fois elle est toute concentrée dans une seule classe, ou dans quelques classes particulières.

Les opinions partielles qui sont de nature à intéresser des citoyens de toutes les classes, forment l'esprit particulier, que nous appelons *esprit de parti :* celles qui n'intéressent seulement qu'une classe ou quelques classes de la nation, forment l'*esprit de corps*. Si néanmoins ces dernières venoient à passer ensuite des castes qu'elles intéressent dans celles qu'elles ne concernent pas, et si elles parvenoient à s'y faire des partisans nombreux, sans toutefois obtenir encore la majorité des voix de la nation; l'esprit de corps, en ce cas, se transformeroit lui-même en esprit de parti : transformation qui doit principalement avoir lieu lorsque les opinions dont il s'agit deviennent l'objet d'une passion marquée, et forment par leur réunion un système combattu par d'autres systèmes opposés, de manière que chacun de ces systèmes, réduit à une minorité indéfinie, est considéré par ses partisans comme aussi important à maintenir que contraire à tous les autres.

L'on peut ici multiplier les sous-divisions à volonté, en variant et en croisant les circonstances ; mais la plupart de ces sous-divisions ne serviroient qu'à retracer des scissions de hordes plus ou moins sauvages, ou de peuples plus ou moins anarchistes, ou de cotteries qui, n'ayant pour objets que des opinions relatives à des articles de goûts, de modes ou de mœurs particulières, ne s'élèvent point jusqu'à la hauteur des principes et des discussions politiques. On n'exigera point que nous entrions dans ces détails peu importans : cependant il est une de ces sous-divisions sur laquelle il ne peut pas nous être permis de passer si rapidement ; nous parlons ici des *esprits de sectes*, c'est-à-dire, des esprits de partis qui tiennent, non à des opinions détachées, mais à des corps de doctrines particulières.

Lorsque cette doctrine ne concerne que des questions de philosophie, il est rare que la secte qui la professe cause de grands désordres dans la société, quoique l'histoire nous prouve que ce qui est rare en cette rencontre n'est pas impossible. Lorsque cette même doctrine a la religion pour objet, la secte qui s'y attache est infiniment plus redoutable. Si l'on peut dire que les esprits de parti en général sont tous des sources de divisions qui tendent à produire des haines intestines, des déchiremens cruels, et une destruction totale; que ne dira-t-on pas des esprits de sectes, l'espèce d'esprits de parti la plus envénimée que l'on connoisse, celle qui joue le plus terrible rôle sur la scène historique du monde? L'esprit de secte, lorsqu'on a le malheur de s'y livrer, s'empare également de l'ame, qu'il fascine, et des sens, qu'il égare; il réprime et proscrit toutes les idées qui ne sont pas atroces; il étouffe tous les sentimens qui ne sont pas destructifs; il ne laisse aux chefs que l'inflexible et perfide cruauté de l'hypocrisie, jointe à une ambition d'autant plus dévorante qu'elle est plus concentrée; il ne laisse à la multitude que les excès auxquels le fanatisme intolérant et le zèle implacable peuvent porter des esprits égarés; il ne fournit aux uns et aux autres que des images de sang: son paradis est tout entier dans les enfers. Devroit-on s'attendre à y voir tomber des hommes que l'instinct et la raison, leur propre intérêt, et toute la nature, appellent si puissamment à l'union des esprits et des cœurs? Mais les opinions qui sont l'objet de cet esprit de secte, devenant toujours plus actives à mesure que la contradiction cherche à les affoiblir davantage, prenant toujours des racines plus profondes à mesure qu'on travaille davantage à les étouffer par la persécution, manquent rarement d'anéantir, et de faire disparoître, comme une ombre vaine, la raison la plus lucide, l'instinct le plus impérieux, les intérêts les plus puissans, et la nature toute entière, en présence des êtres sur-naturels qu'elles créent, et en comparaison des dons, des promesses, des menaces et des supplices toujours infinis, qu'elles font descendre des cieux ou remonter des enfers jusqu'à nous.

En considérant nos opinions relativement au nombre de ceux qui les professent, on en remarque quelques-unes qui semblent tout-à-la-fois, mais sous des rapports différens, appartenir d'un côté à un esprit public, et de l'autre à un esprit de parti ou de secte : ce sont celles qui obtiennent la majorité ou totalité des suffrages, mais seulement dans un territoire que l'on ne considère que comme une petite partie d'un même pays. Telle fut la doctrine des malheureux Albigeois, qui, généralement admise dans une partie de la Gascogne, fut rejetée par la majorité de la France.

Nous n'avons pas compris les factions dans ce que nous avons dit de l'esprit de parti, parce que les factions naissent des vices du cœur, et non des opinions de l'esprit (4). Les hommes soumis à l'esprit public, ou fauteurs d'un esprit de parti ou de secte, sont en général de bonne foi : il est du moins toujours possible qu'ils chérissent la vertu, et qu'ils croient en suivre la voix ; au lieu que le factieux est un homme corrompu, qui s'abandonne à ses passions, bien éloigné de penser que c'est la vertu et la vérité qui le guident. Les factieux s'habituent à prendre différens masques selon les circonstances ; ils se mêlent dans tous les partis, selon ce qui convient le mieux à leur ambition ; il est même rare qu'ils ne parviennent pas à s'établir chefs du parti qu'ils embrassent : mais si la foule qui les suit est guidée par un esprit de parti, ils n'en partagent pas l'erreur ; c'est de propos délibéré, et avec connoissance de cause, qu'ils font le mal ; ils ont au fond de leur

leur ame, la guerre civile qu'ils voudroient allumer au dehors : en un mot, ils feignent sans doute beaucoup de zèle pour les opinions les plus édifiantes, qu'ils ne manquent pas d'exagérer ; mais, si jamais ils en ont eu sincèrement de semblables, ils les ont répudiées et ils ne se les rappellent que pour en abuser.

Plus une opinion approche de l'universalité, quant au nombre de ceux qui la professent ; plus il est difficile d'en méconnoître la convenance, et d'en désavouer l'autorité : plus une opinion est concentrée, quant à l'espace qu'elle occupe dans le monde, ou quant au nombre de ses adhérens ; plus il est difficile de modérer le zèle qu'elle inspire, à ceux du moins qui ont du ressort et de l'énergie dans l'ame.

Là on retrouve le poids que donne la masse : ici on retrouve l'activité que donne le sentiment intime de l'intérêt personnel et de l'amour propre en péril ou en souffrance. Ce sont deux forces également irrésistibles, quoique très-différentes : l'une arrête les hommes qui seroient disposés à s'égarer ; l'autre entraîne même ceux qui répugnent le plus à s'écarter des voies communes. Les opinions plus généralement admises ont plus d'autorité au dehors, c'est-à-dire, sur ceux qui les voient professer aux autres : les opinions plus restreintes, quant à l'étendue de leur empire, ont plus d'intensité au dedans, c'est-à-dire, chez ceux qui les professent eux-mêmes. Celles-là aboutissent naturellement à l'union et à la paix ; mais il est à craindre qu'elles n'excitent qu'un zèle foible et tiède, incapable d'élever l'ame à aucune sorte d'héroïsme : celles-ci sont, pour l'ordinaire, beaucoup plus actives; mais elles divisent les hommes, puisqu'elles forment les esprits de partis, qui, loin de pouvoir être comptés parmi les causes conservatrices de la société, en deviennent trop souvent les causes destructives les plus redoutables (5).

Lors même que les opinions qui s'écartent de l'esprit public ne font pas tout le mal que l'on en peut craindre, c'est-à-dire, lorsqu'elles ne parviennent pas à former des esprits de partis, elles tendent néanmoins encore et toujours à nous causer des maux très-graves, puisqu'elles relâchent nécessairement les liens de la société par les dissensions ou les dissonnances qu'elles y font naître et qu'elles y perpétuent. Nous citerons pour exemple l'esprit militaire, qui s'étoit d'abord divisé en France en autant d'esprits particuliers, connus sous le nom d'*esprits de corps*, qu'il y avoit de régimens; et qui, en dernier lieu, et par une sorte de progression beaucoup plus ordinaire pour le mal que pour le bien, avoit donné en outre un esprit militaire distinct pour la cour, un autre pour les généraux, un troisième pour les colonels et les états-majors, un quatrième pour les autres officiers, et un cinquième pour les soldats. Qui pourroit ne pas voir dans cette funeste multiplicité d'esprits particuliers, l'anéantissement prochain, ou déjà effectué, du véritable esprit d'une armée (6)?

La suite fera connoître par quels procédés on peut parvenir à étouffer les esprits particuliers ou partiels, et à établir sur les bases solides de la raison l'unité de l'esprit public le plus convenable à chaque société politique.

3.º

Une opinion nationale est, ou peut être, *liée aux affections* des hommes considérés comme membres de la société, lorsque cette opinion concerne directement ou indirectement l'importance que l'on met à maintenir sa dignité personnelle, et sur tout celle de la nation à laquelle on appartient (7) : lorsqu'elle concerne l'idée que l'on se fait de ses devoirs et de ses droits, de son bonheur et de celui des autres ; c'est-à-dire, lorsqu'elle peut influer plus ou moins sur les mœurs et sur les loix : lorsqu'elle peut favoriser l'ordre social et la prospérité commune, ou qu'elle y peut nuire ; et, par conséquent, lorsqu'elle a quelque rapport d'analogie ou d'opposition avec l'amour de la patrie, la forme du gouvernement, les principes et les règles de la justice, la pratique de la bienfaisance, la sainteté de la morale, l'intégrité de la religion du pays, la culture des arts et des sciences, l'empire du goût, et même la mode, les usages, les convenances et les procédés, enfin, les habitudes, et quelque acte que ce puisse être, de vice ou de vertu, privée ou publique, et supposée ou réelle, mais dérivant, ou pouvant être l'objet, d'une passion sociale.

Les opinions qui constituent l'esprit public ont donc cela de caractéristique, que naturellement elles tiennent à des sentimens de prédilection ou d'aversion, d'amour ou de haine, d'édification ou de scandale, d'estime ou de mépris, de respect ou de dédain, de vénération ou d'horreur.

Toutes ont cela de remarquable, qu'elles fortifient ou affoiblissent l'idée mortifiante ou flatteuse, et plus ou moins raisonnable ou exagérée, que les individus se font de leur nation.

En un mot, toutes influent nécessairement, et d'une manière avantageuse ou funeste, sur le bien-être physique ou moral, et général ou particulier, des citoyens, c'est-à-dire, des hommes considérés sous leurs rapports avec la société.

Il est néanmoins à propos de remarquer que les opinions purement spéculatives, qui, au premier coup-d'œil, paroissent si différentes de celles dont nous venons de parler, et qui, en conséquence, semblent n'influer en aucune sorte sur la conduite, ne sont pas toujours totalement étrangères à l'esprit public; et que, s'il est vrai que, à considérer les choses en elles-mêmes, ces deux espèces d'opinions n'aient rien de commun l'une avec l'autre, il est également vrai qu'elles peuvent quelquefois se rapprocher accidentellement, les circonstances faisant alors ce que la nature des choses ne produiroit pas. Essayons de concilier ces vérités en les rendant plus sensibles.

Les tourbillons de Descartes, par exemple, la doctrine métaphysique de Mallebranche, les atômes d'Epicure, les monades de Leibnitz, les molécules organiques de Buffon, mille autres systèmes semblables, qui ne peuvent tout au plus donner lieu qu'à de simples opinions chez la multitude peu instruite, n'ont par eux-mêmes aucun rapport à l'esprit public, quelque sort qu'ils aient d'ailleurs dans les sciences auxquelles ils appartiennent. Mais si ces mêmes systèmes deviennent non-seulement des sources d'opinions spéculatives parmi le peuple, mais encore des objets de passions communes et sociétaires; s'ils se lient à quelque intérêt public ; si la nation y attache sa gloire, ou si elle s'en déclare ennemie et regarde comme une injure de se les voir attribuer ; si c'est assez chez elle de les combattre ou de les soutenir avec succès et avec zèle, pour parvenir à une haute considération et à des récompenses publiques, ou pour devenir un objet de proscription : alors les opinions qui en résultent, si indifférentes par elles-mêmes à tous nos intérêts, et quelquefois si stériles à tous égards, deviennent nécessairement des élémens de l'esprit public.

En suivant plus loin le fil de ces remarques historiques, morales ou philosophiques, ne pourroit-on pas aller jusqu'à penser qu'il n'est aucune opinion humaine qui, de cette sorte, ne puisse, à la rigueur, se rapprocher quelquefois de l'esprit public, à quelque distance qu'elle en soit placée par elle même ? et ne pourroit-on pas soutenir de même, qu'il n'en est aucune qui n'autorise les étrangers ou voisins à juger bien ou mal du génie et de la doctrine des peuples qui l'auront admise ou proscrite ? ce qui suffiroit pour faire rapporter indistinctement, sous ce point de vue, toutes nos opinions dans la masse de l'esprit public.

Ne pourroit-on pas ajouter encore que la chaîne infiniment étendue et si variable des causes et des effets, cette chaîne toujours si forte, lors même qu'elle est imperceptible, amène quelquefois des circonstances particulières, qui impriment le caractère le plus imposant et le plus sacré à des opinions qui au fond sont les plus indifférentes au sort des hommes et des gouvernemens ?

Ne diroit on pas enfin qu'il peut y avoir entre les opinions *morales* et les opinions purement *spéculatives*, *hypothétiques* ou *imaginaires*, et plus ou moins sages ou extravagantes, des principes de liaison ou d'analogie, qui, lorsque ces dernières opinions font partie de l'esprit public, deviennent des principes de contagion d'autant plus actifs que ces mêmes opinions sont plus fausses; des principes qui par conséquent suffisent alors pour altérer et dégrader le bon esprit, le caractère et la dignité d'une nation, en viciant en quelque sorte toutes les autres opinions que le même esprit public renferme?

Et quel est le lecteur qui, sans que nous l'en avertissions, ne se rappelle pas, à ce sujet, non-seulement les thèses ridicules et les disputes honteuses de tant de sophistes aussi charlatans que subtiles, et plus fanatiques encore qu'égarés; mais sur tout les dogmes abstraits, incompréhensibles et absurdes de tant de religions qui ont soumis la terre presque entière à l'empire de passions aussi peu naturelles que sombres, aussi fantastiques que cruelles, et aussi lâches que décourageantes? thèses, disputes, dogmes, d'où l'on a vu sortir tant de questions plus funestes qu'oiseuses, qui, durant des siècles entiers, ont changé les écoles en arènes de gladiateurs; et qui, infestant l'esprit public de leur délire transcendant ou mystique, y ont jeté des opinions inconciliables, et cependant dominantes, lesquelles, avilissant l'espèce humaine autant qu'elles la rendoient malheureuse, ont précipité les nations dans tous les abymes de la démence, de l'immoralité, des persécutions et de la désorganisation sociale (8)!

Mais ces phénomènes, toujours si curieux à observer et si essentiels à connoître, n'appartiennent cependant qu'à des causes étrangères à la nature de l'esprit public, ou du moins à des combinaisons d'événemens assez communément rares ; ce n'est qu'à la suite de quelques circonstances particulières et fortuites, qu'ils ont lieu: ce ne peut donc être que rapidement qu'il est permis de s'en occuper dans la discussion de notre première partie : c'est pourquoi, sans nous y arrêter davantage, nous allons revenir à des considérations plus essentielles à notre sujet, et reprendre ou suivre l'examen de la définition que nous avons donnée de l'esprit public.

4.°

Une ou plusieurs opinions nationales font, à mesure qu'elles se lient à nos affections comme citoyens, une partie ou plusieurs parties élémentaires de l'esprit public ; mais ne font pas l'esprit public lui-même, celui-ci ne pouvant résulter que de la *totalité* de ces opinions.

Cette totalité se forme de parties convergentes ou divergentes entr'elles : convergentes, lorsqu'elles tendent à produire un seul et même effet, ou des effets analogues entr'eux, soit que d'ailleurs elles concernent des choses semblables, diverses ou opposées ; divergentes, lorsque l'une ne peut produire quelque effet sans nuire à l'effet d'une autre ou des autres. Peut-on citer un exemple de divergence plus frappant que celui des deux opinions dont l'une, ridicule à force d'absurdité, nous ordonne de présenter l'autre joue à celui qui nous a frappés, et dont la seconde, anti-sociale et barbare, nous impose la loi de laver dans le sang l'offense la plus légère et même la moins réfléchie ?

N'aurez-vous pas, au contraire, l'exemple de la plus heureuse convergence, si vous rapportez de l'école des philosophes les deux opinions dont l'une place l'affection des autres hommes au-dessus des dons les plus précieux de la fortune, et dont l'autre fait consister le premier mérite de l'homme dans les vertus sociales?

La totalité des opinions nationales est, encore, complète ou incomplète: complète, lorsque nous y apercevons des jugemens déterminés et uniformes sur tous les points de doctrine que l'esprit public peut ou doit embrasser, ou du moins sur ceux qui sont les plus essentiels, et comme le principe et la source de tous les autres: incomplète, lorsque l'on peut y découvrir des lacunes plus ou moins nombreuses, plus ou moins humiliantes, et plus ou moins nuisibles; lacune, qu'au surplus l'on peut compter par les objets qui intéressent l'existence, le caractère, le mode particulier ou l'ordre et la prospérité de la nation, et sur lesquels celle-ci n'a point d'opinions communes. Parmi les peuples célèbres de l'antiquité, les Égyptiens et les Grecs paroissent être ceux dont l'esprit public a été le plus complet, si l'on en juge par les nombreuses maximes morales qu'ils nous ont laissées: les peuples sauvages que nos voyageurs modernes ont découverts au centre de l'Afrique et de l'Amérique, sont ceux dont l'esprit public paroît offrir le plus de lacunes.

Il est bien évident que la convergence des opinions doit les fortifier toutes, en appuyant chacune d'elles de l'autorité des autres, et que rien n'est plus propre à donner une grande énergie à l'esprit public: il est bien évident que c'est dans la divergence de ces mêmes opinions qu'il faut aller chercher principale cause de l'impuissance ou de la nullité de l'esprit public chez la plupart des nations foibles et malheureuses. Ces vérités seront bien plus frappantes encore, si la convergence se manifeste entre des opinions qui forment entr'elles un système étendu, arrondi et complet ; ou si la divergence règne entre des opinions décousues, incohérentes, et comme dispersées ou abandonnées dans le vide.

Mais ce ne sont pas là les seules qualités bonnes ou mauvaises qui influent sur la perfection ou sur les défauts, et par conséquent sur les effets et la consistance de l'esprit public chez les différens peuples : il faut ajouter que l'esprit public est encore, et plus ou moins, 1.º parfait ou vicieux, selon que les opinions qui le composent sont vraies ou fausses ; 2.º foible ou fort, selon que ces opinions sont plus légèrement ou plus profondément gravées dans les esprits ; 3.º vague ou déterminé, selon que ces opinions présentent leur objet d'une manière plus confuse ou plus précise ; et 4.º, vacillant ou ferme, selon que ces opinions tiennent à des sentimens plus ou moins chers et respectés, c'est-à-dire, selon que la nation adhère plus uniformement à ces opinions, et y attache plus universellement un haut prix qui en assure l'énergie, ou qu'elle n'éprouve à leur égard qu'une sorte d'indifférence qui en indique la nullité, ou même une sorte de dédain qui en manifeste l'entière détonation et la réjection prochaine. Disons encore un mot sur ces quatre causes de variations dans l'esprit public.

Il importe d'autant plus d'y arrêter sa pensée, qu'en les réunissant à celles qui précèdent, pour les examiner toutes avec attention, et pour les suivre dans leur marche progressive et dans leur manière de se combiner et de se croiser entr'elles, on pourra découvrir tous les caractères que l'esprit public a eus dans les divers temps et chez les divers peuples de ce monde; et que par conséquent on pourra apercevoir, définir, classer et apprécier toutes les espèces dans lesquelles ce même esprit peut se diviser. On peut deviner toute l'histoire du peuple dont on connoîtra bien l'esprit public, et l'on connoîtra bien cet esprit lorsqu'on saura jusqu'à quel point il participe aux bonnes ou mauvaises qualités que nous venons d'indiquer.

1.° S'il est vrai que tous les maux qui menacent les nations ne peuvent provenir en général que des imperfections de l'esprit public, il est également vrai que toutes ces imperfections découlent principalement du défaut de vérité dans les opinions: principe incontestable et fondé sur cet axiôme, que rien n'est utile que ce qui est juste, et que rien n'est juste que ce qui s'appuie sur la vérité. Il n'y a même que la vérité qui puisse garantir, d'une manière fixe et certaine, les deux conditions qui, après la vérité elle-même, sont les plus essentielles à la bonté de tout esprit public, la convergence et le *complètement* des opinions nationales.

2.° La force de l'esprit public provient donc primitivement de la vérité, de la convergence et du *complètement* des opinions qu'il renferme; mais on ne doit pas se dissimuler que le caractère national y contribue aussi d'une manière essentielle: car, toutes choses égales d'ailleurs, une nation vive s'enflamme plus promptement, et une nation ardente plus fortement, tandis que la nation froide s'émeut à peine, et que la nation lente ne s'émeut jamais que tard ; une nation tenace se maintient long temps au point où elle est, tandis qu'il ne faut qu'une foible circonstance pour tout renverser chez une nation légère. Quoique l'empire de la vérité soit toujours absolu en général, ces diverses causes n'en jettent pas moins de variété dans la marche de l'esprit public, et dans l'étendue et la durée des effets qu'il produit.

3.º Le défaut de netteté, de clarté et de précision dans les opinions publiques, laisse les esprits dans une fluctuation, dans une incertitude, qui rompt et annulle toutes les impulsions, ou bien nous pousse en même temps de tous côtés, et produit par conséquent chez nous les variations, les erreurs, la discordance, et nous place presqu'au niveau de ceux qui n'ont point d'esprit public.

4.º La fermeté de l'esprit public résulte, non-seulement des causes que l'on vient de citer, mais en particulier des preuves sur lesquelles nos opinions s'appuient ; en quoi il faut observer que si ces preuves ne sont pas sensibles, frappantes, et mises, pour ainsi dire, à la portée de tous les esprits, elles ne détruiront pas les vacillations qui ôtent toute espèce d'accord et d'énergie à une nation.

Enfin, lorsque le malheur de n'attacher aucun sentiment, ou de n'attacher que des sentimens lâches, foibles et variables à nos opinions, ne vient ni du caractère national, ni des vices désignés ci-dessus, c'est à la corruption des mœurs qu'il faut l'attribuer, et sur tout à l'égoïsme, l'un des plus redoutables ennemis de l'ordre social (*); à l'égoïsme qui, né du sophisme et des passions les plus odieuses, se décore du beau nom de fils chéri de la philosophie, et s'annonce comme l'allié de la philantropie et l'ami de tous les sentimens de sociabilité, qu'il étouffe; à l'égoïsme, fruit de la mollesse et de la cupidité, qui, en nous rendant indifférens au sort de nos co-associés, concentre toutes nos jouissances et tous nos vœux en nous-mêmes, dissout la société dans ses relations de détail, en énerve les ressorts, et en rompt tous les liens. Dans cet état, ce ne sont point les puissances du dehors qui menacent véritablement la nation d'une grande catastrophe; c'est un vice intérieur, qui pénètre secrétement, peu à peu, et insensiblement, dans tous les organes, en amollit les solides, en corrompt les liqueurs, et prépare ainsi, d'une manière irrémédiable, l'anéantissement du corps entier.

Avant de terminer cette première discussion, il me reste encore à présenter quelques observations qui semblent mériter toute l'attention du philosophe, et sans lesquelles d'ailleurs on pourroit me reprocher, si-non de l'inexactitude dans les principes que j'ai posés, du moins un oubli impardonnable dans le développement que j'ai entrepris d'en faire.

PREMIÈRE OBSERVATION.

Tout ce qui précède concourt à faire sentir que les opinions qui composent l'esprit public

---

(*) Quelquefois aussi ce malheur tient à d'autres causes: voyez les États-unis, où des principes nouveaux, encore foibles, quelque sages qu'ils soient d'ailleurs, sont effacés par la confiance et l'engouement qu'inspire un seul homme.

ne doivent jamais avoir une égale influence sur les mœurs, et sur le bonheur ou le malheur des nations; parce qu'il n'arrive jamais que les objets divers sur lesquels ces opinions prononcent, intéressent la société d'une manière égale ou également sentie. Il est donc toujours quelques-unes de ces opinions qui sont, ou nécessairement, ou habituellement, ou momentanément, d'une importance réelle ou apparente, plus marquée que toutes les autres.

Voulez-vous connoître avec plus de précision la source de cette différence essentielle qui se trouve entre les divers objets de nos opinions? Vous la trouverez, tantôt dans le climat sous lequel les nations existent, tantôt dans le sol qu'elles cultivent; dans l'étendue du terrain qu'elles occupent, dans leur population, dans leur position topographique, dans leur première origine ou dans leurs relations subséquentes; dans la force ou la foiblesse comparative de leurs voisins, dans les vices ou dans les vertus, dans les lumières ou l'ignorance des uns et des autres; dans la forme ou l'énergie de leur gouvernement; dans l'entraînement de l'inconstance humaine, dans les dégoûts et les caprices qui accompagnent les maladies des peuples; dans la déchéance des qualités distinctives, même les plus inhérentes; dans la détérioration des meilleures choses, dans les nouveaux développemens de nos connoissances; en un mot, dans tout ce qui favorise ou blesse les intérêts ou préjugés communs (9).

Voulez-vous vous arrêter à examiner toutes ces causes, que l'on peut utilement diviser en causes internes ou externes, physiques ou morales, absolues ou relatives, nécessaires ou accidentelles, naturelles ou factices, permanentes ou passagères? Vous verrez que ce sont ces mêmes causes qui, séparées ou combinées ensemble, engagent sur tout les peuples à se borner aux arts d'industrie, ou à cultiver les arts d'agrémens ; à s'astreindre aux principes austères d'une rigoureuse économie, ou à jouir des avantages que promet un goût épuré et délicat ; à se suffire à eux-mêmes, ou à recourir au commerce pour assurer leur existence.

Vous verrez que c'est par elles principalement, que les peuples, défendus d'ailleurs par des limites naturelles, ou réduits à n'opposer aux aggressions du dehors que de la vigilance, des talens et du courage, et ayant à déployer des forces supérieures, égales ou inférieures à celles de leurs rivaux; mais en même-temps, et toujours, soumis à l'action déterminante de la plupart des causes que nous venons d'indiquer; sont sauvages ou hospitaliers, humains ou barbares, fanatiques ou tolérans, forts ou foibles, actifs ou indolens, ambitieux ou modérés, inquiets ou tranquilles, fourbes ou sincères, honorant ou dédaignant les sciences, et soumis à un gouvernement despotique ou républicain, sage ou mal dirigé, plein de vigueur ou corrompu.

C'est ainsi que vous vous convaincrez que les intérêts ou les besoins particuliers des nations, fortifiés par le concours de différentes habitudes morales, ou par le développement de certaines facultés physiques, donnent à l'une un caractère, une force, des passions, des vertus, ou des vices inconnus ou étrangers aux autres.

C'est ainsi que vous vous convaincrez que deux peuples ne peuvent pas plus se ressembler parfaitement dans l'ordre politique, que deux hommes dans l'ordre physique et naturel; que chaque peuple a sa nature spéciale, sa constitution propre, son génie, sa morale et son histoire particulière; que, par conséquent, l'esprit public de l'un ne peut être en tout l'esprit public de l'autre.

Pour nous, notre objet, en citant tous ces principes, n'a été en ce moment que de prouver que chaque peuple doit avoir, dans son esprit public, des opinions plus fortes, des opinions dominantes et favorites, qui, sans anéantir les autres, obtiennent, sur tout en certaines circonstances, une prépondérance marquée et décisive : et qui pourroit nous contester cette vérité? N'est-ce pas même par ces qualités dominantes que l'on distingue plus communément entr'eux les peuples célèbres? N'est-ce pas de cette sorte que l'on ne voit, pour ainsi dire, à Athènes, que l'amour de la liberté; à Sparte, que l'amour du gouvernement; à Rome, que l'amour du nom romain? et que, si nous nous rapprochons des temps modernes, Venise se caractérisera à nos yeux par l'amour du repos politique; la Russie, par une ambition plus inquiette que sage, et l'Angleterre, par une cupidité orgueilleuse?

Faut-il répéter que si parmi ces qualités dominantes il en est qui doivent être telles dans tous les temps, on en remarquera d'autres qui ne doivent dominer que passagèrement, et en certaines circonstances seulement? Si les peuples pasteurs doivent toujours avoir de la simplicité dans les mœurs, et de la frugalité dans les dépenses; ne peut-on pas dire que les peuples cultivateurs et marchands doivent avoir à passer successivement de la parcimonie au luxe, et du luxe à la parcimonie? Si la Prusse, la Suède et le Danemarck ont long-temps encore à cultiver de préférence l'art militaire, combien d'autres pays pourroient, sans aucun risque, ne placer cette étude qu'à la suite de quelques autres?

Et quelle nation n'est pas plus ou moins souvent engagée par les positions successives où elle se trouve, à donner une plus grande importance, tantôt à une opinion, tantôt à une autre, et presque toujours à des opinions très-diverses ou contradictoires entr'elles? Rome a-t-elle pu toujours conserver les mêmes opinions dominantes? Athènes, Syracuse, Carthage ont-elles eu plus d'empire sur elles-mêmes? L'inflexible Sparte n'a-t-elle pas été obligée de fléchir à cet égard devant le luxe de l'Asie et les promesses du grand roi? L'Angleterre est-elle encore aujourd'hui ce qu'elle étoit il y a seulement un siècle? N'est ce pas pour avoir conservé des opinions nationales comme dominantes, lorsqu'elles n'étoient plus fondées sur les mêmes considérations, et que même il ne pouvoit plus y avoir la même impunité à les maintenir, que la Pologne n'existe plus? et la France n'a t-elle pas eu, à chaque siècle, de nouvelles opinions dominantes, que rarement on avoit prévues, et que plus rarement encore on auroit pu éviter?

En remontant aux différentes causes qui apportent tant de changemens dans nos opinions dominantes, nous n'avons point parlé des grandes erreurs où les peuples ont été trop souvent plongés par la folie, les chimères, le délire de toutes les passions, et sur tout par l'ignorance

et

et par les idées ou pratiques superstitieuses. L'article seul des malheurs que la superstition, le fanatisme et l'intolérance ont amenés sur la terre, a déjà fourni, et fourniroit encore, cent volumes à la plume des philosophes. *(Voyez la note 8.ᵉ)*

Quoi qu'il en soit, il étoit nécessaire d'avertir le lecteur, que souvent on appelle *esprit public*, non la totalité des opinions, mais seulement l'opinion ou les opinions dominantes ; et c'étoit là l'objet de notre première observation.

SECONDE OBSERVATION.

Il y a des personnes judicieuses qui, jalouses de saisir avec plus de précision la véritable signification des termes, pensent avoir distingué *l'esprit public* d'avec *l'esprit national*, et soutiennent que le premier, plus naturellement étranger à tout ce qui est système, soit religieux, soit politique ou autre, ne nous présente les hommes que dans une sorte, non d'isolement, mais d'indépendance; au lieu que le second a plus spécialement rapport à l'ordre établi autour de soi, à la forme du gouvernement, aux intérêts communs, et sur tout au bien-être, aux avantages, à l'honneur ou à la réputation et à l'orgueil, ou, si l'on veut, à la vanité de la nation dont on fait partie.

Celui qui adopte cette distinction vous dira qu'il y a des peuples qui n'ont que l'esprit public, ou, si l'on veut, qui n'ont point d'esprit national; tandis que d'autres peuples, entièrement dominés par ce dernier esprit, ne connoissent point l'autre, ou le repoussent loin d'eux avec indignation. Il vous dira que l'on ne doit considérer les opinions comme élémens de *l'esprit public*, qu'en les prenant sous un point de vue plus général et plus philosophique; ce qui leur donne un caractère particulier très-remarquable, en ce que le cosmopolite ou philantrope peut alors, sans se compromettre, les embrasser hautement et les défendre avec zèle, et que même l'égoïste, loin de s'en effaroucher, peut les caresser avec complaisance, ou du moins y sourire et s'en amuser; tandis que d'un autre côté, nos opinions, lorsque les partisans du même système les considèrent comme élémens de *l'esprit national*, ont une teinte plus forte, un ton de couleur plus tranchant, et une importance plus sensible, soit qu'elles paroissent réellement autres que les précédentes, soit qu'au fond elles soient absolument les mêmes.

Cette différence si essentielle entre les opinions élémentaires de l'esprit public, et celles de l'esprit national, provient de ce que ces dernières naissent des sentimens patriotiques, ou y aboutissent, et que, d'une ou d'autre manière, elles se trouvent étroitement annexées à l'amour-propre, général et commun; au lieu que les autres ne nous sont présentées que par cette raison universelle, qui a tant d'empire sur l'esprit du philosophe, mais qui, jusqu'à présent, en a eu trop peu sur l'ame du citoyen.

Si donc nous voulons suivre la même distinction, nous jugerons que l'esprit public tient de moins près aux sentimens, et sur tout à ceux qui sont plus énergiques ou plus concentrés; car il nous semblera que pour former cet esprit public il doit suffire que les opinions qui le composent soient admises, non par le plus grand nombre ou par le parti dominant d'une nation particulière, mais par la majorité des nations dont on pense devoir compter les voix, et quels que soient d'ailleurs le genre, le ton, l'objet, la cause et l'effet des opinions dont il s'agit. L'esprit national, au contraire, aura besoin, dans cette même supposition, non-seulement que les opinions qui le forment soient adoptées par la masse générale ou principale de la nation à laquelle elles appartiennent, mais encore qu'elles concernent les intérêts, les préjugés ou la vanité de cette nation, et qu'elles y tiennent par le lien des affections communes les plus puissantes.

Quelques exemples pourroient-ils rendre ces distinctions plus faciles à saisir? nous allons en faire l'essai.

PREMIER EXEMPLE.

L'adoption de la doctrine d'Aristote n'a été en Europe, jusque vers la fin du seizième siècle, qu'un résultat de l'esprit public : l'adoption du système de Newton, qui chez les savans est un effet de la conviction, n'a été, durant un temps, pour le vulgaire Anglais, qu'un des fruits de l'esprit national, de même que le système de Descartes en France.

SECOND EXEMPLE.

C'est l'esprit public, sur tout, qui chez les anciens attachoit un si haut prix aux couronnes olympiques, tandis que l'esprit national avoit beaucoup plus de part à l'idée que les Romains se faisoient des honneurs du triomphe.

TROISIÈME EXEMPLE.

Les ambitieux qui recherchent les honneurs,

sont plus spécialement dominés ou influencés par l'esprit national ; et les ambitieux qui ne désirent que la gloire, le sont plutôt par l'esprit public.

QUATRIÈME EXEMPLE.

C'est néanmoins ce dernier esprit, plus que l'autre, qui fit passer le Rubicon à César ; tandis que c'est le premier, plus que le second, qui fit naître et développa l'ambition d'Alexandre.

CINQUIÈME EXEMPLE.

La grande erreur des Croisades a fait partie de l'esprit public dans le monde chrétien, durant plus d'un siècle : autrefois, la haine contre les Carthaginois avoit de même fait partie de l'esprit national chez les Romains.

Tous ces exemples ou développemens, et ceux qu'il seroit si facile d'y ajouter encore, peuvent bien faire sentir qu'il y a entre l'esprit public et l'esprit national une différence réelle, telle que celle que les philosophes observent entre l'idée générique et l'idée particulière qui s'y rapporte. Mais cette différence même prouve que dans un sens très-vrai le premier embrasse le second, puisqu'ils sont ensemble comme genre et espèce ; et c'est pour cela que dans cet ouvrage j'ai employé de préférence la première de ces deux expressions : elle a une signification plus étendue, et elle remonte à tous les élémens, ou descend à tous les détails de ces diverses sortes d'esprits, plus naturellement qu'aucune autre. D'ailleurs, s'il est juste d'exiger toujours de la netteté et de la précision dans les idées que l'on emploie, il n'est pas moins important d'éviter les découpures métaphysiques, le déchiquetage et la sécheresse, qui sont si nuisibles par tout. Enfin, il falloit choisir entre les titres que mon sujet pouvoit admettre, et celui que j'ai adopté a sur tout ce précieux avantage, que tout ce que nous aurons à dire dans la suite s'y appliquera ou s'y rapportera d'une manière plus heureuse.

TROISIÈME OBSERVATION.

Ici l'on me demandera peut-être encore, quelle affinité, quel rapport il y a entre l'esprit public, le génie et le caractère national.... Pour résoudre cette nouvelle question, il suffira d'admettre le petit nombre de principes qui suivent.

1.º Le génie national tient plus aux talens, et le caractère national aux vertus: c'est sur la qualité de nos opinions que le premier agit, et c'est sur le sentiment qui nous y attache que le second opère. Le génie éclaire les peuples; c'est le flambeau qui les guide, et le destin qui les conduit aux choses extraordinaires, ou les condamne à se traîner sur les traces de la routine: le caractère échauffe ou glace les ames; il lie fortement les peuples à leurs opinions, ou les leur fait légèrement abandonner. Ainsi il paroît que le premier se retrouve tout entier dans le genre même de nos opinions, et le second dans notre manière de les suivre.

2.º Le plus grand bonheur des peuples seroit que leur génie et leur caractère, s'accordant ensemble, réunissent dans le même esprit public l'élévation des idées et l'énergie des sentimens. Par malheur, cet accord si précieux est fort rare : souvent le génie présente de grandes vues, auxquelles le caractère ne nous attache que foiblement ou passagèrement ; comme, d'un autre côté, le caractère nous attache fortement et invariablement à des choses qui n'ont tout au plus qu'un mérite très-médiocre. Si l'on vouloit appuyer ces remarques de quelques exemples, ne pourroit-on pas dire que chez les Grecs en général le génie étoit plus grand que le caractère, et que le caractère étoit plus grand que le génie chez les Romains ? Ne trouveroit-on pas des contrastes également piquans chez cent peuples anciens ou modernes ? et n'aurions-nous pas à gémir sur le sort de tous ceux qui nous offriroient de semblables contrastes ? car la véritable harmonie, en laquelle seule consiste la perfection, n'admet aucun contraste : les effets qu'elle produit sont si naturels qu'il n'y a que les meilleurs esprits qui puissent en être frappés. Cette heureuse harmonie est, dans l'ordre politique, ce que sont chez l'homme une constitution régulière, l'équilibre des humeurs et la santé : on en jouit sans en avoir la sensation. Les peuples qui ont le plus approché de cet état de perfection, nous semblent être les Péruviens, les Chinois, et sur tout les anciens Egyptiens.

3.° Ce simple coup d'œil suffira pour nous faire conclure que le génie et le caractère des peuples sont essentiellement liés à l'esprit public, et comme causes, et comme effets : comme causes, à raison de l'influence qu'ils ont sur l'espèce et l'énergie, ou la durée de nos opinions ; et comme effets, en ce qu'eux-mêmes peuvent, à leur tour, éprouver un véritable accroissement, ou quelque sorte d'altération, soit de nos opinions, soit de l'attachement que nous avons pour elles. Les peuples s'élèvent ou tombent par l'un ou l'autre de ces principes, pris séparément, ou par tous réunis ensemble.

4.° Ce que le génie et le caractère national ont encore de remarquable, par rapport à notre sujet, c'est que l'un et l'autre restent les mêmes lorsque l'esprit public change, si ce changement se borne à nous donner d'autres opinions de même genre ; et que l'un et l'autre changent avec l'esprit public, si nous changeons, non d'opinions seulement, mais d'espèces ou de genres d'opinions, et si notre manière de nous attacher à celles que nous adoptons vient entièrement à changer.

Ce dernier principe sera de la vérité la plus sensible aux yeux de ceux qui se rappelleront deux points seulement : le premier, que l'esprit public n'est véritablement qu'une application déterminée du génie et du caractère national, lesquels, pouvant être ainsi appliqués de mille manières différentes sans éprouver aucun changement dans leur nature, peuvent par conséquent aussi, en restant toujours les mêmes, produire mille sortes d'esprits publics absolument dissemblables, à raison des circonstances diverses qui modifient, non les causes, mais leur action ou leur effet.

Le second point à se rappeler est que, l'essence du génie et du caractère national consistant dans le degré d'étendue, de justesse et d'élévation de l'un, et dans le degré de force, d'élasticité et de ténacité de l'autre, il y a évidemment un grand nombre de métamorphoses que l'esprit public ne peut subir qu'autant que le génie et le caractère national auront changé eux-mêmes, puisque ces métamorphoses proviennent de la transformation du ton et du genre de nos opinions, plus encore que du changement de nos opinions elles-mêmes.

Nous pourrions ajouter beaucoup d'autres observations à celles qui précèdent, et beaucoup de nouveaux détails à ceux où nous sommes entrés : le sujet que nous traitons est du nombre de ceux où l'on ne peut faire un pas sans voir toujours une nouvelle et immense carrière s'ouvrir devant soi. Mais nous pensons en avoir assez dit pour donner une idée exacte et précise des différens sens que l'on peut attacher au mot, *esprit public*, et pour montrer comment cet esprit se généralise ou se diversifie, selon une foule de circonstances dont l'exacte énumération seroit plus difficile que nécessaire.

Nous laisserons donc aux observateurs plus curieux de ces sortes de recherches, toujours instructives sans doute, mais souvent trop subtiles à pénétrer plus avant et à suivre dans toutes leurs variations, les diverses sortes d'esprits publics qui différencient et caractérisent, 1.º les climats, d'après leurs températures et selon les avantages ou inconvéniens qui les distinguent; 2.º les gouvernemens, d'après leurs formes et selon les principes qu'ils suivent, ou les abus qu'ils entraînent ; 3.º les religions, d'après leurs dogmes et selon le degré de tolérance ou de fanatisme qu'elles inspirent; 4.º les peuples, d'après leur origine et selon leurs progrès et leur âge, et enfin, 5.º, les siècles, d'après la filiation des événemens qui en ont précédé et composé l'histoire, et selon les lumières qui y ont été acquises, les talens qu'on y a développés, les arts qu'on y a cultivés, le goût qui y a dominé, et l'énergie que certaines vertus ou certains vices y ont obtenue.

Quiconque se livrera à cet examen, si intéressant sous tous les points de vue, remarquera bientôt que, si chaque peuple, ainsi que nous l'avons déjà observé, a et doit avoir son esprit public, propre, spécial et distinctif, il est également vrai qu'à d'autres égards les nations, pour peu qu'elles aient de relations réciproques entr'elles, sont ordinairement réunies par un autre esprit public, plus général et commun. Arrêtons-nous encore un instant sur cette proposition, et faisons disparoître le paradoxe qu'elle semble annoncer.

Y a-t-il deux peuples qui se ressemblent parfaitement ? Non : une ressemblance parfaite tomberoit dans l'identité. Y a-t-il deux peuples qui ne se ressemblent en rien ? Non : une dissemblance absolue supposeroit des êtres de différens genres. Par tout, il y a entre les hommes des points de contact ou des points communs, et des différences graduelles, selon le plus ou le moins de diversité ou de conformité dans les espèces et dans les individus. Mais ce n'est pas seulement par les traits extérieurs, par les organes et par les facultés physiques, que nous devons juger de ces ressemblances ou différences ; c'est aussi, et plus encore, par les idées que chacun adopte, par les principes que l'on se fait, par les règles que l'on suit, en un mot, par tout ce qui concourt à composer la moralité des peuples, c'est-à-dire, par les opinions admises, et par les différentes sortes d'esprits publics.

Un très-petit nombre d'opinions communes constituent l'esprit public du monde connu ; à mesure que l'on y ajoute quelque opinion de plus, ou diminue le nombre des peuples à qui cet esprit public peut convenir, on spécifie plus particulièrement les peuples, en augmentant le nombre des traits qui servent à les distinguer. C'est ainsi qu'en suivant le procédé que nous indiquent les logiciens, lorsqu'ils expliquent ce que c'est que la compréhension et l'extension des idées, on parvient à particulariser toujours plus l'esprit public en général, jusqu'à ce qu'on arrive à l'esprit public d'un peuple, d'une province et d'un canton; degré au-dessous duquel on ne peut plus guères descendre, sans tomber dans l'esprit particulier des partis, des sectes, des corps, des cotteries, des familles, et enfin dans celui des individus.

Tout ce qui précède doit faire comprendre comment l'esprit public des siècles embrasse, entraîne, et détermine quelquefois, ceux des peuples; et par conséquent aussi comment l'histoire, pour être vraiment utile et fidèle, a besoin de réunir aux détails qui concernent les particuliers, les grandes vues qui tiennent aux généralités, et de régler sa marche, non selon les époques individuelles ou locales, mais selon les grandes époques de l'espèce humaine, les époques révolutionnaires de l'esprit et de la morale universelle (10).

Il seroit possible que dans les détails de cet ouvrage le lecteur nous soupçonnât quelquefois de nous laisser aller à des systèmes différens ou à des conséquences incohérentes entr'elles. Il y a, sur tout dans les discussions qui tiennent à la morale, des approximations infiniment trompeuses : la multiplicité des causes, le jeu des circonstances et la diversité des effets portent si loin le nombre des combinaisons, aux yeux de ceux qui s'en occupent, qu'il seroit étonnant que l'on n'eût jamais à se reprocher d'avoir confondu dans ses méditations des choses, qui sont très-différentes l'une de l'autre, mais que des incidens particuliers rapprochent plus ou moins. C'est ici sur tout que les extrêmes se touchent : à force de multiplier et de combiner les nuances, le peintre voit s'atténuer ou se fortifier, se changer, en un mot, les couleurs primitives des objets, au point que celles qui d'abord étoient les plus inconciliables, finissent par paroître, en quelque sorte, entièrement les mêmes. D'un autre côté, deux principes qui, énoncés dans leur sens le plus général, s'accorderont parfaitement, s'éloigneront ensuite tellement l'un de l'autre, à mesure que l'on accumulera les exceptions, qu'à la fin ils conduiront à des résultats tout opposés. Ces inconvéniens résultent encore moins de la grande étendue que de la nature de la matière que l'on traite.

Nous espérons que l'on ne voudra point nous attribuer les variations qui ne viennent pas de nous : d'ailleurs la lecture attentive de cet ouvrage convaincra de la fidélité avec laquelle nous avons cherché à suivre les développemens de notre sujet, sans en affoiblir, exagérer ou dénaturer aucun.

NOTES.

(1) Quoiqu'il n'entre pas dans le plan de mon ouvrage de discuter les différentes formes de gouvernement, j'avoue cependant que, vu les rapports multipliés et très-étroits qu'il y a entre le sujet que je traite, et la nature, les avantages et les vices ou inconvéniens de ces mêmes formes, le lecteur a quelque droit de me demander quelle est ma doctrine à cet égard ; je dirai donc :

1.° Que jusqu'à présent il ne nous a encore été tracé aucune forme de gouvernement qui paroisse aussi parfaite que celle que nous avons adoptée dans notre acte constitutionnel de 1795. C'est, au reste, une profession de foi que je fais, et non une discussion que je veuille ouvrir ; aujourd'hui, sur tout, que tant d'autres ouvrages ont déjà développé l'ensemble et les détails de ce nouveau système républicain, et que l'expérience ajoute chaque jour un nouveau degré de force aux motifs par lesquels la raison nous y attache.

2.° Que la prospérité publique dépend beaucoup plus des personnes qui gouvernent, que des formes de gouvernement. Ces formes sont des modes établis pour faciliter et assurer le bien général et particulier, et je suis loin de penser que le choix que l'on en peut faire soit une chose indifférente : cependant, qu'importe la perfection du mode, si celui qui est chargé de s'y conformer a la volonté et trouve le secret de ne l'employer que pour nuire ? Ce sont les hommes qui font le bien et le mal, et, par malheur, ils feront toujours plus le mal que le bien, tant que l'on ne saura pas prévenir les abus, c'est-à-dire, les rendre impossibles, ou au moins évidemment pernicieux à leurs auteurs. L'histoire entière du genre humain n'est qu'un tissu de crimes, de sottises et de misères ; et toutefois on trouve, même en remontant jusqu'à la plus haute antiquité, que la plupart des législateurs nous ont prescrit ou proposé des règles de conduite très-sages. Ma conclusion est, qu'une mauvaise forme de gouvernement ne rend pas le bien impossible, mais qu'elle le rend plus rare, et qu'une bonne forme de gouvernement a la même chance pour le mal, jusqu'à ce que l'on parvienne à ne plus gouverner les hommes qu'à l'aide de principes dont la vérité soit évidente pour tous.

3.° Que les peuples ont également tous le droit de choisir la forme de gouvernement qui leur plaît, et que, s'ils veulent faire un choix erroné, funeste et même absurde, ils en sont les maîtres. Qu'il y ait des peuples qui se réservent à eux-mêmes, ou qui confient à d'autres le soin de régler leur destinée; qu'il y ait des nations qui, entraînées par l'exemple de leurs aïeux, ou par tout autre motif, consentent à vivre sous l'autorité du soliveau ou de la grue de la fable: nul n'a le droit de les troubler dans le plein exercice de leur volonté. On peut philosopher sur les formes de gouvernement, comme sur tout autre sujet intéressant: mais plus on est partisan de la liberté, plus on doit respecter l'usage que les autres font de la leur.

4.° Que si l'on ne veut consulter que la raison dans le choix de son gouvernement, il semble d'abord que l'on ne devroit examiner que la nature des formes entre lesquelles on a à choisir: la forme qui se rapproche le plus des avantages que l'on désire plus vivement, devroit toujours avoir la préférence, et, d'après ce principe, le gouvernement qui s'accorde le mieux avec la liberté, la justice, la sûreté des personnes, le maintien des propriétés et la bienfaisance nationale, sembleroit devoir être le seul gouvernement admis en ce monde: mais combien de causes étrangères à ce principe en écartent plus ou moins tous les peuples!

5.° Que la première cause de nos écarts à ce sujet est l'exemple des autres, ou, si l'on veut, l'expérience des sociétés. Nous adoptons ou nous rejetons une forme de gouvernement, parce que d'autres l'ont adoptée et nous paroissent s'en trouver bien, ou parce qu'ils l'ont rejetée, croyant avoir à s'en plaindre: ce n'est plus la raison alors, c'est l'autorité qui nous guide. Il faut remarquer qu'en ce cas nous sommes bien plus frappés de l'expérience de nos pères, que de celle des étrangers; bien plus encore de celle de nos voisins, que de celle des peuples éloignés; et qu'enfin l'autorité dont il s'agit varie également selon la distance des temps, et le degré de splendeur avec lequel les nations qui nous servent d'exemple se présentent à nous.

6.° Qu'en général, les peuples chasseurs et les peuples bergers mènent une vie trop errante et trop analogue à la liberté, pour se soumettre au joug du despotisme, à moins qu'une ancienne habitude ne les y retienne, ou que le fanatisme ne les y assujettisse; que les peuples livrés au commerce extérieur et lointain, sont encore plus enclins à l'indépendance, tant à cause des connoissances qu'ils acquièrent et des observations qu'ils recueillent, qu'à raison de leur genre de vie et de la nature de leurs richesses, si faciles à transporter d'un pays à l'autre; et que, de cette sorte, il n'y a que les peuples agricoles et ceux qui s'adonnent aux fabriques, qui puissent être vraiment propres à l'esclavage: peuples sédentaires, les uns et les autres, et dès-lors plus faciles à contenir; peuples astreints à un travail pénible et continu, qui ne leur permet pas de se livrer à la méditation; peuples enfin, dont les propriétés, toujours fixes, offrent plus de moyens de les intimider et de les asservir.

7.º Que d'ailleurs, mille circonstances de temps et de lieux nous font adopter ou conserver une forme de gouvernement plutôt que toute autre, indépendamment des causes précédentes: circonstances qui quelquefois nous ramènent, même malgré nous, aux opinions de nos compatriotes, de nos ancêtres ou des autres nations; circonstances qui nous soumettent au cours des choses établies, à l'empire de l'ignorance, des préjugés, des mœurs du jour, et sur tout des dogmes religieux, qui nous font si souvent un devoir redoutable de l'abnégation de tous nos droits, et même de celle des plus précieuses lumières de la raison.

(2) Quelques amis m'ont reproché de n'avoir pas appliqué ma définition à quelque autre terme qu'à celui *d'esprit public*. « Votre ouvrage, me disoient-ils, est utile et régulier; mais c'est
» mal-à-propos que vous l'intitulez *de l'esprit public*. Vous devriez
» chercher un autre titre, et annoncer votre sujet par une autre
» expression; car votre définition nous offre une idée générale,
» qui embrasse également le bien et le mal: vous avez autant en
» vue de discuter les opinions pernicieuses, que celles qui font le
» plus de bien; et cependant le mot *esprit public* ne paroît devoir
» se prendre qu'en bonne part: les Anglais, de qui ce mot nous
» vient, ne l'ont jamais entendu et pris autrement. » Faisons à ces amis une réponse aussi courte que juste.

On ne peut m'indiquer, en remplacement du mot *esprit public*, aucune autre expression qui ne nous blesse d'abord par quelque inconvenance frappante et intolérable.

Que l'on examine le sens étymologique ou grammatical des mots *esprit public*, on sentira que cet *esprit* n'est, et ne peut être, l'esprit public, qu'autant qu'il est l'esprit de tous ou du plus grand nombre; et l'on sait d'ailleurs que, dans les occasions semblables, le mot *esprit* ne signifie et ne peut signifier que la collection et le caractère des idées reçues, et des opinions établies; ce qui n'indique pas plus des idées justes que des idées fausses, et des opinions utiles que des opinions dangereuses. Du reste, je n'écris point en anglais; je n'écris point d'après les Anglais, ni pour eux plus particulièrement que pour les autres hommes. Né Français, j'écris dans la langue de mes compatriotes, au milieu d'eux, et pour eux; or la preuve que, chez nous, le mot *esprit public* n'a point et ne doit point avoir une signification aussi restreinte qu'on veut me le persuader, c'est que tous les jours nous disons et entendons dire: « L'esprit public étoit excellent alors; il s'est
» bien perverti depuis..... Ces écrivains corrompent l'esprit public:
» quelles mesures prend-on pour le ramener aux bons principes?....
» Rien n'altère et ne gâte l'esprit public autant que les scandales
» et l'impunité: proscrivez les uns, faites cesser l'autre, et bientôt
» vous aurez des opinions saines, des mœurs pures et des loix
» respectées. »

Je persiste donc à penser que j'ai pris l'expression qui convenoit le mieux au titre de mon ouvrage, et que je ne l'emploie que dans le sens que lui attribue l'usage le moins douteux.

L'amitié insiste, et me dit : « Définissez l'esprit public, *la réu-* » *nion des principes moraux qui sont incontestablement vrais, et* » *propres à procurer à la société les avantages les plus précieux :* » alors, vous ne serez plus embarrassé de cette foule de détails, » qui, s'offrant de toutes parts à votre plume, ne peuvent que » gêner votre marche ; vous laisserez de côté les sottises de tous les » siècles, et les erreurs ou malheurs de tous les peuples. Comme » le temps est venu d'aller directement à la vérité, vous ne présen- » terez que des choses qui conviennent au moment où nous som- » mes : votre ouvrage sera simple, clair et méthodique ; vous en » aurez rempli le plan en très-peu de pages, et tous les bons » esprits seront satisfaits. »

Ma réponse sera encore simple et précise. L'ouvrage que l'on me propose seroit, je l'avoue, fort court, facile à composer, et aussi agréable qu'utile, aux yeux des bons esprits, si sur tout il étoit fait par celui qui en a conçu le projet : mais ce n'est nulle- ment l'ouvrage que j'ai eu en vue. J'ai commencé à m'occuper de ce travail vers le milieu de l'an trois ; époque où rien ne me paroissoit plus important que de faire vivement sentir aux légis- lateurs qui nous gouvernoient, que toute autorité sociale n'est et ne peut être fondée que sur les idées et les affections reçues et communes. Cette doctrine étoit alors d'autant plus essentielle à établir et à développer, qu'on paroissoit y avoir moins d'égard. J'aime à croire qu'aujourd'hui l'on est mieux avisé : cependant, le changement qui s'est fait dans les esprits est-il assez grand pour que l'on puisse reprocher à mon livre de venir trop tard ? Il faudroit connoître bien peu l'Europe et les hommes, et même les Français, pour le croire. En tout cas, si l'on me soutient qu'au- jourd'hui l'on peut utilement mettre sous les yeux des lecteurs le recueil des vérités qui seules devront à l'avenir essentiellement intéresser les hommes en société ; il n'en sera pas moins vrai, qu'avant de former ce recueil il est bon de retracer les misères que nous avons eu à supporter, et d'en montrer les véritables causes dans le tableau des opinions et des erreurs qui ont égaré nos pères. J'ai suivi l'exemple des navigateurs échappés au nau- frage, dont le mouvement naturel, avant d'examiner la plage sur laquelle ils ont été jetés, est de reporter leurs regards sur la mer où ils ont manqué de périr. Mon ouvrage peut être considéré comme une introduction de celui que l'on me propose : je pré- parerai et disposerai les lecteurs à mieux saisir les vérités que ce dernier renfermera, et qui ne seront en quelque sorte que les conséquences ou le résultat de celles que j'aurai dites moi-même.

Quant à la définition de l'esprit public, celle que je donne est la seule qui ait été vraie et admissible jusqu'à présent : celle que l'on veut y substituer sera bonne, lorsque des vérités démontrées auront pris la place des opinions; mais, tant que ce changement si désirable ne sera pas fait, elle sera fausse. Je ne considère q le passé et le présent : mon censeur ne voit que l'avenir; et il a l'avantage de pouvoir se créer, et rendre aussi parfait qu'il le juge à propos, le tableau sur lequel il veut ensuite fixer nos yeux; tandis que je suis cerné de tous côtés par les bornes sévères de l'histoire. Il prend la liberté de créer jusqu'à la langue, en ce qu'il ne fait signifier au mot *esprit public* que ce qu'il veut ; au lieu que je me tiens obligé de ne faire dire à ce même mot que ce qu'il a signifié jusqu'à présent, pour tous ceux du moins qui en ont cherché la signification, non dans leur système idéal, mais dans l'usage, que, depuis Horace, tout le monde sait être le seul maître des langues.

(3) Ces opinions, ainsi adoptées par la presque-totalité des hommes, rappellent naturellement à l'esprit l'ancien adage qui dit que *la voix du peuple est la voix de Dieu*. Il est néanmoins à propos d'observer ici que ce n'est pas à l'autorité de la raison ou à l'évidence du sens commun que nous devons ce proverbe : son origine est bien étrangère à ces sources si respectables, car elle est toute mystique ou théocratique. Ce proverbe, en un mot, nous vient du principe religieux, qui étoit le premier trait caractéristique du gouvernement des Hébreux : n'employant pour l'ordinaire, depuis Moyse jusqu'à Saül, que les suffrages du peuple pour remplir les places principales, ce gouvernement donna à la théocratie un mode démocrate. Dire aux juifs que la voix du peuple étoit la voix de Dieu, c'étoit leur inspirer la plus grande confiance en leurs propres élections, et le respect le plus profond pour leur manière d'y procéder ; c'étoit, en un mot, rendre la démocratie sainte et sacrée, en la plaçant, en quelque sorte, sur le trône de la divinité. Il faut avouer que, si le peuple juif étoit aussi indocile d'esprit, et aussi dur de cœur qu'on le lui a reproché, Moyse n'a pas pu mettre plus de sagesse dans sa législation qu'en autorisant et qu'en favorisant l'opinion exprimée par le proverbe qui nous occupe. Que pouvoit-il de plus en effet, pour dompter ce peuple et le ployer sous le joug de la loi, que de faire revêtir cette loi des suffrages de tous, et de la consacrer en même temps en présentant ces mêmes suffrages comme inspirés? Il ne pouvoit y avoir que la vérité et l'évidence qui valussent mieux que ces tours d'adresse : mais il ne paroît pas que le législateur des Juifs ait cru les esclaves de Pharaon capables de discerner la vérité, et de se rendre à la force de l'évidence ; en quoi il faut avouer qu'il seroit difficile de juger plus défavorablement une race d'hommes, quelle qu'elle soit.

Quant

Quant aux nations dont le gouvernement n'est point théocrate, il seroit bien à désirer que chez elles la voix du peuple ne pût jamais être réputée la voix de Dieu, qu'autant qu'il s'agiroit de propositions évidentes aux yeux de tous; il seroit à désirer que l'on regardât comme axiome, ce mot : *la voix de Dieu, c'est la vérité, et vous êtes sûr d'entendre celle-là quand vous êtes sûr de connoître celle-ci*. L'expérience nous a trop convaincus que la majorité se trompe aussi bien que la minorité: l'infaillibilité n'est l'appanage de personne; et si l'on est plus révolté de voir un homme seul y prétendre, il n'est pas moins absurde d'en attribuer le droit à la multitude : le nombre des votans n'y fait rien ; on est fondé à craindre l'erreur en plaçant le concile au-dessus du pape, aussi bien qu'en élevant le pape au-dessus des autres hommes.

Cependant on a trouvé le secret, si non de renverser, au moins de faire oublier, tous ces principes du sens commun ; et, malgré toutes les répugnances de la raison, l'on a réussi à faire adopter, comme très-convenable, l'idée de l'infaillibilité la plus rigoureuse. Pour cela, on n'a pas même eu besoin de recourir à l'unanimité, ou seulement à la majorité des voix, comme chez les Juifs: les charlatans ont imaginé un moyen bien plus commode et bien plus sûr ; c'est de devenir ou de rendre infaillible en vertu d'un ordre de choses surnaturelles. La route des miracles, des révélations et des inspirations, n'est-elle pas en effet la meilleure pour les fourbes adroits et ambitieux ? aussi, combien de faits miraculeux, de doctrines révélées et de chefs inspirés, parmi les nations qui ont vécu dans les siècles d'ignorance et de crédulité !

Au reste, l'homme qui rend un juste hommage aux principes philosophiques, ne reconnoît la voix de Dieu en ce monde, que dans la manière dont Dieu a voulu que ce même monde fût réglé. Les paroles de Dieu ne sont autre chose que les faits: ainsi, ces mots, *Dieu dit*, doivent nécessairement se résoudre en ceux-ci : *Dieu fait ou fait faire*. Le mot tant cité de la Genèse, *Dieu dit que la lumière se fasse*, n'est donc, à le bien prendre, qu'un vrai pléonasme, et une rédondance propre à nous induire en erreur, puisqu'en cette occasion la seule parole de Dieu n'a dû nous être exprimée que par ces autres mots, *la lumière fut faite*: la tournure employée dans la Genèse n'est donc qu'une tournure explicative par rapport à nous, et fausse par rapport à Dieu. Dieu ne dit et ne peut dire qu'en actions ; il n'est point d'autre langue qui puisse être la sienne: toutes celles que les hommes parlent, sont imparfaites, bornées et fausses; ce seroit blasphémer Dieu que de lui en attribuer aucune. Il ne trompe jamais, nous dit-on : et comment seroit-il possible qu'il trompât ? chez lui, dire, c'est faire; annoncer, c'est produire; promettre, c'est donner.

D

(4) Le 15 messidor an 4, dans la séance publique de l'institut national de France, le citoyen Baudin (des Ardennes) a lu, sur *l'esprit de faction*, un discours, que je n'ai point entendu, mais auquel je sais que l'auditoire a vivement applaudi. En applaudissant à mon tour à un succès aussi flatteur, et qui paroît si bien mérité, je demanderai la permission de m'arrêter un instant sur l'extrait que j'ai lu de ce discours, dans le journal intitulé *l'historien*. Je n'en rappellerai que quatre pensées, dont j'aime à me prévaloir, ou qui me donnent occasion d'en indiquer quelques-unes des miennes.

La première est celle où l'auteur dit que « c'est l'intérêt personnel » qui caractérise les factions. » Cette proposition, toujours vraie, quand on parle des chefs, justifie parfaitement ce que j'ai dit des factions dans mon ouvrage. J'y ajoute néanmoins cette restriction, *quand on parle des chefs*, parce qu'il arrive souvent, dans les grandes révolutions des peuples, lorsqu'il y intervient des factions, qu'il n'y a que les chefs qui soient véritablement factieux; la foule qui les suit, n'est pour l'ordinaire qu'égarée. Ceux-là sont conduits par leurs passions désordonnées; ceux-ci ne le sont que par des erreurs de bonne foi : la faction n'est que chez les premiers; l'esprit de parti est chez les seconds. Ainsi l'on ne doit en général s'occuper, dans l'histoire des factions, qu'à étudier et qu'à bien développer l'habileté et la perversité de ceux qui les conduisent. Quant à *l'intérêt personnel* qui les anime, on n'a pas besoin d'observer que c'est toujours un intérêt aussi mal entendu que criminel : l'expérience des peuples, et le bon sens le plus borné, le prouvent assez.

La seconde pensée du citoyen Baudin, qui m'ait paru devoir être rappelée dans cette note, est celle où il avance que « celui » qui, sous prétexte de soutenir des droits, tente de dissoudre » l'état même, devient factieux. » J'aurai quelques remarques à faire sur ce passage. L'épithète de *factieux* convient sans doute aux deux Gracchus, et à ceux qui les ont pris pour modèles, ou qui s'en déclarent les panégyristes; et l'on ne peut que se réunir à ceux qui ont le plus applaudi à notre orateur philosophe, au moment où il les a cités pour exemples : mais est-il impossible à un homme peu instruit, d'un caractère ardent et d'un esprit borné, d'être en même temps panégyriste des Gracchus, et de bonne foi? Ne suffit-il pas, pour rendre ce phénomène au moins passagèrement possible, de placer cet homme dans des circonstances particulières et propres à le séduire? Je suis, au reste, bien convaincu qu'un léger changement dans l'expression, en prévenant cette foible négligence, n'auroit rendu que plus parfaitement la véritable pensée de l'auteur. Je désirerois encore un changement semblable, à l'endroit où il dit que « l'on devient » *factieux* dès que l'on tente de dissoudre l'état sous prétexte

» de défendre des droits; » car on pourroit, en abusant de cette phrase, mettre l'ancien Brutus à côté d'Auguste, et Dion à côté de Timophane; on pourroit mettre tous les révolutionnaires sur la même ligne; d'autant plus que le projet de soutenir des droits est allégué comme sincère, de la part même des Cromwell, et n'est souvent regardé que comme un prétexte, même chez les plus respectables héros du patriotisme.

Mais, pour satisfaire aux précédentes observations, le citoyen Baudin n'a qu'à rapprocher sa seconde pensée de la troisième, où il nous dit que « ce n'est pas former une faction que d'en» treprendre l'affranchissement de tous; que Brutus, le premier » consul, Guillaume Tell et Washington, auroient pu échouer, » de même que Brutus et Cassius, de même que Barnewelt; qu'en » un mot, ce n'est pas le succès qui distingue le héros d'avec le » *factieux*, que ce n'est que la différence du terme auquel ils » aspirent. »

La quatrième pensée qu'il m'ait paru plus important de remettre sous les yeux du lecteur, est celle où l'on nous dit que « la » minorité n'est pas un caractère certain des factions; et que la » fermeté de Caton, survivant à l'abattement universel, ne le » rendit point *factieux*. » Cette proposition, dont la vérité est incontestable, n'a rien qui ne soit parfaitement conforme à mes principes : Caton restoit attaché aux anciennes opinions des Romains, et il avoit pour lui l'autorité de la raison et tous les droits de la nature; il avoit la majorité de plusieurs siècles, et toute la gloire, toute la vraie grandeur de Rome, contre la corruption qui dominoit de son temps. Qui oseroit dire que la minorité étoit de son côté? D'ailleurs, on compte les voix lorsqu'il s'agit de sanctionner de nouvelles opinions; on ne doit plus les compter lorsqu'il s'agit de maintenir les antiques vertus d'un grand peuple.

Je finirai par citer le portrait, aussi précis que fidèle, que le citoyen Baudin nous a tracé d'un factieux célèbre, « le cardinal » de Retz, homme singulier, courageux, brillant, habile et peu » raisonnable, qui ne vouloit qu'employer ses talens, se désen» nuyer, finir par un accommodement, et assurer à lui-même et » à ses amis les places, l'autorité et la fortune. » Ce portrait nous montre la distance qu'il y a de nous aux anciens. En effet, combien le caractère de Retz n'est-il pas foible et mesquin, en comparaison de celui d'Alcibiade, par exemple. Quand on médite attentivement sur les moyens que les anciens employoient, sur leurs vices et leurs vertus, sur leurs ressources et les différens buts qu'ils se proposoient; combien nos modernes paroissent petits sous tous les aspects! quel homme des derniers siècles pourroit-on comparer à Camille, venant sauver sa patrie qui l'avoit exilé? à Scipion, ne répondant à ses ennemis qu'en allant remercier les dieux de ce qu'à pareil jour il avoit détruit Carthage? à Annibal, emportant dans sa vieillesse, jusqu'au fond de l'Asie, son énergie, son génie et sa haine contre Rome? à Scylla, dédaignant ses ennemis, après avoir assouvi ses vengeances, et à Marius, méditant sur les ruines de Carthage?

(5) Ce n'est guères que dans des circonstances critiques et périlleuses, telles que sont les temps de troubles et de révolutions, que se forment les esprits de partis bien prononcés : mais il est évident, par la nature même des dangers que l'on court à s'y jeter, et d'après la fermentation générale où l'on est alors, qu'il ne peut y avoir, au moins dans les commencemens, que des hommes très-courageux ou très-déterminés qui embrassent ces partis. Que ces hommes, égarés, ou factieux, ou zélateurs des principes les plus louables, soient probes ou pervertis; que ce soit l'amour de la vertu, ou le goût de la rapine et du désordre, ou la bile et la soif du sang, ou l'ambition, qui les anime; il n'est pas douteux qu'ils ont tous en général la plus grande ardeur, la plus grande activité, et la bravoure la plus décidée. Il ne faut donc pas être surpris de ce que ces sortes de partis ont assez souvent des succès si extraordinaires. J'avouerai néanmoins que s'ils s'attachent à une cause bien mauvaise, ou s'ils la déshonorent par des vices personnels bien odieux, ou s'ils abusent de leurs avantages d'une manière bien révoltante; ils ne tardent guères, malgré leurs premiers succès, à succomber sous les efforts de leurs ennemis, toujours attentifs à profiter de leurs fautes. Mais les partis qui ont des vues utiles et patriotiques, ou qui n'ont que des vices cachés ou imposans, ou agréables, peuvent facilement acquérir autant de stabilité que d'éclat : ils peuvent parvenir à se transformer en partis dominans, et même entraîner toute la nation.

Ce qui précède ne suffit-il pas pour expliquer les vastes conquêtes faites si souvent par un petit nombre d'hommes; celle de la Sicile, par quelques gentilshommes normands; celle du Mexique, par sept à huit cents Européens; celle des Gaules, par César et par les Francs; celle de l'Univers, par les Romains, et celle de l'empire de Rome, par des barbares? N'est-ce pas ainsi qu'il fallut des légions commandées par un consul, pour vaincre Catalina et sa petite troupe? Voyez la guerre des esclaves, qui mit Rome en péril! Voyez la guerre de Sertorius, l'un des plus redoutables ennemis des Romains!

Tous les faits que vous pourrez accumuler à ce sujet, vous feront conclure que ce sont les braves qui font la loi en ce monde; qu'en général ce sont les opinions dominantes qui donnent la bravoure; et qu'enfin les esprits de partis rendent plus courageux que l'esprit public, à moins que ce dernier ne soit dans sa perfection, ou ne tende à s'y élever; mais qu'en ce dernier cas, il n'y a point et ne peut point y avoir d'esprit de parti.

(6) Cette multiplicité d'esprits de corps, dans un même corps, n'est-elle pas, en partie, la source ou bien l'effet le plus naturel de ces divisions anti-sociales en tant de castes, qui, toujours ennemies les unes des autres, semblent ne chercher à s'élever, chacune, qu'au détriment de leurs antagonistes; manifestent toujours, avec si peu de ménagement, leur dédain et leur haine réciproque, et finissent, un peu plus tôt ou un peu plus tard, par ces guerres implacables qui sont l'une des plus grandes désolations des sociétés, qu'elles rongent intérieurement et sourdement, quand elles ne les déchirent pas avec éclat?

Le grand officier du créateur, le dieu ou législateur Brama, a prouvé qu'il participoit aux imperfections de l'esprit humain, et que les idées les plus fausses pouvoient le séduire autant que les autres hommes : il l'a prouvé, d'une manière affreuse pour les vastes contrées de l'Orient, lorsqu'il a établi ses castes. Son véritable objet fut sans doute de mettre une parfaite régularité dans l'ordre social; et il ne parvint qu'à diviser. il se proposa de distinguer des choses diverses; et il désunit les hommes, il les éloigna les uns des autres. C'est ainsi qu'en voulant organiser les sociétés d'une manière plus parfaite, c'est-à-dire, employer plus utilement les hommes en les rendant tous coopérateurs mutuels de leurs avantages réciproques, le divin Brama ne sut que nous amener à être étrangers au bonheur les uns des autres, et même ennemis cruels et absolument inconciliables : on peut faire remonter jusqu'à lui la politique infernale de Louis XI et de tant d'autres tyrans : *l'art de régner est l'art de diviser.*

Comment ne fut-il pas frappé et consterné des suites de son plan? Put-il ne pas être attristé de la couleur sombre dont il teignoit les liens de la société? Put-il ne pas comprendre que c'est l'humanité, la vertu, la commisération, la générosité, et, mieux encore que tout cela, l'amitié et l'amour, qui doivent nous faire voler au secours les uns des autres? Comment donc remplaça-t-il ces motifs de bienveillance si agréables, si flatteurs, si consolans et si doux, par des principes de haine, d'aversion, de mépris et d'horreur? Au lieu d'appeler les hommes dans les bras les uns des autres, il leur dit : « Celui d'entre vous qui commu-
» niquera avec l'homme placé à sa gauche, sera déshonoré,
» avili, dégradé et perdu sans ressource. » N'étoit-ce pas mettre une plus grande distance entre deux hommes, qu'il n'y en a entre un homme et l'animal le plus abject et le plus immonde? Non, Brama n'est point un Dieu; il est le génie malfaisant, le principe du mal, dont il a publié l'existence. En effet, qui a pu faire au genre humain une plus grande plaie que lui, par l'abaisse-

ment où il met les dernières castes, c'est-à-dire, les plus nombreuses? N'a-t-il pas disposé le genre humain au despotisme oriental? N'a-t-il pas préparé, établi et consolidé cet esprit de servitude qui, du fond de l'Asie, a infecté le reste du monde?

Mais est-il nécessaire de voyager jusque dans l'Inde, pour être témoin des malheurs attachés à cet esprit de corps qui caractérise les castes ou classes d'hommes? N'en retrouve-t-on pas de nombreux exemples chez toutes les nations où la loi n'a pas su comprimer, sous le joug de l'égalité sociale, ceux à qui le gouvernement a permis de devenir riches, ou de se dire nobles, ou de se faire prêtres? N'en retrouve-t-on pas des exemples bien attristans, chez les peuples sur tout qui, dans la forme de leur association, ont admis, non-seulement la distinction de nobles et de prêtres, mais qui ont divisé les fonctions de l'état sur l'échelle de ces mêmes distinctions, et qui les y ont exclusivement réparties et attachées? Ce n'est qu'avec le sentiment de la honte, de la douleur et de l'indignation, que vous vous retracez le degré d'abrutissement et de servitude, auquel Brama a condamné les Indiens, par ses institutions de haine, de tristesse et de deuil? Eh! ne voyez-vous donc pas ce qui vous environne? Sans parler ici du système féodal, auquel nous reviendrons ailleurs, ne voyez-vous pas le pauvre en présence du riche? Ne voyez-vous pas, à Venise et en tant d'autres régions, la masse entière du peuple devant un sénat? Ne voyez-vous pas, en Autriche, le paysan devant le noble; ou, en Russie, le mougick ou esclave devant un seigneur; ou bien encore, ce qui revient au même, un seigneur devant un favori, en supposant le premier assez grand pour être admis à s'abaisser devant le second? Allez à Pétersbourg, et contemplez les hommes décorés de tous les titres honorifiques, et couverts de tous les cordons que Catherine II a pu inventer; voyez-les, dis-je, à l'audience d'un Potemkin, ployer humblement leur tête orgueilleuse, fléchir bassement leurs genoux devenus souples, et donner à tout leur corps une attitude bien servile; et à cet aspect, calculez de combien nous sommes éloignés du véritable esprit des sociétés politiques, dont l'unique ou principal objet est d'assurer le bonheur des hommes par leur union réciproque.

« Faut-il donc, me dira-t-on, laisser les hommes dans une
» confusion entière et absolue, de peur de les désunir en voulant
» les ranger selon leur état, et les retenir chacun à sa place? »
Non, sans doute; ce ne sont pas là des extrêmes entre lesquels on ne puisse trouver de termes moyens. Qui donc a jamais dit qu'il y a confusion dans une famille, où les frères vivent ensemble, ne connoissant, pour toute hiérarchie entr'eux, que l'union, l'amitié et la fraternité? Pour dire qu'une profession n'est pas l'autre, faut-il déclarer que l'une est honorable, et l'autre

digne de mépris; que l'une est tout, et que l'autre n'est rien? ou
bien pense-t-on que l'on ne peut respecter la démocratie, sans
préconiser le désordre? N'ayez ni caste de nobles héréditaires,
ni caste de prêtres; que chez vous les prérogatives appartiennent
aux emplois publics, et ne descendent jamais jusqu'aux familles
ou jusqu'aux personnes; que les services des pères, en faisant
tout pour assurer leur gloire, ne deviennent jamais des titres
pour les enfans; que l'estime et la considération personnelle ne
dérivent jamais que des actions, des talens et des vertus de
chacun; et, moyennant ces précautions, ne redoutez point les
mesures de détail que prit autrefois la sagesse de l'Egypte. Que
vos philosophes ne se lassent point d'étudier cette sagesse si
profonde et si invariable; qu'ils ne se lassent point de travailler à
ramener l'esprit public toujours plus près de la vérité et de la
nature; qu'ils fassent, sans rémission, la guerre à l'erreur, aux
prétentions vaniteuses et à l'orgueil dominateur; qu'ils répètent
sans cesse aux peuples, que rien n'est plus sacré que les droits
communs, et que rien ne doit être plus constamment réprimé
que l'amour-propre des tyrans, principaux ou subalternes: que
toujours l'union entre les hommes soit présentée, par eux,
comme le but des sociétés et la source de tous les biens: qu'ils
s'accordent tous à préconiser sans cesse ce mot divin, qui seul
vaut toutes les religions, qui seul les rendroit toutes superflues:
« *aimez: voilà la loi et les prophétes!* »

(7) Rien ne donne plus de valeur et d'énergie à l'esprit public,
rien ne le caractérise d'une manière plus admirable dans les effets
qu'il produit, que l'estime que ce même esprit public inspire
aux citoyens pour eux-mêmes et pour leurs compatriotes. L'homme
habitué dès l'enfance à penser que les autres sont inaccessibles à
quelque genre de foiblesse que ce soit; cet homme, lorsqu'en
même temps il est intérieurement convaincu qu'il faut qu'à cet
égard il soit comme les autres, est en général plus près de
toutes les grandeurs d'ame qu'on ne peut l'imaginer d'abord. A
mesure que ce principe d'émulation et de persuasion acquiert
plus d'activité, d'universalité et d'énergie, il nous élève toujours
plus au-dessus de nous-mêmes. Il semble qu'alors chacun devienne
fort de la force de tous, brave du courage de tous, et grand de
la vertu de tous. Le patriotisme est en ce cas une sorte de miroir
qui réfléchit au fond de nos ames les opinions et les sentimens
de tous les autres; d'où résulte entre nous tous une sorte de
communauté, non de biens, mais de mérites, qui nous rend
tout à la fois invincibles et incorruptibles.

Craindra-t-on que l'habitude de se faire une si haute idée de sa
dignité personnelle, et de celle de ses compatriotes, ne produise
entre nous un rigorisme plus ennuyeux qu'imposant? Ah! qu'im-

porte le léger vernis d'un défaut, lorsqu'à ce prix on acquiert de si grands avantages! Combien ce défaut lui-même est préférable aux vices qui lui sont opposés, à la vanité, à toutes les prétentions non fondées, et à cette amabilité prétendue, qui n'est au fond qu'une suite de misérables singeries, qu'un travestissement ridicule des qualités sociales, qu'un dépouillement de son propre caractère, ou qu'un commerce honteux dans lequel on ne paye qu'en fausse monnoie! Songez qu'à mesure que l'on oublie ce que l'on se doit à soi-même, on tombe toujours plus dans la bassesse et la lâcheté: d'où il arrive que bientôt le patriotisme n'est plus qu'un mot vide de sens; que la vertu et l'énergie fuient devant l'égoïsme; que les vices et les abus s'accroissent, se fortifient et se produisent avec impudeur, et qu'enfin la société voit ses liens se relâcher tous les jours davantage, jusqu'à ce qu'ils se rompent entièrement.

(8) Le lecteur désireroit-il quelques détails à l'appui des assertions que nous venons d'avancer? L'histoire entière de l'esprit humain pourroit servir à le satisfaire: encore faut-il avouer que les nombreux volumes qui traitent de cette histoire, sous quelque titre que ce soit, sont loin d'avoir épuisé cette matière, qui est vraiment inépuisable.

Que devroit-il y avoir de plus indifférent aux destinées du genre humain et même au sort des individus, que de faire ou ne pas faire telle cérémonie, qui par elle-même, c'est-à-dire, par sa propre nature, ne peut jamais être que très-insignifiante? que de faire cette cérémonie en telle saison ou en telle autre, à telle heure, en tel jour, en tel endroit, en telle disposition, en telle posture, et en se dirigeant vers tel point de l'horison? que d'y joindre telle marche ou telle danse, ou de s'y tenir immobile? que d'y débuter ou finir par tel signe, que l'on fera de telle main et non de l'autre, en procédant de droite à gauche et de haut en bas, et non de gauche à droite et de bas en haut?

Qu'y a-t-il de plus étranger à l'ordre de ce monde, que les visions extravagantes de la nuit dans le cours de notre sommeil? que les contes de peau d'âne, dont on trouble la tête des enfans, sur les revenans, les sorciers, le sabat, les pronostics et les présages ou prophéties? que le vol des oiseaux, l'apparition ou la rencontre de tel ou tel animal? que de s'astreindre à tant d'ablutions journalières, de cueillir ou ne pas cueillir le gui de chêne ou telle autre production végétale aussi indifférente? que d'aller ou ne pas aller à pied ou en voiture, en payant sa dépense ou en vivant d'aumônes, à la Mecque, à Composte, à Lorrette ou à tel autre terme de pélérinage? et enfin, que tant de genres baroques et pitoyables de pénitences ridicules, dégoûtantes et scandaleuses?

A ces exemples, qui semblent ne tenir qu'à des usages établis, veut-on en joindre d'autres qui paroissent plus rapprochés des discussions philosophiques ou de l'empire des mœurs? Nous citerons les longues et interminables disputes sur les universaux; sur l'accord de la prescience de Dieu et de la liberté de l'homme; sur l'accord de cette même liberté et de la grâce; sur l'accord des lois et du système physique du monde, avec quelques expressions de l'ancien testament. Ces disputes n'ont-elles pas amené, les unes, l'art de confondre toutes les idées dans les abymes de la métaphysique; et les autres, la croyance du fatalisme, la dénégation de tout mérite ou démérite, et par conséquent, de toute vertu?

Nous citerons encore les temps, peu éloignés de nous, où, au milieu des peuples les plus policés de l'Europe, nul gouvernement n'eût osé permettre de se vêtir comme tel autre peuple de l'Asie ou de l'Amérique. Nous demanderons quel est celui de nos gouvernemens européens modernes, qui pourroit, sans causer un scandale étrange, ordonner aux citoyens de tenir leurs épouses renfermées, comme à Athènes, ou de les faire participer aux exercices publics, comme à Sparte? Nous demanderons combien d'efforts il faudroit faire pour convaincre le peuple de toute l'absurdité qu'il y a à penser que les hommes peuvent consacrer à Dieu ce à quoi Dieu n'a donné l'existence qu'avec une destination précise; que toute consécration semblable, arbitrée par nous, ne peut ni ne doit imprimer aux personnes ou aux choses aucun caractère réel, et moins encore un caractère indélébile et sacré; que l'on honore beaucoup moins Dieu en ne faisant rien, qu'en travaillant utilement; que les excès qui conduisent plus naturellement à de plus grands crimes, doivent être réputés les plus honteux; que la fainéantise n'est pas une chose sainte; et mille autres vérités aussi frappantes et aussi sensibles.

On voit que la plupart des erreurs que nous indiquons sont du nombre des erreurs religieuses, et l'on voit également que ce sont celles qui exercent l'empire le plus redoutable et le plus irrésistible; sur quoi il se présente deux questions bien essentielles: l'une, comment ces choses, indifférentes ou absurdes, acquièrent le caractère de choses religieuses; et l'autre, par quelles raisons elles deviennent si puissantes sur les esprits.

1.° Pour donner à de simples niaiseries, absurdités ou chimères, l'importance et l'autorité de choses saintes, il ne faut que l'opinion d'un homme révéré: il faut bien moins encore; car il suffit quelquefois d'un jeu de hasard, d'un jeu de mots, d'une simple équivoque. Rien n'est si facile que de donner une apparence de merveilleux aux choses les plus ordinaires. Nous aimons tant le merveilleux, et nous en avons un si grand besoin, que nous le supposons même où l'on n'a pas songé à le placer: nous le désirons, nous l'appellons, nous allons au-devant de lui; et lorsqu'une fois nous parvenons à nous dire qu'il y a du merveilleux en une chose, c'en est fait; nulle puissance ne peut plus nous en dissuader.

2.° Le merveilleux, une fois admis, a une telle influence sur nous, que la raison même n'observe et ne calcule plus que pour en augmenter la force, et en prouver l'existence; tout lui est immolé; nos idées en prennent la teinte; nos opinions s'y conforment; nos facultés y sont subordonnées, et notre conduite morale, ainsi que notre propre caractère, se plient également à son joug. Aussi, qu'y a-t-il de plus sacré aux yeux des peuples, et de plus imposant pour les gouvernemens eux-mêmes, que des sottises merveilleuses, et reçues comme pratiques ou doctrines religieuses ? quel horrible scandale ce seroit de ne pas y croire, ou de ne pas s'y soumettre ? quel supplice assez grand pourroit effacer un tel crime ? Moins il y a de raison à ces sottises sacrées, plus la croyance qu'elles obtiennent a de force, parce qu'on y attache naturellement l'idée d'un plus profond mystère; que l'on se fait bientôt un mérite et un devoir du sacrifice de sa propre raison, et qu'en dernier résultat on met toujours un plus haut prix à une chose, à mesure qu'on a plus fait pour la maintenir. La religion des neuf dixièmes des hommes est toute entière dans les points absurdes, ou puérils, ou indifférens, dont il s'agit; si bien que, si l'on ébranle ces derniers points, on verra bientôt s'écrouler, comme d'elles-mêmes, toutes les idées religieuses des esprits simples, ignorans et bornés.

C'est ainsi qu'il arrive à des nations considérables d'avoir pour premier mobile, pour principe moteur, des opinions qui ne présentent rien de moral et d'intelligible, et pour lesquelles néanmoins, dès qu'il s'agira de les soutenir ou de les propager, on s'empressera de faire couler des fleuves de sang : c'est par l'influence secrète et magique de ces mêmes sottises, que l'on voit trop souvent se gâter et se pervertir la morale la plus saine et la plus belle. C'est ainsi que des pratiques absurdes deviennent plus importantes que toutes les vertus, et que l'alliage, ou seulement l'alliance, d'une idée religieuse avec une autre idée, même la plus méprisable ou la plus indifférente, peut sanctifier celle-ci, et en faire la première idée morale de tout un peuple. C'est ainsi, en un mot, que, de proche en proche, la doctrine toute entière de l'homme peut devenir toute fausse, toute folle, toute pitoyable, toute honteuse et toute malfaisante; et que le philosophe qui alors voudra rendre à la raison quelques-uns de ses droits, sera persécuté comme ennemi de la vérité et de la société, de Dieu et des hommes.

Si quelqu'un vouloit m'accuser de quelque exagération, je le conduirois chez les Mahométans, lorsqu'ils convertissoient le monde à l'Alcoran et brûloient la bibliothèque d'Alexandrie : je le conduirois chez les Indiens, au milieu des faquirs et des pénitens, ou au moment où la veuve se pare pour s'élancer dans le bucher de son époux : je le conduirois dans les déserts de la Thébaïde, dans les cellules des hermites, ou aux pieds de la colonne de Simon Stilite : je le conduirois dans toute l'Europe, au siècle des croisades ; en Italie, en Espagne et en Portugal, aux jours où les chrétiens bénissent Dieu à la vue d'un auto-da-fé, comme nos ancêtres, comme les Mexicains, comme cent autres peuples barbares le bénissoient jadis en lui sacrifiant des hommes amis ou ennemis, innocens ou coupables.

Parmi les réflexions sans nombre que tous ces faits doivent naturellement faire naître, il en est une trop essentielle pour ne pas la présenter ici à nos lecteurs : c'est que, de toutes les idées morales, fausses ou exagérées, celle qui a constamment été la plus funeste au genre humain ; celle qui a le plus contribué à dénaturer, confondre et pervertir toutes nos maximes sociales; celle qui plus qu'aucune autre exalte les esprits, les jette dans le délire et le fanatisme; celle qui donne des Zeïd à toutes les religions, c'est l'idée d'une plus grande perfection, et des conseils dont cette perfection plus qu'humaine est l'objet. En effet, on n'imagine ces conseils que d'après une ambition particulière, et on ne les produit que pour les élever au-dessus des préceptes religieux les plus naturels et les plus utiles : aussi ne tarde-t-on pas à en éprouver les conséquences, telle que l'absurdité de placer le célibat au-dessus du mariage, la vie contemplative au-dessus de la vie active, la prière au-dessus des bonnes œuvres, les legs pieux au-dessus de l'acquittement de ses dettes, les privations personnelles au-dessus des services rendus aux autres ; en un mot, les vertus négatives au-dessus des vertus positives, et l'égoïsme déguisé au-dessus de la sociabilité même.

(9) Désire-t-on que j'indique, au moins rapidement, quelques-uns des nombreux exemples que l'histoire nous offre de toutes parts? je citerai :

1.° L'opinion qui attache si fortement les Suisses, comme gouvernement, à l'idée d'une absolue et parfaite neutralité; tandis que, comme individus, ils semblent se rendre agréables à la patrie en servant dans les armées des autres nations européennes. Cette opinion est certainement très-dominante chez eux ; car on voit avec quelle constance et quelle sagesse ils parviennent à éviter de prendre aucune part à toutes les guerres qui se font autour d'eux ; et l'on a vu combien ils ont eu regret aux régimens qu'ils avoient en France et en Hollande, et qu'on leur a renvoyés. Mais si vous recherchez d'où vient cette même opinion dans les deux branches qui la composent, vous verrez qu'elle naît de circonstances particulières à la Suisse. Cette nation ne peut certainement point solder une armée : elle est trop pauvre en général pour pouvoir supporter une pareille charge; et cependant il importe infiniment à sa conservation, et même à sa tranquillité, qu'elle sache, et que ses voisins sachent également, qu'elle est en état de se défendre. Voilà pourquoi, n'ayant aucun corps de troupes, les Suisses ont cherché à maintenir chez eux l'esprit militaire, et à s'aguerrir.

2.° L'opinion qui dans tout l'Empire a, pendant si long-temps, assuré un si grand crédit à la bulle d'or, rédigée par Bartole, dans le quatorzième siècle. Cette opinion, qui n'a dû son existence et son affermissement qu'à la nature du gouvernement antérieur, et qu'aux événemens qui ont paru en dépendre, pouvoit-elle ne pas devenir dominante; vu, d'une part, les calamités publiques et les troubles continuels qui avoient désolé l'Allemagne, et, de l'autre part, les droits que cette constitution conserve aux grands propriétaires, les prérogatives qu'elle accorde aux électeurs et au chef de l'Empire, et l'ordre qu'elle établit en faveur des uns et des autres?

3.° L'opinion qui, en Russie, met en quelque sorte le souverain au niveau de Dieu, en attachant véritablement un sens littéral à l'expression figurée par laquelle on a tant flatté l'amour-propre des rois, qu'on a dit être *les images de la Divinité*. Cette opinion domine singulièrement parmi le peuple Russe, non-seulement parce que ce peuple est bien ignorant, bien esclave et bien superstitieux; mais aussi, et sur tout, parce que Pierre le Grand, ainsi qu'on le voit dans son journal, sut faire valoir cette idée religieuse, ou plutôt blasphématoire: qu'il la fit valoir avec éclat et plusieurs fois: d'où sont résultées des anecdotes merveilleuses que l'on se raconte dans les familles, avec un intérêt toujours plus grand, et qui ne laissent à personne la liberté de douter un moment qu'on ne soit très-heureux de mourir pour le souverain, qui d'ailleurs voit tout comme Dieu, et que l'on ne peut pas tromper.

4.° L'opinion qui, avant la révolution française, réduisoit, depuis au moins cinquante ans, toute la morale de la France aux deux mots, *décence et honneur*. Ces deux termes, que l'on se gardoit bien de définir avec précision, parce qu'ils ne tenoient qu'à des usages insignifians ou absurdes; parce que toute définition gêne l'esprit vagabond, qui aime à errer dans les idées superficielles et flottantes; parce que la définition dont il s'agit auroit trop vivement blessé une nation qui réunissoit une très-grande vanité à d'énormes abus; et enfin, parce que cette définition auroit astreint à une réalité honorable ou humiliante une nation qui ne vouloit qu'une vaine apparence, des formes extérieures et un jargon de convenance: ces deux termes pouvoient-ils ne pas donner lieu à une opinion dominante chez un peuple policé et très-corrompu?

5.° L'opinion encore qui, chez les puissances barbaresques, ramène peu à peu les esprits vers une politique plus prudente et plus humaine. C'est la nature des choses, qui, à mesure qu'elle se développe davantage, tend à rendre cette opinion dominante. En effet, il faut bien que ces peuples s'instruisent peu à peu : Charles-Quint et Louis XIV leur ont appris qu'on pouvoit les bombarder ; et chaque jour leur fournit de nouveaux sujets de réflexion, qui leur doivent toujours faire plus vivement sentir qu'ils risqueroient trop à offenser tout le monde. Il faut donc bien que, malgré leur ancienne habitude d'insulter toutes les nations, malgré leur goût pour la piraterie, malgré les préjugés que leur a donnés à cet égard la religion de Mahomet, ils finissent par concevoir que les autres nations ont des droits, et peuvent les maintenir ; qu'il y a une morale nécessaire et sacrée entre les peuples ; qu'il faut respecter les traités par lesquels on se lie à ceux qui peuvent nous nuire ou nous servir, et qu'enfin les foibles ont quelquefois de redoutables vengeurs.

(10) M. Wéguelin, mon collègue à l'académie de Berlin, où il est mort, il y a quelques années, et l'un des littérateurs de ce siècle les plus versés dans l'histoire, me semble être le premier homme de lettres qui ait senti la nécessité de diviser l'histoire générale, selon des époques puisées dans les variations de l'esprit public. Il avoit entrepris, sur ce plan, une histoire générale et diplomatique de l'Europe, depuis Charlemagne, et même, en quelque sorte, depuis les premiers empereurs Romains, jusqu'en 1740 : histoire, dont les divisions devoient offrir, au lecteur, le tableau successif et varié de l'opinion dominante et caractéristique de chaque siècle, et faire voir l'Europe dirigée et entraînée, selon les temps, par l'esprit de conquête, ou par le régime militaire, ou par le génie réglementaire, ou par le système féodal ; et ensuite par les opinions monastiques, par les idées brillantes de la chevalerie, par les idées exaltées des réformations religieuses, et enfin, par les intrigues tortueuses de la diplomatie, par les chicanes avilissantes de la fiscalité, et par les recherches plus importantes de l'économie publique.

On voit que, selon M. Wéguelin, l'esprit public n'est autre chose que le mobile principal des nations, ou l'opinion dominante : idée qui étoit chez lui comme le fruit de l'instinct, plutôt que celui d'un examen particulier. Il avoit approfondi ce qui concerne directement l'étude et l'art de l'histoire ; il avoit donné une attention spéciale à ce qui tient au choix des époques historiques : mais son esprit s'étoit arrêté là, sans songer à creuser plus avant ; tant il est rare qu'en développant une idée on la développe toute entière, et, plus encore, qu'on étende ses soins jusqu'à dérouler de même les idées qui l'avoisinent de plus près !

L'idée des époques morales ou politiques conduisoit M. Wéguelin à des conséquences plus intéressantes encore que neuves : il y voyoit la nécessité de présenter tous les grands événemens comme déduits du principe mouvant de l'Europe. Ainsi l'histoire générale devenoit, entre ses mains, une suite de problèmes dont son récit devoit offrir la solution, et dont la formule se réduisoit à ces deux mots : *la cause donnée, arriver à l'effet ;* ou bien à ceux-ci : *l'effet connu, remonter à la cause.* Par tout les faits devoient se montrer comme enchaînés à leurs causes, et toutes ces causes à un seul et même principe : l'histoire ne pouvoit plus marcher que sur une ligne tracée d'avance par l'esprit public. Je ne dirai pas si une histoire semblable peut être bien faite par un homme ordinaire ; mais on avouera qu'elle seroit la première école de quiconque est appelé à diriger, conduire et servir les peuples.

Comme M. Wéguelin ne possédoit qu'imparfaitement la langue française, dans laquelle néanmoins il vouloit publier son ouvrage, il me pria de revoir son manuscrit avant qu'il le livrât à l'imprimeur ; et je m'y engageai d'autant plus volontiers que cette entreprise me parut devoir occasioner une révolution dans la manière d'écrire l'histoire. Ce fut en conséquence de notre accord que mon collègue me remit d'abord le plan ou prospectus de son histoire diplomatique ; morceau de cinq ou six pages, que je délayai en un cahier assez volumineux, et tel qu'il a été imprimé dans le temps. Mais peu après cette première annonce, M. Wéguelin s'offensa de quelques opinions littéraires que j'avois cherché à établir dans un ouvrage qui parut alors, sous le titre d'*Essai sur le style ;* et sa colère alla si loin, qu'oubliant l'accord fait avec moi, il s'adressa, pour corriger ses fautes contre la langue, à un professeur du collége français, de la même ville, nommé M. Breton, homme estimable, mais qui, né à Berlin, et ne pouvant échapper à tous les germanismes usités dans ce pays, ne put que très-imparfaitement remplir les vues de l'auteur.

L'histoire générale et diplomatique de l'Europe n'eut donc aucun débit ; et l'imprimeur Decker, après avoir livré les trois ou quatre premiers volumes (l'ouvrage devoit en avoir sept ou huit in-4.°), déclara qu'il y renonçoit ; et c'est ainsi que l'Europe a été privée d'une histoire plus intéressante encore par la nouveauté du plan, que par le mérite et l'importance du sujet.

Pour faire connoître, au surplus, combien le style de M. Wéguelin, ancien pasteur à Saint-Gal, sa patrie, avoit besoin d'être entièrement refondu pour être supportable, il suffiroit de renvoyer à ses ouvrages les plus soignés, tels que celui en deux volumes in-8.°, qui a pour titre, *Caractères des douze Césars.*

Mais un défaut bien plus essentiel chez ce savant, c'est qu'il s'étoit habitué à rejeter toutes les idées intermédiaires dans ses écrits ; de sorte que, se borner avec lui aux changemens que la grammaire pouvoit exiger, ce n'étoit pas assez faire pour le rendre intelligible.

J'avois senti la nécessité de rappeler dans mon travail toutes les liaisons qu'il dédaignoit, ou que même, à la fin, il n'apercevoit plus : aussi le plan de son histoire diplomatique étoit-il devenu, dans mes mains, plus volumineux du double que dans les siennes, sans compter une sorte d'exorde et une récapitulation que j'y avois ajoutées pour y répandre plus de clarté, et rendre plus sensible l'ordre que j'y avois établi ; et néanmoins le public jugea encore que le style en étoit trop serré, et la lecture trop pénible.

Une preuve, au reste, que, même dans son pays, M. Wéguelin n'étoit pas regardé comme un homme d'un mérite ordinaire, c'est que le fameux Lawater, ayant résolu, pour donner plus de développemens à ses prétendus principes physionomiques, d'en faire l'application à une douzaine de têtes d'hommes célèbres, bien caractéristiques, choisit entr'autres celle de M. Wéguelin, et que c'est en examinant les traits de cette tête qu'il s'écrie : « Dieu, que de génie dans ce nez ! »

A cette preuve, plus burlesque que décisive, j'en ajouterai une autre, infiniment honorable à mon collègue.

Fréderic second, après avoir lu les observations de M. Wéguelin, *sur les différentes formes de gouvernemens* (brochure qui valut à son auteur l'entrée à l'académie de Berlin), me dit : « Monsieur,
» il faut bien du courage pour lire et étudier cet homme ; mais
» j'ai voulu savoir quelle sorte d'acquisition j'avois faite en l'ap-
» pelant dans mes états : j'ai donc entrepris la lecture de son
» livre ; et, forcé de l'abandonner à plusieurs reprises, à cause de
» la difficulté de l'entendre, j'y suis opiniâtrement revenu, jus-
» qu'à ce qu'enfin je sois parvenu à déchiffrer ses pensées....
» Monsieur, cette brochure est un grand et profond ouvrage,
» qui m'en a plus appris que beaucoup de livres très-volumineux.
» L'auteur est un homme plein de génie : je n'exagère point,
» Monsieur, c'est un second Montesquieu. »

SECONDE PARTIE.

De l'importance et de la nécessité de l'esprit public dans les sociétés politiques.

L'AME du monde, disent les Platoniciens, c'est Dieu : le principe de tout ce qui reçoit le don particulier de la vie, c'est le mouvement, disent les disciples d'Epicure : la première cause, la véritable source d'où émane toute puissance humaine, disent les Moralistes, c'est la volonté, qui ne peut être déterminée que par les opinions.

Ainsi l'esprit public, qui n'est que le résultat ou la réunion des opinions nationales, de ces opinions qui déterminent les volontés de tous, est vraiment la cause première de l'ordre politique, le principe actif des sociétés, le ressort et le nerf des gouvernemens, en un mot, l'ame du monde moral sur notre globe.

C'est cet esprit seul qui unit ou dissout, sauve ou perd les nations ; lui seul établit, maintient ou détruit les autorités. « Il y a, » selon Bossuet, dans chaque nation, un esprit » général, sur lequel la puissance même est » fondée : quand elle choque cet esprit, elle » se choque elle-même. Un roi de Perse, ajoute » Montesquieu, peut bien contraindre un fils » à tuer son père, et un père à tuer son fils ; » mais obliger ses sujets à boire du vin, il ne » le peut pas. Justinien, dit-il ailleurs, crut » avoir augmenté le nombre des fidèles par
» ses

» ses persécutions; il ne fit que diminuer celui
» des hommes. »

C'est que nulle puissance ne peut résister à l'esprit public lorsqu'il est bien établi, comme nul autre principe ne peut le suppléer lorsqu'il vient à manquer. Là où il existe tout ce qui entre dans la sphère de son activité, est déterminé, assuré, nécessaire : là où il n'existe pas il ne peut y avoir ni cause ni effet; il n'y a ni rapprochement dans les esprits, ni direction dans la conduite, ni unité dans les volontés, ni conscience publique, ni mœurs, ni lois; en un mot, il ne peut y avoir de nation; car une nation est-elle autre chose que des hommes réunis en une même société et par un pacte commun? et cette réunion peut-elle avoir lieu sans le concours des volontés; c'est-à-dire, réunit-on les hommes entr'eux comme les parties inertes et passives d'un corps brut, ou comme les matériaux d'un édifice? Suffit-il au fondateur d'une société, d'avoir la force, le talent et les outils d'un charpentier et d'un maçon? Est-ce donc ainsi que l'on place et que l'on ajuste des êtres sensibles, pensans et libres? Pour obtenir le concours qui rassemble les hommes en une même société, ou l'assentiment qui les y retient; pour en former un corps réel et bien lié, un corps distinct de tout autre par son organisation; ne faut-il pas présupposer entre ces hommes une sorte de traité ou d'accord, qui n'en est pas moins réel pour n'être ordinairement que tacite? et cet accord, pouvez-vous l'établir autrement que par les volontés? et aurez-vous l'accord des volontés, si vous n'avez pas celui des opinions et des affections?

Une société politique et nationale est un corps organisé et animé, tant qu'elle existe réellement ; mais lorsque vous vous représentez en imagination un corps semblable, quel qu'il soit, pouvez-vous lui attribuer une existence propre et active, si, outre les organes qui lui conviennent, et les articulations qui réunissent ces organes et en font un tout, vous ne lui supposez pas un principe d'action et d'unité; tel que ce fluide imperceptible et aussi admirable que précieux, qui, par ses qualités particulières et spécifiques, peut seul y assurer la faculté et la facilité des mouvemens, y régler et perpétuer la circulation et la chaleur des fluides secondaires, y donner la vie, et y établir le caractère de l'individualité? Un corps organisé et animé peut-il, en un mot, produire des effets, c'est-à-dire, avoir une action qui soit la sienne, s'il n'est pas mû par un principe d'activité propre et déterminé ? Si l'on vous demandoit quelle puissance peut, par le seul fait de son existence, ou, ce qui revient au même, par son action immédiate ou par elle-même, donner des feuilles, des fleurs et des fruits à cet arbre qui vous abrite et vous nourrit; vous borneriez-vous à nous décrire l'organisation connue des plantes, telle qu'elle existe en tout temps? croiriez-vous que ce fût assez de nous parler des parties qu'on y retrouve toujours, même dans les saisons où ces plantes n'ont ni fruits, ni feuilles, ni fleurs? Seriez-vous même pleinement satisfait de votre réponse, si vous y aviez ajouté une notice de la nature de la sève qui y circule? ne conviendrez-vous pas que, pour remplir le vœu de celui qui vous auroit interrogé, vous seriez obligé de vous élever jusqu'à cette puissance inconnue et cachée, qui, tous les ans à l'époque marquée, met la sève en mouvement, la vivifie, la féconde, et ramène ainsi, régulièrement, le printemps, l'été et l'automne?

Eh bien, le fluide moral, la sève qui, par sa circulation, conserve, embellit et fortifie le corps de la société, ce sont les affections et les volontés communes ; mais la puissance première qui les crée et les meut, ce sont les opinions ; et l'esprit public, qui résulte de ces opinions, est pour nous le principe vital qui fait que tous les organes du corps politique, c'est-à-dire, toutes les classes de citoyens, concourent simultanément à une action unique, par une direction commune.

Sans esprit public les hommes ne peuvent donc, tout au plus, avoir entr'eux qu'une vaine apparence de société ; ils seront, si l'on veut, proche les uns des autres, comme les arbres dans une même forêt : mais ces arbres ont-ils quelque sorte de liaison qui les attache l'un à l'autre? sont-ils co-associés? Voyez un étranger au milieu d'une immense cité, où il n'est connu de personne: n'est-il pas isolé, comme dans une profonde solitude? il peut être froissé et repoussé de toutes parts; mais aucun regard ne tombe ou ne s'arrête sur lui : on ne l'interroge point; on n'a point d'oreilles pour l'entendre. Voilà l'image fidèle des hommes sans esprit public, c'est-à-dire, sans opinions communes qui les rapprochent, et sans affections communes qui les unissent : en un mot, ces opinions, ces affections communes, sont l'instinct qui anime et dirige les passions sociales, ou qui y supplée ; elles sont le seul idiôme par où les ames puissent s'entendre entr'elles, se reconnoître mutuellement, et se lier ensemble (*).

Mais combien ne sera pas affreuse la situation des hommes, si, au lieu d'être simplement privés de tout esprit public, ils sont, de plus, divisés entr'eux par divers esprits de partis? alors, comme nous le faisons voir ailleurs, ce n'est plus aux arbres des forêts, c'est aux tigres et aux lions, qui se dévorent mutuellement, qu'il faut les comparer.

Rien n'est donc plus nécessaire que l'esprit public; et, malgré les défauts qu'il peut avoir, et qu'il a trop souvent, il est donc vrai qu'il produit toujours des avantages incalculables, non-seulement parce qu'il renferme toujours quelques principes ou maximes utiles, mais surtout parce que lui seul nous rassemble. Les hommes réunis ou retenus en société par ce lien primitif ont toujours, au moins, une morale avouée, des mœurs communes, quelques vertus publiques, et des lois effectives, quoique défectueuses; et quels trésors ne découlent pas de ces différentes sources, à travers les erreurs, les désordres, les abus, les contradictions, en un mot, les défauts et les vices dont on a trop souvent encore à gémir?

(*) C'est ce qu'un homme justement célèbre appelle le principe de *l'assimilation*. Je ne nomme point cet auteur, parce qu'il ne m'a point autorisé à le nommer : mais j'ai cru devoir annoncer que dans un ouvrage considérable et très-important, qu'il a sur l'éducation, il établit et développe son principe de manière à démontrer que, dans toute éducation sociale, le but moral que l'on doit se proposer est *d'assimiler* les citoyens entr'eux par les opinions, les goûts et les mœurs, conformément à la nature du gouvernement et aux véritables intérêts de la nation. Il est glorieux pour moi d'être parvenu, par la méditation, aux mêmes résultats que lui, ou, du moins, de préparer les lecteurs aux vérités essentielles, et neuves autant que profondes, qu'il doit présenter au public.

Il n'est point d'esprit public qui, tant qu'il existe, ne donne au moins aux hommes une société par laquelle ils vivent, et sans laquelle ils ne pourroient vivre ; plusieurs moyens de se rendre utiles et agréables les uns aux autres ; la faculté de travailler, et de pourvoir à leurs besoins ; la jouissance des fruits de leurs travaux ; en un mot, des propriétés particulières et communes, et un droit sacré à la sûreté personnelle et publique.

Il n'est point d'esprit public qui ne nous donne un trésor inestimable, dans le perfectionnement de l'esprit et des talens, occasioné par le concours et le choc des idées, et par la force des exemples ; avantages qu'on ne retrouve point dans les déserts.

Et quel trésor plus précieux que celui que nous procure tout esprit public, en créant, autour de nous, le cercle immense des affections de l'ame, qui ne peuvent avoir d'aliment que dans le sein des sociétés ; en créant autour de nous le cercle de tous les sentimens que font éprouver la vue et l'amour du bien !

Mais si nous supposons que l'esprit public réunisse la *qualité*, qui en fait la bonté, et *l'énergie*, qui en fait la force ; quels heureux effets ne produira-t-il pas ? Plus une nation approchera du point de perfection à cet égard, plus on y admirera de talens et, sur tout, de vertus. Ce sera un peuple de héros ou de sages : de héros, dont la postérité ne se lassera jamais de publier la gloire ; ou de sages, dont les siècles futurs envieront le bonheur.

C'est alors, c'est chez ce peuple, que dix mille citoyens sauront vaincre les armées les plus innombrables ; que trois cents Spartiates arrêteront l'Asie entière aux Thermopyles; et que Léonidas, près de succomber, dira froidement à ses compagnons : « ce soir nous souperons aux enfers. »

Alors on prendra les plus grands capitaines à leurs charrues, qu'ils s'empresseront, au retour, de décorer de leurs lauriers : alors vous aurez autant de grands hommes que de citoyens élevés aux grandes places, ou ayant occasion de faire de grandes choses : alors Athènes deviendra la plus célèbre de toutes les villes par les talens, le génie et le goût; Sparte, par le patriotisme et le désintéressement; Tyr et Carthage, par l'industrie et le commerce; et Rome, par un courage aussi brillant qu'inaltérable.

Ah! ne fût-ce que pour nous consoler des tableaux affligeans et hideux, que nous serons trop souvent obligés de replacer sous nos yeux, ne nous reprochons pas le plaisir de contempler chez ces divers peuples ce qu'ils nous ont laissé de modèles dans tous les genres; ne nous lassons pas d'admirer la plus étonnante fécondité dans le pays le plus resserré et le plus stérile, dans l'Attique, et de chercher en vain quelque espèce de grandeur, d'élévation, d'héroïsme, de talent, de vertu, qui n'y ait pas brillé de l'éclat le plus vif et le plus pur.

O hommes, que vous êtes grands, lorsque vous unissez ainsi l'énergie à la bonté de l'esprit public! Pourquoi, parvenus à ce faîte du bonheur social, ne savez-vous pas vous y maintenir? Qu'il est affreux, quand on a vu à quel degré de perfection vous pouvez vous élever, d'avoir à ramener ses pensées sur les époques où l'esprit public s'est altéré ou affoibli! Que de maux suivent la déchéance de cet esprit, lorsque la qualité s'en transforme, et se vicie par les abus ou les excès qui en dénaturent la bonté, ou lorsque son énergie s'affoiblit et s'annulle au sein de la lassitude, de l'indifférence et de l'apathie !

Dans l'une et l'autre de ces deux sortes de révolutions, et plus encore dans la seconde, la société tend sensiblement à se dissoudre : la nation ne tient plus que par des liens funestes, ou imperceptibles, à ses principes et à sa propre existence. Elle ne fera plus rien pour son perfectionnement ; elle ne prendra plus aucune mesure contre les dangers qui la menaceront ; elle ne déploiera plus aucune force contre ses ennemis : toujours foible, irrésolue, divisée et prête à entrer en dissolution, elle sera la proie des ambitieux du dedans et du dehors ; elle tombera, selon les circonstances, dans les factions ou guerres intestines, ou sous le fer des étrangers ; elle s'anéantira, dévastée par elle-même ou par les autres, déchirée par l'anarchie, ou réduite à l'esclavage.

Ces considérations générales suffiroient sans doute pour convaincre les personnes les moins attentives, de l'importance et de la nécessité de l'esprit public dans l'ordre social ; mais ce n'est pas assez de cette première conviction : le sujet qui nous occupe intéresse par tant de vérités d'un ordre majeur, que tout nous invite à chercher les moyens de rendre plus profonde encore, s'il est possible, l'impression qu'il doit faire sur les esprits, et, par conséquent, à l'entourer des rayons les plus lumineux de l'évidence. Essayons donc, en nous résumant, de ramener tous nos principes à un petit nombre d'axiomes, qu'il soit impossible de contester, et que les peuples ne puissent oublier dans leur conduite morale, sans confesser qu'ils se vouent à tous les vices, à tous les excès, et à tous les périls de la désorganisation et de l'anarchie.

PREMIER AXIOME.

Là où il n'y a point d'idées ni d'affections communes entre les hommes, il ne peut y avoir entr'eux ni rapprochement, ni liaison. Les hommes ne peuvent se rapprocher que par l'accord ou la convenance des idées ou des opinions qui les dirigent; ils ne peuvent s'unir que par la convenance ou la réciprocité des affections qui les animent : or ce sont ces opinions et ces affections qui constituent l'esprit public : ainsi l'objet direct, essentiel et primitif de cet esprit est de rapprocher les hommes, et de les lier les uns aux autres; et ce n'est que par lui que nous pouvons atteindre à ce but important. Sur quoi il faut observer que, s'il est évident que le défaut d'esprit public laisse les hommes dans un état entièrement isolé; il est également vrai que la diversité d'esprit public les éloigne les uns des autres, et qu'opposition d'esprit public les met forcément en guerre, de même qu'unité et perfection d'esprit public les transformeroit tous en amis et en frères.

Pour produire immédiatement l'effet général qui lui est propre, et qui consiste dans le rapprochement et la liaison des hommes, l'esprit public a deux moyens, dont l'un, qui n'est que le résultat de l'autre, consiste à former, répandre, affermir et perpétuer la doctrine commune qui convient ou appartient à la nation, et sur tout, mais conjointement, les sentimens analogues ou uniformes qui naissent de cette doctrine.

Le second moyen, qui ne paroît être que le développement du précédent, et qui par là même est le but, ou plus direct, ou plus apparent de l'esprit public, consiste dans les procédés par où l'esprit public détermine la teinte particulière des mœurs de la nation; donne, de préférence, à telles vertus ou à tels vices l'attrait et l'empire qui les rendent dominans; inspire, comme par un penchant inné, le choix des lois que l'on veut s'imposer, et en affermit le règne; fixe la forme du gouvernement, et en assure le sort et l'énergie; et fonde, enfin, le bonheur ou le malheur des peuples, en affermissant leur caractère, et en préparant leur honte ou leur gloire.

SECOND AXIOME.

Là où il n'y a point de lois, il ne peut y avoir de société. On n'entre en société qu'en y acquérant ou conservant des droits, et qu'en y contractant des devoirs; et les lois seules peuvent manifester et assigner à chacun les uns et les autres. Mais où prendre les lois, si ce n'est dans l'accord des esprits? Si on les puise dans une autre source, qui voudra les observer? Qui punira les infracteurs, si tous sont disposés à le devenir? Ces difficultés n'offrent-elles pas, au lieu de l'idée d'une société, celle d'un assemblage monstrueux d'ennemis attentifs à se nuire les uns aux autres? n'y voyez-vous pas une guerre ouverte ou perfide, mais interminable, d'individu à individu, de tous contre chacun, et de chacun contre tous? Les sociétés ne peuvent avoir lieu que par les liens qui unissent les associés entr'eux; et ces liens que forme le pacte social, et où l'on retrouve les règles qu'il faut suivre pour atteindre le but de la société, ne sont-ce pas des lois? ne sont-ce pas même les lois fondamentales, celles d'où émanent toutes les autres? Or, prétendre que ces lois peuvent exister sans esprit public, ne seroit-ce pas dire qu'il peut y avoir des effets sans cause?

TROISIÈME AXIOME.

Là où les ordres que l'on juge à propos de décorer du nom de *lois* ne sont pas suivis et respectés, on est véritablement fondé à soutenir qu'il n'y a pas de lois. Je préviens au reste que je ne parle point ici des *lois de la nature*, qui ne sont et ne peuvent jamais être entièrement répudiées ou méconnues; je ne parle que des lois *positives*, qui n'ont d'autre source que la prudence humaine, et d'autre appui que l'autorité des hommes. Or, c'est en vain que vous donnerez à ces dernières lois la forme la plus impérative que vous puissiez imaginer; c'est en vain que vous les répéterez par tout et tous les jours, que vous les publierez dans les assemblées les plus nombreuses, que vous les afficherez aux coins des rues, que vous les proclamerez dans tous les carrefours, que vous les recueillerez en cent volumes successifs, et que, en un mot, vous emploierez les plus grandes solemnités pour les annoncer à la nation : quelque effort que vous fassiez pour leur imprimer le caractère de *lois*, elles n'auront jamais ce caractère auguste, jamais elles ne seront des lois réelles, si le public lui-même ne les considère pas comme observées, c'est-à-dire, si la majorité des citoyens ne les observe pas effectivement; l'observation des lois n'étant pas un fait sur lequel on puisse tromper le peuple.

Si quelqu'un prétendoit que des formalités, qui ne peuvent jamais être que des circonstances extérieures à l'objet qui en est revêtu, et par conséquent étrangères et indifférentes à ce qui en constitue la nature, la bonté et les vices, suffisent néanmoins pour conférer cette même nature à ce même objet; n'aurois-je pas à lui reprocher la contradiction la plus manifeste? Ne pourrois-je pas, par exemple, lui citer les charlatans, et lui demander si ces fourbes, plus hardis qu'ils ne sont adroits, n'annoncent pas aussi leurs recettes à son de trompe sur les places publiques, s'ils n'affichent pas aussi leurs secrets merveilleux? et quelle solemnité manque à la publication de leurs ordonnances, qui, certes, ne sont des lois pour personne?

La loi la plus authentique, et la plus formellement suivie pendant un temps, cesse d'être loi dès qu'elle tombe en pleine désuétude: comment donc une ordonnance que personne n'aura jamais respectée, auroit-elle ce qui fait la loi? et cette ordonnance peut-elle avoir ce qui fait la loi, c'est-à-dire, être respectée et suivie, sans le concours immédiat de l'esprit public? Dire qu'elle a besoin d'être observée pour exister réellement, n'est-ce donc pas tomber dans une véritable battologie?

La loi est essentiellement un résultat de la volonté délibérante, ou consentante, ou adhérente du plus grand nombre: il est donc impossible qu'une loi existe, là où le plus grand nombre n'a point la volonté dont elle doit résulter; comme il est impossible qu'il existe des lois positives, là où le plus grand nombre ne peut point avoir de volontés qui les concernent. En effet, direz-vous, pour nous arrêter un moment sur ce dernier point, direz-vous que les esclaves obéissent à des lois? Les lois lacédémoniennes embrassoient-elles les Ylotes? Les esclaves profitoient-ils, à Rome, du bénéfice des lois de la République? Les *Pacta conventa* de la Pologne, et les *Oukas* des despotes russes, ont-ils jamais étendu le peu de dispositions vraiment sociales qu'on y peut découvrir, jusque sur les serfs et les mougicks, qui sont toujours impunément exposés à périr victimes de l'avarice, de la négligence, du caprice ou de la brutalité de ceux à qui ils appartiennent? Citerai-je encore les noirs transportés en Amérique, et traités par les blancs comme de vils instrumens que l'on brise quand ils déplaisent, ou s'ils n'ont pas la sorte d'utilité qu'on en exige? Partout les esclaves timides marchent sous le fouet de leurs maîtres, et vont comme on leur dit d'aller : ils suivent des ordres absolus, tant que l'œil du tyran les observe; mais ils n'obéissent point à des lois : il n'y a pas de lois par rapport à eux; les codes qui les concernent n'ayant pas même besoin d'en être connus, et ne s'adressant qu'aux bourreaux qui les ont sollicités, ou qui doivent les faire suivre.

QUATRIÈME AXIOME.

Là où les lois, quant à leurs motifs connus et à leurs dispositions formelles, ne s'accordent pas avec les mœurs publiques; c'est-à-dire, là où, sous plusieurs aspects essentiels, les mœurs publiques répugnent aux loix qu'on nous donne; ou bien seulement, là où, par le défaut de rapports, et par la diversité des penchans et des impressions qu'elles établissent parmi nous, elles refusent de prêter à ces lois l'appui que nous accordons naturellement à ce que nous approuvons; il est impossible à l'autorité d'écarter de ces mêmes lois l'indifférence, le dédain et le blâme du public : il est impossible que ces lois soient voulues, respectées et suivies par le plus grand nombre.

En effet, qu'est-ce que les *mœurs*, sinon les usages communs, les actes habituels, les manières d'agir libres et uniformes des hommes les uns envers les autres, et sur tout les uns en présence des autres? Mais si ces actes habituels, ces usages et ces manières d'agir sont en opposition avec la conduite que prescrit la loi, cette loi peut-elle ne pas être proscrite? n'est-il pas évident que s'il y a conflit entre des lois que l'on promulgue et des mœurs bien établies, ce sont toujours les mœurs qui doivent l'emporter? Pour rendre cette vérité plus sensible, et l'affermir dans les esprits par toute la force de la conviction la plus décisive, il suffira de rappeler au lecteur trois propositions aussi frappantes par leur justesse qu'importantes par leurs objets.

Première proposition.

Les principes qu'on appelle *moraux*, ces principes qui ne sont autre chose qu'une des principales branches, ou même le résultat essentiel des opinions nationales ou de l'esprit public, sont le premier mobile, la cause déterminante des mœurs. L'esprit public chez tous les peuples se résout tout entier en morale, et se fond de cette sorte tout entier dans les mœurs avouées et suivies ; et c'est ainsi que les mœurs d'une nation lui deviennent chères et sacrées; c'est ainsi qu'elles établissent la conscience publique, et acquièrent une si grande autorité.

Seconde proposition.

Les dispositions pratiques que la loi présuppose, et qu'elle exige pour être suivie et respectée; ces dispositions, qui ne sont que les conséquences morales que le peuple déduit de ses habitudes et de la forme de son gouvernement, et dont il compose toute sa politique, ne sont encore qu'une émanation de l'esprit public, qui seul peut déterminer, faire adopter et maintenir le gouvernement d'une nation. Si donc on nous présente une loi qui contrarie ces dispositions, au lieu de s'en aider, est-il possible qu'elle ne soit pas repoussée de toute la force que l'esprit public, la nature du gouvernement, la politique nationale, la morale commune et les mœurs peuvent lui opposer? et quelle est la loi qui puisse résister aux efforts de tant d'adversaires réunis?

Troisième proposition.

Si l'accord des causes avec les effets, ou des principes avec les actions, et par conséquent de la morale avec les mœurs, est démontré absolument nécessaire; ne s'ensuit-il pas que l'esprit public, qui est certainement ici la cause, le principe et la source de la morale, peut seul être regardé comme le fondement des mœurs et l'appui des lois; que lui seul peut donner aux unes et aux autres une véritable existence, des règles valables, une base solide, et un caractère déterminé et convenable, un caractère tel qu'il le faut pour qu'elles soient revêtues, les unes et les autres, d'un pouvoir irrésistible?

Il est donc vrai qu'une nation n'aura point de mœurs, si ces mœurs ne lui sont données par l'esprit public ; comme il est vrai que l'esprit public ne donnera point de mœurs communes, s'il n'est pas d'accord avec lui-même, et s'il n'a pas sur le peuple un empire supérieur à toute autre autorité qui lui seroit contraire ; et comme il est encore vrai que l'esprit public n'aura point cet empire, et que même il sera bientôt nul, si les opinions qui le forment ne sont pas universellement chéries et respectées, consentanées entr'elles, et consolidées l'une par l'autre.

Avouons donc, que « sans esprit public point
» de mœurs ; sans mœurs point de volonté
» générale ; sans volonté générale point de lois,
» et sans lois point de nation. »

Disons donc aux hommes publics, et sur tout aux législateurs : « Gardez-vous d'imaginer que
» vous puissiez donner un véritable code à un
» peuple qui n'a point d'esprit public : ce code
» seroit composé de prétendues lois, qui ne
» porteroient sur aucun appui, ne sympathi-
» seroient avec aucun principe reçu, ne paroî-
» troient avoir aucun à-propos convenable, et
» ne pourroient produire aucun des effets que
» vous auriez en vue.

» Etudiez donc avant tout et connoissez
» l'esprit public de votre nation : sachez en
» découvrir la pente, en saisir la direction, et
» en suivre le mouvement : tâchez même d'en
» prévenir toutes les impulsions, pour en mieux
» profiter : parvenez, enfin, à le ranimer ou à
» le redresser, s'il le faut ; à le diriger, et même
» à le changer, autant qu'il en sera besoin et
» que vous en aurez les moyens.

» Mais s'il n'existe plus d'esprit public que

» dans une sorte de dissolution, ou s'il n'en
» existe plus que dans un état si imparfait
» qu'il ne soit ni avoué, ni développé;
» avant de déterminer les lois qui pourroient
» faire le plus de bien, commencez par pro-
» jeter, sur le peu de bases que cette situation
» vous offre, l'esprit public qui conviendra le
» mieux à la nation. En traçant votre plan,
» ne négligez aucun des moyens propres à le
» faire réussir: ne vous permettez ensuite aucun
» écart, aucune contrariété, aucune disso-
» nance, aucune mal-adresse, aucun oubli.
» C'est principalement ici qu'il faut vouloir et
» savoir opérer comme la nature, qui ne fait
» rien en vain ou hors de propos, et dans le
» sein de laquelle tout concourt, aussi effica-
» cement qu'infailliblement, et avec autant de
» constance que de simplicité, à l'effet qu'elle
» prépare. N'oubliez pas surtout, que la nature,
» quand elle veut faire de grandes choses, ne
» travaille point à les faire vite, et qu'il n'y a
» que le temps qu'elle n'épargne jamais.

» Si vous ne pouvez atteindre le but que
» l'on vous propose ici, ni suivre la route que
» l'on vous trace; hélas! vous êtes au-dessous
» de votre mission: vous ne ferez aucun bien;
» vous n'empêcherez aucun mal; et même,
» malgré vos intentions, vous ferez le mal et
» vous empêcherez le bien. Tristes, cruelles,
» humiliantes vérités, qu'il est dur et pénible
» pour vous d'entendre retentir au fond de vos
» cœurs; mais qu'il seroit plus dur et plus cruel
» encore, pour l'humanité toute entière, de
» vous laisser ignorer, oublier ou méconnoître!»

Terminerons-nous ici nos recherches sur
l'importance de l'esprit public? Après avoir vu
la

la raison se recueillir en quelque sorte toute entière autour du point de discussion qui nous occupe, et nous y ramener sans cesse de toutes parts et de toute la force dont elle est capable, négligerons-nous de recueillir dans le vaste champ de l'histoire de nouvelles preuves de nos principes? Non sans doute: il faut que les faits écartent de ce sujet essentiel jusqu'au plus léger nuage. Ainsi nous allons, le flambeau de l'histoire à la main, jeter les yeux sur les fastes des gouvernemens et des peuples, et montrer, dans le tableau que nous en tracerons, comment l'esprit public décide seul du sort des uns et des autres.

Mais pour procéder ici avec plus de méthode et de régularité, commençons par examiner l'esprit particulier et caractéristique des religions (1). Elles ont presque toujours tant de part à la composition de notre esprit public; elles y jettent, pour l'ordinaire, tant d'opinions qui leur sont propres; elles exercent le plus souvent un si grand empire sur nos affections, qu'il seroit impossible de bien juger de l'esprit public d'un peuple, si l'on n'avoit discuté et saisi d'avance l'esprit particulier de la religion de ce même peuple. Dailleurs, ceux qui professent une même croyance religieuse, et qui sont assujettis aux mêmes rits, ont aussi, à plusieurs égards, une même manière de se gouverner, un même esprit commun, puisqu'ils sont liés les uns aux autres par les mêmes opinions, par des affections semblables, par un même intérêt, par les mêmes lois, les mêmes mœurs, une même dénomination, les mêmes espérances, les mêmes craintes, et une même sorte de destinée spirituelle et, quelquefois, temporelle. Est-il donc rien qui soit plus digne de toute l'attention des philosophes que les traits physionomiques et caractéristiques des différentes sociétés religieuses ou religionnaires?

Le premier trait remarquable qui nous frappe dans les religions, trait qui n'appartient qu'à elles et qui se retrouve plus ou moins en toutes celles que nous connoissons, c'est qu'elles ne sont jamais plus près de leur perfection relative qu'à l'époque de leur naissance. Suivez-les dans tout le cours de leur histoire : vous verrez qu'à mesure qu'elles s'éloignent de leur berceau, elles tombent, plus ou moins rapidement, dans de vaines disputes de mots; se divisent en différentes sectes, qui se déchirent avec toute la fureur dont les hérésiarques sont capables; se nourrissent enfin de haine et d'intolérance, jusqu'à ce qu'elles languissent ou s'éteignent, déshonorées par l'indifférence, l'infidélité, ou le mépris de leurs propres partisans. Et qui, en effet, n'a pas été frappé mille fois de l'incroyable énergie que les religions nouvelles donnent aux peuples nouveaux qui les adoptent? Qui n'a pas été frappé de l'éclatante révolution qu'elles occasionnent chez les peuples vieux qui les reçoivent, et dont elles font comme autant de nations nouvelles; tandis que ces mêmes religions, devenues anciennes, n'ont plus, pour l'ordinaire, aucune influence sur les maximes morales et la conduite des hommes?

Au reste, il faut bien qu'une religion exerce tout son empire, c'est à dire, développe une force plus qu'humaine, et en quelque sorte divine, si l'on peut s'exprimer ainsi, lorsque les opinions qu'elle ordonne d'adopter détruisent tous les doutes chez les croyans, et que les affections qu'elle commande d'éprouver ne rencontrent aucun obstacle dans les ames. Il faut bien que tout cède à la religion, et qu'elle entraîne tous les hommes, lorsque les opinions et les affections qui lui sont particulières, roulent dans la société comme un torrent impétueux, auquel rien ne s'oppose; au lieu qu'à mesure que les scrupules de la raison, bravant ceux d'une conscience subjuguée, parviennent à ébranler la foi, chose que le temps ne peut manquer d'amener, le zèle tiédit et se relâche bien vite, et l'esprit particulier de la religion s'éteint pour jamais, ainsi que le prouve l'histoire de tous les cultes. Il n'en est pas de même de l'énergie de l'esprit public, qui ne résulte que du système des affaires civiles et mondaines : ici, des opinions, qui d'abord étoient vagues ou mélangées d'erreurs, peuvent s'épurer avec le temps; d'autres opinions utiles et vraies peuvent venir s'y joindre; et, d'une ou d'autre sorte, la nation puise, au moins quelquefois, dans le temps un perfectionnement essentiel, et un grand accroissement de force, dont auparavant elle ne se croyoit pas capable.

Disons donc que les changemens survenus à l'esprit public d'une nation peuvent être une amélioration aussi bien qu'une décadence; au lieu que dans les religions tout changement est dégradation et corruption.

Un autre trait caractéristique de l'esprit particulier des religions, et qui ne mérite pas moins d'attention que celui qui fait le sujet de l'observation précédente, c'est la manière très-diverse dont chacune de ces mêmes religions prend part au gouvernement, et s'arroge le droit d'y influer. En cherchant à saisir toutes les variations qu'il est possible de remarquer à ce sujet, nous avons cru apercevoir que, sous ce point de vue, on peut diviser toutes les religions en cinq classes, tout au plus, et calculer, en suivant cette division même, combien les gouvernemens peuvent avoir à espérer ou à craindre de la religion qu'ils auront admise.

La première des classes dont nous parlons est celle des religions qui se concentrent presque uniquement dans la morale publique : ces religions varieront entr'elles selon les mœurs et les gouvernemens des nations, et cependant elles n'auront toujours toutes qu'un même caractère général et qu'une seule essence bien frappante, qui consiste à se transformer dans les maximes du gouvernement, pour le seconder, mais sans l'altérer ni l'asservir, au moins d'une manière trop marquée. On peut citer, pour exemple de religions semblables, celle de la Chine, c'est-à-dire, celle que Confucius rédigea, pratiqua et prêcha : religion qui, à un seul oracle près, que l'on ne consulte que dans les grandes occasions, n'a que des opinions naturelles, et des cérémonies que l'on peut regarder comme cérémonies civiles, quelque pieuses qu'elles puissent être, puisqu'elles n'ont d'autre objet que d'affermir les mœurs nationales et privées, ainsi que le prouvent la fête célébrée en l'honneur des ancêtres, et celle de l'agriculture ; religion qui, de cette sorte, est tellement fondue dans les maximes sociales, qu'elle y disparoît presque entièrement ; religion, enfin, qui n'a point de prêtres, ou dont le sacerdoce, si l'on veut à toute force qu'elle en ait un, n'existe que dans les fonctions des mandarins ou lettrés, c'est-à-dire, des philosophes, qui sont en même temps des fonctionnaires publics.

Les religions de cette classe ne peuvent point avoir d'esprit particulier qui leur soit propre ; elles auront l'esprit du gouvernement, ou n'existeront plus. Elles ne renferment donc point d'articles que la société puisse essentiellement redouter. Mais, si elles ne peuvent nuire, il faut avouer qu'elles ne sont guères plus propres à rendre des services bien frappans. Elles agissent, dans le cours ordinaire des choses, pour le gouvernement, concurremment avec lui, et par les mêmes moyens que lui ; elles donnent un degré de force de plus à l'action publique; elles sont un aide, dont le secours a cela de particulier, que les devoirs et les liens sociaux peuvent en recevoir une nuance de sainteté, qui fera goûter, à remplir les uns et à resserrer les autres, des consolations et des espérances que la piété seule peut faire connoître : mais leur action est toujours foible; elles ne peuvent suppléer à rien ; et, s'il est possible, à la rigueur, qu'elles prolongent les destinées du gouvernement, il est du moins certain qu'elles ne peuvent y survivre. Ne pourrois-je pas me prévaloir ici de cette circonstance remarquable et particulière à la Chine, que, malgré son immense population, sa police si ferme, et ses antiques vertus sociales, cet empire n'a jamais connu cet enthousiasme qui donne la valeur guerrière, et a presque toujours été subjugué par les ambitieux qui ont voulu le conquérir ?

Au surplus, il seroit peut-être difficile de citer d'autres religions qui soient aussi simples, et aussi peu éloignées de la nature, que celle de Confucius.

Il sembleroit, d'après ce qui précède, qu'un gouvernement qui n'auroit aucune religion risqueroit peu de chose à en adopter une de cette classe : nous verrons bientôt si celui qui auroit fait cette adoption n'auroit que la même chance à courir, en renonçant ensuite à son premier choix pour prendre une des autres religions que nous allons indiquer.

La seconde classe comprend les religions qui se confondent également avec la politique, mais en élevant celle-ci jusqu'à elles, et en se l'incorporant, pour en mieux déterminer la marche et la diriger plus absolument. Nous citerons, pour exemples de cette classe, deux religions, la juive et la mahométane.

La religion juive n'appartient pas au gouvernement, c'est le gouvernement qui lui appartient; ou, plutôt, elle seule fait le gouvernement. Dans la Chine, ainsi que nous l'avons vu, la religion est presque toute civile; en Judée, la société humaine est toute religieuse. Là, Dieu n'intervient presque jamais, et on ne se le rappelle que comme l'empereur universel, l'être céleste, qui soumet les nations aux règles de la morale et le monde entier aux lois de la providence : ici, Dieu seul opère et gouverne; le gouvernement même n'existe, en quelque sorte, que pour être le corps auquel s'adapte la forme de la religion. Ici, tout est théocrate; c'est Dieu qui ordonne; rien ne se fait qu'en son nom et de sa part : si le peuple élit ses magistrats ou ses juges, Dieu dirige le choix : si ce peuple indocile veut un roi, il ne l'a qu'autant que Dieu y consent; et ce consentement a cela de remarquable, qu'il est annoncé comme une punition pour l'avenir plutôt que comme un acte de bonté pour le présent : si par son ignorance et sa dépravation ce peuple se précipite dans le désordre et le malheur, Dieu, pour le ramener aux principes de son gouvernement, lui envoie des prophètes, qui reprennent, avec une égale sévérité et une égale hardiesse, et les peuples et les rois.

On voit qu'il a été impossible aux Juifs d'avoir d'autre esprit public que leur esprit religieux, et que rien n'est plus facile que de connoître cet esprit par leur histoire, où tout est miracle et prodige, soit qu'on s'arrête à la conduite du peuple en général, soit qu'on descende aux détails de la vie privée des chefs. On ne voit de toutes parts, dans cette histoire, que le renversement des lois de la nature. L'un des patriarches a ordre d'immoler le fils qui doit perpétuer sa race ; un autre lutte contre les esprits célestes : la mer fuit devant ses descendans : le soleil s'arrête à la voix d'un de leurs chefs : les murs des cités s'écroulent au son de leurs trompettes : la sainteté se prostitue et assassine pour sauver sa patrie : l'innocence, condamnée à la fosse aux lions, est respectée par les animaux féroces qui y sont renfermés avec elle : des souverains égarés par l'orgueil sont annoncés comme revêtus, pour un temps déterminé, d'une nature brute et grossière : les dons les plus merveilleux sont communiqués aux êtres que nous regardons comme symboles de la stupidité. Chez ce peuple, en un mot, les hommes sont transformés en êtres surnaturels ou en animaux, et les animaux en prophètes : tout s'y opère et s'y annonce par des visions, des inspirations, ou d'autres voies aussi peu analogues à l'ordre établi dans ce monde.

Dès qu'une semblable religion cesse d'être étayée par la foi la plus aveugle et la plus robuste; dès qu'elle cesse, par conséquent, d'être soutenue par le plus ardent enthousiasme; il faut que le gouvernement tombe et s'anéantisse. Il n'est point d'observation que l'histoire du peuple de Dieu démontre plus parfaitement. D'où il suit que l'esprit public de ce peuple n'a pu admettre de médiocres succès : cet esprit a nécessairement dû faire opérer les plus grandes choses, ou devenir totalement nul ; élever la nation aux vertus les plus transcendantes, ou la plonger dans le bourbier de tous les vices, de toutes les bassesses et de tous les crimes. A qui ce peu de paroles ne rappelle-t-il pas encore toute l'histoire du peuple juif? et qui n'en conclura pas, qu'une religion de cette classe n'est désirable que pour un peuple vil et brut, de qui l'on ne peut rien obtenir que par des moyens extraordinaires et violens?

A la suite de cette religion nous placerons, pour second exemple, la religion mahométane, qui effectivement a avec elle plus d'un trait de ressemblance. Il est vrai, néanmoins, qu'à Constantinople ce n'est plus Dieu qui parle, mais c'est son prophète; et celui qui résiste à ses paroles est puni de mort. Mahomet, en parcourant l'Arabie, et ses disciples ou successeurs, en parcourant le reste de l'Asie et une partie de l'Afrique et de l'Europe, n'ont prêché que la flamme et le glaive à la main : par tout, il a fallu se convertir, sans jamais discuter la loi. L'empire de cette religion ne s'est donc étendu qu'au moyen de l'argument qui fit brûler la bibliothèque d'Alexandrie; savoir, que celui qui a le Coran a tous les remèdes de l'ame, et qu'ainsi l'on ne peut pas trop forcer à recevoir ce livre sacré; comme, d'autre part, c'est une impiété, quand on l'a, que d'en garder d'autres.

Voilà le devoir de faire des conversions bien établi chez les Turcs; ce qui forme une première et grande différence entr'eux et les Juifs, qui, non-seulement ne convertissoient pas, mais ne pouvoient même admettre dans leur sein personne qui ne fût de la famille d'Israël.

A ce premier trait différentiel entre ces deux religions il faut en joindre un second, qui est que, le Coran une fois donné au monde, il ne peut plus être question de nouvelles interventions de la divinité, ni de quelque homme inspiré que ce soit : ainsi Dieu est toujours au milieu du peuple juif, tandis que, Mahomet étant décédé, tous les prodiges ont fini pour les Musulmans; il ne leur reste que la croyance en lui, et l'observation de sa loi.

Tous les dogmes de cette religion tendent à concentrer toutes les autorités réunies dans les mains du prophète, et ensuite de ses successeurs; et, par conséquent, à établir unité de nation entre les Musulmans ou vrais croyans. Mais les conversions ou conquêtes, à mesure qu'elles se sont étendues, ont nécessité d'autres plans et une autre politique. Ainsi, outre le schisme élevé entre Omar et Aly; outre encore le partage que, dans le treizième siècle, les Turcs convertis et tout-puissans ont fait des pouvoirs attachés au Califat, qu'ils abolirent alors, de même que l'empire des Sarrasins (partage, en vertu duquel, laissant au Muphti ce qui concerne la garde du livre de la loi, et la présidence et direction du culte, les Sultans se sont réservé l'autorité, tant civile que militaire, et même le droit de protéger la religion et ses ministres); outre ces atteintes, déjà trop sensibles, faites à la religion de Mahomet, on a reconnu l'impossibilité de retenir sous un seul et même sceptre tant de nations diverses et trop éloignées ; et il a fallu consentir à des divisions : ce qui auroit trop évidemment compromis l'infaillibilité du prophéte et de son livre, si on n'eût pas remédié à cet inconvénient, au moins jusqu'à un certain point, en exigeant de tous les croyans ainsi divisés une marque de déférence sensible et bien marquée envers le successeur d'Omar.

Mais quelque adresse que l'on ait mise dans ces arrangemens conciliatoires, rendus nécessaires par la multiplicité des conquêtes, on ne peut se dissimuler que l'Alcoran a été violé, et que l'on a composé avec la loi. Or il n'est point de religion qui permît moins une pareille foiblesse ou condescendance, que la religion turque; et combien ce trait seul n'a-t-il pas dû en affoiblir l'énergie et l'esprit ?

Mahomet avoit parfaitement désigné, d'un seul mot, quel devoit être le véritable esprit de sa religion, lorsqu'il avoit dit : *le caractère de Jésus a été la douceur, et le mien est la force.* Cette force, en effet, se manifestoit en quelque sorte dans toutes les lois qu'il publioit. Ce terrible convertisseur n'a laissé à imiter à ses disciples aucune autre prudence, aucune autre sagesse; et l'on sait les effets épouvantables qui en ont résulté : mais aussitôt que le temps, les événemens et la raison ont eu refroidi cet enthousiasme, trop violent d'ailleurs pour être bien durable; dès qu'un examen un peu réfléchi a en prouvé que cette force si extraordinaire n'avoit pour base aucune sorte de réalité; la religion turque n'a plus dû être qu'un gouvernement despotique, qui se distingua des autres par quelques cérémonies religieuses, plus incommodes qu'importantes, par des usages devenus nationaux, qui ne sont plus remarquables que par le respect apparent, mais froid et stérile, que l'on conserve encore pour eux. On voit donc qu'il n'y a plus d'esprit public en Turquie, et qu'il est impossible de ranimer l'ancien : car, user encore de quelques formes, qui ne sont plus qu'une monnoie décréditée qui perd tous les jours davantage dans le commerce même ordinaire; n'avoir plus, pour se maintenir dans son ancien état, que l'habitude des usages antiques, et le sentiment de conviction que l'on n'évitera les déchiremens révolutionnaires qu'en conservant l'autorité établie; il faut avouer que, chez un peuple abâtardi, dans les opinions et dans les affections duquel ces mêmes usages et cette autorité n'ont plus aucun fondement solide, aucune base réelle et respectée, si c'est encore là un esprit public, c'est le plus tronqué et le plus foible que l'on puisse imaginer; et que si l'on ne parvient pas, dans une époque prochaine, à y en substituer un nouveau, rien ne sauvera d'une ruine totale cet empire, que l'on repoussera d'Europe en Asie, où l'anarchie égyptienne et la persanne l'attendent pour le dévorer.

La troisième classe est celle des religions qui, sans former elles-mêmes le gouvernement, et paroissant se borner à en seconder la marche, s'en rapprochent et s'en occupent, néanmoins, assez pour en régler le mode et les principales branches, et assez, par conséquent encore, pour l'asservir. La religion indienne nous offre un exemple frappant de cette influence circonvenante. Si cette religion n'est pas, comme les deux dont nous venons de parler, celle d'un seul peuple et d'un seul gouvernement, elle est du moins celle d'une seule espèce de gouvernement, de l'espèce des gouvernemens les plus formellement despotiques, et celle d'une seule classe de peuples, de la classe des peuples les plus avilis et les plus énervés ; car c'est bien en vain que d'abord cette religion semble, aux yeux du philosophe, nous rapprocher de l'égalité par le dogme de la métempsicose, et d'une sorte de liberté ou même d'indépendance, par l'exemple des cent trente millions de dieux secondaires ou de génies, dont elle peuple l'univers : ses diverses institutions sociales, et sur tout ses castes incommunicables, sur l'existence et la distinction desquelles on sait qu'elle est d'une rigueur inflexible, ne tardent pas à détruire complétement, par l'empreinte profonde et toujours renouvelée du despotisme le plus rigide, ces foibles impressions, trop indirectes pour résister à une force aussi active et aussi sensible.

D'ailleurs, la doctrine de la transmigration des ames, que Pythagore adopta sur les lieux, que Platon puisa dans Pythagore, et que, long-temps après, Virgile emprunta de tous deux (*); cette doctrine, en affermissant l'opinion qui

---

(*) « Sublimes animas iterumque ad tarda reverti
» Corpora ? quæ lucis miseris tam dira cupido est ? »

nous dit que cette vie n'est qu'une ombre, ne rend-elle pas, d'une manière très-forte, les Indiens foncièrement indifférens à toutes les formes de gouvernement en ce monde, et, dès-lors, beaucoup plus aptes au joug de la servitude? Comment ne produiroit-elle pas cet effet chez des peuples auxquels elle fait presque chérir le suicide? et jugeroit-on qu'il y eût de l'exagération à dire que, si le despotisme pèse sur l'Orient depuis un temps immémorial, c'est que Brama a précédé les époques qui nous sont connues, et que ces mêmes contrées resteront soumises au même genre d'administration, tant que la même religion y dominera?

La quatrième classe sera celle des religions organisées de manière à pouvoir se plier à tous les gouvernemens, sans cesser d'être aussi indifférentes à l'une qu'à l'autre, et sans jamais prendre aux événemens civils d'autre part que celle que les gouvernemens même jugeront convenable qu'elles y prennent. Nous citerons ici la religion payenne, qui, par la nature de ses opinions, qu'elle ne doit qu'à elle-même, est indépendante de l'état, et a son existence assurée, en même temps que, par la multiplicité, la versatilité et l'incohérence de ces mêmes opinions, elle peut, ou s'isoler de tout intérêt politique, ou se plier à celui qu'on lui présente. On la voit, en effet, particulièrement chez les Grecs et dans l'empire romain, s'accommoder toujours avec le gouvernement, au point que, quelque vicissitude que ce gouvernement éprouve, elle n'altère jamais aucune des formes nationales, et ne subit elle-même aucun changement essentiel. Rien ne fait présumer qu'elle ait moins été la religion de Tarquin que celle de Brutus, ou plus celle de Caton que celle de Tibère. C'est la plus mobile, la plus flexible, et même la plus passive de toutes les religions : elle paroît indifférente à tous les esprits publics civils, qu'elle est toujours prête à seconder quand on le veut : elle paroît indifférente à tous les esprits de partis, qu'elle semble ne pas connoître pour n'avoir pas à les condamner, à moins que l'autorité politique ne provoque son zèle : elle paroît même indifférente à l'existence et à la concurrence des autres religions, que les anciens surent tolérer et même protéger chez les vaincus. Tous les orateurs, tous les hommes publics, grecs ou romains, n'ont-ils pas également paru, durant tous les siècles de l'antiquité que nous connoissons, avoir les dieux pour eux, ou du moins les attester avec une égale confiance, quelle qu'ait été leur cause ? Les persécutions que la religion chrétienne a essuyées de la part des Payens viennent-elles de la religion de ces derniers ? ne viennent-elles pas des méfiances politiques, de l'atrocité de quelques tyrans, et du zèle intolérant et convertisseur des chrétiens eux-mêmes ?

La religion payenne n'a donc, par elle-même, aucun autre esprit particulier qui lui soit propre, que l'indifférence naturelle à laquelle elle se voue quand on l'abandonne à elle-même, ou la docilité à concourir aux vues du gouvernement, lorsque celui-ci veut et sait se l'approprier plus spécialement, en la modifiant selon sa politique, et en lui prêtant quelques formes nationales et convenables, ainsi que Numa eut l'adresse de le faire lorsqu'il institua le culte des Romains. Elle est bien ce que l'on peut le plus justement comparer au Caméléon : elle n'a que les couleurs des objets qui l'environnent, et l'air de force ou de foiblesse que lui communiquent ou lui prêtent ces mêmes objets ; tant elle se plie avec facilité à tout ce que l'on peut désirer d'elle.

La cinquième classe, enfin, comprend les religions qui, sans rien prononcer sur la forme du gouvernement, au choix de laquelle elles paroissent indifférentes, sont assez attentives à seconder le mouvement et la marche des autorités politiques, pour pouvoir les entraver et se les soumettre. La religion chrétienne nous servira ici d'exemple, en la considérant, non telle qu'elle est sortie des mains de son fondateur, mais telle que l'ont composée et organisée les chefs ou docteurs qu'elle a eus depuis son origine. C'est dans ce dernier état qu'il nous semble que l'on pourroit lui appliquer, tout à la fois, presque tout ce que nous avons dit des quatre autres classes ; et d'abord, à l'imitation de la religion de Confucius, elle s'incorpore si bien avec la morale des états où elle est établie, qu'elle finit par en saisir la direction entière et absolue ; elle spiritualise cette morale, si l'on peut s'exprimer ainsi, en y fondant plus ou moins la sienne propre, qui est souvent si touchante par sa simplicité, et si sublime par sa perfection : mais elle diffère de cette même religion des philosophes Chinois, en ce qu'elle ne peut en admettre, ni la simplicité, ni sur tout le désintéressement et le civisme.

En second lieu, tout en paroissant chérir de préférence, ainsi que le prouvent plus de deux mille quatre cents conciles en moins de dix-huit cents ans, la voie des délibérations communes et des élections populaires, de la même manière que chez les Juifs, elle est souvent parvenue à exercer le despotisme le plus redoutable sur les peuples et sur les chefs; comme on peut s'en convaincre en observant la hardiesse et l'opiniâtreté avec laquelle ses pontifes, adroits et ambitieux, affectant d'imiter le zèle inflexible et le divin emportement de certains prophètes de l'ancienne loi, ont su, tant de fois, accoutumer à l'inertie, retenir dans la fainéantise, condamner à la pénitence des cloîtres, et réduire à périr de misère, les souverains les plus puissans; tandis que, d'autre part, toujours prêts à foudroyer de leurs excommunications quiconque oseroit s'écarter de la route qu'ils indiquoient, ils perpétuoient, accroissoient et consacroient l'ignorance et la superstition des peuples, et dictoient aux uns et aux autres les maximes morales et la conduite politique que, selon les temps et les lieux, ils vouloient leur faire suivre. Cette religion a nécessairement un penchant secret vers la théocratie, qu'elle reconnoît avoir été l'œuvre de Dieu avant elle, c'est-à-dire, la forme de gouvernement la plus parfaite et la plus désirable: aussi n'a-t-elle manqué aucune occasion favorable d'y revenir. La seule difficulté qui ait sauvé le monde chrétien de ce redoutable despotisme, c'est la lutte toujours existante entre le prêtre, qui vouloit réunir en lui-même toutes les autorités, et les chefs civils des nations, qui, loin de se désaisir du glaive qu'ils tenoient d'une main, n'aspiroient qu'à s'emparer de l'encensoir de l'autre, comme ils l'ont fait à Londres et à Pétersbourg.

On

On ne peut nier encore, qu'elle n'inspire, ainsi que la religion turque, qui se réclame d'elle en se déclarant son ennemie, un zèle très-ardent pour les conversions, avec cette différence seulement que, pour les opérer, elle ne peut, sans violer ses propres lois, recourir aux voies de sang, de dévastation et de ruine, en un mot, aux voies mahométanes.

En troisième lieu, quoiqu'elle soit en général infiniment éloignée des dispositions molles et passives de la religion payenne, on voit que, quand il a fallu, elle s'est trouvé cette merveilleuse facilité, au moyen de laquelle, restant toujours la même dans les points essentiels, elle a su parvenir à se faire, selon sa propre maxime, toute à tous, souveraine à Rome, soumise et souple à la Chine, affreusement intolérante à Madrid ou à Lisbonne, et théocrate ou presque indifférente à tout, chez les protestans.

Cependant, en adoptant la flexibilité de la religion payenne, quand il le faut, elle ne va jamais jusqu'à adopter sa docilité et son tolérantisme.

Fondée sur des révélations, ainsi que les autres, elle a toujours à son secours, et pour ainsi dire, à ses ordres, les puissances surnaturelles et les miracles qui lui deviennent nécessaires; avantage qu'elle a sur tout emprunté de la religion juive de laquelle elle descend; comme, encore, elle sait se ménager, au besoin et à l'imitation des antiques religions de l'Orient, la ressource des mystères, les hiérarchies des génies célestes, la pompe des cérémonies les plus augustes, et tout ce qu'un sacerdoce redoutable a de plus imposant.

En quatrième lieu, cette religion marche, à plusieurs égards, à côté de tous les gouvernemens, avec le même zèle que celle de Brama marche à côté du despotisme; avec cette différence, néanmoins, que Brama ne nous offre l'illusion de la liberté que dans quelques-uns de ses dogmes, au lieu que la religion chrétienne est républicaine dans ses préceptes moraux les plus essentiels, tandis qu'elle est toute despotique par la plupart de ses dogmes, par une partie de ses pratiques cérémonielles, par l'effet naturel des habitudes qu'elle fait contracter, par quelques-unes des vertus privées qu'elle recommande, par le mérite qu'elle attache aux souffrances, par l'esprit de pénitence auquel elle met un si haut prix; par plusieurs préceptes qui n'appartiennent pour ainsi dire qu'à elle, ou qu'elle partage avec la religion de Mahomet, tels que ceux de l'abandon de toutes choses à la providence, de l'entière abnégation de soi-même et de l'obéissance aveugle; et enfin, par l'indifférence qu'elle inspire, ainsi que Brama, pour tout ce qui tient à cette vie. Quels moyens pouvoit-on réunir de plus pour modeler l'ame de l'homme à la servitude?

Au surplus, comme cette religion porte essentiellement sur un nombre infini de prodiges, et qu'il n'en est aucune autre dont le système soit plus fondé sur le merveilleux; si jamais il arrive que la foi qui la maintient chancelle, ou que le zèle qui la vivifie se refroidisse, on la verra frappée au cœur, et il ne lui restera bientôt plus d'elle-même que des formes extérieures, des pratiques d'habitude, des fêtes agréables, des usages précieux par leur piquante originalité, des cérémonies imposantes par leur caractère antique et bizarre, en un mot, un genre de luxe, de pompe et de spectacle que l'on ne retrouveroit point ailleurs : toutes choses que l'influence des considérations politiques peut faire maintenir plus ou moins long-temps, même après que les bases religieuses en seront détruites, et que les véritables motifs de leur institution seront, ou tombés dans l'oubli, ou devenus ridicules.

Si toutes ces observations nous mettent en état de prononcer en général sur la nature de l'esprit particulier des religions, et sur le rapport que cet esprit peut avoir avec l'esprit public des peuples; nous dirons que toutes les religions ont cela de commun, qu'elles n'ont point, ou qu'elles n'ont plus, d'esprit qui leur soit propre, ou bien qu'elles enivrent l'homme et le jettent dans un vrai délire, en ce qu'elles l'arrachent en quelque sorte du cercle de ses relations physiques, ou sensibles, et naturelles, pour le transporter dans des régions inconnues, dont nous ne pouvons apprécier les distances, et dont nous n'approchons, même en idée, que par les efforts et les élans d'une imagination exaltée. Tout ce que les religions offrent à notre conception ne paroît plus qu'un amas d'êtres phantastiques, dès que l'on en rapproche, comme termes de comparaison, les objets ordinaires qui nous environnent dans le cours de la vie ; et quiconque livre entièrement son esprit aux idées religieuses, ne peut que paroître emporté par une véritable ivresse, en comparaison de ceux qui s'occupent des soins de ce monde.

Mais toutes les religions ne jettent pas également dans cette espèce de désordre physique ou moral ; et le meilleur moyen de déterminer les différences qui les distinguent, est, sans doute, de régler ces différences sur les espèces ou degrés de délire qui sont propres ou particuliers à chaque religion. Ainsi, les religions de la première classe seront jugées les moins dangereuses de toutes, parce qu'elles ne causent à leurs adhérens qu'un ébranlement léger qui dérange bien peu les idées et les affections ; qui ne fait que rendre plus vif le jeu de celles-là, et plus forte l'action de celles-ci : c'est moins un délire qu'un charme modéré, qui, s'il anime un peu plus la société, ne la désordonne et ne la dérange au moins presque jamais.

Nous ne dirons pas la même chose des religions de la seconde classe ; le délire y est trop sensiblement prononcé. Ici on croiroit voir les effets redoutables et cruels de ces liqueurs, épaisses et fortes, qui donnent une ivresse lourde et abrutissante ; ou bien de ces liqueurs plus limpides et non moins violentes, qui jettent dans le transport et la fureur : tantôt c'est l'image d'un repos de stupeur, après un accès de fièvre ardente ; et tantôt c'est l'ivresse des sauvages dans leurs féroces banquets, ou bien une ivresse de sang ou de lait de lionne fermenté. Par bonheur, l'épuisement ne peut que succéder bien vite aux efforts qu'exige un état si peu naturel, et le réveil a cela de consolant qu'il ne permet guères de craindre les rechutes.

Les religions de la troisième classe produisent des effets moins violens par eux-mêmes, mais non moins importans par leurs suites, et d'ailleurs beaucoup plus durables : aussi peut-on les regarder comme plus funestes encore.

Leur ivresse ne paroît être qu'une sorte d'enchantement : on est dans l'empire des génies, et sous la baguette des fées ; mais les odeurs suaves que l'on respire, et les images riches et variées, dont on est sans cesse occupé, n'ont de réalité qu'en ce qu'elles énervent et dégradent l'homme, et lui ôtent jusqu'à la pensée, jusqu'au désir de revenir à lui-même : c'est l'île de Calypso, qui conduit à l'antre de Poliphême, ou à l'étable de Circé.

Le caractère des religions de la quatrième classe, et en particulier de la religion payenne, est de n'enivrer jamais, et d'enchanter foiblement ou rarement. Le paganisme possède toutes les richesses que l'imagination la plus fertile puisse produire ; mais il les livre, en quelque sorte, à l'amusement des esprits : il les abandonne à des usages profanes; il semble ne vouloir en occuper que les artistes et les poëtes ; il ne s'en sert point pour lui-même, si ce n'est dans les occasions d'appareil. C'est tout au plus s'il rend ses dévots semblables à l'homme qui sort d'un rêve, et ne se rappelle plus ce qu'il a rêvé : quelquefois, son esprit en est encore légèrement embarrassé ; mais il n'en est jamais troublé jusqu'à tomber dans l'égarement.

Enfin, les religions de la cinquième classe paroissent devoir produire des effets mélangés et, en quelque sorte, composés de ceux de toutes les autres : on y voit, selon les personnes et les temps, l'action constante et sage, ou mesurée, de la religion chinoise ; l'ivresse profonde, que l'on peut nommer judaïque ; la fureur, plus terrible, des Musulmans ; les perfides et durables enchantemens de Brama, et le jeu léger et agréable, riche et varié, de la religion payenne.

Dans tout cet article, nous n'avons considéré les religions que sous le rapport de la part, plus ou moins directe, qu'elles prennent au choix et à la marche du gouvernement. Nous avons d'ailleurs cherché à écarter de notre travail tout ce qui tient à leur multiplicité, à leurs origines, à leurs histoires, à l'examen plus approfondi de leurs dogmes et de leurs cérémonies (2). Mais notre plan même ne nous engage-t-il pas à examiner encore, au moins sommairement, quel effet les religions produisent, en général, sur le développement de l'esprit humain, sur les formes qu'il adopte, sur les procédés qu'il suit, en un mot, sur l'exercice de nos facultés intellectuelles et morales? On conçoit sans peine, que, si les religions ont une influence importante sur ces points essentiels, c'est par leur rapprochement ou éloignement, plus ou moins sensible, des routes ordinaires du bon sens et de la raison, dans le genre, l'espèce, l'origine et les bases de leurs principes, maximes, dogmes et pratiques. Si dès notre première jeunesse on a soin de nous astreindre, par le poids de la plus grande autorité du monde, et de nous accoutumer par tous les moyens imaginables, à ne penser, même sur les points qui nous intéressent le plus vivement et de plus près, que selon la méthode autorisée ou prescrite par telle ou telle religion; qui pourra calculer ce qui devra en résulter pour toute notre vie? De semblables mesures ne doivent-elles pas aboutir à fausser en nous les règles de la plus saine logique? et n'est-il pas évident que, plus la religion que l'on suivra renfermera de points merveilleux dans sa doctrine, plus elle tendra à nous écarter des voies de la nature?

Ce n'est donc que sous la clause d'être plus dangereuses que la plupart des religions peuvent acquérir la faculté de produire de plus grands effets (3). On aura toujours à leur reprocher de nous disposer, plus ou moins, du côté de l'esprit et du côté du cœur, aux extrêmes les plus funestes. Je veux dire, 1.° que, quel que soit d'ailleurs le caractère d'une religion, elle semble devoir nous accoutumer, par là même qu'elle est religion, à ce qu'on appelle *merveilleux* ou *surnaturel*. Elle y façonne notre esprit; elle en nourrit notre imagination; elle nous le fait aimer et rechercher; elle nous en fait un besoin : elle nous dégoûte par conséquent de ce qui n'est que naturel et raisonnable. Peut-on mieux nous préparer aux illusions, aux mensonges et aux erreurs? Est-il un moyen plus sûr de nous rendre la vérité étrangère, indifférente et même méconnoissable? et, lorsqu'enfin le voile de la fascination tombe, la certitude d'avoir tant été trompé ne rend-elle pas incrédule, même pour les objets le plus à la portée du bon sens? Je veux dire encore, et 2.°, que presque toutes les religions en général, par là même qu'elles sont religions, nous enhardissent à concevoir des espérances si hautes et si extraordinaires, que tout ce qui tient à l'ordre social devient petit à nos yeux, et insipide pour nous : nous devenons nuls au monde, parce que le monde est nul, ou trop peu de chose, par rapport à nous ; et, par une contradiction bizarre, à mesure que la contemplation des choses célestes nous élève ainsi à l'infini au-dessus de la terre et de ses intérêts, et de tous ses liens, nous puisons, dans les mêmes sources, une idée si abjecte de nous-mêmes, que, tout en dédaignant ce monde, nous nous persuadons que nous en sommes une des portions les plus viles ; nous nous formons à toutes les idées qui peuvent nous dégrader ; nous nous disposons au découragement, à l'abandon de nous-mêmes et à la plus profonde lâcheté.

Que l'on médite bien sur ces sortes d'opinions exagérées et toutes extrêmes, vers lesquelles l'esprit religieux semble nous pousser plus ou moins ; que l'on sonde l'effet qui doit naturellement en résulter dans les différens esprits publics des nations, et l'on sentira quelle influence les religions peuvent avoir sur les sociétés ; et dès-lors, étant bien avertis, bien prévenus sur ce point, nous pourrons interroger avec plus de succès les peuples et les siècles : nous pourrons demander, avec plus de confiance, à l'histoire, quelles sortes d'événemens plus remarquables nous ont précédés, et quelles en ont été les principales et véritables causes ; ou, si l'on veut, quels esprits publics ont régi le monde, et quels sont les effets qu'ils ont produits ?

Encore devons-nous ajouter ici que, pour mesurer plus parfaitement et plus sûrement quelle sorte de puissance, quelle puissance universelle et absolue, l'esprit public exerce sur les hommes en société ; pour pouvoir suivre plus utilement cet esprit dans toutes ses phrases, et apprécier ce qui tient à son action chez toutes les nations anciennes et modernes, il faut, de plus, qu'en le suivant de l'œil nous sachions ne voir que lui ; que, brisant la chaîne de la routine et des préjugés, nous ayons la force et le talent de nous élever, sinon aux plus hautes conceptions, du moins aux conceptions les plus lucides et les plus philosophiques : de manière que cet esprit, se présentant à nous dégagé de tout autre objet, devienne à nos yeux le principe qui, dirigeant le monde social et politique, rapproche, dans une sorte de création continuée, les hommes comme autant d'élémens épars et disséminés, et les unisse en un même corps, qu'il organise, anime et vivifie ; semblable, s'il est permis de le dire, à ce souffle ou esprit de la divinité, qui, porté sur les élémens du monde naissant, formoit avec ordre et de suite les êtres appelés à l'existence par le créateur, les mettoit en mouvement et en action, et réalisoit enfin le système du monde.

En suivant ainsi la marche et les procédés de cet esprit dans la formation et le maintien des sociétés, nous nous convaincrons sans peine qu'il ne souffla point sur les milliers de hordes sauvages ou peuplades informes qui n'ont fait que paroître dans les déserts de notre globe, et qui, avant de s'élever au rang des nations, se sont forcément éclipsées comme autant d'ombres vaines, ou fondues dans d'autres nations mieux constituées. Si nous étudions bien le petit nombre de faits qu'il nous sera possible de recueillir sur des peuplades semblables, soit qu'elles aient végété et langui dans les sables brûlans de l'Afrique, soit qu'elles aient erré comme de forts chasseurs dans les forêts de l'Amérique, soit qu'elles se soient entourées de troupeaux dans diverses régions de l'Asie ou de l'Europe ; nous nous convaincrons aisément qu'elles n'ont ainsi disparu les unes après les autres, sans laisser après elles aucune trace qui mérite quelque attention, que parce qu'elles n'ont point eu d'esprit public, c'est-à-dire, qu'elles n'ont point eu d'opinions et d'affections particulières qui leur fussent propres, et qui devinssent pour elles un de ces héritages communs qui rapprochent les individus et les lient entr'eux, par un intérêt que le temps rend tous les jours plus respectable à tous les yeux et plus cher à tous les cœurs. Ce lien ne peut venir à manquer entre les hommes, que ceux-ci ne soient étrangers les uns aux autres, et par conséquent très-éloignés de former aucune société entr'eux; ce qui suffit pour prouver que, si ce lien manque entre les hommes, il n'est aucun moyen d'y suppléer: car on n'y suppléera pas même par le sentiment des besoins auxquels la nature nous assujettit et pour lesquels les secours d'autrui nous sont si nécessaires, puisque ces besoins ne peuvent nous élever qu'à l'état de famille, et doivent par conséquent encore nous laisser à une distance infinie au-dessous de toute association nationale; et que, d'ailleurs, le sentiment qu'il est de leur nature de nous faire éprouver ne pourroit nous rapprocher en grandes masses les uns des autres, qu'en nous donnant des opinions et des affections communes, c'est-à-dire, un véritable esprit public.

Nous nous convaincrons de même, en continuant nos observations, que cet esprit universel ne souffla que d'une manière imparfaite et trop foible sur mille nations, plus ou moins connues, mais peu considérées, qui, en effet, ont été condamnées, les unes à une existence éphémère et pénible, et les autres à une triste et stérile médiocrité. Nous parlons ici de toutes ces nations qui semblent n'être sorties de dessous terre, que pour y être repoussées avec mépris ou précipitation, ou pour végéter dans le dédain et l'oubli; de toutes ces nations qui n'ont eu à laisser à l'histoire que des sottises et des foiblesses, une guerre et une défaite, en un mot, un nom insignifiant ou honteux, dont personne ne veut hériter. Est il une monotonie plus froide, plus sèche et plus pitoyable que celle qui caractérise les annales de tous les peuples semblables ? et que gagnerions-nous à en faire l'objet spécial de nos études ? Si quelquefois on croit découvrir chez l'une de ces nations quelque évènement propre à signaler un grand caractère national, n'est-on pas bientôt convaincu, par un exemple plus approfondi, que cet évènement n'est que l'effet d'une cause étrangère, ou le fruit du hasard, ou le résultat d'une combinaison plus générale et plus compliquée ? et s'il arrive que chez la même nation on rencontre quelque personnage d'un mérite transcendant, n'est-on pas bientôt assuré, en l'observant avec un peu plus d'attention, que ce n'est qu'un de ces météores extraordinaires, qui surprennent parce qu'ils sont déplacés, mais qui, par leur déplacement même, prouvent qu'ils ne sont qu'une erreur très-inutile de la nature ?

La seule recherche dont il importe de s'occuper relativement à tous ces peuples, c'est celle des raisons pour lesquelles ils n'ont pu parvenir, comme quelques autres nations, à une prospérité bien décidée. Mais on ne cherchera point ces raisons ou ces causes dans le trop petit nombre des citoyens dont ils ont été composés, car on sait que souvent les peuples célèbres par des conquêtes n'ont point égalé, quant au nombre, les peuples vaincus. Les Tartares, plusieurs fois vainqueurs de la Chine, n'ont certes jamais approché de l'immense population de ce vaste empire ! Les barbares du Nord, qui ont tant de fois ravagé, et si complètement détruit l'empire romain, ont-ils compté dans leurs armées autant d'hommes qu'il y en avoit dans les provinces dont ils faisoient leur proie ? Nos pères n'ont-ils pas vu, dans la guerre de trente ans, par exemple, la populeuse Germanie, toute hérissée de fer, se taire devant la petite armée de Gustave-Adolphe, et devant l'armée, plus petite encore, de l'immortel Turenne ? Les Suisses s'avisèrent-ils de compter les esclaves de la maison d'Autriche, lorsqu'ils secouèrent le joug de cette maison aussi despotique qu'ambitieuse ? et le fier Batave fut-il effrayé du petit nombre de ses phalanges, lorsqu'il revendiqua sa liberté ? Quand on a vu Xerxès et ses millions de Persans fuir devant dix mille Grecs, il n'est plus permis d'alléguer, pour excuser sa nullité, le grand nombre de ses ennemis et le petit nombre de ses défenseurs.

Vous ne suppléerez pas au défaut de cette excuse par celle de la misère des peuples, car vous savez que pour vaincre il ne faut que du fer et du courage ; vous savez que ce sont pour l'ordinaire les peuples pauvres qui sont les vainqueurs, parce que c'est ordinairement chez les peuples pauvres qu'il y a le plus de ces vertus qui donnent la victoire ; et n'est-ce pas, en effet, une ressource infinie pour le peuple le plus dénué de tout, que d'exister, d'être uni et de vouloir vaincre !

Disons donc que tous les peuples éphémères ou presque nuls, dont il s'agit ici, n'ont pu s'élever à aucun succès, parce qu'ils n'ont point eu d'esprit public, ou, pour parler avec plus d'exactitude, parce qu'ils n'ont donné à celui qu'ils ont eu aucune sorte de perfection ou d'énergie. Ce seroit en vain que l'on creuseroit ce sujet ou ses pensées pour découvrir d'autres causes de tous les phénomènes semblables; on n'y puiseroit de plus que ce que nous avons dit, que des erreurs, ou de nouvelles preuves du principe que nous établissons; et pourriez-vous jamais déterminer des hommes, quels qu'ils soient, à concourir à une même fin, et à s'y porter de toute leur force, si vous ne commenciez par leur en supposer ou donner le désir et la volonté? Pourriez-vous donner à tous ces hommes un même désir, une même volonté, si vous ne leur supposiez, ou ne leur donniez à tous, les mêmes opinions, les mêmes affections, le même zèle, le même esprit public enfin?

Je reviens, pour convenir avec vous, que, en conséquence de tout ce qui précède, nous effacerons de la liste des objets des études plus approfondies que doit se proposer l'homme public ou le législateur, l'histoire insignifiante et monotone de tous les peuples que nous venons de caractériser: nous imiterons le sage herboriste qui dédaigne de se charger de toutes les plantes maigres que l'on voit languir sans couleur, sans force et sans vertu, et qui ne viennent point à mâturité; nous ne composerons notre herbier que de ce qu'il y a de plus parfait dans chaque espèce; c'est-à-dire, que nous nous bornerons aux nations qui ont eu un esprit public caractérisé, puissant et développé. Nous suivrons l'exemple des hommes de génie qui, paroissant détourner leurs regards de dessus le reste du monde, semblent ne reconnoître qu'un petit nombre de nations qui soient dignes d'attirer leurs regards et de fixer leur attention.

Mais en vous déterminant à ne suivre la marche de l'esprit public, et à n'en rechercher ou recueillir les fruits, que chez les nations les plus dignes d'une grande célébrité, vous traînerez-vous sur les traces des unes et des autres, en les prenant chacune séparément, et en copiant avec une exactitude servile les historiens qui en ont parlé avant vous? Non, sans doute. Vous remarquerez qu'en général ces nations n'ont, toutes ensemble, qu'une seule et même histoire à nous offrir : que la plupart des différences que l'on aperçoit entr'elles, ne consistent que dans les nuances, les espèces et les variations de l'esprit public, ou bien dans des circonstances étrangères à notre véritable instruction, et fatigante pour le philosophe; dans des détails de nomenclatures, de dates, de localités, ou autres semblables, que vous secouerez comme une vaine poussière; car enfin, et vous ne l'oublierez pas, c'est l'histoire du genre humain, et non l'histoire particulière de telle dynastie, ou de tel individu, ou même de telle classe d'hommes, de telle sorte de société, de telle portion du genre humain, que vous vous proposerez de parcourir. Celui qui compare ensemble des hommes d'une même nation, ne découvre guères entr'eux que des différences individuelles, auxquelles il vous seroit peu utile de vous arrêter; au lieu qu'ici, en rapprochant les uns des autres les hommes des diverses nations, vous ferez sortir de ce rapprochement des différences qui, naturellement et le plus souvent, seront des différences nationales d'autant plus dignes de toute votre attention, qu'elles n'auront été produites que par la nature, l'espèce, la perfection ou les défectuosités de l'esprit public.

Vous rassemblerez donc autour de vous ce que peuvent nous offrir de plus intéressant les Assyriens, les Perses, les Egyptiens, les Grecs, les Romains, et quelques époques de quelques autres peuples, soit anciens, soit modernes (4); et vous en composerez, non l'histoire des hommes qui ont illustré ces nations, mais l'histoire de la société elle-même, ayant soin principalement d'écarter de vous tout ce qui sera étranger à ce grand objet, pour ne voir dans les hommes et dans les faits que le principe qui anime les uns et détermine les autres. Les histoires particulières, et même celles que jusqu'ici on a regardées comme histoires générales, ne seront pour vous, dans ce travail, que des ruisseaux que vous ramènerez vers le grand fleuve dont vous aurez à suivre le cours, c'est-à-dire, vers l'histoire morale et sociale du monde.

Je présume que l'histoire dont vous aurez de cette sorte à recueillir les matériaux, vous paroîtra pouvoir utilement se diviser selon la distinction connue des âges, parce que les nuances ou gradations de l'esprit public vous paroîtront se classer beaucoup mieux sur cette échelle que sur aucune autre.

Ainsi, lorsque vous formerez l'histoire de la société humaine à son enfance, vous y verrez se réunir, d'elles-mêmes, toutes les parties de l'histoire qui ne rappellent au lecteur qu'un esprit public foible, incomplet, chancelant et presque nul, ou livré aux caprices de l'inconséquence et de l'exagération, aux illusions, aux prestiges, à la fougue, à la témérité et aux erreurs les plus inconsidérées des premières passions. Cet âge comprendra, de cette sorte, deux états bien distincts : celui où l'ame est encore toute entière sous ses langes, et dans ses enveloppes primitives ; et celui où, brisant ses liens, elle commence à prendre l'essor, encore incapable de réfléchir, et se laisse emporter au torrent des fables et du merveilleux que l'imagination la plus ardente et la plus désordonnée puisse enfanter. En général, l'esprit public, pris à cet âge, n'est composé que d'un petit nombre d'opinions, qui ne sont ni discutées, ni combinées entr'elles, ni affermies d'ailleurs, mais qui ont le caractère de la naïveté, et qui sont accompagnées d'une énergie pleine de pétulance et de chaleur, si toutefois on peut appeler *énergie* une vivacité qui n'a ni fermeté, ni consistance (*).

Cherchez à faire l'application de ces notions générales, et vous vous apercevrez bientôt, ainsi que nous en avons déjà fait la remarque, qu'un nombre infini de nations ne sont jamais sorties de la première enfance ; que beaucoup d'autres n'en sont sorties que pour se précipiter et s'abymer dans les infirmités de la vieillesse ; que les unes et les autres sont également condamnées à une nullité qui pourroit nous

---

(*) Reddere qui voces jam scit puer, ac pede certo
Signat humum, gestis paribus colludere, et iram
Colligit ac ponit temere, ac mutatur in horas.

HORAT.

dispenser

dispenser de nous y arrêter; mais qu'il en est quelques autres qui, dans leur enfance même, connoissant déjà les illusions romanesques et merveilleuses de l'imagination, indiquent assez par là qu'elles ont une constitution forte et des dispositions précieuses, et qu'elles méritent d'autant plus un examen suivi que déjà elles annoncent un avenir remarquable et fécond en événemens.

Et n'est-ce pas à cette classe que vous paroîtront également appartenir l'histoire ancienne de la Grèce jusqu'à l'expédition des Argonautes; la partie fabuleuse et trop peu connue de l'histoire ancienne de l'Assyrie, de la Perse, de l'Egypte, de la Chine, et peut-être des anciens Celtes, et peut-être encore de plusieurs autres peuples anciens et modernes?

Ne seroit-ce donc pas à vos yeux une exactitude puérile et minutieuse, que de ne jamais vous permettre de voir Inachus et ses descendans jusqu'à Oreste, qu'à Argos; Cécrops et Thésée, qu'à Athènes; Cadmus, Amphion et OEdipe, qu'à Thèbes en Béotie; Deucalion et Jason, qu'en Thessalie; Tantale et Hercule, que dans le Péloponnèse; Candaule et Gygès, qu'en Lydie? Tous ces premiers dominateurs des autres hommes ne se rangent-ils pas également, et d'eux-mêmes, en avant du berceau de la société, à cette seconde enfance, où déjà l'imagination et la sensibilité exercent leur empire sur nous, mais où elles sont encore les deux seules facultés qui déterminent nos actions, au moyen des images et des sensations qu'elles nous fournissent: images qui nous tiennent lieu d'idées et d'opinions; sensations qui alors nous paroissent être des affections sociales et des sentimens moraux ?

Lorsque vous passerez de l'enfance au second âge, c'est-à-dire, à la jeunesse de la société générale, vous nous retracerez les temps où l'esprit informe du genre humain se soumet peu à peu au coup-d'œil de la réflexion, qui, tout en naissant, essaie de secouer quelques préjugés au risque de tomber quelquefois dans des erreurs nouvelles, et peut-être plus graves; vous nous montrerez comment alors un examen rapide, déterminé par des idées nouvelles et par une énergie sinon plus grande, au moins un peu plus tenace, conduit les esprits à des changemens inattendus, et assez souvent au redressement de quelques opinions erronées et funestes. Alors l'esprit public s'enrichit chaque jour de quelques connoissances qui sont neuves pour lui; mais, en s'y attachant par des liens plus serrés et plus étroits, en cherchant à en former un tissu plus complet, on voit qu'il les discute moins qu'il ne les déplace et ne les tourmente. Alors une ardeur plus brûlante emporte les ames vers tout ce qui promet de la nouveauté, de l'éclat et de la gloire ; c'est l'âge des héros, plutôt que des grands hommes : tout y est sans cesse en action ; les airs retentissent du bruit des armes et des cris de la victoire ; on n'y est ému que par les sentimens élevés et généreux. Une sécurité, mêlée d'insouciance, et que produit l'inexpérience, et plus encore le sentiment de sa force et le délicieux élan de son courage, précipite tout le peuple dans la carrière : par tout domine un enthousiasme mêlé d'impatience et de fierté. Les fautes même, par le caractère de franchise ou de grandeur, de dignité ou d'éclat, qui les distingue, séduisent et ravissent généralement quiconque en est témoin; quoique toujours l'imprévoyance les précède, qu'une confiance téméraire les accompagne, et que l'indocilité et la mutinerie les suivent. Aussi est-ce en vain que ces fautes amènent souvent des maux si cruels et vraiment irréparables; c'est en vain que l'on voit quelquefois, à leur suite, une rougeur irritante manifester la honte et le dépit : l'oubli parvient bientôt à effacer même celles qui sont le plus funestes, et, pour l'ordinaire, en écarte à jamais le repentir (*).

A quel autre âge pourriez-vous rapporter l'histoire de la plupart des nations plus ou moins célèbres, aux époques où elles occupent le plus les esprits, c'est-à-dire, aux époques où elles ont eu plus d'éclat et de grandeur que de vertu, et où elles n'ont paru exister que pour être en proie à une fougue irrégulière, mais violente et continue ? A quel autre âge rapporteriez-vous l'histoire de la Grèce, depuis les Argonautes jusqu'à Solon et Lycurgue, et toute l'histoire romaine, depuis Numa jusqu'aux Décemvirs ? car, quoiqu'en ait dit un de ses plus ingénieux historiens, Rome n'eut point d'enfance. Ne jugerez-vous pas encore devoir placer sur la même liste la plupart des colo-

---

(*) Imberbus juvenis, tandem custode remoto
Gaudet equis canibusque, et aprici gramine campi,
AEreus in vitium flecti, monitoribus asper,
Utilium tardus provisor, prodigus æris,
Sublimis, cupidusque et amata relinquere pernix.
(Hor.)
Impiger, iracundus, inexorabilis, acer;
Jura neget sibi nata, nihil non arroget armis.
(Ibid.)

nies des peuples anciens, aux époques où on les forma ; l'Espagne, à l'époque brillante de l'expulsion des Maures ; le Portugal, à celle de ses établissemens dans les Indes ; la Hongrie, lorsqu'elle servit au reste de l'Europe de digue, contre le débordement des Turcs ; la Pologne, lorsqu'elle rendit à l'Allemagne le même service contre les barbares du Nord, et qu'elle se défendit elle-même contre l'ordre teutonique ; en un mot, toutes les époques où les peuples, quels qu'ils soient, n'ont sur tout prisé entre tous les arts que l'art militaire, et, dans cet art même, que les idées chevaleresques et les brillans avantages qui en dépendent?

Vous vous écarterez donc de la scrupuleuse méthode, de la routine timide plutôt que fidèle, selon laquelle on nous fait péniblement courir de la Judée en Egypte, de l'Egypte dans toute l'Asie, à Rome, et dans tout l'Occident, pendant plus de vingt siècles, pour étudier isolément des hommes que l'on ne peut séparer les uns des autres sans blesser les lecteurs d'un jugement sain et réfléchi ; pour suivre séparément Sésostris, Gengis-Kam et Attila, Achille, Hector, et tous les héros du temps de la guerre de Troie ; Josué, Fernand-Cortès, Ségovèse et Bellovèse ; Roderic et les Maures, les chevaliers normands en Sicile, Roland le furieux et le fier Renaud ; Goliath et David, les Horaces et les Curiaces, et Godefroy de Bouillon ; enfin, Arminius, Witikind, Scanderberg, et tant d'autres.

Lorsque vous aurez à rechercher l'âge viril des nations, vous vous attacherez exclusivement aux époques où ces mêmes nations auront approché du bonheur social et commun, autant qu'il étoit permis de l'espérer, c'est-à-dire, où elles auront eu un système d'opinions concordantes, suffisamment complet, et soutenu par des affections également fortes et durables. Ce qui caractérise particulièrement cet âge, dont on peut dire à la rigueur que nul peuple encore n'y est parvenu, que même un petit nombre a eu peine à s'en approcher, et qu'on ne pourra véritablement l'atteindre que lorsque la vérité seule déterminera les opinions nationales et que la vertu seule en sera l'ame ; ce qui caractérise cet âge, ce sont au dedans des institutions utiles, des mœurs simples et uniformes ; un ordre public, régulier et facile à maintenir ; une bienfaisance nationale, sage dans le choix des objets, et bien ordonnée dans l'application au dehors ; une force imposante ; une politique ferme, franche et fondée sur la justice ; point de conquêtes qui ne soient nécessaires, et point d'alliances qui ne portent sur des clauses convenables et honnêtes : par tout, prudence et sagesse toujours écoutées ; sentimens d'honneur, toujours aussi vifs que bien placés ; patriotisme et courage, toujours également éclairés ; force, fermeté et constance à se maintenir dans les mêmes voies, c'est-à-dire, morale pure, lois respectées et respectables, esprit public parfait (*).

(*) Conversis studiis, ætas animusque virilis
  Quærit opes et amicitias, inservit honori,
  Commisisse cavet quod mox mutare laboret.
  (Hor.)

  Fuit hæc sapientia............
  Publica privatis secernere, sacra profanis ;
  Concubitu prohibere vago, dare jura maritis ;
  Oppida moliri, leges incidere ligno.
  (Ibid.)

Pour avoir à nous offrir des hommes qui aient au moins eu le désir de jouir d'un bonheur tel que nous venons de le peindre, et qui se soient vraiment appliqués à se le procurer, vous consulterez principalement l'histoire des Grecs, depuis Solon et Lycurgue jusqu'à Philippe de Macédoine; l'histoire romaine, depuis les Décemvirs jusqu'à la ruine de Carthage; l'histoire de la Chine, dans les temps où elle nous est plus connue; peut-être encore celle de l'Egypte ancienne, lors des temps malheureusement trop obscurs où elle érigea ses monumens les plus utiles; celle de la Suisse, depuis qu'elle a recouvré sa liberté; j'allois dire, celle de la Hollande, depuis qu'elle s'est soustraite au despotisme de l'Espagne, si, après avoir écarté ses oppresseurs étrangers, le Batave avoit eu la force et la sagesse de briser le glaive stathoudérien, qui ne pouvoit plus que lui être funeste.

Mais vous semblera-t-il que vous réunissiez des plantes exotiques et tirées de climats contraires les uns aux autres, lorsqu'en entrant dans les développemens de cette partie de l'histoire universelle et politique des hommes, vous rassemblerez en un même groupe Thémistocle, Aristide, Xénophon, Léonidas, Epaminondas, Camille, Paul-Emile, Fabius, Scipion et Annibal; ou bien, Moïse, Numa, Salomon, Minos, Solon et Lycurgue; ou encore, Thalès, Pythagore, Socrate et Platon; ou Démosthènes et Cicéron; ou Timoléon de Corinthe, Dion de Syracuse et les deux Brutus; ou enfin, Gélon, Servius Tullius, Marc-Aurèle, Antonin, Tite, Trajan, Louis XII et Henri IV?

En vous occupant du dernier âge, ou de la

vieillesse des nations, vous verrez se retracer, comme dans un cercle, tous les peuples où l'esprit public aura été frappé de décadence et de dégénération; c'est-à-dire, où le gouvernement, passant par les crises diverses des maladies les plus incurables, éprouvant tous les symptômes de la caducité et les désordres qui signalent une prochaine désorganisation, se laissera tomber dans les bras de ses propres ennemis, excusera les excès des spoliateurs, pardonnera les entreprises des ambitieux, donnera sa confiance aux empyriques les plus téméraires; ou du moins annoncera ces époques comme prochaines, en manifestant sa foiblesse et son impuissance, en laissant apercevoir qu'il n'est plus que timide, lent, circonspect, toujours flottant dans des attentes vaines et vagues, toujours embarrassé de mille craintes que le passé lui semblera justifier, toujours retenu par de longues espérances, par des désirs mal affermis et par de cruelles incertitudes (*). Toutes les époques où une nation aura été exposée à des inconvéniens graves et journaliers, que l'on ne pourra regarder que comme autant de résultats de sa propre foiblesse; toutes les époques où nous verrons une nation assaillie d'abus qui découleront de ses diverses institutions, et où elle n'osera plus, en quelque sorte, jouir ou se prévaloir de ses avantages les plus légitimes, de peur d'en éprouver quelques effets

---

(*) Multa senem circumveniunt incommoda, vel quod
Quærit et inventis miser abstinet ac timet uti,
Vel quod res omnes timide gelideque ministrat,
Dilator, spe longus, iners, avidusque futuri,
Difficilis, querulus, laudator temporis acti
Se puero, censor, castigatorque minorum.
(Hor.)

pernicieux, qu'elle n'aura ni la force, ni le courage de prévenir ou de réparer; toutes les époques, en un mot, où l'on verra toujours le mal, que même on ne voudra pas, venir promptement effacer les traces du bien que l'on aura le plus décidément voulu faire: toutes ces époques seront spécialement celles de l'âge où les opinions les plus essentielles sont altérées, et les affections les plus caractéristiques affoiblies ou totalement éteintes; de l'âge où l'esprit public est perverti ou corrompu, c'est-à-dire de la vieillesse.

Cet âge, par malheur pour l'humanité, partage avec l'enfance la majeure partie de l'histoire du monde, et revendique en particulier, comme lui appartenant, l'histoire de la Grèce depuis Philippe de Macédoine, jusqu'à ce que les belles contrées de cette partie du monde aient perdu le privilége de nous offrir des nations particulières et distinctes; l'histoire de Rome, depuis la ruine de Carthage, jusqu'à la ruine de la République; et ensuite, celle de l'empire romain tout entier, à un petit nombre de règnes près; celle de tout l'empire d'Orient, et de l'empire moderne d'Occident, depuis Charlemagne; de l'Italie moderne, au milieu des déchiremens horribles dont elle a donné de si révoltans et de si tristes exemples; de l'Allemagne, durant les dégoûtantes scènes que n'ont cessé d'y reproduire la féodalité, l'anarchie, l'ambition, le fanatisme, l'ignorance, les partis ou factions, et les hérésies; de l'Espagne, avant son asservissement sous le sceptre des Maures, et même presque toujours après; de l'Angleterre, sous tous ses conquérans, et en général sous toutes ses dynasties; de la France...; enfin du monde presque entier, depuis plus de vingt siècles, sans compter les siècles encore que l'antiquité y accumuleroit à nos yeux, si elle nous étoit mieux connue.

A mesure que vous avancerez dans le développement de ces notions générales, et que vous aurez à en faire l'application, ne vous convaincrez-vous pas, de même que dans les recherches relatives aux articles précédens, que rien n'est plus instructif, et par conséquent plus à propos, que de rassembler et de placer, en présence ou à côté les uns des autres, les personnages célèbres et malheureusement trop nombreux qui se rapportent à cet âge, sans vous arrêter à la méthode des auteurs qui, jusqu'ici, ne nous les ont représentés qu'en les séparant par des centaines ou des milliers de lieues ou d'années? Pourriez-vous ne pas accumuler, sous le même rapport, les Pharaons d'Egypte et les Nabuchodonosors de Babylone; les derniers juges des Juifs et les descendans de Salomon; les successeurs de Cyrus en Perse, et presque tous les tyrans de Sicile, d'Athènes ou des autres peuples de la Grèce; quelques-uns des capitaines d'Alexandre, sur la vaste étendue de son empire, et à leur suite, les Lagides après Ptolomée-Soter, d'une part, les Séleucides après Nicanor de l'autre, et Cassandre et ses successeurs en Macédoine; les Gracques et tant d'autres tribuns du peuple à Rome; Marius, Sylla, Luculle, Pompée, César, Antoine, Auguste et tous les tyrans qui les ont suivis; presque tous les dominateurs qui, depuis la chute de l'empire romain, ont gouverné, ou plutôt égaré et opprimé les hommes; les barbares du Nord, les barbares de l'Orient, les barbares du Midi et les barbares de l'Occident, tous semblables, tantôt à Sésostris ravageant le monde pour conquérir, tantôt à Cambise dont la démence opiniâtre fit périr ses armées dans les sables de l'Éthiopie, et tantôt à l'imprudent et présomptueux Xerxès, armant l'Asie, non pour combattre, mais pour asservir la Grèce : c'est-à-dire, les barbares du Nord apparoissant aux frontières de l'Europe, sous mille noms inconnus, et s'y précipitant à la suite les uns des autres, pour ravager et détruire; les barbares de l'Orient, se répandant de toutes parts, sous le nom de Turcs ou de Musulmans, le fer et la flamme à la main, insatiables d'assassinats, de cruautés et de tyrannie; les barbares du Midi, sous le nom de Sarrasins, se portant, avec les mêmes fureurs, de l'Afrique en Espagne et dans les Gaules; et les barbares du Couchant, ou l'Europe toute entière, sous le nom de Croisades, roulant ses flots débordés vers la terre sainte ; en un mot, les hommes des diverses parties du monde connu, ne paroissant sortir d'un délire que pour se livrer à une autre frénésie plus atroce et plus funeste encore?

Ne reconnoîtrez-vous pas également les longues infirmités de la vieillesse dans toutes les scènes pitoyables et cruelles qu'ont jouées, sur notre globe, les factieux qui l'ont si affreusement tourmenté dans presque tous les temps; les blancs et les noirs, dans l'empire d'Orient; les Guelfes et les Gibelins, dans l'empire moderne d'Occident; et ailleurs, les Wighs et les Torris, les verts et les bleus; les ligueurs, les frondeurs et les orangistes ; sans compter mille espèces d'hérésiarques, qui renouvelant, pendant tant de siècles, les troubles, les haines et les persécutions, les org...oient et les entretenoient dans un cours régulier et périodique, comme le flux et le reflux sur l'Océan ; en un mot, tous les sectaires, soit politiques, soit religieux, aussi extravagans dans leur conduite, que criminels dans leurs motifs?

Pourrez-vous oublier les mages ou magiciens, ces imposteurs fanatiques et adroits; Jannès et Mambré, du temps de Moyse ; ceux qui les avoient précédés du temps de Joseph ; et tous ceux qui les ont suivis, dans les temps postérieurs, un Elymas, un Simon, un Apollonius de Tyane; tant de faux Christs et de faux prophètes; et tant d'apôtres, d'anachorètes, de vierges, de martyrs, d'augures, de pontifes, de bonzes, de pénitens et de faquirs, dans toutes les sectes?

Ne sera-ce pas dans l'histoire de la vieillesse, dans cette sentine immense et pestilentielle, où la nature a déposé tous les vices, que vous placerez tant de monstres dont le souvenir et l'image nous effraient encore, Denis à Syracuse, Périandre à Corinthe, Phalaris à Agrigente, et à Rome, Tibère, Néron, Caligula, Domitien; et la foule innombrable des Verrès et des Catilina de tous les peuples?

Ne jetterez-vous pas pêle-mêle, dans cette fange du genre humain, les Catherine de Médicis et les Cléopâtres; la femme de Putiphar, accusant Joseph, dont elle n'a retenu que le manteau ; Phèdre calomniant Hippolite, à qui elle n'a pu faire partager ses fureurs; et la duchesse d'Angoulême, ruinant, et soulevant par désespoir, contre sa patrie, le connétable de Bourbon, qui n'a pu l'aimer?

Ne sera-ce pas dans ce bourbier infect que vous nous montrerez les Jézabel et les Athalie, les Frédégonde et les Brunehant, dont la mémoire va déshonorer leurs siècles chez la postérité qu'elle épouvante par l'idée de leurs excès?

Et les Médée, les Clitemnestre, les Sémiramis, les Agrippine, les Isabeau de Bavière, les Marie de Médicis, n'occuperont-elles pas une place encore plus affreuse? Et Thieste et Pelopée sa fille, OEdipe et Jocaste sa mère, Egypius et sa mère Bulis, pourrez-vous les oublier?

Oublierez-vous le déchaînement des passions les plus actives, les plus immorales et les plus déhontées? les vils intrigans, les bas valets des cours, les ambitieux subalternes? l'avarice la plus sordide, et la rapine la plus insatiable? la prodigalité la plus folle, et le faste le plus insolent? la débauche la plus immonde, et les prétentions les plus extravagantes? presque par tout des pontifes sybarites, des magistrats déprédateurs, des financiers transformés en Luccules, et des nobles métamorphosés en escrocs; paroissant sur la surface du globe comme autant de nuées de sauterelles, qui toujours se reproduisent pour toujours dévorer?

Voilà donc à quoi se réduisent les principaux traits de notre humiliante et fastidieuse histoire! Soit que nous la suivions chez les peuples chasseurs, chez les peuples pasteurs, chez les peuples agricoles ou chez les peuples marchands; soit que nous supposions les uns et les autres, plus ou moins civilisés et plus ou moins guerriers; nous les retrouvons malheureux par tout, parce que par tout ils croupissent dans l'ignorance, ou sont entraînés par l'erreur. C'est en vain que nous passons des siècles qui nous ont donné des héros robustes, à ceux qui nous offrent des héros téméraires par intrépidité, ou des héros aussi adroits que braves, ou des héros fastueux et vains : nous n'aurons jamais à observer que le mal ou le pire succédant au mal. Le spectacle effrayant de l'univers ne présente, pour ainsi dire, dans ses changemens de scènes, que des révolutions désastreuses ; les nations ne se maintiennent que dans des états de souffrances ; elles ne s'agrandissent que pour se rapprocher du terme où elles se divisent en se déchirant : par tout et toujours, conquêtes et ruines, crimes insensés et malheurs mérités ! C'est ainsi que, selon l'expression énergique de Bossuet, les empires tombent successivement les uns sur les autres, et confondent la raison humaine sous le fracas épouvantable de leur chute : c'est ainsi que, selon le même auteur, nous voyons tous les peuples célèbres devenir, chacun à leur tour, le marteau qui brise l'univers, et qui ensuite est brisé lui-même.

Cette horrible abondance de fléaux sur notre globe, cette lamentable continuité de malheurs qui sont les fruits naturels et nécessaires de l'ignorance crasse des hommes, et de leurs superstitions aussi absurdes que ridicules, de leurs erreurs grossières et de leurs funestes préjugés, de leurs guerres sanglantes et de leurs cruautés barbares, de leurs lâches hypocrisies et de leurs trahisons atroces, de leurs rapines et de leurs brigandages, de leurs méchancetés enfin, et de leur stupidité ; toute cette chaîne désespérante ne nous rappellera-t-elle pas, à chaque événement, cette vérité essentielle, que ce sont les vices de l'esprit qui produisent ou autorisent les vices du cœur ; que les uns et les autres sont la source de tous nos maux ; que si notre ignorance, enfin, et nos erreurs étouffent, ou égarent et pervertissent l'esprit public, c'est le despotisme politique, et plus encore le despotisme religieux, qui fomente et perpétue l'ignorance, les erreurs, les vices et tous les malheurs du genre humain ?

Embrassez maintenant, d'un même coup-d'œil, les quatre âges que nous venons de parcourir ; vous sera-t-il possible de ne pas vous écrier avec moi : « Quelle affreuse étude
» que celle de l'histoire ! par tout les répéti-
» tions les plus décourageantes ! Chez presque
» tous les peuples, dans les régions les plus
» diverses, aux époques les plus éloignées,
» le plus souvent les mêmes faits, les mêmes
» sottises et les mêmes maux ; les mêmes causes
» et les mêmes effets, sans autres différences
» que celles qui ne sont susceptibles d'aucun
» intérêt important ! et que nous importe, en
» effet, que l'on nous cite Noé ou Deucalion,
» Brama ou Zoroastre, Athlas ou Samson, le
» géant Anthée ou le monstre Poliphême ? Pour
» nous dédommager du tableau de tant d'ex-
» travagances, sera-ce assez de celui de la
» philosophie de Confucius ou de Pithagore,
» de la sévérité de Minos de Crète ou de Rollon
» de Normandie, de l'héroïsme merveilleux
» de Persée sauvant Andromède, ou d'Hercule
» sauvant Hésione, du dévouement de Codrus
» ou de celui de Curtius, des exploits roma-
» nesques des Amazones ou de ceux de Jeanne
» d'Arc, de la piété de Tobie ou de celle
» d'Énée, et, enfin, des pommes d'or des

» Hespérides, ou de la Toison de la Colchide,
» ou de la conquête de la terre sainte ? Pour
» nous consoler des cruautés que nous verrons
» exercer de toutes parts, sera-ce assez de
» l'amitié de Pirithous et de Thésée, d'Hercule
» et de Philoctète, et de celle plus touchante
» encore d'Oreste et de Pilade, ou des mœurs
» ingénues d'un trop petit nombre de peuples
» hospitaliers ? Les intentions généreuses de
» Brutus et de Cassius peuvent-elles effacer
» l'impression que font sur nous les proscrip-
» tions qui les ont précédés et suivis, et le
» torrent déchaîné de corruption dont ils ont
» été les victimes ? Les trente juges d'Egypte
» et l'aréopage des Grecs l'emporteront-ils sur
» les infamies et les iniquités de tant de com-
» missions royales, de tant de parlemens, de
» juntes, ou autres tribunaux anciens ou mo-
» dernes ? »

J'espère que l'on ne se scandalisera plus des rapprochemens que je me suis permis de faire à travers les distances des temps et des lieux. On comprendra qu'Abraham et son fils Isaac, Jephté et sa fille Zéila, ne peuvent jamais être, aux yeux de l'homme attentif, qu'une sorte de répétition de Thésée et d'Hippolite, et d'Agamemnon et d'Iphigénie : le cardinal de Retz ne sera jamais qu'une copie imparfaite des tribuns de Rome, ou des Alcibiades d'Athènes : Débora paroîtra toujours la sœur de Cassandre : les trois cents Fabius seront toujours les frères des trois cents Spartiates : Phocion se placera toujours auprès de Caton, Coriolan auprès du connétable de Bourbon, et Bayard à côté de Joinville. Voyez encore les frères Machabées chez les Juifs, Aratus et Philopœmen chez les

Grecs, Bélisaire et Narsès sous les empereurs : pouvez-vous ne pas remarquer également, en eux tous, les derniers efforts du courage et du patriotisme, chez une nation abâtardie et corrompue, qu'ils veulent en vain rendre à son ancienne splendeur ? Tous ces divers rassemblemens ne nous offrent en quelque sorte que des compatriotes et des contemporains ; je dirois volontiers qu'ils nous offrent chacun une même famille, le même sang, les mêmes traits, la même physionomie, la même ame : c'est qu'en effet ce sont les mêmes opinions, les mêmes affections, les mêmes principes, les mêmes actions, en un mot, le même esprit public.

En parcourant ainsi la carrière de l'homme social, telle que nous la retrouvons dans l'histoire, vous vous apercevrez d'abord que quelques nations n'ont appartenu à tel âge que par un ou deux hommes seulement : c'est ainsi que la Macédoine n'a connu l'âge viril que par Philippe, la Suède par Gustave Adolphe, la Prusse par le grand électeur et Frédéric II, et l'Angleterre par Alfred.

Vous vous apercevrez encore que plusieurs nations ont passé plusieurs fois d'un âge à l'autre ; comme la France qui, durant douze siècles de suite, n'a parcouru que le cercle des vicissitudes les plus bizarres et des alternations les plus pitoyables, n'ayant eu à nous montrer les avantages d'une brillante jeunesse que sous un petit nombre de règnes, tels que ceux de Philippe Auguste, de François premier et de quelques autres, et le caractère imposant et respectable de l'âge viril, que sous Charlemagne, Louis IX, Charles V, Louis XII et Sully ;
mais

mais se voyant défigurée par la difformité de la décrépitude sous les descendans de Clovis, sous ceux de Charlemagne, et sous la plupart de ceux de Capet.

Vous vous apercevrez même qu'en général une nation ne tient guères à un âge que partiellement, c'est-à-dire, qu'elle n'y tient que par quelques côtés seulement ; de sorte que, si l'on vouloit suivre le fil d'une analyse bien exacte, on verroit souvent une même nation tenir à tous les âges en même temps : phénomène qui ne surprendra plus, lorsque, remontant à ses véritables causes, on découvrira que l'esprit public de ces mêmes nations n'est qu'un mélange d'opinions discordantes, les unes vraies et les autres fausses ; celles-ci nécessaires, et celles-là superflues, ou même nuisibles ; provenant tantôt du bon sens et de la raison, et tantôt d'une doctrine merveilleuse et incompréhensible, ou de l'autorité du temps et de l'exemple, et des mille circonstances différentes qui composent le vaste domaine du hasard. N'est-ce pas ainsi que le règne de Louis XIV nous retrace la jeunesse des nations par la jactance des idées fastueuses et chevaleresques qui en font presque tout l'éclat ; l'âge viril, par les heureux fruits des vues politiques et profondes de Richelieu, par les institutions de Colbert, et par les progrès des sciences et des arts ; et, enfin, toutes les infirmités de la vieillesse, ou si l'on veut, de l'enfance, par les erreurs religieuses, les excès du fanatisme, et la marche progressive et accélérée de tous les abus de puissance ou d'administration, qui devoient bientôt conduire la France dans l'abyme d'où la révolution seule a pu la retirer ?

On le voit : quel que soit le caractère ou le sort des peuples; quelles que soient les variations qu'on y observe, selon toutes les circonstances qui peuvent y influer ; on en retrouvera toujours la clef dans la nature et dans les vices ou perfections de l'esprit public qui y aura dominé. Nulle anecdote, nul trait d'histoire, nul fait connu, qui ne confirme cette vérité fondamentale.

Pourquoi en effet un grand homme, qui donne un grand et nouvel élan à son siècle, est-il immédiatement suivi d'une foule d'autres grands hommes, si même il n'en est pas entouré? n'est-ce pas parce qu'il fait naître, au moyen de l'admiration qu'il s'attire, et de l'espèce de culte dont il devient l'objet, un enthousiasme tout neuf, si je puis m'exprimer ainsi, une passion forte et dominante, une émulation vive et générale, qui transforme, en quelque sorte, toutes les ames en d'autres ames, et les élève vers tout ce qui est noble, héroïque, extraordinaire ou vertueux ? Il donne de nouveaux hommes au monde, parce qu'il apporte de nouvelles opinions, ou qu'il ranime les anciennes par une nouvelle énergie.

Si les règnes d'Alexandre, d'Auguste, de Léon X et de Louis XIV, ont été si féconds en talens; s'ils ont brillé par tant de génies heureux; si l'on a eu à y admirer, tout à la fois, la perfection du goût, les progrès des arts et l'avancement des sciences; devons-nous en chercher les causes ailleurs que dans cette pente irrésistible vers la nouveauté des objets, la vérité des principes, et la beauté des monumens, que donnent à tous les hommes instruits ou sensibles, mais non encore corrompus, les recherches et les découvertes immédiatement antérieures, la vue des modèles tout nouvellement produits par des contemporains, ou tirés tout-à-coup des ruines du monde, l'appât des récompenses, l'aiguillon de la gloire, et l'émulation excitée par des applaudissemens universels? Mais toutes ces causes ne tiennent-elles pas essentiellement à l'espèce et à l'énergie des opinions et des affections nationales, c'est-à-dire, encore, à l'esprit public?

Pourquoi certaines époques, telles que les époques des guerres civiles, produisent-elles des vertus qui étonnent, à côté de tant de crimes qui effraient? N'est-ce pas encore là l'effet naturel de l'énergie que de semblables circonstances impriment à toutes les passions, ou, si l'on veut, à tous les élémens de l'esprit public et des esprits de partis?

Quelle cause a donné des Périclès et des Alcibiades pour successeurs aux Miltiade, aux Thémistocle et aux Aristide? Quelle cause a fait succéder l'ambition des Scylla et des César à l'héroïsme pur et généreux des Scipion et des Marcellus? les crimes des Verrès et des Catilina, aux vertus des Régulus, des Camille et des Cincinnatus? le luxe immodéré des Luculle, à l'austère simplicité des Caton? Tous ces évènemens ne sont-ils pas autant de symptômes ou de résultats de la décadence progressive de cet esprit public auquel tout se rapporte?

Quelle chaîne secrète nous a quelquefois amené des siècles de dévastation et de déchirement, après des siècles de conquêtes; des siècles de chevalerie, après des siècles de fanatisme et de superstition; le génie de la fiscalité, après le génie militaire, et la torche des révolutions, après le flambeau de la philosophie? Tous ces problèmes de l'histoire morale et politique des sociétés ne trouvent-ils pas leur solution dans le mouvement successif de l'esprit public? Les phases diverses et multipliées de cet astre si variable, si fécond et si terrible, expliquent seules les phénomènes que nous offre l'histoire des nations. Aussi peut-on dire qu'en dernière analyse la politique la plus profonde de ceux qui gouvernent, et la philosophie des plus sages législateurs, ne sont autre chose que l'art de consulter l'esprit public, et de le diriger ou redresser en paroissant le suivre.

L'empire de cet esprit sur les peuples est si grand, qu'il n'y a point de Machiavel qui ait pu le méconnoître au fond de son ame, et qui ait osé le fronder ouvertement. Cet empire est si universel, qu'il n'y a dans l'histoire du genre humain aucune anecdote mémorable qui n'en confirme la réalité d'une manière frappante: et en effet, ne voyez-vous pas, par exemple, la maçonnerie résister aux foudres du Vatican, et à la sombre et persécutante sollicitude des despotes? et lorsque tout le peuple romain se lève d'enthousiasme, et par un mouvement spontané, en entendant pour la première fois l'une des plus précieuses maximes (*) que la nature ait su maintenir dans l'esprit public de ce peuple aussi fier que valeureux, n'est-ce pas un éclatant hommage que ce peuple rend à la puissance de cet esprit public, aussi bien qu'à la morale essentielle des hommes?

(*) Homo sum; humani nihil a me alienum puto.
(TÉRENT.)

Jetez un coup-d'œil sur les temps où un nouvel esprit public ne fait encore que de s'annoncer; sur les temps où il n'est encore que partiel, et où le philosophe lui-même le qualifiera d'esprit de parti ou d'esprit de secte: vous verrez que déjà il peut résister à toutes les autorités, et que, si pour le dompter on a recours aux persécutions, il devient souvent invincible. Et ne voyez-vous pas toutes les hérésies, tous les esprits de partis, venir en foule se retracer sous vos yeux pour prouver cette remarque importante? Vous citerai-je la révoltante histoire des Albigeois? Vous montrerai-je comment les armées qu'une secrette ambition parvint alors à ranger sous les drapeaux du fanatisme, furent incapables de convertir ces religionnaires réformateurs? comment il fallut y joindre des bourreaux? comment il fallut que des moines avides de sang érigeassent des bûchers pour y placer tous ceux que le soupçon désignoit? et comment l'inquisition et les moines, les bûchers et les bourreaux, les armées, et leurs chefs ambitieux et cruels, ne purent étouffer entièrement cette secte, qui depuis s'est reproduite de contrée en contrée, et d'âge en âge, jusqu'à ce que, sous un autre nom, elle ait enfin changé ou *réformé* la moitié de l'Europe?

Si telle est la force de quelques opinions particulières, adoptées seulement par un petit nombre d'hommes, quelle ne sera donc pas celle d'un esprit public établi chez tout un peuple, et bien prononcé? J'ai déjà parlé des croisades: ajoutons à ce que j'en ai dit, que c'est une grande injustice aux siècles qui ont suivi le treizième siècle, de reprocher aux hommes publics de ces temps d'ignorance et de superstition, leur enthousiasme pour ces expéditions aussi folles que barbares. Eh! de bonne foi, la bonhomie de Louis IX pouvoit-elle résister à un torrent qui, depuis plusieurs générations, entraînoit l'Europe entière? Quel est, parmi ceux qui le blâment au lieu de le plaindre, quel est l'homme prétendu fort de raison, qui oseroit se promettre d'avoir, en pareil cas, plus de philosophie que n'en eut ce souverain vertueux? et s'il est quelqu'un qui se flatte d'avoir un si grand empire sur lui-même et sur son siècle, ou pour mieux dire encore, sur le genre humain, ne suffira-t-il pas, pour le détromper, de lui faire observer combien il est journellement soumis à toutes les opinions publiques que l'on professe autour de lui; et combien même il est empressé à ranger, comme par instinct, ceux qui veulent s'y soustraire, dans la classe des hommes peu sensés et dangereux pour la société? Ne suffira-t-il pas de lui faire observer qu'en général le monde ne se borne pas à flétrir, à titre d'originalité, ceux qui frondent les maximes morales reçues de leur temps; et que, pour l'ordinaire, ces sortes de frondeurs, sur tout ceux qui le sont non-seulement de paroles mais de conduite, méritent effectivement très-peu d'indulgence?

Ajoutons à ce trait un seul autre trait encore. La nature, la raison, la religion et la loi s'étoient réunies en France pour abolir l'usage du duel: le roi le plus puissant et le plus absolu mettoit autant de rigueur que de fermeté à prohiber cet usage insensé et barbare: Eh bien! si à la cour de ce despote, et à ses côtés, un homme avoit refusé de se battre en duel, il auroit été déshonoré et perdu sans ressource; Louis XIV n'eût osé le justifier, et moins encore l'attacher à sa personne ! L'opinion nationale à cet égard étoit fortement prononcée; et son mot étoit une sentence tellement irrévocable, qu'il n'y avoit personne qui en soi-même ne reconnût la nécessité d'y assentir, au moins par son silence.

Au reste, que l'on ne confonde pas la déférence si nécessaire de tous les hommes envers l'esprit public, qu'on ne la confonde pas avec cette foiblesse honteuse que les moralistes appellent *respect humain*. C'est bien dans un assentiment semblable à quelques égards à celui dont nous venons de parler, que le respect humain paroît d'abord consister : mais cet assentiment dans le respect humain n'est qu'apparent, il n'est que supposé et contre-fait; l'ame n'est point égarée ou séduite, elle est vile et fausse; au lieu que l'esprit public produit, au moins chez le plus grand nombre, un assentiment réel et sincère. Sous le joug de l'un, on feint d'adopter ce que l'on répudie, ou de rejeter ce que l'on révère; on parle, on agit contre sa conscience : sous la loi honorable de l'autre, la conscience se forme et dirige la conduite; elle peut changer, elle peut s'égarer, chose qui dépend de la nature de nos opinions; mais on ne l'abandonne pas, on ne mérite pas d'éprouver des remords.

Quant aux hommes, plus éclairés, qui respectent encore l'opinion publique après qu'ils ont cessé d'y croire, ce n'est point de leur part, comme chez les esclaves du respect humain, une déférence lâche ou basse à l'autorité d'une seule personne, ou d'une foible portion de la société : c'est au contraire une juste déférence envers la volonté générale ; c'est un sacrifice fait au maintien de l'ordre établi ; c'est un respect nécessaire pour la société toute entière, et pour les mœurs publiques ; en un mot, c'est alors par principe de vertu, devant la nation et, en quelque sorte, devant le genre humain, que le front s'incline et que l'ame se ploie. Lorsque ces hommes privilégiés, toujours très-rares, communiquent aux autres, dans leurs discours ou dans leurs écrits, les motifs qui fondent et justifient leurs doutes ou leur incrédulité, ils jettent toujours le germe de quelque grande vérité dans le public, et pour les temps à venir : on conçoit que je ne parle que des génies supérieurs, et non de ceux qui, pour les imiter, n'ont que de l'indocilité, des caprices et de l'orgueil. Si donc la hardiesse des premiers n'est d'abord qu'un grand scandale, il est permis d'espérer qu'à l'aide de la réflexion elle nous conduira au doute, et du doute ensuite à de nouvelles opinions plus vraies et plus utiles : mais, en attendant, nous observerons que ces hommes de génie ne forment contre la règle générale qu'une simple exception, qui ne peut la détruire; et nous concluerons que, à cette exception près, il ne peut y avoir qu'une audace vaine, folle et criminelle, à braver et à heurter de front les opinions nationales, lorsqu'elles sont bien établies.

Ces principes sont d'autant plus essentiels, que ce n'est qu'en les admettant que l'on peut prouver que la loi ne doit résulter que des vœux de la majorité, et qu'il n'est aucun individu qui ne doive respect et soumission à la loi...

Mais qui de nous pourroit contester l'empire que tous les hommes en général accordent forcément à l'esprit public? Qui de nous ignore que, dans les occasions importantes, on voit ce même esprit public, non-seulement rendre nuls les ordres les plus rigoureux, mais encore façonner la raison à son gré, désorganiser les consciences, étouffer jusqu'à la voix de la nature, briser les sceptres des rois, renverser les autels, affronter les échafauds et les bûchers, et braver les enfers et les dieux?

NOTES.

(1) Lorsqu'un auteur se permet dans un ouvrage de juger les religions, est-il tenu d'avouer qu'il n'en a point, ou de déclarer quelle est celle qu'il professe?

On a dit que pour être bon historien il faudroit n'avoir point de patrie. Ce n'est pas qu'il soit impossible à un excellent patriote de conserver dans ses écrits la fidélité historique, au point de ne jamais exagérer les faits les plus avantageux à sa patrie, et de n'atténuer jamais ceux qui lui seroient le plus défavorables; car il existe des ames fortes qui ne se détournent jamais de leurs devoirs, et qui, bien convaincues que rien n'est plus utile à la patrie que la vérité, regardent le courage nécessaire pour dire tout ce qui est vrai, comme le caractère essentiel du véritable patriotisme. Aussi voyons-nous que les historiens les plus accrédités, quant à la fidélité, sont la plupart des historiens nationaux. La maxime tant de fois répétée signifie donc seulement, que les ames fortes qui y font exception sont rares.

Je reviens à la question qui donne lieu à cette note, et je réponds qu'un homme de caractère et de bon jugement, bien pénétré de l'existence et des perfections infinies du *Dieu de vérité*, peut et même doit admettre pour premier principe, que Dieu réprouve nécessairement tout ce qui altère la vérité, et que quiconque mêle ou souffre quelque mensonge dans sa religion, est un blasphémateur habituel et plus coupable que tout prêtre blasphémateur. Or, celui qui tiendra fortement à ce principe ne verra aucun mensonge, aucune erreur, dans sa religion, ou bien il mettra tout son zèle à les dénoncer pour les en écarter: si donc il écrit sur ces matières, il sera plus sévère encore dans sa doctrine, que s'il n'avoit aucune religion.

Cette réponse suffira sans doute pour calmer les consciences timorées que ma franchise scandaliseroit: je serois fâché de les troubler; mais je ne me résoudrai pas à blasphémer Dieu, c'est-à-dire, que je ne me persuaderai jamais qu'il y ait des mensonges et des erreurs qui lui soient agréables, ou des vérités qui l'offensent.

Au surplus, la société n'a de droit sur nous qu'en ce qui concerne les rapports que les hommes ont entr'eux; et la religion, comme l'a dit Mirabeau, est uniquement un rapport de l'homme à Dieu. Ainsi, nul ne doit compte de sa religion qu'à Dieu et à soi-même; nul n'a le droit de s'immiscer en ce qui regarde la religion d'autrui.

Tout se réduit donc ici à trois mots: ce que je dis sur les religions est-il vrai? est-il utile à la société de le dire? convenoit-il d'en parler dans cet ouvrage?

(2) Lorsque l'on étudie l'histoire physique et morale de l'Asie, on découvre également à chaque pas, et de tous côtés, une nature plus libérale, si elle n'est pas plus parfaite : à mesure que la méditation nous arrête plus long-temps à cette étude, il nous semble que l'homme acquiert lui-même, dans ce pays, des qualités plus précieuses. L'Orient est riche en tout ; les facultés de l'esprit ne paroissent pas y avoir été moins fertiles que le sol, ni leurs productions moins abondantes que les productions de la terre. On diroit que la température des ames y a suivi celle du climat : l'esprit y est agissant et contemplatif, la sensibilité douce et expansive, et sur tout l'imagination vive et brillante, autant que le ciel y est beau, pur et riant. Si les vices du gouvernement n'avoient pas enfin abruti les peuples dans ces belles contrées, il ne pourroit y avoir d'exemples de barbarie que tout au plus vers les montagnes, ou près des mers qui sont plus souvent en tourmente.

Il ne faut donc pas être surpris de ce que, indépendamment des faits par où l'histoire nous persuade que le monde est né en Asie, les esprits attentifs se soient si constamment et si naturellement accordés à y placer, outre le berceau du genre humain, celui des sciences et des arts, et sur tout celui de la philosophie, de la législation et des religions les plus remarquables; et n'est-ce pas en effet de ce pays que nous sont venues, autant que notre ignorance nous permet d'en juger, tout ce que l'antiquité nous a transmis de grandes idées, et en même temps d'idées exaltées ou même gigantesques? Le génie se développa-t-il jamais là où l'imagination est bornée, sèche et froide? et peut-on échapper à tous les écarts, là où l'empire de l'imagination est, pour ainsi dire, infini?

Si tout ce que l'on vient d'observer a quelque fondement, on doit regarder l'Orient comme plus propre que tout autre pays à subjuguer le monde par des religions où l'imagination étale tous ses trésors, ou, plutôt, développe tous les excès auxquels le délire peut la porter. Aussi voyons-nous que de toutes les religions dont l'origine nous est connue, il n'en est peut-être aucune qui ne nous vienne au moins indirectement de l'Asie; et que même, dans chacune de ces religions, les principales hérésies ont encore la même source. Voyez les religions du Thibet, de l'Inde, de la Chine, du Japon, de la Perse et de tous les pays qui les environnent ; rappelez-vous les anciens empires de l'Assyrie, de la Chaldée et de l'Égypte ; joignez-y l'histoire du paganisme, celle des juifs, des chrétiens et des musulmans : tout vous reporte vers les mêmes contrées ; et si vous retrouvez dans les autres parties du monde des cultes inconnus aux Asiatiques, vous voyez que ce sont des cultes dont on ignore l'origine, et qui d'ailleurs paroissent, à plusieurs égards, n'être que des imitations tronquées et imparfaites des premières. Et n'est-ce pas ainsi que l'on nous dit qu'Odin, le législateur des Scandinaves, venoit de la Scythie orientale? N'est-ce pas ainsi que Manco-Capac, le premier des Incas, le fondateur de la religion et de l'empire du Pérou, étoit un étranger venu de l'Orient, et fils du soleil? N'est-ce pas encore ainsi que les Mexicains disoient avoir eu pour premiers instituteurs, des hommes qui non-seulement étoient du pays où le soleil se lève, mais qui même devoient être un jour remplacés et surpassés par d'autres hommes extraordinaires et divins, que l'on verroit arriver des mêmes régions? et si le voile le plus épais nous dérobe les premières époques des religions des Celtes, des Gaulois, des Germains, des Bretons, des Ibériens et de tant d'autres peuples anciens, combien de traits essentiels nous autoriseroient encore, par une analogie frappante, à les faire remonter plus ou moins directement au même pays?

Une autre observation que je ne dois pas omettre, c'est qu'en général, plus une religion se rapproche des antiques et riches contrées de l'Asie, plus elle est elle-même riche, brillante et majestueuse, comme on peut en juger par la religion primitive de l'Egypte, par la religion payenne, et par celles du grand Lama, de Brama et de Zoroastre; et qu'au contraire, plus une religion s'éloigne de cette même partie du monde, plus elle devient maigre, froide, terne et stérile, comme on s'en convaincra par l'examen des religions de l'Europe, de l'Afrique et de l'Amérique, et par la simplicité ou la nudité à laquelle la religion chrétienne se réduit, à mesure qu'elle s'avance vers les régions occidentales: et quel fait peut mieux prouver cette observation, que la réformation du seizième siècle, dont le zèle a particulièrement éclaté contre ce qui frappoit les sens et étaloit quelque faste; réformation que le Nord et l'Occident ont embrassée, mais qui n'a pu que partager la France, et à laquelle il a été impossible de passer les Alpes ou les Pyrénées, c'est-à-dire, d'obtenir le suffrage de peuples chez qui l'imagination plus active demande un aliment qui lui soit propre, et par conséquent des cérémonies imposantes et un merveilleux qui la subjugue et l'exalte tout à la fois?

Un trait particulier, bien remarquable dans plusieurs systèmes religieux, c'est d'avoir deux doctrines différentes, l'une publique et livrée à la multitude, et l'autre réservée aux seuls initiés, c'est-à-dire, à un petit nombre d'hommes engagés et intéressés au secret. Il est évident que pour recourir ainsi à deux formes et à deux langages différens, il faut essentiellement être charlatan ou fripon. Cependant ne retrouve-t-on pas ce défaut odieux dans l'ancienne Egypte, chez Brama et Zoroastre, au grand

Thibet, et jusque chez les Druïdes ? et n'est-ce pas également ce que l'on retrouve dans les mystères de la bonne déesse, ou autres semblables, admis et pratiqués à Athènes, à Rome et à tant d'autres endroits?

Mais ces mystères et cette diversité de langages ne proviennent-ils pas du voile épais dont plusieurs religions se sont enveloppées? N'étoit-ce pas vouloir arriver à cette pratique sacrée du mensonge et de la fourberie, que d'employer tant de cérémonies allégoriques, et souvent équivoques ou obscures? que de se servir d'hiéroglyphes inintelligibles pour la multitude, envers laquelle on en garde le secret avec tant de soin? que d'avoir des livres particuliers, dont on fait l'objet de la plus profonde vénération, en même temps qu'on en réserve la connoissance aux seuls chefs des prêtres, et de recourir à une langue prétendue sainte, qui soit inconnue au vulgaire?

Une recherche digne d'occuper un philosophe, seroit celle de la coïncidence et de la filiation des religions entr'elles. Nous en voyons un grand nombre entre lesquelles il y a, sinon une véritable identité, du moins une ressemblance frappante, et sur tout relativement au choix des divinités, à la forme des cérémonies, à l'ordre hiérarchique, à l'espèce des dogmes qui composent leur corps de doctrine, à la sorte d'empire qu'elles prétendent exercer sur les hommes, à la nature des sacrifices qu'elles offrent à leurs dieux, et aux moyens qu'elles emploient pour découvrir les secrets de l'avenir. Jetons un coup-d'œil rapide sur ces principales divisions du domaine immense que les religions embrassent.

1.° Le philosophe qui s'occuperoit de cet ouvrage verroit le don de la divinité accordé successivement, selon les temps et les lieux, au ciel, à la terre et aux enfers; au soleil et à la lune; aux étoiles et au feu; au jour et à la nuit; aux élémens et aux saisons; à la mer, aux rivières et aux fontaines; aux animaux et aux arbres; aux choses sensibles, et aux objets les plus fantastiques; aux hommes, aux vierges et aux vieilles femmes; au bien et au mal; aux génies, aux fées, aux anges, aux manitous et aux diables; aux êtres les plus parfaits, et aux choses les plus monstrueuses et les plus immondes; à toutes les vertus et à tous les vices. Chaque péché fut dieu, dit Tertullien; l'unité de Dieu semble n'avoir été connue et admise en ce monde que par un petit nombre de philosophes, car lorsqu'on a voulu y ramener les peuples, il a fallu les dédommager par des êtres surnaturels, formant entr'eux une hiérarchie particulière, par des génies ennemis ou protecteurs des hommes, et plus ou moins divinisés, si l'on peut s'exprimer ainsi. On a dit que l'homme avoit toujours fait Dieu à son image; il faut dire qu'il l'a successivement fait à l'image de tout ce qu'il a connu ou imaginé, mais de tout ce qu'il a craint, bien plus que de ce qui lui étoit utile.

2.º Les recherches relatives aux cérémonies n'offriroient pas une récolte moins abondante, soit que notre observateur examinât les variations qui concernent les idoles, les temples, les fêtes et les costumes: soit qu'il s'attachât aux pratiques particulières de toutes les religions. Il verroit que les Germains, et un grand nombre d'autres peuples occidentaux, n'avoient ni temples, ni idoles: singularité que l'on retrouve déjà chez les Perses, qui se rapprochent du nord de l'Asie; que chez la plupart des autres nations on a constamment eu des idoles modelées sur ce que l'imagination peut se figurer de plus hideux ou de plus extravagant; mais que dans les plus belles contrées de la Syrie et des Indes, les temples se faisoient remarquer par l'architecture la plus superbe et la plus imposante; que chez quelques peuples privilégiés, les fêtes étoient quelquefois sérieuses et nobles, ou même propres à inspirer le respect et le recueillement; mais que presque par tout elles n'ont été, pour la plupart, que féroces, ou folles, ou indécentes, ou subversives de l'ordre public, en ce qu'elles autorisoient, provoquoient et sanctifioient les plus grands excès, la débauche et la prostitution; que d'ailleurs les peuples libres et policés en ont eu un plus grand nombre en général, et leur ont donné un caractère plus social que tous les autres, comme on peut en juger par Rome, qui en avoit annuellement plus de trente de très-remarquables, et par Athènes, qui en avoit beaucoup plus encore: il verroit que presque par tout les prêtres se sont astreints à un costume bizarre et original, par lequel ils ont cherché à se distinguer, et principalement à en imposer; mais qu'en Syrie leurs chefs se vêtoient de pourpre, et se couvroient d'une mitre d'or; qu'en Egypte, et dans presque tout le reste de l'Asie, ils portoient de longues robes de lin, et que chez les Grecs et les Romains on leur avoit assigné des vêtemens nobles, graves et décens: il verroit, à la Chine, les dévots sectateurs des anciennes sectes, fustiger leurs dieux quand il n'en ont pas été exaucés; au grand Thibet, les souverains tenir à grand honneur de porter au cou, dans des reliquaires précieux, les excrémens de leur grand Lama; au Pérou, à Siam, à Madagascar, chez les Parsis, et tant d'autres peuples, la confession mise au rang des pratiques les plus édifiantes, et les pélerinages recommandés par la majeure partie des religions.

3.º Et quel tableau n'auroit-il pas à former de la hiérarchie des prêtres, de cette hiérarchie si adroitement combinée, presque par tout, pour s'assurer de tous les avantages d'une autorité illimitée et irrésistible; prêtres dignitaires ou pénitens, mendians ou rentés, vagabonds ou reclus, solitaires ou réunis en commun;

les Jouanas en Floride, les Jongleurs au Canada, les Gones à Céilan, les Gangas à Congo, les Scaldes en Scandinavie, les Talapouins et les Talapouines au Pégu, les Marabouts en Afrique; les Curetes et leurs imitateurs Druïdes de l'un et de l'autre sexe, Bardes, Vacerres et Eubades; les Gymnosophistes habillés et les Gymnosophistes sans vêtemens, les Santons, les Mageset, les Bramines, les Kalenders et les Derviches; les huit différentes classes de prêtres qu'on distinguoit à Rome, et les mille autres espèces, mâles et femelles, chez les chrétiens et chez les musulmans, dans les Indes, dans la grande Tartarie, au Japon et sur toute la surface du globe?

4.° Que de réflexions profondes ne lui feroient pas faire tous les dogmes que ces prêtres ont débités dans le monde, non-seulement sur la tolérance qui n'a guères été admise que dans les Indes; sur la providence et l'immortalité de l'ame, plus généralement prêchées: mais encore, sur la création, le déluge et la fin du monde; sur la transmigration des ames ou la métempsycose et la résurrection; sur tant de sortes de paradis, de purgatoires et d'enfers; sur les bonnes œuvres et les péchés divers; sur les expiations et les pénitences; sur la liberté, la grâce, la prédestination et le fatalisme; sur les vertus transcendantes, la virginité et tous les conseils de perfection; et enfin, sur tous les moyens de mériter qui sont contre la raison, contre la nature ou contre la société?

5.° Combien ne seroit pas éclairé et consolidé le jugement qu'il auroit à porter de ce mélange de quelques opinions utiles et raisonnables, avec tant d'autres opinions chimériques, ou dénuées de fondement, ou perverses; lorsqu'il se seroit convaincu que les auteurs ou fauteurs, si zélés, de toutes ces opinions, n'ont été mus, en général, par aucun autre motif, que par la cupidité, l'orgueil et le désir de dominer sur les actions, sur les pensées et sur toutes les affections des hommes? c'est-à-dire, lorsqu'il verroit presque par tout les prêtres s'emparer de la doctrine publique concernant les principales branches de la morale, telles que les mariages, et s'emparer également du dépôt des connoissances réelles ou supposées, telles que celles de la médecine et de la jurisprudence: lorsqu'il verroit qu'en plusieurs endroits on ne tiroit les prêtres que des familles royales; qu'en cent contrées eux seuls gouvernent; qu'ils exercent une autorité absolue sur les consciences; qu'ils disposent de nous à la vie et à la mort; que nul n'entre en paradis que par les bonnes grâces de l'archimage, sans lesquelles toutes les bonnes œuvres sont perdues; qu'au Japon, le Daïro canonise les saints, et qu'au Congo, les prêtres sont plus redoutés que les dieux?

6.° Mais le sentiment de l'horreur ne succéderoit-il pas à celui de l'indignation, lorsqu'il verroit les sacrifices que l'on nous a fait offrir aux dieux; lorsqu'il verroit (pour ne point parler ici de ceux qui ne sont qu'absurdes et ridicules; pour ne point parler de ceux qui font racheter les péchés au prix de l'or et des diamans de ceux qui consacrent à Dieu les prémices de tout ce qui se reproduit, des gymnosophistes qui s'enivroient aux fêtes de Bacchus, et devenoient furieux à celles de Mars) quand il verroit, dis-je, les Scandinaves annuller leur sexe pour fléchir le ciel, les habitans de Malabar immoler leurs rois tous les douze ans ; que dis-je? les sacrifices humains pratiqués et perpétués chez les Romains, jusqu'à ce qu'on y substituât le spectacle des gladiateurs, et chez les autres peuples d'Italie, chez les Allemands, les Wallons, les Saxons, les Scythes, les Thraces, les Cymbres, les Gothes, les Lithuaniens, les Gaulois, les Bretons, dans l'ancienne et nouvelle Espagne, au Japon et dans une grande partie de l'Asie, à Carthage et dans toute l'Afrique, au Mexique et chez presque tous les Américains? lorsqu'il verroit entre les cultes de ces peuples, une sorte d'émulation pour savoir à qui appartiendroit l'honneur de renchérir sur tous les autres, et de là, les plus grandes fêtes instituées pour immoler des hommes aux dieux et aux enfers; de là, le choix des personnes les plus chères et les plus intéressantes pour ces fêtes horribles; de là, le sacrifice volontaire de ses enfans ou de soi-même; de là, les Phéniciens qui dévoroient les victimes humaines; de là, enfin, la férocité de la religion des Jagas en Afrique, inventée par une femme, et la plus monstrueuse de toutes?

7.° En fuyant ce spectacle si révoltant, notre philosophe seroit-il consolé par le coup-d'œil qu'il donneroit à la pratique des oracles chez toutes les nations; la science de la cabale chez les Juifs, la sorcellerie chez les Samoyèdes et chez presque tous les peuples ignorans, la magie à Malabar et en mille autres contrées, les pronostications en Syrie; la divination par les oiseaux à Congo, par les victimes humaines en Amérique, et par tout ce qui se meut, en tant d'autres pays, et surtout dans l'Inde; les secrets les plus cachés révélés aux dévots en Afrique, et la table des sorts revue et commentée par le philosophe Confucius?

Peut-on arrêter ses regards sur les tableaux que nous venons d'esquisser, sans en conclure, que le plus absurde et le plus odieux de tous les blasphèmes, c'est le culte que presque tous les hommes ont rendu ou rendent à la divinité? Peut-on ne pas se sentir porté à convenir que l'homme est un être essentiellement superstitieux? Et s'il est vrai que c'est la crainte, fille de l'ignorance et de la crédulité, aussi bien que de la foiblesse, qui a fait admettre des cultes si monstrueux, ne dira-t-on pas que la crainte est un tyran plus cruel que Mézence, Phalaris et Busiris? Ne reconnoîtra-t-on pas, avec Plutarque, que la crainte superstitieuse, qui ne laisse ni repos ni sommeil, et dont il n'est ni
autel,

autel, ni sacrifice qui puisse nous garantir, est cent fois pire que l'athéisme? Ne conviendra-t-on pas, enfin, que rien n'est plus important que de rappeler sans cesse à tous les hommes, comme principes invariables et antérieurs à tous les autres,

1.º Que jamais on ne peut honorer Dieu lorsqu'on s'éloigne de la vérité, parce que tout mensonge est lâcheté ou trahison, et que toute erreur équivaut au mensonge quant aux effets qui en résultent le plus infailliblement ; et que, par conséquent, la chose que toutes les religions, si elles venoient de Dieu, devroient le plus absolument condamner et proscrire, c'est le mensonge dans les actions et dans les paroles, comme la chose qu'elles devroient le plus nous faire redouter pour nous-mêmes et pour les autres, c'est l'erreur.

2.º Que ce n'est que par la raison que l'on peut découvrir le mensonge et détruire l'erreur, et que, par conséquent, plus on sera frappé de l'importance du premier principe, plus on sera convaincu de la nécessité de cultiver et de perfectionner sa raison par tous les moyens qui dépendent de nous.

3.º Que la raison a été donnée à l'homme pour être son premier guide ; principe incontestable, même parmi les docteurs de toutes les religions, puisqu'ils regardent comme insensé celui qui exigeroit quelque sentiment religieux de tout homme qui n'auroit pas le libre exercice de sa raison, tel que sont les enfans et les personnes tombées dans un état de délire ou de parfaite imbécillité.

4.º Qu'il n'est point d'autorité qui ne doive céder à celle de la raison, sur tout lorsque l'on veut faire choix d'une religion ; principe qui n'est qu'une conséquence du précédent, et qui est de même avoué par les docteurs de toutes les sectes, qui, pour prouver que la religion qu'ils professent est la meilleure ou la seule bonne, soumettent aux formes rigoureuses du raisonnement les preuves sur lesquelles ils s'appuient; qu'ils en appellent à la raison pour développer et consolider ces preuves, et qu'en un mot c'est par la raison qu'ils cherchent à faire regarder comme authentiques les faits même les plus merveilleux, et comme légitimes et nécessaires les conséquences qu'ils en déduisent.

5.º Que rien de ce qui est contraire à la raison ne doit être reçu parmi les hommes, sur tout en matière de religion; principe dont la vérité est si bien sentie par tous les théologiens, qu'on les voit tous les jours soutenir que les articles les plus incroyables de leur doctrine sont des mystères placés hors du cercle de la raison, ou au-dessus de ce fanal de l'esprit humain, mais ne lui sont véritablement contraires ou formellement opposés en rien.

6.º Que ce qui est nuisible aux hommes, c'est-à-dire, destructif de leurs facultés, de leurs talens et de leurs vertus; ce qui est destructif de l'ordre social et des moyens de perfectionner les individus et l'espèce elle-même, et, par conséquent, ce qui est destructif du bien-être et de la prospérité publique et particulière, étant évidemment réprouvé par la raison, ne doit jamais être toléré ou admis par quelque religion que ce soit; et que toute religion qui consacreroit quelque article semblable, ou qui ne s'en déclareroit pas l'ennemie, devroit être répudiée comme étant elle-même ennemie de Dieu et des hommes.

7.° Que tout ce qui tend à affoiblir, obscurcir ou éteindre le flambeau de la raison, est nécessairement impie et funeste, et que, par conséquent, ce qui est mystère, c'est-à-dire, incompréhensible, devient infernal et non divin, lorsqu'il en résulte des conséquences, morales et pratiques, étrangères à la raison, c'est-à-dire, lorsqu'on en déduit des principes moraux que désavoueroit la raison saine et éclairée, si on ne consultoit qu'elle, parce qu'alors ces mystères contredisent ou écartent la véritable et première loi de Dieu, qui est la raison.

8.° Que la morale et tous les devoirs que Dieu a réellement voulu nous prescrire, étant fondés sur la nature des choses, et mis à la portée des lumières les plus simples de la raison, on doit rejeter, comme mensongère, nuisible et impie, toute religion qui tend à nous écarter de ces devoirs sacrés, fût-ce même sous prétexte d'une plus grande perfection, parce que cette prétendue perfection est, en ce cas, réellement contraire à la nature et à la raison, invariables moyens par où Dieu a voulu nous manifester sa volonté.

Sans doute, ces principes et quelques autres semblables, s'ils étoient souvent rappelés à tous les peuples, banniroient pour jamais de ce monde les abominations que l'on a eu l'adresse infâme d'y répandre et d'y maintenir durant tant de siècles, sous le titre sacré de religion.

Puisque je me suis permis de hasarder quelques conjectures au commencement de cette note, je me permettrai d'ajouter encore, avant de finir, que, tenté de regarder en général toutes les religions comme étant à peu près dérivées ou imitées de la plus ancienne, qu'il seroit peut-être difficile aujourd'hui de distinguer, et qui même est peut-être entièrement perdue, je découvre en effet, entre les plus étendues et les plus remarquables, un nombre infini de traits de ressemblance, dont il seroit difficile de ne pas être frappé; que, presque toujours, indépendamment du voile dont elles enveloppent leurs principaux dogmes, indépendamment de leurs hiéroglyphes et du sens allégorique de leurs cérémonies, on retrouve chez elles, sinon les mêmes dieux, du moins les mêmes systèmes de polythéisme, et le plus souvent les mêmes principes de morale. Combien de traits semblables, ou plus sensibles encore, indiquent une sorte de filiation entre les religions péruvienne, chinoise, égyptienne et chaldéenne? La plupart des traits qui rendent ces religions dissemblables ne proviennent-ils pas des localités, du génie original des législateurs, et, plus encore, de la rouille des temps? Zoroastre s'est-il autant éloigné qu'on l'imagine des principes religieux qui régnoient avant lui? La religion des Druïdes a-t-elle autant dévié qu'on le pense des plus anciennes religions de l'Orient? Les livres sacrés des unes ne sont-ils pas simplement une imitation ou un commentaire des hiéroglyphes plus anciens que d'autres avoient employés?

De toutes les religions connues, il n'en est peut-être pas qui ait autant la physionomie d'une religion dégénérée que la religion payenne : elle semble nous offrir des ruines que l'on aura organisées de nouveau, des lacunes que l'on aura réparées, en y jetant, avec profusion, les histoires les allégories et les fables que l'analogie aura pu présenter à des imaginations exaltées, mais de manière à n'en plus faire qu'un tout sans consistance, et qu'un monstre à mille têtes, sans entrailles et sans ame. On en jugera sur tout ainsi, lorsque l'on se rappellera le peu de rapport ou d'accord qu'il y a souvent entre les parties qui en composent le système, le peu d'énergie qu'elle a par elle-même, et la facilité que les législateurs ont eue d'y ajouter ou d'en retrancher plus ou moins de cérémonies, de dogmes et même de divinités. Cette flexibilité ne prouve-t-elle pas que la religion payenne n'a été, en général, qu'une vaine apparence de religion, que le phantôme d'une autre religion plus ancienne?

(3) Y a-t-il moins d'inconvéniens à permettre l'exercice de plusieurs religions dans un état, qu'à n'y en admettre qu'une seule? Avant de soumettre au lecteur les réflexions que cette question m'a fait faire, je vais lui rappeler une anecdote que l'historien philosophe ne jugera point indigne d'être conservée.

La passion que Frédéric II avoit eue, dès sa jeunesse, pour les disputes métaphysiques, et sur tout pour celles qui se rapprochent de la théologie, l'avoit amené de bonne heure au système de tolérance dont il ne s'est jamais écarté dans la conduite de son royaume. Il avoit même porté ses vues plus loin ; il avoit conçu le projet d'élever, dans sa capitale, un panthéon où toutes les religions seroient venues, chacune à son heure, exercer publiquement leurs cultes : idée qui lui étoit devenue d'autant plus chère, qu'elle lui sembloit devoir établir dans son royaume la paix et la fraternité entre toutes les sectes. Son intention étoit que le temple qu'il vouloit faire bâtir à cet effet, fût un des plus beaux monumens de l'architecture moderne ; que tous y trouvassent ce que pouvoient requérir leurs cérémonies religieuses, et que même les ornemens y fussent les plus somptueux, afin que ce temple fît abandonner tous les autres. C'est pour tous ces motifs qu'il avoit choisi la forme qu'on appelle *rotonde*, vu qu'elle offre naturellement plus de facilité de distinguer, distribuer, clorre et tourner vers tel ou tel autre point de l'horison, selon le goût particulier de chaque secte, son autel, son tabernacle, sa table de communion, ou son sanctuaire.

Pressé d'exécuter ce plan après la guerre de 1744, il s'en ouvrit à ses confidens, mais en homme qui n'admettroit plus à cet égard que des félicitations. En pareil cas, la résolution, même la plus absurde, n'excite chez les courtisans que les doux murmures de l'admiration : une ame forte, pure, franche, loyale ; un homme assez honnête pour ne pas feindre l'amitié, assez noble pour ne pas trahir la vérité, et assez courageux pour ne jamais désespérer de faire le bien ou d'empêcher le mal, est un phénomène qu'on ne doit pas chercher à la cour des rois. Cependant l'étoile de Fréderic lui avoit ménagé le bonheur d'avoir auprès de lui cet homme rare : le conseillier Jordan, philosophe aimable, étoit son ami. L'un avoit eu le bon esprit de démêler et de s'attacher un homme de mérite aussi modeste que vertueux, et l'autre avoit osé vouer une amitié sincère à son roi.

Vivement frappé des suites funestes que pourroit avoir la démarche que Fréderic méditoit, Jordan entreprit seul de s'y opposer. Il recueillit, et mit sous les yeux de ce monarque, toutes les objections que la raison et l'expérience pouvoient fournir contre un semblable projet : il lui fit sentir qu'il ne réussiroit qu'à scandaliser toutes les religions, essentiellement inconciliables, et qu'il ranimeroit les haines, fortifieroit les antipathies, et fourniroit chaque jour de nouveaux alimens à un zèle qui, de sa nature, est exclusif. « Que diroit d'ailleurs l'Europe entière d'une pareille entreprise ? rendroit-elle justice à ses intentions ? Le monde étoit-il assez éclairé et assez philosophe pour profiter de cette idée philantropique ? Que diroient sur tout les cabinets des rois ? Pardonneroient-ils à celui qui doit gouverner, et à qui la réputation de sagesse est si nécessaire, lui pardonneroient-ils ce que peut-être ils encourageroient dans un simple particulier qui n'auroit à compromettre que sa personne ? et quelle opinion se former en effet d'un monarque qui, après avoir attiré sur lui la plus sérieuse attention de tous les politiques, voudroit descendre dans les consciences de ses sujets, et les ployer à son gré ? L'envie qui ne pouvoit manquer de s'attacher au char d'un roi qui avoit débuté par de grandes choses, et qui en faisoit espérer de plus grandes encore, ne réveilleroit-elle pas ses serpens ? Devroit-il ainsi exposer sa gloire et détruire la juste opinion que l'on devoit se faire de son génie et de sa sagesse ? »

Fréderic se débattit quelque temps contre toutes ces raisons, avant de se rendre : mais Jordan montra tant de franchise et de fermeté qu'enfin il l'emporta. Le projet du panthéon fut abandonné, et le plan de l'édifice que ce roi avoit imaginé, a été, dans la suite de son règne, exécuté en petit pour les catholiques de Berlin.

Jordan n'avoit raison que pour l'époque où il parloit. Fréderic montoit sur le trône, et succédoit à son père, prince plus intolérant que dévot, plus dévot que religieux, et très-éloigné de préparer ses peuples aux principes philosophiques dont son fils vouloit faire la règle de sa conduite : les prêtres alors avoient trop de crédit auprès du gouvernement et sur les esprits, pour que la tentative du nouveau roi n'échouât pas. Mais si ce dernier avoit repris son premier dessein vers la fin de son règne, après quarante-six ans de gloire, et sur tout après avoir si parfaitement effacé dans son royaume les dernières traces de toute espèce d'intolérance religieuse, il y a tout lieu de croire qu'il auroit obtenu le succès le plus complet.

Ce que je viens de dire du projet de Fréderic, indique la véritable solution de la question qui donne lieu à cette note. En effet, pour se décider avec raison entre l'unité et la pluralité des religions dans un état, il ne faut que consulter le degré d'énergie actuelle des religions que l'on pourroit cumuler ensemble. S'il en est qui aient encore leur première ferveur, on doit être assuré qu'elles seront absolument inconciliables, à moins toutefois qu'elles n'appartiennent à la première ou à la quatrième classe. Vouloir réunir des religions non encore affoiblies, non encore détrempées dans un esprit plus social, s'il est permis de s'exprimer ainsi, c'est appeler chez soi la fureur des persécutions : ce n'est pas perfectionner la société; c'est la livrer aux déchiremens de la guerre civile, et à la haine intestine la plus envenimée.

Ce n'est point, au surplus, l'âge d'une religion qui détermine l'époque où elle se sera suffisamment affoiblie pour n'avoir plus l'esprit particulier qui la rend insociable : on ne peut fixer cette époque que d'après les dispositions bien connues de ceux qui professent cette religion. Si vous allez actuellement à Berlin, vous y verrez, par tout, ce pacifique affoiblissement au moyen duquel le protestant et le catholique y sont bons voisins et bons amis : si, au contraire, vous allez dans plusieurs provinces de la Suède, ou dans le nord de l'Ecosse, vous y verrez le protestant toujours prêt à persécuter le catholique, qui, à son tour, auroit de même persécuté, il n'y a pas long-temps, le protestant à Malines, à Trèves, à Cracovie, et dans plusieurs autres villes de la Pologne et de la Belgique. Les religions les plus opposées entr'elles vivent en paix dans une grande partie de l'empire germanique, et sur tout dans les États-unis; mais c'est qu'au fond ces religions n'y vivent plus, elles y sont véritablement mortes : on n'y en retrouve qu'une vaine dépouille, les rits, les cérémonies et la langue ; rits observés sans dévotion, cérémonies suivies par habitude, désœuvrement et respect humain, et langue parlée sans que les mots aient conservé leur ancienne signification.

Une religion a-t-elle encore la vigueur de la jeunesse? ne l'accueillez pas, ou n'admettez qu'elle. S'en présente-t-il plusieurs qui soient desséchées, ou semblables à ces arbres antiques, dont les branches donnent encore des fleurs et des feuilles, mais dont les fruits ne parviennent plus à maturité, parce que leur tronc, creusé par le temps, n'a presque plus de sève que dans une écorce trompeuse? ne craignez pas de les admettre toutes indifféremment. Ne sont-elles encore qu'à cette époque où elles ne font que commencer à se délayer en rapprochant leurs maximes des règles de la raison et de la philosophie? ne vous hâtez pas de les appeler, si vous pouvez sans inconvénient les retenir loin de vous : mais, si de puissans motifs sollicitent leur admission, rapprochez-les avec ménagement, adresse et prudence, et assujettissez-les à des lois de tolérance que vous mainteniez avec fermeté. En suivant cette marche, vous hâterez l'époque d'une pacification générale entre les consciences.

Mon objet ici n'est point d'entrer dans l'examen des caprices que l'on remarque quelquefois à cet égard, soit que ces caprices tiennent aux systèmes de ces religions, soit qu'ils n'appartiennent qu'à des systèmes politiques. Je n'examinerai point pourquoi tel peuple est encore dirigé en plusieurs points par sa religion, même lorsque celle-ci est d'ailleurs et en général totalement affoiblie; pourquoi telle religion s'accommode facilement avec toutes les autres, excepté celle de tel prophète ou de tel dieu; pourquoi et comment il arrive que lorsque les religions sont disposées à fraterniser entr'elles, et que même elles le demandent, la politique, empruntant leur masque, perpétue sous leur nom des persécutions d'autant plus atroces que la conscience n'y a plus aucune part, et d'autant plus odieuses que l'on découvre, tout à la fois, dans leurs causes, le mensonge, l'hypocrisie et la barbarie. Ce dernier scandale se voit en particulier dans la conduite machiavélique du gouvernement anglais envers l'Irlande, et rappelle à plusieurs égards, quoique sous un autre prétexte, tous les crimes des Spartiates envers les Ilotes.

(4) Il m'a paru qu'il seroit utile et convenable de placer ici un tableau rapide et sommaire de l'histoire de ces mêmes peuples, auxquels j'ai observé que le législateur devoit ramener toutes ses études historiques. Ce tableau ne sera qu'un extrait des ouvrages immortels de Bossuet, de Montesquieu et de quelques autres auteurs dont le nom et l'autorité sont généralement respectés. Si l'on m'objecte que ces ouvrages sont dans toutes les bibliothèques, je répondrai que dans mon plan il s'agit moins des faits considérés en eux-mêmes, que de leur rapport direct et nécessaire avec l'esprit public ; rapport que les auteurs que je vais abréger n'ont pas toujours suffisamment développé, quoiqu'ils l'aient plusieurs fois entrevu ou indiqué. Je répondrai encore, qu'en me bornant à citer ces auteurs, je condamnerois le lecteur à l'inconvénient de couper la lecture de ce traité par celle d'un trop grand nombre d'autres volumes, à moins qu'il ne voulût se contenter de la connoissance plus ou moins vague ou précise qu'il a conservée de tous les faits sur lesquels je me fonde ; mais que peu de personnes, en prenant ce dernier parti, se retraceroient la chaîne de ces faits, de manière à se convaincre suffisamment de la liaison étroite que ces mêmes faits ont avec les conséquences que j'en tire ; et que, de cette sorte, il manqueroit aux grandes vérités que je cherche à établir la preuve la plus sensible et la plus propre à persuader. Je n'attribue donc au tableau qui suit d'autre mérite que celui de son utilité ; et je ne fonde cette utilité que sur l'à-propos, la rapidité et la fidélité du tableau lui-même, et des détails qu'il renfermera ou qu'il rappellera au lecteur.

1.°

Les Assyriens, c'est-à-dire, les empires de Babylone ou de la Chaldée, de Ninive et des Mèdes.

Nous avons trop peu de connoissances sur les mœurs et les lois de ces peuples pour entrer dans de grands détails sur leur esprit public. Il paroît qu'avant le premier empire des Assyriens le monde étoit partagé entre plusieurs petits états, dont les princes songeoient moins à s'accroître qu'à se conserver. Ninus, plus puissant et plus entreprenant que ses voisins, les accabla les uns après les autres, et étendit au loin ses conquêtes du côté de l'orient : sa femme Sémiramis, soutenue par un courage rare, et guidée par une suite de conseils plus rare encore, suivit ses vastes desseins, et acheva de former cette monarchie. Les troubles que durent momentanément y causer les excursions et les conquêtes de Sésostris, mais sur tout l'étrange mollesse des successeurs de Sémiramis, et les débauches odieuses de Sardanapale, déterminèrent enfin la chute de ce premier empire d'Assyrie.

De ses débris sortirent des royaumes célèbres, celui de Ninive et celui de Babylone. Les rois de Ninive furent d'abord les plus puissants : mais leur orgueil outre-passa toutes les bornes, lorsqu'à la suite de plusieurs autres conquêtes ils se furent assis sur le trône de Babylone.

La Chaldée, nous dit-on, sembloit destinée à commander à toute la terre : les plus riches moissons y naissoient presque sans culture ; la philosophie et les beaux-arts y avoient été cultivés de tout temps, et l'Orient n'avoit pas de meilleurs soldats. Aussi les rois d'Assyrie se livrèrent-ils aux plus vastes desseins. Quels ouvrages dans Babylone ! quelles murailles, quelles tours et quelle enceinte ! Bientôt, ne pouvant souffrir aucune domination autour d'eux, ils devinrent insupportables aux peuples voisins. De là, leur ruine opérée par les talens de Cyrus et l'imprévoyance de Balthasar.

Ainsi les Mèdes, qui avoient détruit le premier empire des Assyriens, détruisirent encore le second, mais en se réunissant aux Perses.

Qu'y a-t-il en ce premier tableau qui soit propre à nous instruire ? les excès de l'ambition et de l'orgueil, la fougue des passions dominatrices, les infamies de la débauche. Faut-il reculer de tant de siècles pour trouver des faits semblables, et voir le malheur des peuples naître des extravagances de leurs maîtres ?

2.°

Les Perses.

Les Mèdes, d'abord si laborieux et si guerriers, se sont promptement ramollis dans l'abondance : ces deux mots nous donnent également l'histoire des Perses. Il semble qu'ils n'aient marché sur le sentier de la vertu que pour faire éclater la gloire de Cyrus. Le luxe ne put attendre que ce héros eût les yeux fermés pour commencer à corrompre les mœurs. L'abondance introduisit cette corruption, qui bientôt fut universelle, et n'eut plus de mesure. Mais on peut juger par les traces que les Perses conservèrent encore de leurs vertus primitives, que ce n'étoit pas sans titres qu'ils avoient eu de si grands succès. Et quel lecteur n'admireroit pas l'horreur qu'ils avoient pour le mensonge, que tous regardoient comme le plus bas des vices ? Oubliera-t-on, que vivre d'emprunt étoit ce qu'ils connoissoient de plus lâche après le mensonge ? que la fainéantise étoit une chose servile à leurs yeux ? qu'ils étoient observateurs exacts des règles de la justice, libéraux envers les étrangers, et généreux envers les vaincus ? qu'ils avoient des registres, non-seulement pour les choses passées, mais sur tout pour les services rendus ? qu'ils accordoient une protection spéciale à l'agriculture, et honoroient ceux qui avoient élevé beaucoup d'enfans ?

Malheureusement ces bases précieuses de la morale persanne devoient être, sinon renversées, du moins ébranlées et rendues peu utiles, par d'autres principes aussi honteux que funestes, et sur tout par leur excessive adulation pour leurs rois, dont ils se regardoient comme les esclaves, plutôt que comme les sujets : ce seul article devoit détruire les bons effets de toutes leurs belles institutions. D'ailleurs, lorsqu'on nous cite les soins qu'ils donnoient à l'éducation de leur jeunesse, ignore-t-on qu'aucune éducation ne peut valoir au sein des plaisirs où l'abandon des bonnes mœurs précipite la masse entière d'une nation?

Trop de grandeur nuisit à la vertu chez les Perses. Cyrus ne prit pas lui-même assez de soin de l'éducation de son fils Cambise : Darius, fils d'Histaspe, qui vouloit réparer les désordres publics, n'eut pas assez de force pour arrêter le torrent de la corruption universelle : tout empira sous ses successeurs ; le luxe des Perses n'eut plus de bornes, et leur empire n'exista plus que jusqu'à ce qu'il se présentât un vainqueur.

3.°
Les Égyptiens.

La mieux organisée de toutes les nations qui remontent à la plus haute antiquité, c'est l'Égypte, si du moins nous en jugeons d'après ses maximes et ses institutions politiques, et non d'après les extravagances de son culte. En recueillant tout ce que les historiens et les philosophes s'accordent à nous en dire, on voit que dans une température uniforme, dans un climat agréable ; dans le pays le plus beau, le plus abondant, le mieux cultivé et le plus orné ; dans une terre féconde en merveilles, séjour des dieux, et mère des hommes, les Égyptiens ont possédé l'art de former, tout à la fois, les esprits et les corps : ils ont réuni la frugalité aux exercices ; ils ont été des premiers à observer les astres, à déterminer les diverses mesures des temps, et à découvrir la science des nombres, l'arpentage, la géométrie et la médecine. En cultivant les sciences, ils ont également cultivé la vertu : nulle part ailleurs, les hommes n'ont été plus reconnoissans et plus sociables : ils plaçoient les liens de la concorde au nombre des bienfaits, et portoient l'ordre le plus convenable jusque dans l'exécution des lois les plus simples.

Et qui n'admireroit pas une constitution qui, réunissant tous les citoyens contre les méchans, commettoit chacun d'eux à la garde de tous les autres, et même prononçoit peine de mort contre quiconque, voyant attaquer un de ses concitoyens, ne le secouroit pas ? une constitution qui, assignant l'emploi des pères à leurs enfans, honorant également toutes les professions utiles, déterminant à chacune d'elles un canton particulier, et ne laissant aucun coin pour recéler et cacher le fainéant, mettoit tout le monde dans l'impossibilité d'être inutile ? une constitution qui n'admettoit aucune distinction de naissance ou de noblesse; ou les morts étoient jugés et privés de sépulture lorsqu'ils étoient déclarés coupables; où l'on privoit également de sépulture celui qui, en mourant, avoit laissé le corps de son père en ôtage, d'après la loi qui autorisoit à exiger ce dépôt sacré pour garant de la somme que l'on prêtoit; où le respect pour les morts, et l'usage des momies, rendoient, en quelque sorte, éternelles la vénération et la reconnoissance envers les parens? une constitution, où l'étude des lois et de la sagesse étoit l'objet d'une attention spéciale; où rien n'étoit moins toléré que l'ignorance des lois de police; où toutes les maximes sociales étoient fortifiées par des cérémonies publiques et particulières; où, l'exactitude à observer les petites choses servant à maintenir les grandes, rien n'étoit plus extraordinaire que l'admission d'une coutume nouvelle? Aussi, jamais peuple, si l'on excepte les Chinois et les Indiens, n'a conservé plus long-temps ses usages et ses lois; et jamais peuple ne nous a montré tant de grandeurs de toutes parts. Que peut-on citer de plus vénérable que leurs trente juges, qui rendoient gratuitement la justice, ne traitoient les procès que par écrit, et écartoient d'eux tout ce qui tient à l'éloquence? Qu'y a-t-il de plus propre à faire impression sur l'ame des rois, que les malédictions dont ils entendoient, tous les jours, charger les ministres qui leur donneroient de mauvais conseils? Qu'y a-t-il de plus touchant que de voir les maisons des citoyens uniquement désignées par le nom d'édifices consacrés à l'hospitalité? Quelle noble simplicité même dans ce que l'Égypte a eu de plus grand, et jusques dans ses monumens les plus extraordinaires.

Doit-on s'étonner, d'après ces observations et ces faits, qu'Homère, Pythagore, Platon, Lycurgue, Solon, et tant d'autres grands hommes de la Grèce, se soient fait un devoir d'aller étudier la sagesse chez les Égyptiens? Peut-on être surpris que de tous les gouvernemens de l'antiquité aucun ne se soit soutenu aussi long-temps que celui de ce peuple, malgré l'altération que dut y causer Aménophis, qui, voulant faire un conquérant de son fils Sésostris, donna le premier exemple de la corruption de l'esprit public, en s'écartant des véritables principes politiques de la nation, et en donnant lieu aux divisions intestines qui suivirent, d'après les conquêtes de cet ambitieux extravagant, qui n'a valu au genre humain que l'invention de cartes géographiques, et l'idée d'atteler à son char les rois vaincus?

Je ne dirai pas jusqu'où les nations chinoise et péruvienne ont approché des mœurs, des opinions et des lois des Égyptiens; ou de combien elles les ont peut-être surpassés dans quelques articles particuliers: mais on remarquera que peu de nations ont en général une ressemblance plus singulière avec ce peuple célèbre. Aussi a-t-on vu qu'il a fallu un des événemens des plus extraordinaires pour détruire la seconde de ces deux dernières nations, et que la première, à l'imitation de l'ancienne Égypte, est parvenue jusqu'ici à soumettre à son esprit public, à son régime et à ses lois, tous les barbares qui l'ont vaincue.

4.°

Les Grecs.

Une autre nation que nous devons regarder comme formée en grande partie à l'école de l'Égypte, et qui nous est plus connue que la Chine ou le Pérou, c'est la Grèce. Je m'arrêterai peu sur cette nation, dont l'histoire est présente à l'esprit de tous les lecteurs : je dirai seulement que ce sont des Égyptiens ou de leurs voisins instruits de leurs lois, qui, par les lumières qu'ils ont apportées dans la Grèce, chez les sauvages les plus ignorans, les plus barbares et les plus malheureux de l'antiquité, sont parvenus à leur donner pour descendans des peuples dignes de servir de modèles à tous les siècles à venir, et de précepteurs au peuple romain. C'est de l'Égypte que la Grèce a tiré ce qu'elle a eu de plus excellent dans la police : c'est de là que lui sont venues ses premières opinions, même religieuses ; les sciences et les arts qu'elle a cultivés avec tant de succès ; les exercices du corps, si célèbres par les couronnes des jeux olympiques, la lutte, la course à pieds, à cheval et sur des chariots : c'est encore de là qu'elle a reçu cet esprit public qui faisoit regarder chaque citoyen comme partie essentielle du corps politique, la patrie comme une mère commune, et la civilité comme le point de perfection de toutes les qualités qui constituent le bon citoyen ; et l'aréopage, où les dieux comparoissoient, et qui a conservé sa réputation durant plusieurs siècles, n'avoit-il pas été établi par Cécrops, sur le modèle des trente juges d'Égypte ?

Quelle idée ne vous ferez-vous pas des progrès immenses des Grecs dans la science de la législation, si vous suivez avec attention leurs plus célèbres législateurs, les Dracon, les Thalès, les Pythagore, les Pittacus, les Lucurgue, les Solon, les Philolaüs, sans parler ici de leurs plus anciens fondateurs, ou premiers réformateurs, les Cadmus et les Amphion à Thèbes, les premiers Tyndarides à Sparte, les Inachus et les Danaüs chez les Argiens, les Persée et les Sténélus à Mycène, les Cécrops et les Erecthée à Athènes ; les Thésée, les Témène, les Cresphonte, les Eurysthène, et tant d'autres ?

Admirez-vous moins le génie de leurs philosophes, c'est-à-dire, pour ne parler que de ceux qui ont traité de la morale, le génie d'Anaxagore, de Socrate, d'Archytas, de Platon, de

Xénophon, d'Aristote, de Zénon, d'Epictète, et de mille autres encore?

N'observez-vous pas que leurs poëtes n'ont pas moins contribué à former et à épurer les opinions sociales et les mœurs, et que les chefs-d'œuvre qu'ils nous ont laissés ne respirent que le bien public et l'amour de la patrie? Homère chantoit les victoires de la Grèce sur l'Asie, et préparoit ainsi, plusieurs siècles d'avance, les journées de Marathon et les conquêtes d'Alexandre. Du côté des Asiatiques il plaçoit Vénus, c'est-à-dire, la mollesse et les folles amours; et du côté des Grecs, Junon, ou la gravité et l'amour conjugal, Mercure ou l'éloquence, et Jupiter ou la raison suprême : là, Mars impétueux et toujours emporté; ici, Pallas, ou la valeur conduite par la sagesse. Il opposoit ainsi la vertu à la volupté, l'esprit aux sens matériels, et le courage à une force insensée. Homère avoit admirablement saisi, et plus admirablement employé, l'un des plus sûrs moyens d'établir un esprit public, et de jeter des opinions utiles dans celui qui existe déjà.

Quand vous étudiez l'histoire de la Grèce, vous voyez que, de toutes parts, les institutions et les monumens, les mœurs et les lois, les écrits ou les discours, et les actions, tout concourt à resserrer toujours plus les liens qui attachent le citoyen à son pays; que tout concourt à faire prendre à tous une part plus active au gouvernement, et à leur assurer les moyens de parvenir à toutes les places et aux honneurs les plus distingués.

Je ne parlerai point de l'empire projeté plutôt que formé par Alexandre : que dire d'un torrent qui détruit tout et ne dure qu'un jour ? Les royaumes qui en ont été les démembremens offrent eux-mêmes peu de fruits à recueillir à ceux qui en font le sujet de leurs méditations; le plus puissant de tous, celui de Syrie, fut bientôt affoibli par la mollesse et le luxe, et la division de ses princes n'eut pas de peine à lui porter le coup mortel.

La ruine de la Grèce tient principalement à deux causes, à l'imperfection de son système fédératif, et à la force des passions. Les divers peuples de cette belle contrée étoient séparément trop foibles pour pouvoir isolément opposer une résistance suffisante aux agressions du dehors, et les principes qui devoient les unir entr'eux ne furent pas assez développés, et sur tout ne furent pas consolidés par des institutions assez co-actives ou assez multipliées, pour soutenir l'intérêt que tous devoient prendre à la conservation de chacun d'eux. Outre que leurs gouvernemens étoient trop dissemblables pour établir l'accord qui assure à l'un le secours de tous les autres. Il étoit impossible que la diversité ou plutôt la contrariété des opinions et des affections ocales, au lieu de disposer ces peuples à se défendre mutuellement, ne les entraînassent pas dans des sentimens d'antipathie et de rivalité, qui ne pouvoient que les conduire promptement à leur entière destruction.

D'ailleurs, quel vice, quelle imperfection dans le code commun de la Grèce, que l'admission de l'esclavage! et combien cette imperfection, obscurcissant les idées les plus saines de la raison, et étouffant les sentimens les plus précieux de la nature, ne devoit-elle pas égarer, troubler et affoiblir les premiers liens de la société, chez des peuples qui, à l'exemple des Orientaux, qu'ils avoient tant de motifs de ne pas copier, se dégradoient eux-mêmes jusqu'à établir et maintenir la servitude? Comment avoir un respect illimité et sans scrupule pour des lois qui font de l'homme un être vil, que l'on achète et que l'on vend comme l'objet qui nous est le plus étranger?

D'un autre côté, la même ardeur de caractère, le même développement de talens, les mêmes passions, qui, dirigés par un bon esprit public, avoient donné tant de héros aux Grecs, n'avoient besoin que d'une déviation légère ou progressive dans le choix de leurs buts, pour transformer tous ces héros en ennemis redoutables. Aussi, dès que la corruption eut entamé chez eux les principes de la vertu, les vit-on bientôt, ambitieux au dedans et au dehors, semer et reproduire par tout les complots, les intrigues, les factions et les partis, qui, incapables de se soumettre à aucun frein et de céder à aucune considération, tardèrent peu à déchirer la patrie et à la précipiter vers sa ruine.

Lorsque le principe de dégénération fut devenu chez les Grecs plus fort que le principe de perfection, l'indolence et la servilité de l'ame se glissèrent parmi ces partisans si zélés et si nobles de la liberté. Cette contrée, si féconde en citoyens toujours plus admirables, perdit, en reconnoissant un maître dans Alexandre, cette élévation de caractère et cet enthousiasme de vertu, qui avoient été produits par la liberté, nourris par les succès, et confirmés par le sentiment de la prééminence nationale. Les dissensions domestiques des Grecs portèrent chez les étrangers leur tactique et leurs connoissances militaires. Les efforts languissans et mal dirigés qu'ils firent pour recouvrer leur liberté, ne servirent qu'à les plonger plus avant dans la servitude. Lorsqu'il n'y eut plus rien qui pût stimuler leur activité, l'exemple de leurs ancêtres cessa de les animer; quand on n'eut plus chez eux de récompenses à attendre, on cessa d'aspirer à la perfection des talens et des vertus: l'esprit de patriotisme s'évapora, le feu du génie s'éteignit, l'effort du courage tomba avec l'espérance, et, à l'exception de la ligue achéenne, dont l'issue fut malheureuse, la Grèce n'exista plus depuis Alexandre.

5.º

Les Romains.

Il ne me reste plus, pour arriver à l'histoire moderne, qu'à traverser l'empire romain. Mais une existence de quinze siècles suppose nécessairement des qualités bien précieuses; et, avec une attention convenable, on ne traverse pas un si long espace sans avoir d'importantes leçons à recueillir.

Un empire qui a englouti tous ceux de son temps, et d'où sont sortis les plus grands royaumes du monde; un empire dont nous respectons encore les lois, tant de siècles après qu'il n'est plus; un peuple, le plus fier et le plus hardi, et tout ensemble le plus réglé dans ses conseils, le plus constant dans ses maximes, le plus avisé dans ses moyens, le plus laborieux et le plus patient; une milice, la plus brave et la plus parfaite qui ait existé; une politique, la plus prévoyante, la mieux combinée, la plus ferme et la mieux suivie que l'on ait connue; un amour de la liberté, plus énergique que toutes les autres passions : tels sont les principaux traits qui caractérisent Rome et son empire.

Vous ne trouvez chez les Romains, à leur première origine, qu'un amas de bergers, d'esclaves et de voleurs, avec un petit nombre d'hommes plus honnêtes : les premiers, élevés dans des mœurs farouches, et nourris dans l'esprit de tout entreprendre par la force; et les seconds, choisis par Romulus pour composer son sénat. Tarquin l'ancien commença à tourner les esprits vers les grandes choses, par les ouvrages d'utilité publique qu'il fit construire; et Servius Hostilius prépara l'établissement d'une république, en créant les consuls. Bientôt après, la royauté fut abolie, avec des imprécations horribles contre quiconque tenteroit de la rétablir.

Cependant des divisions intestines, fruits de l'éternelle jalousie du peuple contre les sénateurs, déterminèrent souvent, et en vain, ceux-ci d'entreprendre des guerres au dehors : divisions qui ne purent s'éteindre dans les succès, et qui fatiguèrent tellement les deux partis, qu'il fallut chercher des lois qui pussent assurer le repos, et aller recueillir chez les Grecs les meilleures institutions des villes et sur tout les lois de Solon; d'où vient aux Romains la loi des douze tables.

Le calme que devoit produire ce nouveau code fut de peu de durée : les dissensions se réchauffèrent, le peuple aspira aux honneurs réservés au premier ordre; on créa des tribuns militaires, et après quelque repos et de longues disputes, il fallut enfin rendre le consulat commun aux deux ordres.

D'un autre côté, les guerres au dehors continuèrent; après cinq cents ans de combats, l'Italie fut soumise, et les guerres puniques commencèrent. Rome, victorieuse, s'asservit le reste de l'univers dans l'espace de deux cents ans. Mais les charges, dont la dignité et le profit croissoient avec l'empire, furent briguées avec fureur ; on ne songea plus qu'à flatter le peuple : les séditieuses propositions des Gracques mirent tout en confusion ; époque d'où l'on doit dater les guerres civiles des Romains.

C'est en effet de cette époque que l'on osa porter des armes dans les assemblées du peuple, qu'on y recourut à la force ouverte. Ces brouilleries, modérées d'abord par les grandes guerres qui survinrent, furent bientôt ranimées par le plébéien Marius, qui réveilla la jalousie du peuple par ses harangues, plus encore que par les honneurs où ses talens militaires le portèrent. Sylla, patricien, s'étant mis à la tête du parti opposé à Marius, les brigues et la corruption éteignirent l'amour des lois et de la patrie.

Les guerres d'Asie firent connoître le luxe aux Romains, et augmentèrent l'avarice. Les généraux attachèrent les soldats à leurs personnes : Sylla leur permit de s'enrichir dans la guerre contre Mithridate ; Marius proposa aux siens des partages de terres et d'argent. Cet oubli des principes enhardit ces deux hommes jusqu'à se battre même dans l'enceinte de Rome, prétextant, l'un de soutenir le sénat, et l'autre de défendre l'intérêt du peuple. Sylla, ayant entièrement abattu le parti de Marius, et étant devenu souverain sous le titre de dictateur perpétuel, fit des carnages effroyables, traita insolemment le peuple, jusque dans ses assemblées, et se réduisit à la condition d'homme privé, après avoir fait voir que le peuple pouvoit souffrir un maître.

Pompée, élève de Sylla, flatta tantôt le peuple et tantôt le sénat, auquel il finit par s'attacher : César, imitant les tribuns les plus séditieux, proposa des partages de terres, et les lois les plus populaires. Tous deux s'unirent ; puis ils se brouillèrent : la guerre civile s'alluma. César, vainqueur, voulut être roi, devint odieux et fut assassiné. Antoine sut émouvoir le peuple, et, pour usurper l'autorité, s'associa Lépide et le jeune César, qui, âgé de dix-neuf ans, fut également servi par les amis et les ennemis de sa maison, et même par ses concurrens. Ce triumvirat abattit tout ce qu'il y avoit encore d'hommes courageux parmi les Romains ; Brutus et Cassius furent défaits, et avec eux expira la liberté. Les vainqueurs écartèrent Lépide, firent les partages, se brouillèrent, et la bataille d'Actium soumit l'empire à César Auguste.

Rome, fatiguée, renonça à la liberté pour avoir du repos. Il ne se fit presque plus de conquêtes, que pour éloigner les barbares qui vouloient entrer dans l'empire. Les soldats s'aperçurent qu'ils étoient les maîtres : après la mort de Caligula, ils empêchèrent le sénat de rétablir la république ; dans les révoltes amenées par les violences de Néron, chaque armée élut un empereur. La discipline disparut avec l'obéissance ; les princes qui voulurent la rétablir, furent victimes de la fureur des soldats : de là les guerres civiles entre les armées, les massacres les plus effroyables, et la majesté du nom romain anéantie.

Les Parthes, sous le nom de Perses, redevinrent redoutables ; les nations septentrionales tentèrent de toutes parts d'entrer dans l'empire, dont un seul homme ne fut plus capable de soutenir le fardeau. Pour suffire aux besoins de l'état et satisfaire les armées, on multiplia les empereurs et les césars : les dépenses furent excessives ; les peuples en furent accablés : tout se désunit ; les guerres se multiplièrent ; l'Italie et Rome devinrent la proie des barbares ; tout l'Occident fut mis à l'abandon. L'Afrique fut occupée par les Vandales, l'Espagne par les Visigoths, la Gaule par les Francs, la Grande-Bretagne par les Saxons, Rome et l'Italie par les Hérules, et ensuite par les Ostrogoths : l'empire se renferma dans l'Orient.

Sous Justinien, la valeur de Bélisaire et de Narsès redonna quelques espérances ; mais elles furent vaines. Les Sarrasins tardèrent peu à enlever une grande partie de l'Asie ; les Lombards occupèrent les plus riches provinces de l'Italie ; Rome, réduite encore une fois à l'extrémité, se jeta dans les bras des Français. Pépin passa les monts et réduisit les Lombards ; Charlemagne se fit couronner roi d'Italie, et fonda l'empire moderne sur les débris de l'ancien.

Ce tableau seroit incomplet et inutile, si les faits n'y étoient pas suivis des réflexions les plus assorties à mon sujet, et les plus propres à nous instruire, c'est-à-dire des réflexions qui tiennent de plus près aux causes de la prospérité, et à celles de la ruine de l'empire romain. On ne verra dans les unes et dans les autres, que l'action directe et nécessaire de l'esprit public, selon les différentes formes que le temps, les événemens, les hommes et les circonstances lui ont fait successivement prendre.

Les causes les plus remarquables de la prospérité des Romains, ont été :

1.° L'amour de la sobriété et du travail. Les sénateurs, hors du sénat, les généraux revenus de l'armée, ne différoient en rien des autres cultivateurs. Curius et Fabricius, lorsqu'ils combattoient contre Pirrhus, n'avoient d'autre vaisselle qu'une poterie ordinaire. Régulus demanda un congé pour revenir cultiver son champ ; AEmilius Paulus, destructeur de l'empire de Macédoine, Mummius, qui ruina Corinthe, et tant d'autres Romains célèbres, moururent pauvres. Cet admirable respect pour la pauvreté plongeoit les peuples vaincus dans une admiration d'autant plus grande, qu'il se concilioit plus parfaitement avec les idées les plus justes de la véritable grandeur nationale, comme on peut en juger par tant d'ouvrages publics, qui datent de ces anciennes époques :

époques; par le capitole, un grand nombre de temples, les grands chemins, les places, les bains, les aqueducs, les triomphes, les cérémonies, les jeux et les spectacles. Quel art étonnant, de réunir l'élévation de l'ame à des mœurs, sinon farouches, au moins rigides!

2.º L'amour de la liberté: sentiment qui, chez les Romains, exista même avant la ville de Rome, et qui ne fit que s'accroître durant plusieurs siècles; sentiment qui rendit le peuple aussi courageux que le sénat dans les grands périls, et aussi fier que courageux dans les grands désastres. Ce fut en vain que Porsenna les réduisit à la dernière extrémité : il les trouva décidés à mourir plutôt qu'à recevoir des tyrans.

3.º La constance et la fermeté de caractère. Ce fut toujours dans les plus grandes détresses qu'ils prirent les résolutions les plus hardies et les plus invariables. Entourée par les Volsques, que commandoit Coriolan, et qui ne demandoient que le titre de citoyens romains, Rome, n'ayant ni chef ni armée, arrêta que tous périroient plutôt que de rien céder à l'ennemi. Après la bataille de Cannes, on aima mieux armer huit mille esclaves, que de racheter huit mille citoyens, qui, oubliant l'obligation de vaincre ou de mourir, s'étoient rendus prisonniers : on remercia Terentius Varron de n'avoir pas désespéré de la république : il fut arrêté de n'écouter aucune proposition de paix, et l'on ordonna les siéges de Syracuse et de Capoue. Ces mêmes Romains avoient-ils été moins étonnans lorsque Pirrhus les détruisoit avec ses éléphans, ou lorsque les Gaulois les bloquoient au Capitole, et dans cent autres circonstances aussi critiques?

4.º L'esprit de justice. Le peuple, séduit par les convenances (foiblesse semblable à celle que l'on reproche à Thémistocle), s'appropria des terres que se disputoient les habitans d'Ardée et ceux d'Aricie; le sénat, composé d'autant d'Aristides, blâma hautement cette décision, en répara le dommage, et parvint enfin à la faire révoquer.

5.º La sagesse dans le gouvernement, c'est-à-dire, attention continuelle à profiter de ce qu'ils découvroient de mieux, même chez leurs ennemis; maturité toujours égale dans toutes leurs résolutions; concours de tous vers le même but; recherche des meilleures lois, et soumission constante à leurs magistrats; générosité patriotique, qui, dans les grandes détresses, porte les sénateurs à se réserver à eux seuls la charge des impôts, disant qu'alors le pauvre paye un tribut assez fort en nourrissant ses enfans; et secret impénétrable, comme on le vit dans la guerre contre Persée, où trois cents sénateurs gardèrent pendant quatre ans un silence égal sur un traité que ne purent découvrir les espions qui les entouroient.

6.º La plus adroite politique dans les conquêtes. Le peuple romain ne sembloit conquérir les nations que pour les rendre

L

plus heureuses. Par tout il favorisoit l'agriculture et les sciences. Indépendamment de l'avantage des colonies, qui débarrassoient Rome d'une foule de citoyens pauvres, et gardoient les principaux postes des frontières, des légions y maintenoient l'ordre et la police, mais y étoient fixées dans leurs camps et hors des villes, qu'elles ne pouvoient ni troubler, ni opprimer. Ces légions et ces colonies, conservant des priviléges qui garantissoient leur attachement à la république accoutumoient peu à peu les étrangers aux mœurs romaines. D'ailleurs on accordoit à propos le droit de citoyens aux habitans des principales villes, qui retenoient les autres villes dans le devoir ; on avoit soin d'offrir un asyle aux opprimés ou aux proscrits. Enfin l'on gouvernoit par de sages lois, par la politesse des mœurs, par la langue latine qu'on savoit faire adopter, et par la bienfaisance, autant que par les armes · politique admirablement combinée, qui à la fin forma de toutes les nations connues une seule nation.

C'est par tous ces traits réunis que les Romains ont paru dignes d'être les maîtres du monde, et que tous les peuples ont reconnu et respecté dans leurs lois la plus belle application des principes de l'équité naturelle. C'est ainsi que, depuis l'Euphrate et le Tanaïs jusqu'à la mer atlantique, ils surent gouverner, comme du centre de la Méditerranée, l'Afrique jusqu'à ses régions sablonneuses et désertes, l'Egypte, l'Asie mineure et la Syrie, les rives de la mer caspienne et de la mer noire, la Thrace et la Grèce, l'Espagne et les Gaules, la Grande-Bretagne et la Germanie jusqu'à l'Elbe. Tels sont, en un mot, les moyens par où l'on peut mettre dans l'esprit des peuples la passion de la gloire, la patience dans les travaux, le zèle pour la prospérité de la patrie.

Qui ne croiroit que sur des bases semblables Rome devoit être à l'abri de toute atteinte ? Mais nous allons voir que, maintenir les bons sentimens chez un peuple, est une chose plus difficile encore que de les y faire naître ; que la caducité est de tous les vices le plus inhérent à la nature et aux institutions humaines ; qu'affermir un état, est un point de sagesse bien supérieur à l'art de former ou de conquérir les nations. Nous allons voir, comment la douceur de vaincre corrompit les Romains, et introduisit parmi eux les injustices, l'ambition, la cupidité, le faste, l'orgueil, la rapine, et tous les vices propres à les avilir, à les dégrader et à détruire leur gloire et leur empire.

Ce qui favorise le plus dans les commencemens la corruption et la ruine des états, c'est que le mal existe pour l'ordinaire plus ou moins long-temps avant d'être connu. L'origine, les progrès, la marche des vices, n'ont pas le caractère de vérité et de franchise qui est propre aux vertus. Là, vous êtes assuré de retrouver presque par tout l'hypocrisie, la dissimulation, le mensonge, et une vaine apparence. L'homme qui devient meilleur, en a la conviction intime, et ne cherche point à le cacher: celui qui se pervertit, commence par dissimuler; il cherche à persuader aux autres, et il se persuade quelquefois à lui-même, qu'il vaut mieux; et c'est ainsi que la détérioration peut déjà être complette et entière, lors même que l'on prétend encore n'avoir qu'à s'applaudir. Mais si c'est de cette sorte que le mal s'introduit dans le monde, comment donc peut-on en prévenir les suites? car quelles que soient nos erreurs et notre bonne-foi sur l'existence et la nature de nos vices, ces vices n'auront pourtant jamais les mêmes résultats que les vertus. Nous aurons beau tromper les autres, ou nous tromper nous-mêmes, la contrariété qu'il y a entre les causes se reproduira toujours et nécessairement dans les effets.

Cependant, c'est sur les choses qui sont hors de nous que s'étendent principalement l'ignorance et les erreurs, qui rendent si difficile à acquérir cette partie de la science de gouvernement par où on prévient la corruption des peuples. Ceux qui gouvernent sont assujettis à des lois, à des événemens, à des forces supérieures ou majeures, qu'il est bien difficile de prévoir ou de calculer d'avance, et ensuite de diriger ou d'affoiblir. Ils font presque toujours plus ou moins qu'ils ne veulent ou qu'ils ne croient faire : leurs résolutions les plus réfléchies les conduisent à des effets auxquels ils n'ont pas songé. Ils ne sont point maîtres des dispositions que les siècles antérieurs ont mises dans le cours des affaires, et, loin de pouvoir forcer l'avenir, ils ne peuvent pas même prévoir toujours le cours qu'il prendra. Alexandre ne croyoit pas travailler pour ses capitaines, et ruiner par ses conquêtes la maison de Philippe : Brutus, en inspirant aux Romains un immense amour de la liberté, ne songeoit pas qu'il jetoit dans les esprits le principe de cette licence effrénée par laquelle la tyrannie renaîtroit un jour plus dure que sous les Tarquin : les Césars, en flattant leurs soldats, n'avoient pas dessein de donner des maîtres à leurs successeurs. Mais tout s'avance avec le temps, et se développe dans un ordre sûr et réglé.

En indiquant ces causes générales d'altération dans le gouvernement, je n'ai point eu pour but de faire adopter l'aveugle et décourageant système des fatalistes; je n'ai voulu que faire mieux sentir la nécessité de combattre l'erreur et l'ignorance, et d'exiger des hommes publics autant de lumières que d'attention et de vertu. L'exemple du passé est une mine infiniment riche, où l'homme qui médite peut puiser les trésors les plus précieux pour le temps actuel : on peut accoutumer les hommes à la bonne-foi envers les autres, et à la défiance envers eux-mêmes : on peut leur donner la justesse de l'esprit et l'honnêteté de l'ame, l'habitude d'observer, et le talent de suivre le fil des conséquences d'un même fait : le flambeau de la raison peut percer, et perce à coup sûr, quoique lentement et peu à peu, les ténèbres les plus épaisses dont le monde moral ou physique puisse être couvert. Bossuet nous en offre la preuve lui-même, lorsqu'il dit que *tout s'avance et se développe avec le temps.* Ainsi les maximes citées plus haut peuvent cesser d'être vraies pour l'avenir, quelque degré de vérité qu'elles aient pour le passé. Nous ne devons donc y chercher qu'un plus puissant motif de peser avec attention les causes des vicissitudes des nations, afin de pouvoir éviter plus sûrement les écueils où l'on en a tant vu se briser.

Les causes les plus importantes de la chute de Rome sont :

1.° La jalousie des plébéiens contre les patriciens. Romulus avoit établi cette distinction pour ménager aux rois des hommes qui leur fussent dévoués : Brutus la conserva dans sa république, en même temps qu'il donnoit pour maxime fondamentale de regarder la liberté comme une chose inséparable du nom romain. Mais en nourrissant le peuple dans cet esprit, en faisant de lui un peuple roi qui ne pouvoit plus recevoir la loi que de lui-même, en lui dictant des imprécations horribles contre la royauté, ne devoit-il pas penser qu'il alloit en faire un peuple méfiant, à qui tout deviendroit suspect, dès que la liberté lui paroîtroit menacée; un peuple difficile à manier, et d'une égale audace au dedans et au dehors ? Put-il se dissimuler qu'il divisoit au lieu de réunir; que par tout les patriciens verroient la liberté se détruisant par ses excès, tandis que les plébéiens verroient de toutes parts l'autorité dégénérer en tyrannie : extrémités entre lesquelles il ne pourroit y avoir ni milieu ni repos ?

2.° L'avarice si naturelle à un peuple originairement pauvre, et accoutumé tout à la fois à un travail dur et à une extrême économie. Les créanciers furent en général à Rome d'une rigueur outrée contre leurs débiteurs : les contraintes trop souvent exercées par les premiers contre les seconds, jetèrent plusieurs fois le peuple dans un état de désespoir, qui mettoit le gouvernement en péril, comme on le vit à l'époque de la retraite sur le mont Aventin. C'est encore la même cause qui amena l'institution des tribuns, c'est-à-dire, de magistrats créés pour secourir le peuple contre l'oppression, pour affoiblir et comprimer la puissance consulaire ; de magistrats qui ne pouvoient que nourrir la division entre les deux ordres, flatter le peuple, proposer des lois ruineuses, perpétuer les troubles, et multiplier les factions et les partis les plus animés et les plus opiniâtres.

3.° L'injustice et les suites pernicieuses des guerres entreprises au dehors pour échapper aux périls du dedans. Les dissensions ne faisant qu'accroître l'éloignement des deux ordres l'un pour l'autre, le sénat fut naturellement porté à saisir tous les moyens de distraire le peuple, et de le dérober à ses tribuns : de là les nouvelles guerres dont on cherchoit sans cesse à l'occuper. Le butin qu'on en rapporta souvent les rendit chers aux Romains, qui de cette sorte devinrent conquérans, avides, durs, fiers et ambitieux, jusqu'à ce qu'ils s'abandonnèrent plus ouvertement au luxe, au faste, au brigandage public, et à cette vénalité qui, comme l'observa Jugurtha, ne laissa plus subsister Rome que dans l'attente d'un acheteur. Dans cet état des choses, il étoit impossible que le torrent de la corruption la plus désorganisatrice ne pénétrât pas rapidement de toutes parts et par tout.

4.° Les effets naturels de tous les vices dont on vient de parler, les complots les plus hardis, les moyens de sédition les plus criminels, la perversité de tous les talens, la corruption de toutes les vertus, l'extinction de tous les sentimens honnêtes, l'exaltation de toutes les passions, les guerres civiles, les massacres, les proscriptions ; et enfin, après ces symptômes affreux, les longues convulsions, et les déchiremens aigus d'un état expirant, l'affaissement, l'impassibilité, le silence, et le repos de la mort.

Dans le temps des dangers, des besoins et des vertus, l'amour de la patrie avoit retenu les esprits. Quand on n'eut plus rien à craindre du dehors, et que même on n'eut plus rien à en tirer, les passions se concentrèrent au dedans ; les lois tombèrent sans pouvoir, la force décida de tout, et il fallut bien que l'empire passât tout entier en la main d'un seul, ou fût déchiré en lambeaux. Aristote avoit tracé d'avance l'histoire de Rome, lorsqu'il avoit dit qu'en général la tromperie commence à perdre la liberté publique en flattant le peuple, et qu'ensuite elle est suivie par la violence, pour être enfin remplacée par les gens de guerre.

La jalousie des deux ordres fut le principal vice de la république : la licence des soldats fut celui de la monarchie.

Rome a combattu avec péril durant cinq cents ans, et sans péril durant les deux cents années suivantes ; mais avec tout l'éclat de la gloire, malgré le génie étonnant d'Annibal, on a peine à croire que Carthage eût pu détruire Rome : Carthage étoit livrée aux factions ; elle étoit riche, elle préféroit l'argent à la vertu, et n'avoit pour soldats que des mercénaires, au lieu qu'à cette époque Rome avoit encore ses vertus. Cette maîtresse du monde a ensuite conservé sa majesté durant quatre cents ans, et enfin son empire, entamé de toutes parts, durant quatre cents ans encore, a disparu.

La milice romaine a été d'abord soumise au sénat et au peuple, ensuite attachée à ses généraux : bientôt après, elle a élevé ses chefs à la puissance absolue : puis elle a fait et défait des empereurs à sa fantaisie, et enfin, livrée entièrement à la sédition, elle s'est perdue elle-même en perdant l'empire.

A toutes les causes de décadence que nous venons de rapporter, on en ajoute encore d'autres qu'il est juste d'indiquer ici : 1.º le luxe, qui amena une prodigieuse quantité d'esclaves et de gladiateurs ; surcharge pour l'état d'un fardeau inutile et funeste : 2.º les débauches et la fainéantise, qui accrurent également le nombre des pauvres, lesquels en de semblables circonstances ne peuvent guère être mis qu'au rang des ennemis de l'ordre public : 3.º l'admission au titre de citoyens romains, de cette masse énorme d'étrangers, parmi lesquels les anciens et véritables Romains ne pouvoient plus se reconnoître : 4.º la foule des barbares qui dès-lors remplirent le sénat, et parvinrent aux charges publiques : 5.º l'affoiblissement de l'amour de la patrie et de toutes les opinions nationales, qui ne pouvoient arriver sans altération ou sans mélange jusqu'à ces hommes naturalisés de la veille, et toujours plus ou moins étrangers : 6.º le renversement total de l'ancien système religieux, qui, étroitement lié à l'empire, ne put devenir odieux et méprisable aux yeux du monde sans avilir également et désorganiser l'empire lui-même : 7.º enfin, les qualités vicieuses, et même le génie particulier de ceux qui ont produit les secousses les plus funestes, tels que les Gracques, Marius, Sylla, Pompée, César, et Auguste.

6.º

Les peuples modernes.

Si nous voulons joindre aux tableaux précédens celui des dix siècles qui se sont écoulés depuis Charlemagne jusqu'à nos jours ; si nous avons le courage de fixer nos regards sur l'esprit public des sociétés, dans toute cette étendue de siècles et de régions qui sont l'objet de l'histoire moderne ; attendons-nous, en suivant cette galerie si longue et si monotone, cette scène humiliante et fastidieuse de sottises et de fanatisme, d'ambition et de servitude, de dévotion et d'atrocités : attendons-nous à n'en rapporter que des exemples d'erreurs et d'abus, d'excès et de foiblesses, de crimes et de souffrances ; que des leçons de honte et de malheurs ; qu'un cercle perpétuel d'ignorance et de perversité !

En effet, quels sont les traits qui dans l'histoire moderne vous frappent le plus ? Après avoir vu, ainsi que le dit Voltaire, un usurpateur et un pape se donner réciproquement ce qui ne leur appartenoit pas ; c'est-à-dire, après avoir vu Pépin violer les sermens solennels qu'il a faits à Childérique III, s'en faire absoudre, et faire excommunier d'avance quiconque voudroit ôter la couronne à sa famille, et ensuite délivrer Rome et donner au pape complaisant l'exarcat de Ravenne, vous voyez Charlemagne, le plus grand de tous les souverains qu'aient eus les Gaules, dégrader toutes ses qualités héroïques par vingt-six campagnes toujours plus atroces, contre les Saxons, et sur tout contre Witikind, le plus illustre défenseur de la liberté germanique depuis Arminius; vous voyez le même Charlemagne, auteur de tant de capitulaires dont plusieurs font honneur à sa sagesse, et d'ailleurs ami des sciences et des lettres, vous le voyez ternir sa gloire, en ordonnant de décider par le jugement de la croix les différens qui s'éleveroient entre ses fils pour leurs frontières, et en faisant renfermer à Corbie Didier, dernier roi des Lombards, et son beau-père : exemple suivi ensuite pour tant d'autres souverains arbitrairement détrônés, tonsurés, et forcés de se faire moines.

Vous voyez un Louis le Débonnaire dépossédé par des prêtres; et un Charles-le-Chauve, trop lâche pour combattre les Normands, et ne sachant pas mieux défendre ses droits contre les papes que contre ses parens ou contre les seigneurs, homme fourbe et lâche, à qui l'on peut justement imputer tous les crimes de la féodalité, qui nâquit de son temps et fut le fruit de sa foiblesse : vous voyez tous les autres descendans de Charlemagne, toujours plus vils et plus ineptes, et dans la longue race des Capétiens, à peine cinq ou six hommes à qui l'on puisse pardonner d'avoir été rois.

Vous voyez, à l'orient de la France, un combat interminable entre les papes et les empereurs, sous les noms de liberté italienne et de domination allemande : un pape (1) animé par la vengeance, dispute Naples et Sicile au coupable tuteur Mainfroi, et à l'intéressant pupille Conradin: un empereur couvert des lauriers de tant de victoires (2), est excommunié par le pape, persécuté par ses fils, emprisonné, déposé; et lorsqu'il s'est échappé de prison, il erre pauvre, et meurt sans secours, victime de la haine des papes, contre l'autorité desquels sa toute-puissance s'est brisée : l'esprit de parti s'organise en grand, sous les noms de Guelfes et de Gibelins, et perpétue les haines et les désastres publics durant plusieurs siècles et même long-temps après que son premier et véritable objet n'existe plus : un Jean de Procéda, gentilhomme de Salerne, fait massacrer, au son de la cloche, le troisième jour de pâques (3), huit mille François, victimes de ce fanatisme politique et religieux en même temps; les intrigues, deviennent d'âge en âge, plus profondes et plus noires, et les crises sont de jour en jour plus cruelles, les petits princes voulant regagner par le crime, ce qui leur manquoit de pouvoir; tel qu'un Ludovic-Sforce, usurpateur de Milan par l'emprisonnement de son pupille, donnant sa fille et de l'argent à l'empereur pour faire la guerre à la France,

---

(1) Urbain IV.
(2) Henri IV.
(3) En 1282.

tandis qu'il donnoit de l'argent à Charles VIII pour faire la conquête de Naples, dont il devoit partager les provinces.

Vous voyez l'Espagne en proie aux Sarrazins, l'Angleterre déchirée par les factions, le Nord livré à une barbarie encore plus affreuse, et le reste du monde esclave ou sauvage: tout languit dans la misère, ou est livré à l'anarchie et aux guerres civiles. Si les Romains, au dixième siècle, veulent faire revivre leur ancienne république, cette entreprise, qui dans d'autres temps auroit pu être une entreprise de héros, n'est alors qu'une révolte de séditieux, que l'on étouffe en faisant pendre une partie du sénat, et en faisant fouetter dans les carrefours, promener nu sur un âne, et mourir de faim ou de misère dans un cachot, Crescence, qui avoit été le préfet de Rome. Si, au quatorzième siècle, on profite du long séjour des papes à Avignon pour exécuter réellement ce même projet de république, il semble que ce ne soit que pour ressusciter d'une manière ridicule les anciennes factions, et avilir l'odieux rôle des Gracchus dans le notaire Rienzy. Si les excès de la féodalité et l'anarchie produisent enfin la liberté des villes, et l'indépendance de celles qu'on nomme anséatiques: si une foible idée d'ordre public fait établir l'usage des archives: si, après la naissance des *confraternités*, un heureux enthousiasme porte à offrir la liberté personnelle aux habitans des campagnes, et si enfin un pape proclame, au nom d'un concile, que tous les chrétiens doivent être exempts de servitude; ces événemens, qui auroient dû occasioner une révolution générale, ne firent aucune sorte d'impression sur les esprits, parce que personne n'étoit disposé à sentir que la liberté est un des plus précieux dons que le ciel ait destinés à l'homme.

Quelle dégoûtante série de désordres réunis ou successifs! Après les incursions barbares des quatrième et cinquième siècles, et tous les crimes commis par les vainqueurs jusqu'à ce qu'ils se soient rassasiés ou civilisés, ce sont les Normands, traversant et pillant toute la France; ce sont mille autres brigands qui leur succèdent; ce sont les seigneurs qui, s'étant fortifiés chez eux pour se défendre, se font ensuite de leur forteresses autant de titres de pillages et de volerie publique; ce sont toutes les horreurs des guerres civiles, de proche en proche, et toutes les exactions légitimées par la féodalité; et enfin, lorsque le mal ne peut plus se faire en grand et sous la bannière des potentats, ce sont les malandrins, les grandes compagnies, les bandes de lansquenets, qui disséminent le meurtre, le pillage et l'anarchie: mais auparavant, c'est l'Europe entière, toute fanatique, toute féroce, se roulant à grand flots sur l'Asie, à travers les débauches et les crimes les plus révoltans, pour aller au calvaire se frapper la poitrine de compassion et de gémissemens, et recommencer tous leurs désordres; mélange affreux et bizarre de politique et de simplicité, de grossièreté et d'artifice! ce sont les Asiatiques, plus sanguinaires encore et plus dévastateurs, inondant l'Europe ou la menaçant, et par l'Asie, et par l'Afrique : ce sont nos pères, reportant par les mers de plus grands crimes, s'il est possible, et dans les Indes, et dans l'Afrique, et dans l'Amérique, du Pérou au Mexique, et jusque dans les îles paisibles qui séparent les continens du monde.

Et pour mettre le comble à notre dégradation, ce sont les pieuses et ridicules extravagances de nos aïeux, qui mêloient les farces les plus ignobles à leurs mystères les plus respectés, l'abbé des Cornards, le roi des Ribauds, l'âne de Vérone et celui de Beauvais, notre-dame de Laurette et toutes les absurdités de la légende ; les flagellans et la mère sotte, les miracles et les maléfices ; une béguine consultée pour savoir si une reine est adultère ; un magicien appelé pour guérir Charles VI ; les épreuves de l'eau, du fer, et du feu, ou les jugemens de Dieu ; et les Grecs ne s'occupant que de disputes théologiques, lorsque les Turcs les assiégent de toutes parts.

Quand on voit l'homme entraîné aux plus tristes excès où puissent nous porter l'ignorance et les préjugés, peut-on se rappeler que c'est un être essentiellement perfectible, et ne pas espérer que, du moins, ses expériences les plus cruelles lui profiteront, en l'éclairant sur ses intérêts et sur ses droits ? Si, d'autre part, il parvient à un état d'ordre et de prospérité désirable, peut-on ne pas se flatter que c'est un avantage qui sera conservé même aux races les plus éloignées ? quelle n'est donc pas l'affliction que l'on éprouve, lorsqu'on voit le pire succéder au mal, et le bien abandonné dès qu'il paroît, semblable à un héritage que personne ne daigne recueillir ? Le cercle de nos erreurs est infini ; et ce n'est pas assez pour en sortir que d'arriver à des rayons de vérité. Non, ce n'est pas la vérité qui peut vaincre notre ignorance, détruire nos préjugés, et dissiper nos erreurs ; ce n'est que de la seule évidence que nous pouvons attendre cette amélioration dans notre destinée. Pendant mille générations de suite, vous n'aurez à contempler autour de vous que des peuples malheureux, simples et grossiers, ou corrompus et avilis : vous verrez, après des princes conquérans et barbares, des princes faux monnoyeurs, et toujours des sujets imbécilles par l'effet naturel et inévitable de l'ignorance, du fanatisme et de l'asservissement. Vous verrez les découvertes les plus précieuses, telle que celles de la boussole et de l'Amérique, et celles de la poudre et de l'imprimerie, ne conduire d'abord qu'à de nouveaux crimes, ou à des malheurs nouveaux : vous verrez même la renaissance des arts et des sciences devenir un sujet de deuil et d'affliction pour le genre humain, par les abus que le despotisme, la superstition, la cupidité, et toutes les passions parviendront à en faire, en s'en omparant ; jusqu'à ce que, peu à peu, l'évidence arrive jusqu'à nous, et que nous ayons parcouru la carrière immense des opinions fausses ou superficielles : vous verrez, dis-je, cette renaissance des lettres corrompre l'Italie ; plonger l'Empire, le nord de l'Europe, l'Angleterre et la France, dans tous les fléaux dont la doctrine de Luther, de Calvin et de Henri VIII fut la cause ; et nourrir la vanité des grands, corrompre l'ame des rois, et égarer les peuples, durant trois cents ans de suite, avant que le jour de la vraie philosophie ne vînt éclairer le monde et guérir les plaies du genre humain.

Mais par quel moyen parviendrez-vous sûrement à faire luire le flambeau de l'évidence aux yeux des nations ? par le concours du progrès des lumières et de l'expérience ; par la nécessité, lorsque c'est à la raison qu'elle a recours ; par l'excès du mal, lorsque les hommes sont assez instruits pour en démêler la cause et le remède.

Depuis la retraite de Sully, il y avoit toujours eu dans l'enceinte et autour de Versailles quelques centaines de ministres, de favoris, de grands seigneurs, d'hommes protecteurs ou protégés, qui tous les jours se disoient, non *que la lumière se fasse*, mais *que les abus naissent*; et les abus naissoient sous leurs pas, se consolidoient, s'étendoient dans toute la France, et se perpétuoient ; si bien qu'à la fin il n'est resté aucune branche d'administration qui n'en fût souillée, et aucun citoyen qui n'en fût plus ou moins victime ou complice.

En effet, promenez vos pensées sur la France, telle qu'elle étoit avant la révolution : fixez-les sur toutes les provinces, et sur les personnes de tout état ; sur le spectacle qu'offroient les routes publiques, sur les souffrances du commerce et de l'industrie, sur les exactions qu'éprouvoit le cultivateur, sur les fortunes particulières et les dettes nationales, sur les villes et les campagnes, sur ceux qui commandoient et sur ceux qui obéissoient : allez du nord au midi, de l'orient à l'occident, des rives du Rhin à celles du Rhône, de la Loire et de la Garonne, du jardin de la France aux landes de Gascogne ; descendez des montagnes à pâturages sur les coteaux à vignobles et dans les plaines à labour : pénétrez dans toutes les chaumières, interrogez leurs tristes habitans ; calculez, avec une religieuse exactitude, les récoltes, les salaires, les ressources, ainsi que les fatigues, les dépenses, les besoins, les charges de vingt-cinq millions d'ames : la misère (je vous reporte et vous retiens à l'époque qui a précédé la révolution), la misère n'est-elle pas au comble de toutes parts ? ne voyez-vous pas autour de vous, et de toutes parts, un peuple immense sans vêtemens et sans pain, même au sein de la paix ? et ce peuple n'est-il pas de plus courbé sous le joug insolent des déprédateurs et des satrapes de toutes les couleurs et de tous les grades? Quelle route pouvez-vous prendre pour aller de la capitale aux frontières, sans voyager entre deux haies de mendians? et ces mendians sont écrasés de plus de soixante-et-dix impôts différens! et leur détresse ne touche point les satrapes, qui, toujours ivres de délices, au sein de l'abondance, et sous le charme des arts également corrompus et variés, jurent que la France est admirablement bien gouvernée! et, cependant, un déficit énorme s'accroît comme le torrent des montagnes, et annonce la crise la plus douloureuse; et il ne s'offre à l'esprit aucun moyen de le combler, ou de l'arrêter!

Arrêtez-vous, je vous somme de vous arrêter sur ce tableau, et d'en vérifier tous les traits dans le silence des passions! je vous somme de déclarer s'il étoit en Europe un peuple aussi dénué de tout, que le peuple françois avant la révolution; que ce peuple si industrieux et si actif, et cultivant avec tant de courage un sol si fertile? N'est-il pas vrai que, pour sortir d'un abyme semblable, il n'est point d'effort qui à la fin ne devienne légitime? Le peuple pouvoit-il être trompé plus long-temps? pouvoit-on l'aveugler encore sur la source de ses maux? Non; ce n'est pas l'harmonie de Cicéron, la foudre de Démosthène, ou la hache de Phocion, qui a fait la révolution françoise: ce sont les faits; le fait des abus, et de leur ténacité; le fait des souffrances du peuple, et de leur accroissement journalier; le fait de tous les vices du gouvernement, et de leur insolente incorrigibilité; le fait des scandales impunis, et de la perte de tout espoir! c'est d'après ces faits que le financier condamnoit à la réforme le haut clergé, les tribunaux supérieurs, la noblesse trop nombreuse des provinces, et la noblesse arrogante de la cour; que le clergé anathématisoit les parlemens, les seigneurs de paroisses, et la finance; que les nobles de provinces s'irritoient des vices de la cour, de ceux du clergé, et de ceux des gens de robe et des financiers; et qu'à la cour il n'y avoit qu'une voix pour la réforme du reste du royaume.

Mais comment tous ces faits pouvoient-ils produire sur les esprits la sorte d'impression qui sauve le peuple du découragement, et l'enhardit à revendiquer ses droits? Ce qui conduit à ce résultat, c'est le concours des lumières. Pour accroître leur puissance, leurs forces et leurs richesses, il a fallu que nos maîtres nous permissent d'apprendre à lire: l'industrie et les arts utiles, si nécessaires à la splendeur des cours, ont réclamé le secours des sciences. C'est ainsi qu'il a fallu encourager les bonnes études, établir des académies même à Pétersbourg, et avoir, même à Constantinople, d'autres livres que l'alcoran! Mais qui peut arrêter les élans de l'esprit humain, quand il est entré dans la carrière? qui peut déterminer et placer des bornes que la méditation ne puisse franchir? ou qui peut repousser des vérités que l'évidence jette parmi les hommes? Nous avons donc porté nos recherches sur ce qui convenoit à nos intérêts, en même temps que nous calculions ce qui pouvoit convenir aux intérêts de nos maîtres : en travaillant à corroborer leurs titres, nous avons découvert les nôtres, que nous avons ensuite, et peu à peu, vérifiés, proclamés, et rétablis.

TROISIÈME PARTIE.

Histoire philosophique de l'esprit public chez les différens peuples.

INDIQUER, 1.º les causes de la formation de l'esprit public ; 2.º celles de son perfectionnement, 3.º de ses variations, 4.º de sa durée, et 5.º de son affoiblissement ou de sa destruction ; développer tous ces phénomènes avec exactitude et fidélité ; et faire sentir aux ames honnêtes, combien ce sujet important a droit de nous intéresser, soit qu'on le considère dans ses principes, soit qu'on le suive dans toutes ses conséquences : c'est donner la véritable histoire philosophique dont il s'agit ici. Nous allons donc reprendre les cinq époques principales qu'elle embrasse.

1.re ÉPOQUE.

Causes de la formation de l'esprit public.

Montesquieu, ayant à expliquer l'origine du caractère national, se contenta de l'attribuer à l'influence du climat : d'autres, pour atteindre au même but, ont recouru à l'influence du gouvernement ; d'autres à d'autres causes.... Vains efforts. Il est presque toujours absurde de ne vouloir assigner qu'une seule cause à un même effet. Mille causes, dans l'ordre moral sur tout, concourent à produire les effets même les moins sensibles ; et le caractère national, ainsi que l'esprit public, avec lequel il a tant d'affinité, et à la destinée duquel il a tant de part, en compte en particulier un grand nombre. Mais parmi toutes ces causes il s'en faut bien que le climat soit la plus sensible. Le climat n'agit sur le moral que d'une manière indirecte, et par conséquent, pour l'ordinaire, d'une manière foible : aussi voit-on quelquefois le caractère des peuples changer bien essentiellement, quoique certainement le climat qu'ils habitent ne change jamais : phénomène bien plus fréquent encore pour ce qui concerne l'esprit public.

En décomposant l'idée générale des causes productrices de cet esprit public, nous trouvons qu'elle nous conduit à la recherche et à l'examen, 1.° des sources d'où cet esprit découle, ou, pour mieux dire, d'où découlent les opinions dont il est le résultat; 2.° des facultés ou qualités naturelles qui nous rendent capables de former ces opinions; 3.° des exercices qui nous disposent à l'état habituel, qui fait que ces opinions deviennent les nôtres; 4.° des moyens par où on nous engage à adopter ainsi une doctrine particulière; 5.° des circonstances qui aident le plus à nous y déterminer, et 6.°, des procédés par lesquels nous arrivons même aux opinions les moins raisonnables et les plus funestes.

1.° Quelle est la source de l'esprit public? d'où nous viennent nos opinions, tant celles que nous nous créons nous-mêmes, que celles que nous empruntons des autres hommes? N'est-il pas évident, que celles que nous sommes les premiers à nous former ne peuvent venir que de la connoissance que nous avons, ou que nous croyons avoir, de la nature des choses qui en sont l'objet, et de la relation qu'il y a ou que nous imaginons exister entre ces mêmes choses et nos besoins ou nos jouissances, et nos peines ou nos plaisirs, et nos espérances ou nos craintes, et nos passions ou nos intérêts, ou nos goûts bien établis? Que cette connoissance et cette relation soient réelles ou fausses, qu'importe quant à la force de leur influence, si nous les regardons comme fondées? Dès qu'elles ne nous laissent point de doute, il est évidemment nécessaire que nous y aillions en quelque sorte puiser les opinions que nous avons besoin de nous créer.

Quant aux opinions que nous empruntons d'autrui, il faut observer que, par là même que nous sommes bornés, nous naissons foibles et paresseux, d'esprit aussi bien que de corps; que cette foiblesse, en nous jetant dans la méfiance de nous-mêmes, nous porte à nous en rapporter aux autres, et que la paresse d'esprit, cette cruelle infirmité de l'espèce humaine, nous induit à nous laisser tromper, plutôt que de nous astreindre au travail contentieux et pénible de la méditation, de l'examen et des recherches: il faut observer encore que, par le besoin que nous avons de nos co associés, par les services que nous en recevons ou que nous pouvons en attendre, par le juste retour que nous devons aux égards qu'ils nous témoignent, nous sommes naturellement enclins à leur déférer avec confiance, et que, plus nous avons d'honnêteté dans l'ame et de sociabilité dans le caractère, plus nous nous livrons à cette aimable et touchante confiance, dont les fourbes et les fripons savent si bien abuser. Enfin, il faut observer que, d'un autre côté, le sentiment intime de notre force personnelle et relative, quelle qu'elle soit, produit chez nous, à l'aide du principe d'activité qui nous porte à agir, la précipitation de jugement, en nous faisant présumer que nous n'aurons que des succès, et que nous ne sommes faits ni pour l'erreur, ni pour le repentir : à quoi il faut ajouter, que l'envie de jouir accélère encore nos décisions, et que l'exemple de tout ce qui nous environne exerce sur nous une autorité entraînante, d'autant plus persuasive que cet exemple est plus général. C'est ainsi que tout nous prépare à adopter les opinions d'autrui, pour peu qu'elles se rapprochent des nôtres, ou qu'elles nous soient présentées comme tenant à des intérêts communs et importans!

2.° Les facultés qui nous rendent capables de l'opération de l'esprit par laquelle nous formons nos opinions, ne sont pas autres, sans doute, que celles en vertu desquelles nous parvenons à recevoir les impressions que les objets sont propres à faire sur nos sens et sur notre ame que celles, en vertu desquelles nous parvenons, à la suite de ces impressions, à nous former des conceptions ou des idées, à rapprocher ces idées les unes des autres, à les comparer et à découvrir les rapports d'opposition, d'analogie, de ressemblance ou de liaison qu'elles ont entr'elles, et à éprouver les affections qui peuvent naître de tous ces rapprochemens. Ce n'est en effet que par ces facultés que nous pouvons sentir, juger, combiner et connoître; et, en conséquence, nous devons naturellement estimer ou mépriser, et rechercher ou fuir les objets qui sont hors de nous, ou que

nous

nous nous créons en nous-mêmes : c'est par elles, en un mot, que nous parvenons à exercer et à développer en nous la sensibilité, l'imagination, la mémoire, la raison, et ces deux autres dons de la nature, qui les couronnent tous, en nous mettant à portée d'en profiter et d'en jouir, la volonté et la liberté.

3.º Ces facultés ou qualités, toutes si précieuses, et dont il est si rare que nous tirions tout l'avantage qu'elles nous offrent, nous conduisent par des essais plus ou moins timides, et plus ou moins heureux, aux opinions que nous parvenons à nous former. Ces essais répétés aboutissent à des habitudes, qui impriment à nos jugemens le caractère de la stabilité et de la permanence ; car l'habitude concourt à transformer nos jugemens en opinions, comme à transformer nos actions en mœurs. Quoi qu'il en soit, ce sont là les exercices qui nous disposent à toutes nos opinions, sur tout lorsque des institutions communes ou particulières les déterminent encore plus singulièrement ; car la nature, en nous assujettissant à l'état de société, nous a rendus dociles à la voix de la persuasion, qui ne se fait jamais entendre avec plus de force qu'à l'aide des institutions sociales, c'est-à-dire, lorsque nous sommes en quelque sorte placés sous les yeux de tout le monde, et rapprochés des autres par des intérêts ou par des avantages communs.
« Nous ne sommes bons ou méchans, utiles
« ou nuisibles à la société, dit Lachalotais,
« que par les principes que nous avons reçus ;
« et ces principes passent de la mémoire et
« de l'esprit dans le cœur : ils s'impriment dans
« nos mœurs, par la pratique et l'habitude ;

« ils deviennent en nous une seconde nature,
« que le temps rend irréformable. »

Une autre circonstance encore plus favorable à l'empire ou à la force que l'exercice assure à nos opinions, c'est le zèle que cet exercice même nous inspire pour les opinions que nous nous sommes faites, car à mesure que nous les professons avec plus de publicité, nous nous y attachons toujours davantage.

4.° Nous ne pouvons nous déterminer aux exercices répétés dont nous venons de parler, qu'autant que nous y sommes engagés par des moyens propres à nous donner une force active, qui nous fasse passer de l'inclination à l'effet. Parmi ces moyens, il en est trois sur tout qui sont remarquables, la crédulité, l'instruction et l'imitation. C'est en conséquence de ces trois moyens ou causes réunies, que l'on a dit avec tant de raison, que « le peuple reçoit « trop souvent ses opinions comme sa mon-« noie, sans en examiner le titre. »

La crédulité, qui résulte des dispositions naturelles dont il a été parlé ci-dessus, est, s'il est permis d'employer ici cette expression, le premier instrument qui nous rende propres et personnelles les opinions des autres, non pas tant en les façonnant selon les modifications de notre ame qu'en y adaptant notre ame elle-même. L'homme crédule couvre de son respect les opinions qu'il adopte : il se dépouille de tous ses droits, pour n'agir que sur parole ; il se croiroit coupable de se permettre le plus léger examen : il sacrifie même ses répugnances les plus fortes, sur tout lorsqu'il s'agit d'opinions religieuses.

Le second instrument à l'aide duquel les

opinions d'autrui pénètrent et s'établissent dans notre ame, c'est l'instruction, qui nous fournit les idées de la manière que les autres l'ordonnent, et nous conduit, pour l'ordinaire, même à nos premières opinions, avant que nous soyons en état de les vérifier, et sans que nous puissions nous y refuser. En nous inculquant, dès le berceau, les opinions de famille, l'instruction nous infuse celles de la nation, qui en forment toujours la principale partie.

Quant à l'imitation, qui facilite si singulièrement les succès de l'instruction, elle est un des plus puissans moyens de perfectionnement que la nature nous ait ménagés ou préparés dans l'état d'imperfection, et de sociabilité tout ensemble, où elle nous a mis. « La « conduite des hommes, ainsi que l'observe « Diderot, va naturellement par imitation : « il est plus commode de faire comme les « autres, que d'examiner s'ils font bien. L'exem- « ple est donc, ajoute-t-il, la première leçon « et la plus puissante. » Malheureusement le penchant à l'imitation est, par là même, chez nous une disposition très-prochaine, ainsi que les deux autres moyens précédens, à nous laisser égarer et dominer : circonstance qui a fait dire à l'ami de Mécène, que les imitateurs sont un troupeau d'esclaves (*).

5.º On voit combien l'adoption des opinions d'autrui est en général inévitable pour chacun de nous. Mais quelles sont les circonstances qui aident le plus à nous y déterminer ? Ces circonstances sont le climat salubre ou mal-sain,

---

(*) O imitatores, servum pecus !

(Hor.)

et rude ou agréable, que nous habitons; le sol fécond ou stérile que nous cultivons, et, bien plus encore, l'espèce de gouvernement que nous avons adopté ou que nous rejetons; les institutions particulières que nous formons, ou dont nous jouissons; la religion au sein de laquelle nous sommes nés, ou que nous embrassons; le corps de doctrine, analogue ou contraire, que nous professons déjà, ou que nous voyons professer à nos voisins, à nos alliés ou à nos ennemis; les usages de nos ancêtres, et leurs maximes; nos mœurs, nos goûts, nos besoins et ceux des autres; l'autorité de nos chefs, et celle des grands hommes, ou des hommes célèbres, qui tous en imposent toujours tant au reste du genre humain; l'ordre établi, dont nous sentons l'importance; en un mot, tout ce qui, influant ou paroissant influer sur quelque intérêt social ou individuel que ce soit (*), paroît aussi justifier notre déférence, ou même nous en faire une loi.

6°. Il nous reste à expliquer par quels procédés, au mépris des opinions plus utiles ou plus convenables, on nous induit trop souvent

---

(*) L'amour-propre nous porte naturellement à regarder l'intérêt public comme étant pour nous un intérêt personnel, et à ranger, par contre-coup, nos intérêts particuliers au nombre des intérêts publics. Là, c'est un amour-propre qui s'accorde avec la vertu, et coïncide avec l'amour de la patrie : ici c'est un amour-propre, moins noble sans doute, mais qui n'a pas moins de force. Au surplus, si l'intérêt public bien entendu se décompose nécessairement dans les intérêts individuels, n'est-il pas également vrai que ceux-ci, bien épurés, vont tous se confondre dans celui-là? On conclura de cette observation, que l'égoïste, qui intérieurement fait toujours bande à part, n'est, ainsi que tous les autres hommes qui se rendent coupables envers la société, qu'un calculateur faux et mal-adroit, qui, en prenant le parti le plus injuste envers les autres, prend celui qui lui est le plus nuisible à lui-même.

et trop généralement à adopter comme nôtres, et par conséquent à établir comme nationales, en ce qui nous concerne, des opinions incertaines, obscures, et quelquefois aussi palpablement fausses que funestes. L'un des plus adroits de ces procédés est de jeter à propos, dans le recueil usuel et familier des sentences qui forment la morale populaire, quelque maxime heureusement conçue, qui rende plus recommandable ou plus agréable l'opinion que l'on veut faire adopter. En effet, les quatre-vingt-dix-neuf centièmes des hommes, étant condamnés à une vie toute active, semblent ne pouvoir point acquérir la faculté, ou du moins l'habitude, de refléchir sur les vérités philosophiques et transcendantes, qui sont comme les premiers principes raisonnés de l'homme, les bases fondamentales de la morale, et les véritables axiômes de la société humaine. L'esprit du plus grand nombre des hommes est, de cette sorte, concentré dans le petit nombre d'idées indigestes qu'ils recueillent au hasard et sans effort; la doctrine la plus respectable et la plus sublime à leurs yeux, est toute entière dans les idées communes et même triviales : jamais ils ne s'élèvent au dessus de cette sphère étroite; et celui qui, sans autre précaution, voudroit leur donner des pensées plus relevées, ou leur parler un langage plus philosophique sans les y avoir préparés, ne seroit pas entendu, et ne deviendroit pour eux qu'un sophiste inintelligible et très-ennuyeux. Il est facile de concevoir que pour ces mêmes hommes la morale n'existe que dans le recueil des maximes familières et proverbiales, et les mœurs, dans le cercle des actions, des habitudes, et des formes usitées chez les autres; et qu'il n'y a point pour eux d'autre sagesse que celle qui vient d'autrui: ce qui a fait dire à l'ingénieux Fontenelle, que le sage est celui qui n'est fou que de la folie des autres.

Il seroit difficile, et peut-être impossible, de rappeler ici tous les autres procédés par où on parvient à décider notre choix; tant les ambitieux ont su en multiplier le nombre. Je me bornerai à en indiquer trois des plus remarquables, ou du moins des plus usités: le premier, l'art de lier à nos idées religieuses les plus respectées l'opinion qu'on veut nous faire adopter; le second, la précaution de l'appuyer par quelque institution utile et bienfaisante ou agréable, et le troisième, l'adresse de se prévaloir des événemens les plus frappans; soit qu'on ait su les prévoir ou les préparer, ou qu'ils soient involontaires, imprévus, et fortuits (1); soit qu'on ait le talent et la hardiesse de les supposer, ou qu'ils soient réels.

2ᵉ. Époque.

Causes du perfectionnement de l'esprit public.

Les causes ou circonstances qui contribuent le plus, ou peuvent le plus contribuer, au perfectionnement de l'esprit public, sont: 1.° la nature des causes qui ont le plus de part à sa formation, et qui, par la continuité de leur action ou influence, l'affermissent toujours davantage, et le conduisent vers son plus grand développement. J'invoquerai particulièrement ici l'attention du lecteur sur le climat et les besoins ou jouissances de ceux qui l'habitent; sur l'exemple des autres peuples, les liaisons que l'on a avec eux, et les instructions ou lumières qu'on en reçoit; sur la forme du gouvernement, la sagesse et la fermeté qui en caractérisent la marche; sur les institutions particulières dont on jouit, et principalement celles qui ont pour objet la justice, le bon ordre, la bienfaisance, et la fréquente réunion des citoyens; enfin sur la religion que l'on professe, lorsqu'elle ne tend qu'à fortifier les principes des vertus privées et publiques. Je ne m'arrêterai pas à rechercher les qualités que ces causes doivent avoir pour opérer le perfectionnement dont il s'agit; il est facile de les découvrir: mais on conçoit qu'elles sont malheureusement rares, et que, par tout où elles manquent, l'esprit public, au lieu de s'améliorer, ne peut, malgré toutes ces causes, que rester plus ou moins long-temps dans une honteuse stagnation, ou flotter sans cesse d'une erreur à l'autre, jusqu'à ce qu'il s'engloutisse dans le gouffre des vices ou des révolutions. On conçoit encore que l'esprit public n'est porté au perfectionnement, par toutes les causes que j'ai indiquées, que selon que ces causes le trouvent ou le rendent énergique: l'énergie, ou la force et l'activité des affections, donne seule une véritable valeur, une efficacité réelle, aux opinions publiques ou nationales.

2°. Les bases sur lesquelles il porte, c'est-à-dire, les opinions directrices ou dominantes qui en sont les principaux élémens, et les affections qui y sont annexées; opinions et affections qui en déterminent et multiplient les effets, plus que tous les autres élémens ensemble. Ce qui imprime ce caractère remarquable de plus grande puissance aux opinions dominantes, ce sont surtout les succès qui semblent justifier l'importance qu'on y attache ; c'est la gloire que la nation acquiert, et dont elle paroît leur être redevable ; ce sont les progrès qu'elle fait dans les sciences et dans la civilisation ; c'est, en un mot, la prospérité nationale, ou le sentiment des besoins les plus indispensables, ou le spectacle des vertus privées ou publiques. Lorsqu'une nation commence ainsi à s'améliorer, il est impossible que ses premiers efforts ne la portent pas au plus fécond enthousiasme : l'émulation qui la saisit, dans ses élans même, lui fait bientôt parcourir à pas de géants la carrière où elle est entrée, et elle ne s'arrête plus, jusqu'à ce que la présomption, la folle confiance, la témérité, et ensuite les abus, la vénalité, l'égoïsme et l'ambition, viennent détruire ou corrompre le principe heureux qui l'anime. Mais ce terme fatal ne peut exister pour une nation, qu'autant que cette nation néglige d'éclairer, de diriger et d'affermir ses progrès par la sagesse et l'instruction. Que l'on entoure sur tout, dans tous les esprits, les opinions nationales des lumières de l'évidence, et l'on n'aura plus de pas rétrograde à craindre.

3°. Le crédit que nos opinions acquièrent : crédit, qui doit toujours plus en accroître la force, à mesure qu'il est plus grand et plus juste tout ensemble, et qu'on en abuse moins. Les premiers succès que l'esprit public procure à la nation, les avantages qui en résultent, les grandes choses qu'il fait faire, peuvent-elles ne pas nous y attacher toujours plus, et en augmenter l'empire, en devenant pour tous la preuve la plus sensible et la plus décisive de sa bonté, et en liant ainsi à son maintien et à son extension nos intérêts les plus chers, et toutes les ramifications de notre amour propre? Supposons, par exemple, chez une même nation, une époque qui soit, d'une part, brillante en héros, féconde en grands hommes, glorieuse par des victoires éclatantes et par des conquêtes utiles; et, de l'autre part, également heureuse par une grande amélioration dans les fortunes, et par un grand développement dans les arts, l'industrie et le commerce : pense-t-on que de semblables circonstances puissent être stériles? Que l'on se transporte à Athènes après les batailles de Marathon et de Salamine, ou à Rome après la défaite de Persée ou la retraite d'Annibal, et que l'on calcule combien l'esprit public dut s'agrandir! Comment auroit été accueilli le téméraire qui auroit osé attaquer la sainteté des maximes nationales? Mais si Miltiade et Thémistocle, Paul-Emile et Scipion avoient voulu les perfectionner, c'est-à-dire, en rectifier la direction, ou en accélérer le mouvement, n'auroient-ils pas obtenu un assentiment général? Un grand principe d'activité circule alors dans toutes les ames; tout se féconde et se développe : c'est le printemps de la nature morale, qui a aussi ses saisons, ses fleurs, et ses fruits.

4°. L'insuffisance que l'on découvre à certains égards dans l'esprit public, quand notre propre intérêt nous sollicite vivement d'y suppléer, et que notre position nous en fournit les moyens. On ne supplée à ces sortes d'insuffisances que par de nouveaux sacrifices ou de nouveaux soins, par des lois ou des institutions nouvelles. Mais lorsque l'effet en est heureux; lorsque l'on parvient à faire disparoître les inconvéniens, ou à combler le vide que l'expérience a précédemment fait apercevoir ; lorsque l'on détruit par là des vices réels qui occasionoient un grand scandale ou un dommage sensible : ces précieux résultats peuvent-ils ne pas conduire à des mœurs plus polies ou plus pures, selon les circonstances ? Représentez-vous une nation entravée depuis long-temps par l'ignorance et le défaut de civilisation, et chez laquelle vous faciliterez tout-à-coup les communications intérieures par les grandes routes, l'établissement des postes, et l'institution de la maréchaussée : représentez-vous une nation appelée au plus dur égoïsme par l'injustice et l'impunité, et chez laquelle vous consolerez les ames sensibles en multipliant des hospices et des maisons de secours pour les enfans abandonnés, pour les veillards infirmes, et pour les victimes de malheurs non mérités : représentez-vous une nation livrée aux formes judiciaires les plus ruineuses et les plus iniques, et chez laquelle vous affermirez l'ordre social, en y organisant les juris, les juges de paix, les conseils d'arbitres, de familles et de conciliation ; une nation, enfin, soumise à toutes les tyrannies du despotisme féodal, et que vous rendrez à elle-même, en lui restituant le droit d'élire ses magistrats, ses administrateurs, ses gouvernans ; une nation que vous éclairerez par des écoles et des académies, et que vous embellirez par les fêtes et les jeux les plus utiles... Quel ne sera pas l'élan que vous lui donnerez ! de combien d'opinions nouvelles n'enrichirez-vous pas son esprit public ! Le sentiment qu'éprouve une nation qui se perfectionne, et s'en rend le témoignage, en même temps qu'elle reçoit à ce sujet les applaudissemens du reste du monde ; ce sentiment peut-il ne pas élever avec rapidité cette même nation à toutes les vertus, pour peu que ceux qui sont chargés de la diriger sachent profiter de ces heureuses circonstances ?

5.º Les jouissances que nous procurent l'exercice et le développement de nos facultés sociales, et dont le besoin, précédemment inconnu ou dédaigné, se fait alors si vivement sentir que bientôt il équivaut aux autres besoins les plus impérieux, et ne permet plus qu'on y mette des bornes, ou qu'on y oppose des obstacles. Lorsqu'on est arrivé à ce point, il est impossible de ne pas réunir les efforts les plus unanimes pour écarter tout ce qui se place entre ces jouissances et nous ; il est impossible d'empêcher la proscription des opinions qui y sont contraires, et l'adoption de celles qui y sont favorables. Il est donc impossible alors que nous ne fassions pas les progrès les plus rapides vers la perfection des mœurs, et que nous ne nous attachions pas fortement aux principes qui nous y conduisent. C'est de ces besoins moraux, ou de ces jouissances de l'ame, que naissent les goûts nationaux pour telles sortes de spectacles, de fêtes publiques, d'exercices communs, de rassemblemens, et même de récompenses, de talens et de vertus. Mais combien de changemens très-sensibles, et plus ou moins partiels, tous ces goûts ne feront-ils pas dans notre esprit public, et toujours à notre avantage, lorsqu'ils n'auront pour objet que de perfectionner la sociabilité, en remplissant les vides, ou en réparant les vices, que l'expérience nous y aura fait apercevoir !

6.º Les lumières que nous acquérons, et qui

nous font toujours secouer quelques erreurs funestes ou absurdes, sur tout lorsque ces lumières tendent à agrandir ou rectifier la raison humaine, ou à multiplier nos propriétés, ou à répandre de nouvaux charmes sur nos vertus (2). Sublime et consolante philosophie, sciences profondes et créatrices, littérature ingénieuse et instructive, arts délicieux et féconds, c'est dans votre admirable réunion que nous puisons les moyens de perfectionner nos institutions ou d'en créer de nouvelles, et de nous perfectionner nous-mêmes! Lorsque l'on vous cultive, vous donnez à notre ame une activité qui nous force à sortir de notre état d'imperfection, et nous élève aux plus grandes choses! Chez les nations où l'on sait vous réunir, et où vous agissez de concert, tout favorise l'extension du commerce, le développement de l'industrie, les vertus sociales, le goût de tout ce qui est honorable; en un mot, tout contribue à l'agrément, à la perfection des individus, à la prospérité, à la gloire de la patrie.

7.° Les grands hommes (3) qui raniment l'esprit public, ou en rectifient la direction, par les établissemens dont ils enrichissent ou décorent à propos la société; par les actions extraordinaires et brillantes dont ils donnent de si puissans exemple, et par les vertus plus qu'humaines qu'ils pratiquent eux-mêmes, entraînant ainsi toutes les ames par l'admiration, et les transportant au-dessus d'elles-mêmes par le plus heureux enthousiasme. Ce n'est jamais infructueusement que les grands hommes frappent d'étonnement et subjuguent leur contemporains. Quand l'impulsion qu'ils donnent au monde nous arrive de près, les effets qu'elle nécessite sont vraiment incalculables : mais il s'étendent de plus jusques dans les pays ou les siècles les plus éloignés, et il suffit d'avoir lu, même avec peu d'attention, l'histoire des peuples les plus célèbres, pour partager les sentimens de reconnoissance que le genre humain doit à ceux qui l'ont encore plus servi qu'honoré. Il n'y a que le vice ou le crime incorrigible qui puisse résister à l'empire qu'un grand homme exerce sur tous les esprits : aussi voyons-nous qu'il suffit de l'intervention d'un de ces hommes malheureusement si rares, pour créer une nation, la maintenir, la perfectionner, ou la sauver.

8.° Enfin les grands événemens, les grandes découvertes, et les grandes catastrophes, causes impérieuses, qui, bouleversant le monde moral, lors encore qu'elles sont étrangeres à l'ordre physique, changent entièrement l'impulsion qui nous avoit été donnée, et nous forcent de faire les réformations les plus essentielles dans toutes nos opinions, soit en répudiant celles qui deviennent alors plus sensiblement nuisibles ou honteuses, soit en adoptant d'autres principes antérieurement inconnus ou proscrits, soit en rendant dominantes des maximes précédemment peu honorées, mais qui tout-à-coup deviennent nécessaires au salut de tous. Je me contenterai d'indiquer ici, 1.° pour exemple des grands événemens dont je veux parler, l'établissement de la religion chrétienne, qui dompta jusqu'à un certain point, en essayant de les plier à des idées morales, tant de barbares qui ne savoient que massacrer ; et les croisades, qui semèrent dans les ames européennes tant de connoissances nouvelles, tant d'idées neuves, d'où germèrent peu à peu les sciences, les arts, et la philosophie : 2.º pour exemples des grandes découvertes, celle de la boussole, qui créa la navigation, nous ouvrit la route des grandes Indes, nous conduisit en Amérique, et livra à l'Europe les dépouilles du monde; celle de la poudre, qui nous a fourni un nouvel art de la guerre, et nous a donné de nouveaux systèmes de physique et de politique tout à la fois; et celle de l'imprimerie, qui, malgré l'opiniâtreté des tyrans, établira chez les hommes le règne de la raison, de la vérité et de la vertu : enfin, 3.º pour exemples des grandes catastrophes, je citerai les fléaux de la famine et de la peste, aux époques où ils ont enlevé dix générations presque entières; les volcans et tremblemens de terre, qui ont englouti des cités et de vastes régions; et les déluges, qui ont changé la surface de la terre, et en ont dénaturé les climats. Si l'on réfléchit un instant sur l'impression profonde et ineffaçable que de semblables événemens doivent faire sur les esprits, ne sera-t-on pas frappé du bouleversement qu'ils doivent y causer, sur tout quand ils sont inattendus, et d'un effet général ? en nous donnant un autre monde, peuvent-ils ne pas nous donner aussi d'autres pensées, d'autres passions, d'autres besoins, d'autres vices et d'autres vertus, en un mot d'autres ames et une autre morale ?

Au surplus, en indiquant les causes qui contribuent le plus au perfectionnement de l'esprit public, je n'ai pas dit qu'elles produisent toujours cet heureux effet, quoiqu'il soit vrai que, partout où elles existent, elles nécessitent des changemens essentiels ; je n'ai pas dit que leur concours soit nécessaire : mais j'ai voulu faire comprendre que, sans l'intervention de quelques-unes au moins de ces causes, le perfectionnement ne se fera pas, ou ne sera qu'insensible ; que si elles ont un caractère favorable, si elles agissent dans des circonstances propices, si elles nous trouvent dans des dispositions heureuses, elles feront le bien que je leur attribue ; et que même ce bien se fera toujours plus en grand, et d'une manière plus rapide et plus générale, si plusieurs d'entr'elles se réunissent, et le provoquent simultanément.

Les détails plus étendus dans lesquels nous pourrions entrer ici, offrent en perspective une tâche effrayante, même pour les esprits les plus courageux. Heureusement, rien n'est moins nécessaire que d'entreprendre cette tâche : car parmi les causes que l'on vient de parcourir il en est plusieurs que nous avons déjà discutées ; il en est d'autres que nous discuterons dans la suite ; et, enfin, la plupart ont peu besoin de développement, vu que les détails qui y appartiennent sont assez sensibles d'eux-mêmes, ou qu'il s'y agit de choses qui ne dépendent point de notre volonté. D'ailleurs, tout ce qui en cette matière a un rapport marqué à des événemens que les hommes puissent préparer, déterminer et diriger, vient naturellement se confondre dans un principe général, sur lequel nous allons en conséquence fixer plus particulièrement l'attention de nos lecteurs, en prouvant que les nations ne s'acheminent d'une manière essentielle vers le perfectionnement de l'esprit public que par le secours de la vérité, comme c'est par l'erreur, sur tout, qu'elles en sont détournées. Les causes indiquées ci-dessus sont les causes déterminantes en cette matière ; l'erreur et la vérité sont les causes directrices : celles-là nous forcent à changer, et celles-ci nous ouvrent la voie où nous entrons ; les unes nous font désirer et chercher le bien, et les autres nous y conduisent, ou nous en écartent.

L'erreur (je voudrois éviter de dire le *mensonge*) ne forme l'esprit public qu'à l'aide des sophismes, et d'une ignorance plus ou moins profonde, des prestiges et d'une crédulité aveugle, en un mot, de la perfidie ou de la sottise de quelques-uns, et des préjugés de tous. Ces quatre ou cinq mots nous retracent, en effet, l'histoire presque entière des six mille ans à peu près dont on nous a transmis les traces ou les fastes.

La *vérité*, plus bornée dans ses moyens, n'a recours qu'à l'observation et à l'expérience : expérience, observation, que, dans le cours ordinaire des choses, l'on ne peut mettre à profit que par une sage et saine instruction des hommes, et sur tout par l'éducation de la jeunesse; par les ouvrages que l'on répand dans le public, et par les assemblées communes, tant celles qu'occasionnent les affaires d'intérêts publics ou particuliers, que celles que l'on peut ranger dans la classe des fêtes.

Si l'on médite un instant sur l'histoire des peuples anciens, chez qui l'esprit public a été plus remarquable par sa bonté, son énergie, ou sa durée ; si l'on s'arrête sur tout à l'origine de ces peuples, et aux époques de leurs plus heureuses révolutions; l'on verra que les soins

les

les plus attentifs de leurs législateurs, lorsqu'ils travailloient à fonder et à consolider les opinions publiques les plus importantes, et à les rendre vraiment nationales, ont plus sensiblement tendu à se rapprocher du système de vérité : leur fidélité à ce principe a, plus que toute autre cause, décidé de leurs succès, ainsi qu'on pourroit le prouver par l'histoire de Confucius, de Solon, de Pithagore, et de tant d'autres. Leurs plans n'ont été abandonnés dans la suite qu'à cause des imperfections qui s'y sont manifestées, et ces imperfections n'ont pu résulter que des erreurs qu'ils avoient adoptées ou maintenues.

Une des choses des plus essentielles à observer, lorsque l'on traite cette matière, c'est que pour l'ordinaire, dans les sociétés nationales, les hommes se divisent en deux classes, la classe de ceux qui donnent l'opinion, et la classe de ceux qui la reçoivent : les premiers, qui forment toujours le plus petit nombre, ont plus ou moins de succès, et des succès plus ou moins plausibles ou funestes, selon les opinions qu'ils veulent établir, les moyens qu'ils prennent à cet effet, les soins qu'ils se donnent, les talens qu'ils développent, et les circonstances où ils se trouvent. C'est dans le choix et la marche de ces moyens, que, parmi les conducteurs des peuples, ceux qui ont été doués de plus de génie, ont sur tout manifesté leur pénétration rare, et leur haute sagesse.

Une autre recherche, dont il est également à propos de s'occuper, est celle des motifs qui font agir les chefs et les peuples, lorsque ceux-là donnent une opinion, et que ceux-ci la reçoivent. Certainement, les uns et les autres ne sont dirigés que par le principe de l'intérêt; mais nos intérêts sont communs ou particuliers, physiques ou moraux, bien ou mal entendus, et réels ou imaginaires; ce qui peut nous jeter dans un grand nombre de positions différentes, parmi lesquelles il en est peu auxquelles nous soyons amenés ou attachés par le système de vérité. Il doit donc souvent arriver que l'on se trompe, ou que l'on soit trompé; deux chances qui n'ont jamais eu lieu, que le résultat n'en ait été une longue chaîne de calamités, ainsi qu'on l'a vu chez presque tous les peuples, et dans tous les siècles, où les meneurs ont si souvent été des fripons, et les menés des dupes.

Cette opposition entre les uns et les autres dérive de ce que les premiers se font des intérêts iniques ou exagérés, auxquels ils immolent les intérêts même les plus légitimes et les plus sacrés des seconds; et c'est de là que provient, entre les diverses classes ou castes d'hommes, cette lutte souvent cachée, mais universelle, quelquefois peu active, mais subsistant toujours jusqu'à l'anéantissement de l'un des partis : cette lutte, si funeste et si cruelle dans les temps de crises, qui a déconcerté quelques philosophes jusqu'à leur persuader que l'état naturel de l'homme est un état de guerre, tandis que cette guerre n'est qu'une suite du règne de l'erreur et du mensonge : cette lutte, dis-je, où les efforts d'action et de réaction doivent toujours plus s'accroître, à mesure que nous avançons plus près de la perfection des connoissances humaines, et que nous découvrons de nouvelles absurdités dans le corps de nos opinions, jusqu'à ce que la vérité, se montrant enfin toute entière, produise une explosion dans laquelle toutes les distinctions anti-sociales disparoissent : cette lutte, en un mot, qui aboutiroit à plonger les peuples dans une ignorance, une misère et des calamités éternelles, si notre qualité d'êtres perfectibles ne devoit pas nous amener peu à peu à connoître et à rejeter les opinions erronnées, même les plus invétérées.

On voit en effet, que dans tous les cas où les intérêts adoptés par les meneurs sont de nature à détruire les véritables et justes intérêts des menés, il ne peut manquer à ces derniers intérêts, pour être à leur tour destructifs de ceux-là, que d'être mieux connus et plus généralement développés, car l'essence de la vérité est d'étendre et d'affermir son empire. Ainsi, il faut que, plus tôt ou plus tard, le public s'aperçoive de ce qu'il y a d'injuste et de nuisible pour lui dans l'ordre prescrit par ses chefs; et il ne peut s'en apercevoir qu'il ne critique, combatte et abandonne enfin les opinions qui appuient cet ordre, et même qu'il n'en produise et répande de contraires. Or, le public étant évidemment le plus fort lorsqu'il prend une détermination générale, on est forcé de convenir qu'il ne peut pas, en pareil cas, ne pas faire la révolution qu'il a ainsi préparée lui-même. On conviendra de plus, que cette révolution doit, au moins dans le cours ordinaire des événemens, faire faire aux hommes un grand pas vers le perfectionnement de l'esprit public; et que même ce n'est que de cette sorte que l'esprit public peut se perfectionner d'une manière bien sensible, et aussi rapide qu'essentielle; tous les autres procédés ne donnant qu'un mouvement imperceptible, et ne produisant que des effets partiels et souvent éphémères.

Le système de vérité est donc le seul qui puisse conduire à un véritable perfectionnement de l'esprit public, parce qu'il est le seul qui accorde entr'eux les intérêts naturels et légitimes de tous. Dans ce système, par une prérogative qui n'est accordée à aucun de ceux qu'on y peut opposer, les opinions s'établissent, en vertu d'une puissance irrésistible, en vertu du pouvoir de l'évidence et de l'intérêt commun bien entendu : dans ce système, les opinions, ou plutôt les jugemens démontrés, sont adoptés de proche en proche, malgré les obstacles que les passions peuvent faire naître ; ces jugemens s'affermissent par les tempêtes que l'on suscite contr'eux, et, lorsqu'une fois ils ont triomphé, l'esprit public est dans toute sa force, et il s'y maintient invariablement, à moins que les peuples ne retombent dans l'ignorance et la barbarie. Mais si vous recherchez comment les hommes peuvent être amenés à ce système de vérité, qui seul peut établir et perpétuer le bonheur des peuples, vous verrez que ce n'est, et que ce ne peut être, qu'à l'aide et à la suite des huit causes que j'ai indiquées comme causes déterminantes du perfectionnement de l'esprit public.

3.ᵉ Époque.

Causes des variations de l'esprit public.

On ne peut entendre par variations de l'esprit public, que les changemens partiels, qui en attaquent moins le fond que la forme et les accessoires, ou, si l'on veut, qui ne tombent que sur des points de détail, ou sur des conséquences éloignées et particulières des principes fondamentaux, sans jamais altérer sensiblement ces principes eux-mêmes. Si l'on venoit à changer les bases même de l'esprit public, on ne pourroit plus dire que cet esprit public varie : il faudroit avouer qu'il devient autre, ou qu'il cesse d'être.

Les variations de l'esprit public consistent dans les changemens particuliers que subit cet esprit public, soit en bien, soit en mal, et relativement à sa qualité ou à son intensité : en bien, lorsque, par l'agrégation d'opinions nouvelles, ou la réjection de quelques-unes des anciennes, on complette ou l'on accorde les élémens qui le composent ; lorsqu'on le purge de quelque erreur, ou que les opinions plus utiles deviennent dominantes, et que les unes et les autres acquièrent une nouvelle énergie ; lorsqu'en un mot, cet esprit public conservant toujours son caractère général, les mœurs deviennent plus pures et plus respectées, les vertus plus belles et plus chéries, et la sociabilité entre les hommes plus parfaite : en mal, lorsque, par les mêmes causes, il se fait de nouvelles lacunes dans nos opinions ; que, par une exagération moins raisonnable, ou par de nouveaux abus, elles s'écartent davantage les unes des autres ; qu'elles s'entachent de nouvelles erreurs, ou plus grossières ou plus funestes ; que le sentiment qui nous y attache s'affoiblit, ou bien, que ce sont les plus nuisibles qui dominent.

On peut considérer et rechercher les variations de l'esprit public, chez les différens peuples, que l'on compare entr'eux, ou chez le même peuple, que l'on suit d'une époque à l'autre. Les détails que nous avons indiqués plutôt que développés, en traitant de la nature et de l'essence de l'esprit public, suffisent pour faire sentir combien cet esprit pubic, pris en général, varie d'un peuple à l'autre, aux yeux de quiconque l'observe avec attention, depuis le sauvage du Canada, jusque chez les nations les plus civilisées; depuis le gouvernement domestique et simple des premiers patriarches, jusqu'à la savante police des nations les plus compliquées, et depuis le Kamtschatka jusque chez les Patagons: combien, dis-je, il varie et doit varier, selon les climats, les gouvernemens et le génie de ceux qui exercent les pouvoirs publics, et plus encore, selon les âges des nations, selon l'espèce, la divergence, ou la consentanéité de leurs opinions, les lacunes ou le complettement de celles-ci, leur plus ou moins de convenance relative ou absolue et temporaire ou locale, et les vérités ou les erreurs qu'elles renferment. Au reste, lorsqu'il s'agit de suivre l'esprit public chez les différens peuples, en comparant ce qu'il est chez l'un avec ce qu'il paroît être chez les autres, le mot de *variations* a un sens beaucoup plus étendu, que quand on restreint ses observations à un même peuple; car, dans le premier cas, l'usage ordinaire appelle également variations les différences même les plus disparates et les plus essentielles, au lieu que, lorsque l'on considère isolément l'esprit public d'un peuple particulier, le même mot se renferme dans les bornes que nous avons marquées d'abord.

Mais par combien d'erreurs, dans l'une et l'autre recherches, l'espèce humaine ne nous paroîtra-t-elle pas avoir à passer, avant d'arriver à une seule vérité ! et qu'y a-t-il de plus variable que l'erreur ? En traversant toutes les situations pénibles et honteuses dont l'histoire de tous les peuples nous offre le tableau, que faisons-nous autre chose que de parcourir une partie du cercle immense des erreurs où nous pouvons tomber, et qui sont peut-être inévitables pour nous ? Qui oseroit affirmer que, destinés à trouver le bonheur au sein de la vérité, nous ne sommes pas condamnés à épuiser toutes les erreurs, ou du moins à en faire l'essai successif d'un très-grand nombre, avant que de nous reposer au terme de notre destination ?

Quel est donc le nombre des variations auxquelles l'esprit public est sujet ? ce nombre égale celui de nos erreurs communes, et de toutes les combinaisons dont elles sont susceptibles, quant à leur mélange, ou quant à leurs nuances particulières : et qui pourroit calculer tous les phénomènes que tant de causes peuvent ou doivent amener dans les diverses sociétés humaines ? Il n'y a eu, jusqu'à présent, que les plus rares génies parmi les géomètres qui aient abordé avec un vrai succès le problème des trois corps : mais ici, le problème que l'on propose embrasseroit tous les effets infiniment variés de mille causes différentes. Il y auroit de la témérité à vouloir pénétrer dans ce dédale, dont l'histoire de tous les peuples n'offre qu'une partie. Ainsi, nous nous restreindrons à quelques observations générales.

On peut comparer le genre humain, tant qu'il n'aura pas établi le règne de la vérité, à un malade qui souffre, et qui cherche ou sa guérison ou quelque soulagement. Combien de fois, et avec quelle impatience, ce malade ne change-t-il pas de position ? que d'essais pénibles ne fait-il pas ? et lorsqu'il pense toucher à l'époque de sa convalescence, à quel régime assujettissant ne continue-t-il pas de se soumettre ?

Quelle autre image vous feriez-vous des peuples chez qui l'esprit public a le plus varié, et qu'en conséquence l'on accuse quelquefois, si inconsidérément, de légèreté ? Ce n'est pas que je prétende ici nier l'existence et la variété des caractères nationaux : mais, outre que cette diversité de caractères nous vient peut-être moins généralement du climat que des imperfections particulières de notre esprit public, et sur tout des maladies spécifiques qui nous ont tourmentés durant un plus grand nombre de siècles ; quelle est l'histoire qui, dans tous les tableaux qu'elle nous offre, ne confirme pas la comparaison que je viens de faire ? Pourquoi le peuple d'Athènes a-t-il été sujet à tant d'agitations, sinon parce que, doué de cette activité et de cette sensibilité qui le rendoient si propre aux grandes choses, il entrevoyoit, plus impatiemment que d'autres, qu'il y avoit dans son esprit public, dans ses opinions communes, dans ses mœurs et ses usages, dans son gouvernement et ses lois, et même dans sa plus brillante prospérité, un certain rapprochement de la perfection et le désir de la stabilité, plutôt que la perfection et la stabilité elles-mêmes ? Ce peuple avoit fait trop de progrès dans la science de la civilisation, pour qu'un moindre mal devînt à ses yeux le dernier terme du bien, et il avoit trop le sentiment de ses propres forces, pour que le mieux qu'il n'avoit pas lui parût inaccessible. Mais pour éviter, en sortant d'une erreur, de se jeter dans une autre erreur, souvent plus funeste que la première, il étoit encore trop loin de ce degré de lumière qui ne permet plus de se tromper sur les moyens propres à nous assurer les avantages dont nous sentons plus vivement le besoin.

Entre tous les malades atteints d'une même maladie, grave et douloureuse, ce sont les plus robustes, en général, qui s'agitent le plus, parce que les plus robustes sentent mieux leurs maux, et sont plus empressés de guérir et plus prompts à se persuader que leur guérison est facile : il n'y a que ceux qui ignorent le danger de leur état, ou qui y sont devenus insensibles par épuisement, ou qui ont perdu tout espoir de guérir, ou, enfin, qui par excès de foiblesse ne sont plus capables d'aucun effort, qui n'éprouvent ou ne manifestent aucune agitation. Eh bien! il faut dire aussi qu'il n'y a que les peuples excessivement bornés d'esprit, ou lâches de caractère, ou devenus en quelque sorte impassibles, ou assez corrompus pour chérir leurs vices les plus dangereux, qui, se trouvant dans la même position que les Athéniens, n'aient pas le défaut que l'on reproche à ceux-ci.

Et quels sont les peuples comtemporains des Athéniens auxquels on aimeroit mieux ressembler? Corinthe, Siracuse, et tant d'autres villes célèbres, ont-elles eu plus de repos au dedans, lorsqu'elles n'ont pas été opprimées par les puissances du dehors? Si les Asiatiques, énervés par toutes les jouissances qui efféminent, s'occupoient moins des maux communs, ou étoient moins disposés à en acheter le remède par de courageux sacrifices; si les

Macédoniens, soumis à la verge des rois, avoient abandonné jusqu'au désir d'être mieux; si les Thessaliens, moins hardis, redoutoient les efforts les plus nécessaires, plus encore que les inconvéniens dont ils avoient à se plaindre; si les Béotiens, n'ayant que des sens plus lourds, sembloient connoître moins leurs peines ; si les Spartiates, attachés à leur gouvernement par des chaînes de fer, se faisoient une passion de leurs privations les plus cruelles, et un mérite de la guerre qu'il faisoient presque en tout à la nature ; et si les tristes habitans de la Messénie, résignés enfin à la servitude, montroient à leurs maîtres jusqu'à quel excès d'avilissement les vices et les abus de l'esprit public pourroient un jour les abaisser eux-mêmes : verrez-vous dans ces caractères plus constans et plus tranquilles, des motifs plausibles de préférer ces mêmes peuples aux habitans de l'Attique?

Y a-t-il, peut-il y avoir, des peuples assez stupides pour se croire bien quand ils sont mal ? Il n'y a que la connoissance bien détaillée de l'autorité que la superstition exerce sur les hommes, qui puisse faire admettre l'affirmative. Il n'y a que ce principe infernal qui puisse nous faire aimer le mal à la vue du bien, et nous faire maintenir le pire en présence du mieux. On ne doit donc nous vanter le courage à supporter le mal et à maintenir le pire, que quand il est évident que le bien ou le mieux sont impossibles : mais cette évidence ne luit que sur les lâches.

C'est le désir d'être mieux, lorsqu'on n'est pas encore assez éclairé pour ne plus se méprendre sur la nature du bien, qui a rendu les Athéniens ambitieux et dominateurs au dehors, aussi bien que turbulens et toujours agités au dedans. Il ne faut donc pas chercher la cause de ce caractère national dans une influence de climat qui auroit existé autrefois et qui n'existeroit plus aujourd'hui ; dans une influence qui ne peut jamais rapprocher à ce point les plus grands extrèmes, dans un espace aussi borné que celui des peuples grecs que nous venons de citer; et, s'il m'est permis de le dire en passant, que l'on aille à présent vérifier cette prétendue influence physique dans les cantons où furent Athènes, Thèbes, Pella, et Lacédémone : la physionomie uniforme qui en caractérise tous les habitans, quant au moral, suffira pour convaincre les plus incrédules, que pour expliquer les différences qui distinguoient leurs ancêtres, il faut remonter à l'esprit public, qui ne varioit chez les uns plus que chez les autres, que parce que les premiers réunissoient à un plus haut degré, la sensibilité qui fait apprécier le mal, les lumières qui font entrevoir le bien, sans néanmoins pouvoir encore y conduire le courage qui brave les dangers, et la persévérance difficile à rebuter.

Parlerai-je de ma patrie, c'est-à-dire, de la nation moderne que tant d'auteurs se sont plus à comparoître avec le peuple Athénien, bien plutôt, à ce qu'il semble, pour lui reprocher une prétendue légèreté naturelle, que pour rendre quelque hommage à ses lumières, à ses talens et à ses qualités sociales ? Un seul mot suffira pour répondre à ses détracteurs : quel trait de son histoire ne justifie pas, et n'explique pas d'une manière honorable pour elle, l'instabilité et les variations dont on l'accuse ? Que l'on nous dise à quelle époque nous avons été assez bien, quant à l'ordre social, pour n'avoir plus eu de désir à former ? Dira-t-on que nos voisins, qui n'étoient pas mieux, étoient néanmoins plus tranquilles ou plus constans ? et qu'y a-t-il en cela qui les élève au-dessus de nous, s'ils étoient mal ? Ne sentoient-ils donc pas leur mal-aise ? n'apercevoient-ils donc pas la possibilité absolue d'être mieux ? voyoient-ils donc le mieux sans le désirer, ou manquoient-ils de courage et d'activité pour le rechercher ? L'éloge que l'on veut en faire ne devient-il pas, de cette sorte, une véritable accusation de stupide impassibilité, ou d'ignorance inconcevable, ou d'affaissement total, ou de lâcheté dégradante, ou de corruption générale ? Se renfermera-t-on dans ce qui regarde les mœurs particulières et les goûts individuels ? Mais est-on blâmable de rechercher à se distraire de ses maux, en attendant qu'on parvienne à les guérir ? et me seroit-il si difficile de justifier cette seconde légèreté, en prouvant qu'elle n'est qu'une branche ou une suite de la première ? Les mêmes causes peuvent agir de plusieurs cotés, et y produire des effets semblables.

Je conclurai cette discussion, en disant :
« Respectons et plaignons les peuples à qui
« l'on a reproché une agitation habituelle et
« des variations continues, qui n'étoient que
« l'effet des imperfections de leur esprit public.
« Respectons-les, parce qu'ils étoient plus près
« d'un ordre social plus parfait, ou du moins
« plus dignes d'y arriver par leurs efforts et leur
« courage ; plaignons-les, parce qu'en multi-
« pliant, pour notre instruction, la masse des
« expériences qui devoient un jour assurer le

« triomphe de la vérité, et le bonheur du genre
« humain, ils n'aboutissoient pour eux-mêmes,
« vu les bornes et l'incertitude de leurs connois-
« sances, qu'à multiplier et accroître les
« maux dont ils avoient à souffrir ! »

On peut diviser tous les peuples en quatre classes : la classe des peuples complettement ignorans; celle des peuples qui arrivent à des demi-connoissances; celle des peuples corrompus, et celle des peuples véritablement et suffisamment instruits. Chez les peuples ignorans, l'esprit public peut rester à peu près le même, durant une longue série de siècles, c'est-à-dire que, pour l'ordinaire, il n'y subira que des changemens bornés, partiels, très-lents, et peu sensibles. Chez les peuples qui arrivent ou sont arrivés à des temps de demi-connoissances, une fermentation générale agite les esprits; une vive émulation les précipite vers tout ce qui est nouveau : à chaque pas, on croit avoir atteint la vérité : on jette ainsi de grandes et fréquentes variations dans les opinions, et par conséquent dans l'esprit public; chaque changement paroît un progrès, et chaque progrès est un triomphe. C'est donc alors que l'esprit public varie le plus, et qu'il varie sans se perfectionner essentiellement, sans parvenir à une véritable stabilité; car, alors, tout excite l'enthousiasme; tout enthousiasme paroît inspiré par une grande et heureuse découverte, par la raison et la vérité : bientôt le doute suit; les disputes naissent; les esprits s'aigrissent; les systèmes se succèdent, et chacun de ces systèmes dépose, même en disparoissant, quelque opinion dans une partie du public, ou y laisse un vide, en ne rétablissant point les opinions qu'il avoit détruites. Chez les peuples corrompus, toutes les opinions s'altèrent, s'affoiblissent, et s'éteignent les unes après les autres: l'esprit public, comme je le prouverai ailleurs, se détruit plutôt qu'il ne varie. Enfin chez les peuples véritablement et suffisamment instruits, on arrive à la vérité et à l'évidence; l'esprit public se perfectionne pour ne jamais plus varier (4).

Jusqu'à ce que nous ayons atteint ce dernier terme, nous sommes condamnés ou à souffrir éternellement dans l'état de repos, ou à continuer de parcourir le cercle de nos erreurs. La vie de chacun de nous n'est, dans l'ordre moral aussi bien que dans l'ordre physique, qu'une série d'expériences successives, dont le résultat doit être de nous conduire à quelque vérité utile; et rien ne ressemble mieux à la vie d'un homme, que l'existence d'un peuple, quel qu'il soit. Or, lorsqu'un homme, qui a quelque fermeté et quelque franchise dans le caractère, a pu se procurer quelque avantage bien essentiel par la découverte d'une vérité fondamentale et précieuse, son ame s'empare de cette vérité et ne s'en désaisit plus; il se fait en lui une révolution, plus ou moins laborieuse, mais qui, par ses suites, devient une époque mémorable dans sa vie.

Eh bien! les révolutions des peuples sont aussi des résultats de leurs expériences et de leurs découvertes. Malheureusement ces dernières révolutions, qui sont, à raison de leurs plus grandes masses, si orageuses, si longues, et également effrayantes et majestueuses, ne sont pas moins naturellement liées à l'erreur qu'à la vérité. Aussi, combien de révolutions semblables, avant que la nation n'atteigne et ne s'approprie une vérité d'une importance décisive! Combien de fois on ne s'approche de quelque vérité, avec tant d'efforts et par tant de sacrifices, que pour s'en éloigner ensuite plus que jamais! Combien de fois ces ondulations politiques se terminent par détruire sans retour les belles espérances qu'elles avoient d'abord fait concevoir! Il n'est point de peuple ancien ou moderne, il n'est point de république sur tout, dont l'histoire toute entière n'appuie ces réflexions, auprès de ceux qui voudront seulement en parcourir en imagination les principales époques ou les événemens les plus remarquables.

L'esprit public varie, parce qu'il tend à se perfectionner, ou qu'il se détériore; deux choses qui ne peuvent avoir lieu que parce qu'il est imparfait. Si l'esprit public étoit parvenu à une véritable perfection, c'est-à-dire, (pour répéter encore une chose qu'on ne peut trop souvent rappeler à tous les hommes) s'il n'étoit composé que de propositions évidentes, et qu'il renfermât toutes celles qui sont d'une utilité bien sensible; on ne songeroit plus à chercher le mieux, et l'attachement invincible que l'on auroit pour toutes les vérités qui en seroient les élémens et qui seroient devenues des vérités nationales, ne permettroit à aucune puissance d'en altérer la pureté, ou d'en affoiblir l'énergie: et à qui peut-il venir en pensée d'attaquer l'évidence? si quelqu'un en concevoit le projet, quel autre succès lui seroit-il possible d'obtenir, que de se faire reléguer parmi les hommes les plus extravagans?

Mais durant combien de siècles une nation

peut-elle vaciller entre les erreurs, et par conséquent entre les maux qui en sont la suite? Cette question nous conduit aux recherches qui concernent la durée de l'esprit public.

4.e ÉPOQUE.

Causes de la durée de l'esprit public.

La durée de l'esprit public provient en général des causes qui le produisent, et plus encore de celles qui le perfectionnent : elle provient en particulier de l'énergie de nos opinions, auxquelles nous tenons d'autant plus fortement que notre ignorance est plus profonde, ou que ces opinions approchent davantage de la vérité, ou qu'elles semblent mieux justifiées par les événemens politiques qui nous intéressent le plus, ou qu'elles sympathisent plus parfaitement avec notre caractère national, ou qu'elles s'appuient plus sensiblement l'une l'autre, ou sont elles-mêmes plus directement appuyées par la religion.

Il faut remarquer, qu'indépendamment des autres causes, l'existence d'une opinion est déjà seule une forte raison pour qu'elle se maintienne. En effet, lorsqu'un peuple a véritablement admis une opinion dans la masse de son esprit public, et que par conséquent il s'y est attaché par convenance ou par amour-propre, par imitation, ou par quelque principe religieux que ce soit, il n'est plus question de la soumettre à aucune espèce d'examen, tant que les choses restent dans ce premier état; cette opinion passe alors des pères aux enfans, et des familles aux individus les plus isolés, sans éprouver aucune altération bien sensible; et ainsi,

ainsi, toujours entourée d'une sorte de respect religieux et général, elle parcourt plus ou moins de générations, selon qu'elle est plus ou moins vraie; selon qu'elle s'accorde plus ou moins sensiblement avec la position, les préjugés et les autres opinions de la nation, et selon que lui est plus ou moins favorable la voix secrète de l'intérêt, cette voix, quelquefois honteuse, mais que l'on ne peut jamais étouffer.

S'il étoit nécessaire de citer quelques exemples, je dirois que c'est à raison de leur convenance que nous nous attachons d'une manière si tenace aux opinions qui naissent de nos institutions publiques, ou qui s'y rapportent; et à celles qui paroissent tenir par les mêmes liens à la religion commune et nationale; comme c'est par le sentiment secret de l'intérêt personnel que, dans les monarchies, on témoigne tant de zèle pour les opinions que l'on imagine devoir être plus agréables au souverain, ou plus utiles à son service.

Une autre circonstance sur laquelle il est juste encore de s'arrêter un instant, vu qu'il en est peu qui contribuent plus singulièrement au maintien de l'esprit public, c'est l'habitude. „ Les habitudes, a dit un moraliste célèbre, „ sont des chaînes de fer, que peu d'hommes „ sont capables de rompre (5). " Or, il est bien plus difficile aux peuples qu'aux individus de rompre les leurs; car qui donneroit le premier exemple parmi les citoyens? et qui oseroit le suivre, dans le cours ordinaire des choses? Lorsqu'on voit tous ses co-associés adopter et suivre une opinion, comme par instinct, ne semble-t-il pas qu'elle tienne en quelque sorte à l'ordre supposé des idées innées, ou à celui des lois de la nature ? Si quelqu'un veut seulement examiner cette opinion avec impartialité, quel courage ne lui faut-il pas ? Si ses réflexions le portent à la condamner, si ses recherches lui prouvent qu'elle est erronnée, n'est-il pas troublé et comme scandalisé de sa propre découverte ? n'en ressent-il pas une sorte d'effroi, du moins au premier instant ? Si, par franchise ou par héroïsme, il est tenté de communiquer au public ce qu'il croira devoir appeler des vérités nouvelles, n'en sera-t-il pas détourné par les fâcheuses et irréparables conséquences que sa témérité pourra entraîner après elle ? et ne voyons-nous pas tous les jours, que, si quelqu'un fronde sérieusement en société une opinion nationale bien établie, il révolte ceux qui l'entendent ; que ses raisons ne sont point écoutées, et que bientôt il ne voit plus autour de lui, et dans la société même, qu'une entière solitude, à laquelle on l'abandonne ?

Nous tenons encore à nos opinions communes par mille autres raisons toutes également fortes, parmi lesquelles j'indiquerai seulement l'étroite liaison de ces mêmes opinions avec les lois et les mœurs ; le respect que nous portons naturellement aux temps anciens ; la force de l'exemple général ; notre déférence à l'autorité de nos ancêtres, et sur tout à celle des grands hommes, qui, en professant les mêmes opinions, semblent les avoir consacrées et élevées au-dessus de notre sphère ; l'idée du bien que ces opinions paroissent avoir fait, ou devoir faire encore à la société, et enfin la crainte de ne pouvoir y en substituer d'autres qui aient le même crédit, et puissent être aussi utiles.

Tant de causes réunies semblent d'abord devoir nous faire conclure, qu'il faudroit des circonstances bien impérieuses, et même bien extraordinaires, pour qu'un homme sage s'enhardît à attaquer les opinions nationales, ou pour que personne pût les attaquer avec succès. Mais si à toutes les causes qui concourent à nous retenir dans notre état existant, le lecteur veut bien opposer toutes celles qui chaque jour nous provoquent à de nouveaux changemens; s'il daigne se rappeler ce que nous avons dit dans l'article précédent, sur les causes qui font varier ou même changer essentiellement l'esprit public; il se convaincra, qu'au lieu d'avoir ici à prononcer une décision absolue et générale, il ne peut retirer de cette étude comparée qu'une nouvelle série de problèmes à discuter et à résoudre (6). Qu'on me permette d'en examiner rapidement deux ou trois des principaux.

Quelle autorité nous fait céder, dans un temps, aux causes qui maintiennent et conservent, et, dans un autre temps, aux causes qui font changer ou varier? Cette autorité ne peut être que celle des circonstances et des événemens, ou celle des hommes qui ont un grand crédit sur nous; ou celle des principes dominans, selon leur degré d'énergie ou d'affoiblissement; ou, enfin, la nature de nos avantages ou de nos maux actuels.

Quelle autorité peut facilement nous détacher de quelques-unes de nos opinions, tandis que toutes les autorités ensemble ne parviendroient, en attaquant les autres, qu'à les affermir davantage ? Pour répondre à cette question, il faut ajouter aux causes précédentes l'empire des idées religieuses, sur tout quand elles sont encore dans leur vigueur. Vous ne détruirez pas, par exemple, le despotisme en Russie, tant que le peuple russe, aussi religieux qu'ignorant, verra Dieu dans son souverain : vous ne détruirez pas le despotisme dans les Indes, tant que subsistera l'horreur et le mépris des premières castes pour celles qui leur sont inférieures : vous n'adoucirez point les formes despotiques de la police ottomanne, si vous ne commencez pas par faire naître dans les esprits quelques doutes sur la mission prétendue divine du prophète Mahomet. L'usage anti-social du célibat religieux : l'usage, bien plus révoltant encore, des mutilations que Rome autorise : l'absurdité de mille pratiques superstitieuses ou payennes : l'absurdité, bien plus funeste, d'élever des conseils évangéliques au-dessus des préceptes les plus sacrés; rien n'effraiera la docilité des ames pieuses, tant qu'elles accorderont l'infaillibilité à un seul homme, et qu'elles penseront que des hommes ont été et peuvent être commis pour perfectionner une religion qui vient de Dieu.

Comment des opinions totalement erronnées peuvent-elles résister, durant des siècles entiers, à l'activité de l'esprit humain et au progrès des lumières, à la fatigante perplexité que la raison éprouve naturellement en présence de l'erreur, et même à l'intérêt le plus manifeste de tous? Je répondrai que, parmi les principes de morale les plus faux, il en est peu qui, malgré les vices qu'on a droit de leur reprocher, ne puissent produire un bien réel, tant qu'ils sont en vigueur, et qui même puissent ensuite perdre leur énergie sans faire craindre de funestes conséquences. Je citerai, pour exemple, l'opinion publique en Europe sur le duel; opinion évidemment erronnée, et que les politiques les plus expérimentés ont regardée comme très-utile au maintien de la valeur militaire, dans un temps sur tout où le germe des sentimens les plus vertueux étoit étouffé par le despotisme, et où, pour y suppléer au moins par quelque simulacre, il falloit bien recourir à des préjugés.

Des opinions suspectées de fausseté par les hommes peu instruits, et démontrées fausses à tous les autres, peuvent encore être passagèrement utiles et même nécessaires, lorsqu'elles tiennent, comme branches, à une doctrine d'une grande importance, et qu'aucune autre opinion publique n'est et ne peut être admise à les remplacer. Il ne faut donc pas s'étonner si quelquefois les peuples vont jusqu'à ne vouloir pas être détrompés sur quelques erreurs morales : s'ils vont jusqu'à se jeter dans les sophismes les plus pitoyables, plutôt que de convenir que telle opinion, qui est bien démontrée fausse, est vraiment erronnée; jusqu'à persécuter ceux qui veulent faire prévaloir la vérité, et même jusqu'à ne vouloir pas se départir, dans la pratique, des maximes que tout le monde avoue enfin n'être que des erreurs. Ne pourrois-je pas rappeler au lecteur, s'il désiroit un exemple, l'opinion et la conduite des Européens relativement à l'esclavage des Nègres?

Devra-t-on s'étonner davantage de voir des

formes de gouvernement, que l'on reconnoît comme très-vicieuses à plusieurs égards, redevenir l'objet des vœux et des regrets de ceux qui en comparent de loin les effets aux calamités que l'on risque d'accumuler autour de soi lorsque l'on se détermine à une révolution politique ? Dans les calculs que font en pareils cas ceux qui souffrent, dans ces calculs où il entre toujours de l'impatience et de l'égoïsme, de la partialité et de la passion, il n'est pas jusqu'au despotisme le plus absolu et le plus arbitraire qui n'ait ses partisans, sur tout lorsque l'on redoute l'anarchie et la guerre civile, et que l'on imagine n'avoir plus d'autre alternative à attendre. Il est donc vrai que, dans les temps difficiles, les personnes, trop vivement frappées des maux présens, peuvent regretter les gouvernemens les plus odieux : c'est que, dans leur pensée, elles opposent la marche régulière de ces gouvernemens à la violence des saccades que l'on est exposé à éprouver quand on veut y renoncer. Tous les faux raisonnemens qu'elles font, en préférant ainsi des maux durables qu'elles ne ressentent plus à des maux passagers qui les affligent, s'appuient sur cette vérité, digne de remarque, que des erreurs, même les plus graves, peuvent être accompagnées de quelque bien, lorsqu'elles sont organisées dans un ordre régulier, et que, si elles se désorganisent, il peut en résulter un désordre qui tienne à d'autres principes de corruption, et qui puisse même conduire à des malheurs incalculables.

Au reste, et je me hâte de l'observer, ce n'est pas l'erreur qui fait le bien dont je viens de parler : ce bien est uniquement l'effet de l'ordre public, dont les avantages sont toujours si précieux dans toutes les sociétés, malgré toutes les erreurs imaginables.

Ces dernières observations peuvent servir à expliquer ce que l'histoire appelle communément la décadence des peuples et des empires ou gouvernemens même les plus vicieux. Ces gouvernemens, malgré toutes leurs défectuosités, avoient néanmoins quelques avantages; ces peuples, malgré toute leur corruption, avoient encore quelques vertus; et ces vertus et ces avantages ont disparu aux époques de ces sortes de décadence, c'est-à-dire, aux époques où les erreurs, élevées seules à la qualité d'opinions dominantes, ont jeté de toutes parts dans les abus les plus révoltans ou dans l'exagération la plus insensée, et où, à la suite de tant de désordres toujours impunis, on est tombé enfin dans l'indifférence la plus profonde sur le sort de sa patrie, dans l'extinction absolue de tout sentiment national, ou dans la discordance d'opinions la plus complette et la plus exaspérée. Est-il donc étonnant que l'on applique à ces époques affreuses les noms de dégradation, de décadence et de corruption, quoique ces mêmes noms pussent également et si bien être employés pour caractériser les temps antérieurs à ce dernier degré d'anéantissement et de perversion?

5.ᵉ Époque.

Causes de l'affoiblissement ou destruction de l'esprit public.

C'est aux causes contraires, à celles qui maintiennent l'esprit public; c'est aux variations progressives, ou transformations trop fréquentes, qui le changent en mal, ou lui impriment le vice de l'inconstance et de la légèreté; c'est aux catastrophes qui l'ébranlent jusques dans ses bases les plus essentielles, qu'il faut attribuer l'affoiblissement qui le conduit de degré en degré à la nullité, soit par l'indifférence, soit par une discordance totale, soit enfin par les esprits de partis (7). « L'un des « vices les plus inhérens aux choses humaines, « c'est la caducité, dit Bossuet » : mot profond, que l'on ne peut développer sans retomber dans les causes que je viens d'indiquer.

Soumis à l'action de plusieurs principes, moteurs co-existans, souvent opposés entr'eux, et au moins toujours divers; forcés d'obéir, autant qu'il est possible, à chacun d'eux; nous marchons, dans l'ordre moral ainsi que dans l'ordre physique, sur des lignes diagonales, qui sont moyennes proportionnelles entre toutes les directions qu'on nous donne; et, comme ces directions varient à chaque instant, à raison des changemens qui se font dans les principes moteurs eux-mêmes, il arrive aussi qu'à chaque instant les moyens proportionnels deviennent autres.

C'est ainsi que la force ou la loi de projection, combinée avec la force ou la loi d'attraction, dirige les corps célestes sur les courbes qu'ils décrivent; et c'est encore ainsi que l'esprit public parcourt son ellipse entre les causes qui tendent à le conserver, et celles qui tendent à le détruire.

Nous croyons avoir suffisamment fixé l'attention du lecteur sur les causes qui conservent: jetons un coup d'œil sur celles qui détruisent.

Mais ne les avons-nous pas également fait connoître? n'avons-nous pas indiqué plusieurs fois, comment la qualité et l'intensité de l'esprit public s'affoiblissent conjointement ou tour à tour : la qualité, par les vices qui dénaturent nos opinions, et l'intensité, par ceux qui, sans changer nos opinions, nous y rendent indifférens ; la qualité, qui, à force de subir tous les jours de nouvelles métamorphoses, finit par n'être plus que le jouet de l'inconstance, et l'intensité, qui, à force de s'affoiblir, finit par n'avoir pas plus de ressort et de consistance que le plus léger caprice?

S'il étoit nécessaire d'entrer ici dans les détails, je montrerois comment les causes les plus immédiates de la déchéance de l'esprit public sont le plus ordinairement : 1.° l'incompatibilité des opinions établies ; 2.° leur insuffisance pour opérer le bien ou le maintenir ; 3.° leur défaut de convenance et de vérité, devenu trop sensible ; 4.° le discrédit des principes moraux les plus essentiels ; 5.° l'abandon ou la dénaturalisation des institutions publiques les plus intéressantes ; 6.° les guerres trop désastreuses ou trop fréquentes ; 7.° la prospérité trop rapide ou excessive ; 8.° l'influence des hommes puissans, lorsqu'ils se livrent, avec astuce ou avec notoriété et scandale, à l'ambition, à la vengeance, à la rapine, à la profusion, ou seulement à l'intrigue ou à la débauche ; 9.° l'admission d'un nouveau culte, qui soit contraire à l'ancien ordre public ; 10.°, et enfin les dissensions intérieures, quelle qu'en soit l'origine. Mais toutes ces causes, et celles que l'on pourroit y ajouter encore, viennent également se confondre dans trois hypothèses générales, qui semblent plus propres à répandre un jour utile sur cette matière ; savoir : 1.°, dans l'hypothèse où les lumières, faisant de grands progrès chez tout un peuple, y dissipent plus ou moins rapidement les erreurs sur lesquelles reposoient les opinions anciennes les plus importantes et les mieux établies ; 2.°, dans l'hypothèse où les abus, détruisant par degrés la morale publique, corrompent les opinions les plus essentielles, et les rendent absolument nulles, quant à leur influence ; et 3.°, dans celle qui, réunissant les deux premières hypothèses en même temps, attaque l'esprit public de toutes parts, c'est-à-dire, en sappe les fondemens et en dénature les effets. Nous dirons peu de choses sur les deux premières de ces hypothèses, vu qu'elles se reproduisent dans la troisième, qui demande un examen plus attentif.

1.° Dans le premier cas, il semble d'abord qu'il soit permis d'espérer qu'un nouvel esprit public, plus parfait, remplacera celui que l'on s'accorde à proscrire. En effet, les mêmes connoissances qui, à mesure qu'on les acquiert, découvrent les vices de nos précédentes opinions, ne nous montrent-elles pas en même temps des opinions contraires plus convenables ? peut-on voir celles-ci avec indifférence, s'il est vrai qu'il suffise, pour rejeter les autres, d'être assuré qu'elles sont fausses ? Ce raisonnement seroit juste, si, pour prendre un parti décisif, on attendoit que la vérité se fût solidement établie, et de manière à écarter les nouvelles erreurs, qui ne manquent guères de se présenter sous les formes les plus spécieuses, de manière à les écarter, dis-je, aussi certainement que l'on rejette celles qu'une longue expérience a mis en état d'apprécier : mais l'imagination, toujours si féconde quand l'intérêt et l'amour-propre se réunissent pour l'exciter, est bien plus prompte à créer de nouveaux phantômes que la raison à les juger ; la présomption, soutenue par tant d'autres passions, se hâte d'accréditer ces nouveaux monstres, que l'abus de l'esprit ne manque pas d'embellir ; et c'est ainsi qu'en renonçant à son esprit public on ne réussit, pour l'ordinaire, qu'à substituer des erreurs à d'autres erreurs. On ne sait pas assez se renfermer dans le cercle des connoissances que l'on a ; on veut tout réformer dès l'époque où l'on ne connoît encore les objets qu'à demi : faut-il s'étonner si la réforme n'aboutit qu'à une déplorable succession de sottises ? On prend l'apparence pour la réalité, de vains sophismes pour des argumens peremptoires, et ce que l'on désire pour ce que l'on voit : combien donc n'est-il pas probable qu'on ne sortira d'un abyme que pour se précipiter dans d'autres abymes aussi profonds ?

2.° Dans le second cas, où ce sont les abus et la corruption qui détruisent l'esprit public, le mal paroît devoir être sans remède, à moins que la nation ne soit forcément ramenée à des opinions énergiques et communes, par les crises les plus violentes et les plus cruelles. Non, ce n'est pas assez que les leçons d'une longue et pénible expérience, pour redonner une doctrine sage et vertueuse à une nation corrompue. Que chaque individu apprenne, malgré lui, à ses propres dépens, qu'il ne lui reste plus aucun espoir de salut, que dans le retour à des principes sévères et réformateurs :

qu'importe, s'il est d'autant plus éloigné d'aimer et d'adopter ces principes qu'ils lui sont plus nécessaires? Il faut donc ici un concours de circonstances si impérieuses et si actives, que tous exigent de tous une réforme à laquelle chaque individu voudroit se soustraire, excepté toutefois le très-petit nombre de ceux qui en ont le moins besoin. Mais quel génie saura réunir ces circonstances toute-puissantes, et ne les emploira que pour opérer ce miracle de sagesse et de générosité? Annibal put vaincre les Romains à Cannes et à Trasimène, mais il ne put vaincre l'intrigue et la cabale dans le sénat de Carthage : la crainte, même prochaine et frappante, d'une destruction totale, abat les peuples énervés, les précipite aux pieds des tyrans, et ne relève, ne ressuscite que ceux qui ont encore quelque énergie; l'extrême détresse détermine et hâte la ruine de tous ceux qui n'ont plus aucune vigueur. Que l'on ouvre l'histoire, et l'on verra, non sans effroi, que, si quelques nations ont été retirées de cet état désespérant, elles n'ont dû leur salut qu'au redoutable principe du fanatisme : pour ramener des mœurs pures et des vertus civiques à Crotone, Pythagore allia dans son école le merveilleux à la sagesse; pour donner la consistance d'un peuple nouveau aux Juifs dégradés par un long esclavage, Moyse eut besoin de tous les prodiges qu'on lui attribue, plus encore que de ses préceptes. Si nous consultons la raison, elle nous dira que, pour réussir en pareils cas sans recourir aux mêmes moyens, il faudroit porter dans tous les esprits la vive lumière de l'évidence, ce qui paroît impossible chez des peuples semblables à ceux dont nous parlons, ou placer le glaive d'Attila dans les m... de Socrate, ce qui ne seroit pas un miracle moins étonnant peut-être que ceux de Moyse.

3.° Dans le troisième cas, qui réuniroit les deux hypothèses précédentes, on aperçoit une complication de causes et d'effets, qui ouvre la plus vaste carrière aux conjectures, et déconcerte la raison dans le chaos, et sous la masse des probabilités. Les lumières répandues dans le public peuvent alors exciter aux efforts les plus brillans, et offrir des exemples de vertus sublimes, qui, par un heureux et admirable enthousiasme, entraînent les nations, à l'aide de l'évidence, vers une régénération parfaite.

Mais, d'un autre côté, la corruption peut aussi énerver alors toutes les puissances, détruire tous les efforts, obscurcir toutes les lumières et même ridiculiser toutes les vertus. Malheur à la nation chez laquelle le relâchement des principes moraux, corrompant les lumières précédemment acquises, ne laissera qu'une sorte de philosophie dédaigneuse, superficielle, persifflante, et un égoïsme pervers et déhonté, devant lequel le bien même excitera le rire ou la pitié, au lieu d'une juste estime et d'une franche admiration ! Que pourroit la raison contre ce délire ? Que pourroit la voix éteinte de l'intérêt social, contre tous les intérêts particuliers, qui se seront ouvertement isolés (8) ? Que pourroit le sentiment étouffé de la gloire contre la voix glapissante de la frivolité ? Lorsqu'Athènes, corrompue par les suites de sa prospérité, et rendue vénale par l'effet de sa corruption, se trouve suffisamment préparée à la servitude par ses propres vices, que peut l'exemple admirable de Phocion ? Que peuvent, contre les survivanciers de Catilina et de César, le courage sombre et terrible de Cassius, le courage magnanime et généreux de Brutus, et le zèle éloquent et patriotique de Cicéron ?

Quand l'esprit public est tombé à ce degré de foiblesse et d'impuissance, il faut que des hommes du génie le plus rare, favorisés par des circonstances heureuses, viennent le remonter par une action violente; ou bien sa chute, après un balancement plus ou moins prolongé, se décide tout-à-coup, comme celle des corps dont les os, rongés par une carie intérieure, se décomposent au moment qu'on s'y attend le moins. Si Newton a pensé que notre monde solaire, parvenu dans sa marche annuelle à un certain degré de déclinaison, auroit besoin que la main du créateur vînt le ramener à ses premières voies; on peut dire aussi, dans la supposition présente, que le monde moral, ainsi déplacé de dessus ses bases primitives et fondamentales, a également besoin de l'intervention immédiate la plus puissante pour échapper au chaos.

Aux époques où il se prépare ou s'opère de ces grandes catastrophes morales, il n'est pas de symptôme plus sinistre que l'indifférence des citoyens pour leur situation présente ou à venir. En effet, cette indifférence effrayante ne peut être comparée qu'à l'état de ces malades agonisans qui, s'ils respirent encore, n'ont cependant plus aucun principe de réaction, chez lesquels par conséquent les plus violens remèdes ne causent pas même la sensation la plus légère. Quand le mal est parvenu à cet excès, on peut bien s'écrier, sans

doute : « Accourez, vers rongeurs, la proie
« vous attend ! Venez, tyrans de la terre,
« disputez-vous les esclaves ; ils sont là, qui
« tendent les mains à vos fers (9) ! »

Mais si ce peuple dégénéré a eu précédemment des siècles d'héroïsme, et que l'on y conserve encore quelque vertu, il n'est pas douteux que cette époque n'y produise les chocs les plus violens et les crises les plus fortes. Ce peuple, se ressouvenant d'abord des grands principes de l'ordre social, ainsi que de sa gloire passée, débutera par vouloir se régénérer; et l'on verra dès-lors le zèle d'une part, et l'amour propre de l'autre, multiplier à l'envi les plans de régénération, qui tous les jours se succéderont et se détruiront l'un l'autre. Bientôt toutes les passions s'entremettront de réformes ; toutes prendront en conséquence le masque du patriotisme : la rapine, afin d'outrer le bien et de jeter le trouble dans la marche par la rapidité du mouvement, affichera le zèle qui veut tout hâter; les abus, occupés du soin de se maintenir, se déguiseront en génies conservateurs et modérés, pour tout paralyser ; l'ambition cherchera à se placer à la tête de tous les partis (10). Encore quelque temps, et l'on ne verra presque plus, de toutes parts, que mensonges adroits, trames obscures, complots secrets, trahisons sourdes ou hardies, hypocrisie profonde et perfide (11) ! Encore quelque temps, et les haines s'emflammeront; il ne sera plus possible de les contenir : elles écarteront des voies de prudence, les hommes même les plus sages; elles formeront les partis les plus irréconciliables; elles provoqueront les vengeances les plus atroces ; elles allumeront par tout les brandons de la guerre civile la plus affreuse !

Que sera-ce si les hommes placés au timon des affaires sont trop foibles ou trop maladroits pour le tenir et le diriger ? si, aveuglés par une vanité toujours trop naturelle aux petites ames, ils dédaignent d'emprunter les lumières dont ils ont besoin ? ou si, dépourvus de ce tact rare qui fait distinguer et apprécier les hommes, ils ne donnent leur confiance qu'aux adulateurs les plus agréables, c'est-à-dire, les plus rampans, ou qu'aux intrigans les plus souples, et n'entendent que des conseils trompeurs et funestes ? et si ce n'est qu'aux moment d'y tomber qu'il leur est possible d'apercevoir les précipices vers lesquels ils marchent, ainsi entourés et séduits ? Ces circonstances peuvent-elles ne pas achever de perdre une nation ? et jamais aucune nation a-t-elle péri en d'autres mains ? peut-on même espérer qu'il en soit autrement, tant que les hommes les plus bornés seront les plus confians, ou les plus gauches dans leurs suspicions, et que la principale crainte des hommes vains sera de perdre leur autorité ? Quand les hommes incapables sont en place, il faut qu'au lieu de maintenir et d'accroître leur autorité, en développant dans leur conduite un caractère plein de véracité et de désintéressement, ils sacrifient tout au besoin de se cacher sous le voile de la fausseté ou du mystère ; et comme ce jeu, moins adroit encore qu'honorable, ne peut tarder à se découvrir, il faut qu'ils perdent bientôt, et sans retour, leur crédit et la confiance publique; il faut, en un mot, que les pygmées qui osent se revêtir de l'armure des géants,

géants, finissent, malgré tous les efforts qu'ils font pour être si non honorables du moins honorés, il faut qu'ils finissent par devenir la fable de l'univers.

Si donc une nation a le malheur d'être livrée à des guides semblables, à des guides ineptes, insoucians ou mal-adroits, qui ne soient pas remplacés à temps par des hommes plus vertueux et plus capables ; on verra les esprits ardens et zélés s'irriter tous les jours davantage, se prononcer d'une manière toujours plus décisive, et finir par former eux-mêmes des partis, tandis que la masse générale, se décourageant tous les jours plus sensiblement, tombera enfin dans un affaissement absolu, la plus favorable perspective qui puisse être offerte aux tyrans.

Ce qui précède peut déjà faire entrevoir comment les esprits de partis ssuccèdent à l'esprit public : mais c'est un point qui mérite un examen plus approfondi. Lorsque l'esprit public est comme effacé par les préjugés, les abus, les passions, les vices, ou par le froid égoïsme, la révolution qui se fait alors peut subitement changer l'ordre ancien, et y substituer, à l'instant même, un ordre nouveau, auquel personne ne veuille ou ne puisse résister : c'est ce que l'on vit à Copenhague, au milieu du dernier siècle, lorsque les paysans anéantirent, en un jour, le droit particulier que la noblesse avoit de s'immiscer dans les opérations du gouvernement.

Dans ces sortes d'occasions, un nouvel esprit public succède sans obstacle, ou du moins sans retard, à celui que l'on proscrit, ou bien celui que l'on a eu jusqu'alors se remonte avec de légers changemens ; et, de toute façon, la nation est sauvée, quoique son sort ne soit pas toujours autant amélioré de cette sorte qu'il seroit juste de le désirer.

Mais si la révolution se prolonge; si on la voit passer de crise en crise, et de catastrophe en catastrophe; il arrivera nécessairement qu'à chaque nouvelle secousse que l'on éprouvera, la nation se divisera en de nouveaux esprits de partis. Or, il ne faut pas croire que ces esprits de partis, qui s'élèvent les uns après les autres, se succèdent comme ils se suivent; non, aucun ne s'éteint : ceux qui sortent les plus maltraités des conflits ou des combats à outrance qu'ils se livrent, s'affermissent alors même par les persécutions ou les échecs dont ils ont le plus à souffrir; les pertes qu'ils font augmentent le catalogue de leurs martyrs, et leur rendent par là toujours plus chers et plus respectés les principes qui les réunissent.

Cependant, chacun des combats par où tous ces esprits de partis signalent leurs fureurs, frappe directement sur la nation : point de défaite qui ne l'affoiblisse; point de victoire qui ne soit pour elle un sujet de deuil. Si donc on ne parvient pas à ramener tous ces esprits de partis en un seul esprit public, que peut-il résulter de ces luttes interminables, si non l'anéantissement de la nation dans toutes les horreurs de la plus cruelle agonie?

Je pourrois citer ici la décadence d'un grand nombre d'empires, telle qu'elle nous est retracée dans l'histoire ancienne ou moderne, et par tout j'aurois à répéter à mes lecteurs : voyez-vous les esprits de partis qui s'élèvent sur les ruines de l'esprit public? voyez-vous comme ils déchirent la patrie? Allez dans les provinces de la Perse, où des guerres intestines, inévitable fruit des esprits de partis qui s'y prolongent depuis tant de générations, paroissent ne devoir s'éteindre qu'à l'époque où cette antique, belle et célèbre région de l'Asie ne sera plus qu'un désert, et deviendra la proie du premier peuple esclave ou sauvage qui se présentera pour la conquérir (12) !

Mais quels tableaux plus effrayans encore s'offriront à nos yeux, si vous contemplez ainsi les grandes et fameuses républiques à l'époque de leur chute ! Osez vous arrêter sur les bords du Tibre, depuis la destruction de Carthage, jusqu'au règne d'Auguste : avec quelle sanglante atrocité les passions s'y déploient, et vengent l'univers ! Arrivez à la dissolution des deux empires : quelle dégoûtante et pitoyable foiblesse sous l'écorce de tant de grandeur ! Parlerai-je des mille autres exemples aussi frappans qui s'offrent ici d'eux-mêmes ? Retracerai-je l'état cruel où tombèrent autrefois, et où restent encore ensévelies, et cette Egypte et cette Sicile, qui, durant plusieurs siècles, avoient été les greniers inépuisables du monde connu ? Allez rechercher, autour de l'Archipel, d'un côté, les fameuses républiques de la Grèce, et de l'autre, les belles contrées de l'Asie mineure. Demandez à ces pays, aujourd'hui méconnoissables, et où cependant la nature, se complaisant à elle-même, accumuloit autrefois tous les genres de bénédictions ; demandez-leur comment ils sont tombés dans la stérilité, la désolation et la barbarie, qui les déshonorent aux yeux de l'univers. Ne vous convaincrez-vous pas, que tant de désastres n'ont pu venir jusqu'à eux que sur les débris de l'esprit public, et que ce n'est, en particulier, qu'à l'aide des esprits de partis que le glaive de l'anarchie la plus déplorable a pu les anéantir?

Compterez-vous les révolutions tant de fois renouvelées en tant de cités fameuses, et surtout dans l'enceinte de Syracuse? ou vous bornerez-vous à recueillir les causes de la destruction de Carthage? Les factions qui déshonoroient cette reine de l'Afrique et des mers, laissèrent Annibal sans recrues, sans argent et sans secours; et cependant le génie de ce grand homme domina l'Italie, et y balança les destinées de Rome pendant quinze ans, lorsqu'enfin, rappelé pour défendre au dedans la patrie qu'il avoit rendue si redoutable au dehors, il revint en Afrique; et là... Mais Scipion l'auroit-il vaincu, si les factions n'avoient pas préparé sa défaite? et lorsqu'enfin le moment fut arrivé de mettre à exécution l'affreuse sentence tant de fois prononcée par Caton, les esprits de partis n'avoient-ils pas encore préparé cette grande et terrible leçon que l'antiquité a donnée aux empires, à ceux qui les gouvernent, et à tous ceux qui en dépendent? Ce fut envain qu'à cette dernière époque tous les Carthaginois, ranimés par le sentiment d'un généreux désespoir, se réunirent pour le salut commun; ce fut envain que les Carthaginoises elles-mêmes, recevant et donnant l'exemple du dévouement le plus héroïque, trouvèrent de nouvelles ressources pour la patrie jusque dans le sacrifice de leur chevelure: efforts tardifs et superflus! il n'étoit plus temps! Les factions avoient égaré ou paralysé tant de vertu dans les temps utiles, et

Carthage ne sortit de l'assoupissement que lorsqu'on ne pouvoit plus sauver de tant de grandeur que des ruines, éternel sujet de méditations pour les factieux!

O Corcyre, fille ingrate et malheureuse de la superbe Corinthe! donne au monde, continue de donner, jusqu'à la fin des siècles, l'épouvantable leçon qui résulte de l'exposé de tes désastres, et des causes qui les ont amenés! Viens, du sein de l'antiquité, te présenter à nos regards, toute couverte de sang, de ruines et de crimes, et nous montrer à quels horribles excès les esprits de partis conduisent le genre humain trop confiant en toutes ses passions! Offre-nous le hideux tableau de tes supplices trop mérités! Peins-nous tes habitans transformés en monstres plus redoutables que ceux des régions les plus sauvages; tes habitans devenus insensibles à la voix de la nature, accumulant dans ton sein toutes les atrocités et toutes les perfidies, et t'entraînant avec eux dans l'abyme de remords et de misère, de honte et de douleur, qu'ils se creusent eux-mêmes! Raconte-nous comment les malheurs, en s'aggravant toujours plus sur toi, n'ont pu t'arrêter dans le cours de tes égaremens; comment, au contraire, la peine attachée aux crimes commis t'inspiroit une plus grande ardeur pour les crimes qui restoient encore à commettre! comment, non contente de périr, tu as précipité la Grèce entière dans la guerre la plus acharnée et la plus funeste, dans cette guerre du Péloponnèse que tu déterminas, et qui décida de la décadence prochaine et absolue de la patrie des arts et de la liberté! Dis-nous principalement que ce sont les esprits de partis qui seuls ont produit tant de maux ! Parle, et que ton récit effraie les races futures !

Tu étois riche des fruits de l'industrie, et brillante des dépouilles enlevées au monde par le commerce : tes enfans, ne sachant pas conserver la vertu dans le bonheur, se divisèrent en deux partis, qui bientôt passèrent, du désir d'établir, l'un le gouvernement aristocratique et l'autre le gouvernement populaire, au sentiment de la haine, et à toute l'ardeur de la vengeance. Le délire et la passion prirent chaque jour de nouveaux accroissemens, et furent enfin portés au comble. Tous les jours annonçoient et développoient de plus lamentables attentats. Le parti démocratique viola les principes des mœurs nationales et publiques, en recherchant l'appui d'Athènes, au détriment des droits sacrés de Corinthe, ta mère patrie : le parti aristocratique, en acceptant les secours de Sparte, c'est-à-dire, de la ville la plus jalouse, la plus ambitieuse, la plus cruelle et la plus destructive dans la victoire, compromit son propre intérêt, et sacrifia celui de la patrie, en les faisant dépendre l'une et l'autre, non-seulement des vicissitudes de la guerre, mais sur tout de l'intérêt plus puissant d'un protecteur aussi redoutable. Les deux partis, successivement vainqueurs et vaincus, toujours moins capables d'entendre et de suivre les conseils de la modération, de la sagesse et de l'humanité, furent tour à tour, et avec une violence toujours croissante, perfides et barbares, victimes et bourreaux. Livrant, les uns et les autres, leur patrie aux factions diverses par où l'ambition et la tyrannie divisoient et déchiroient la Grèce, tantôt, une torche ardente à la main, on les voyoit, en véritables forcenés, et pour satisfaire un désir atroce de vengeance, livrer aux flammes les propriétés et les maisons de ceux de leurs concitoyens qui n'étoient pas du même parti qu'eux : tantôt, emportés par cette fureur qui n'admet plus aucune borne, après avoir fait ruisseler le sang dans les rues, ils démolissoient les toits des temples des dieux, pour y assassiner à coups de pierres ou de flèches ceux de leurs concitoyens qui, étant vaincus, avoient espéré trouver un asile aux pieds des autels. Tantôt encore, sous le manteau d'une amitié touchante et d'une renaissante fraternité, ils venoient séduire leurs compatriotes prisonniers de guerre entre les mains des Athéniens, les engager officieusement à la fuite pour se soustraire à un massacre supposé, leur fournir secrétement des barques pour s'échapper à la faveur des ténèbres, et, après avoir ourdi cette trame infernale avec tant de soins et dans de si grands détails, livrer à un massacre réel, comme transfuges, ces victimes infortunées, au moment de leur départ. O Corcyre, tant que l'on conservera quelques pages de l'histoire, on citera ton exemple pour prouver que rien n'égale en atrocités, en fureurs et en persévérance dans le crime, les excès auxquels s'abandonnent les esprits de partis (*) !

(*) « L'aveugle esprit de parti étouffe tout sentiment généreux : « il paralyse toute affection douce : il rend indifférent à tout ce « qui n'est pas la passion du moment, l'intérêt de la faction à « laquelle on s'attache : il méconnoît les services les plus signalés, « et le dévouement le plus méritoire : il endurcit à l'égard des « hommes les plus recommandables. »
(Voyez Baudin des Ardennes : *Observations sur une note du citoyen Lamarque.*)

Au surplus, notre but est-il de persuader que, dans ces différentes hypothèses, aucune nation ne peut échapper à sa ruine? Non sans doute, et l'on verra dans la quatrième partie de cet ouvrage, qu'il nous reste encore à cet égard des consolations et des espérances.

NOTES.

En combien de classes pourroit-on diviser les supercheries auxquelles les ambitieux de tous les temps ont eu recours pour tromper, séduire et enchaîner les peuples ignorans et superstitieux? La philosophie n'a point encore soumis à une discussion sévère, et à un ordre précis, tous ces crimes tant célébrés dans l'histoire, qui se sont dirigés, non contre des individus, ou contre la génération présente à l'époque où on les a commis, mais contre la vérité, contre la raison universelle, c'est-à-dire, contre l'amélioration du genre humain, et par conséquent contre toutes les générations futures.

La moins odieuse de toutes les classes qu'on en pourra former sera celle des supercheries politiques, que l'on doit imputer aux circonstances plutôt qu'à un système prémédité. On est d'autant plus disposé à les excuser, et même quelquefois à y applaudir, qu'elles paroissent avoir été nécessaires ou essentiellement utiles ; que, de plus, elles sont pour l'ordinaire le fruit du génie et d'une heureuse présence d'esprit, et non celui d'une immoralité réfléchie et libre ; et qu'enfin elles doivent être rangées parmi les conséquences et non parmi les causes des erreurs publiques.

César, venant à tomber au moment qu'il débarque sur les côtes d'Afrique, s'écrie qu'il prend possession de cette terre. L'accident qui lui arrive présente à ses soldats l'idée d'un funeste présage : il le devine, et il écarte de tous les esprits cette idée si dangereuse, en y substituant celle d'un présage heureux. Il y a bien quelque lâcheté, ou du moins quelque vestige de l'imperfection humaine, dans le parti qu'il prend, car il ne détruit l'impression d'une erreur superstitieuse que par l'impression d'une autre erreur du même genre : mais il n'est point en cette rencontre l'auteur, le fauteur, ou le partisan de la superstition ; il borne ses soins à éviter d'en être la victime, et l'on ne voit pas que l'autre moyen auroit pu lui faire obtenir le même succès. Ainsi, dans ce trait, et dans les mille autres de même espèce que nous offre l'histoire, nous pouvons jusqu'à un certain point pardonner ou excuser le mensonge : mais nous ne devons point nous laisser emporter à l'admiration que le génie du héros peut exciter, jusqu'à oublier qu'il y a véritablement dans cette conduite foiblesse et trahison, en un mot, abandon des principes de la morale et de la vertu.

La classe la plus éloignée de celle où l'on peut placer le mot de César, la classe des supercheries les plus criminelles, paroît devoir être celle des supercheries recherchées, systématiques, et employées volontairement pour accréditer et répandre de grandes et nouvelles erreurs nationales, politiques et religieuses tout ensemble, ou pour fortifier les anciennes, et les faire servir, les unes et les autres, à l'appui d'un système de doctrine aussi nuisible au genre humain que perfide.

Mahomet accoutuma secrètement un pigeon à venir, du haut des airs, le becqueter à l'oreille au moment qu'il le vouloit, et il persuada au peuple que c'étoit un messager céleste qui lui apportoit les ordres de Dieu. Par une autre fourberie, plus odieuse encore, il parvint à faire regarder comme effet et indice de l'action de la divinité sur sa personne, dans les crises de son commerce avec Dieu et des inspirations qu'il en recevoit, les accidens épileptiques auxquels il étoit sujet. Combien de Mahomets ont trompé les nations par d'aussi pitoyables tours de passe-passe! et d'où nous sont venues les opinions si répandues et si tenaces sur les sorciers, sur les revenans, sur les présages ou avertissemens que l'on croit recevoir en rêves, ou par des rencontres fortuites? et nos possédés, étoit-ce autre chose que des épileptiques, héritiers ou dupes des erreurs accréditées par les mêmes moyens?

Ne fera-t-on pas une troisième classe des supercheries de ces autres législateurs, qui, à n'en juger que d'après le bien qu'ils ont fait ou cherché à faire, auroient préféré n'employer jamais que la vérité; mais qui, voulant organiser ou réformer les nations, ont cru, dans les circonstances où ils se trouvoient, devoir se servir du ministère du mensonge et des jongleries respectées de leur temps? Numa Pompilius, persuadé qu'il ne pouvoit mieux préparer Rome naissante à la civilisation, qu'en organisant la religion dont Romulus avoit posé les bases et recueilli les principes, inventa la fable de la nymphe Égérie. Avec quel soin et quelle adresse, Licurgue, et tant d'autres grands hommes, n'ont-ils pas su rendre l'oracle de Delphes favorable à leurs desseins? et combien de réflexions ne fait pas naître le mot de Ciceron, que deux Aruspices ne pouvoient se regarder en public sans avoir envie de rire? ne pensera-t-on pas qu'il eût été plus honorable pour eux d'avoir envie de pleurer, tant sur la foiblesse du genre humain que sur le rôle avilissant et perfide qu'ils avoient le courage de jouer?

Dans quelle classe rangerons-nous ces hommes qui se servent des sottises religieuses, et qui même en augmentent le crédit par de nouvelles supercheries, dans la seule intention d'appuyer par-là leurs vues ambitieuses et mondaines? Je citerai à ce sujet deux anecdoctes de Pierre le grand, qui mettront le lecteur à portée de juger les fourbes dont il s'agit ici, et d'apprécier le héros de la Russie; deux anecdoctes, où l'on voit, d'une part, quel étoit le génie particulier de cet homme si fameux, et, de l'autre part, quel étoit le but unique auquel aboutissoient tous ses projets.

Pressé d'imiter chez lui les choses qu'il avoit le plus étudiées durant ses voyages, il monta, après son retour, divers ateliers, qu'il fit couvrir et entourer de planches, et voulut diriger lui-même les ouvriers qu'il y attacha. Un jour qu'il revenoit à l'un de ces ateliers après dîner, il observa que tous les ouvriers y étoient entrés : sur quoi, il prit un détour, et vint, sans bruit et sans être aperçu, se placer derrière les planches pour entendre ce que ces hommes disoient. La conversation rouloit sur son compte, et elle étoit montée sur un ton peu flatteur pour lui : on ne lui faisoit grâce d'aucun de ses défauts ; on relevoit jusqu'à ses ridicules, sur lesquels même on rioit aux éclats. Il distingua de son mieux la voix de ceux qui le ménageoient le moins ; puis, se retirant par où il étoit venu, il alla regagner le chemin ordinaire à une certaine distance, et, entrant dans l'atelier, le visage courroucé, l'œil en feu et le sabre à la main, il s'écria : « Malheureux, vous pensez donc que quand je ne suis « pas au milieu de vous, je n'entends pas ce que vous dites ? « Vous ignorez donc que l'image de Jésus-Christ sur la terre « sait tout et ne peut être trompée ? » En disant ces mots, il s'élançoit sur les plus coupables, abattoit la tête à l'un, coupoit un bras à l'autre, et faisoit autour de lui une affreuse boucherie de ces hommes, qui, épouvantés et confus, s'étoient jetés à genoux et attendoient leur sort sans oser demander grâce. C'est ainsi que Pierre gravoit profondément dans l'ame de ses sujets, qu'il voyoit, entendoit et savoit tout, comme Dieu.

Fondre des canons, étoit un des travaux qu'il étoit le plus empressé d'entreprendre : il s'en occupa, et réussit. La première pièce sortie de ses mains étoit de vingt-quatre de balle. Lorsqu'elle fut achevée, il y mit quarante hommes pour la tirer hors de l'atelier où on l'avoit faite ; mais ces hommes y employèrent vainement toutes leurs forces : la pièce resta immobile, et les Russes, découvrant par-là que Pierre pouvoit aussi se tromper, se regardèrent les uns les autres, avec un sourire malin qui manifestoit leur pensée, et dont le Czar, qui s'en aperçut, voulut détruire l'effet à l'instant même. Il feignit donc de se mettre dans une grande colère contre le canon qui osoit résister aux ordres de l'image de Jésus-Christ sur la terre : et, pour l'en punir exemplairement, il lui fit donner le knout, et le condamna à être pour toujours exilé en Sibérie, où on le voit encore aujourd'hui sur les remparts de Tobolsk. Après l'exécution de la première partie de cette sentence, Pierre assura que le canon obéiroit, et ordonna qu'on se remît à l'entraîner hors de l'atelier ; mais il eut soin, sans néanmoins paroître s'en occuper, qu'il y eût environ quatre-vingts hommes employés à cette opération, au lieu de quarante. Ainsi le canon marcha, et tout le monde fut convaincu que même les êtres inanimés devoient une entière obéissance au Czar, image de Jésus-Christ sur la terre.

Ces deux anecdotes, et tant d'autres encore, prouvent que Pierre premier avoit le mérite rare de saisir, dans les occasions importantes, avec autant de sagacité et de promptitude que de justesse, les moyens les plus adroits et les plus hardis; mais elles prouvent aussi qu'il n'en fit usage que pour cimenter son autorité absolue. Il a beaucoup fait, j'en conviens; mais tout pour lui, tout pour le despotisme et pour son ambition; rien pour la nation et pour le bien-être des Russes à venir, rien pour la vérité, rien contre l'ignorance et la superstition. S'il a fait cultiver quelques sciences, ou quelques-uns des arts connus en Europe, son choix n'est tombé que sur les sciences et les arts qui lui sembloient nécessaires à son agrandissement. J'admirerai donc les grandes qualités qu'il reçut de la nature, comme j'admire celles de Mithridate, de Soliman second, et de tant d'autres que l'équitable postérité a rangés parmi les hommes du troisième ou du quatrième ordre : les amis de la vertu et de la dignité de l'homme réservent leurs hommages et leur encens à ceux qui, loin de convertir des blasphèmes en opinions religieuses, ont combattu la superstition et préparé le règne de la vérité.

Si l'on m'objectoit la profonde vénération des Russes pour la mémoire de Pierre premier, je dirois que cette vénération vient moins de l'amour de la patrie, que de l'envie de plaire aux despotes successeurs de cet homme extraordinaire : je dirois que ce héros a fait des maux incalculables à sa nation, en étouffant chez elle le germe de la liberté; qu'il n'a su organiser un peuple bon et hospitalier, que pour en faire l'ennemi et l'épouvantail de ses voisins; que peut-être il n'aura réussi qu'à ressusciter en Europe l'esclavage et la barbarie, avec tous les fléaux qui sont la suite de l'un et de l'autre. Si l'on m'accusoit d'être le calomniateur d'un grand homme, je dirois que son premier soin, en arrivant à Berlin, lors de ses voyages, fut de prier Frédéric premier, de faire exécuter devant lui quelqu'un, innocent ou coupable, offrant même pour cet objet l'un des Mougiks de sa suite, afin d'apprendre comment on pendoit en Europe; je dirois que son premier projet politique fut d'asservir et de ruiner la Suède, à la faveur de la jeunesse inexpérimentée de Charles XII : je dirois qu'il lui est arrivé, même vers la fin de son règne, de n'accorder la vie à un père de famille honnête, probe et malheureux, qu'en forçant à devenir adultère l'épouse, vertueuse et respectable, qui en sollicitoit la grâce à ses genoux; je dirois qu'il condamna son propre fils à la mort; je dirois enfin, qu'il eut toujours, et sur tout, le caractère d'un tyran. Que les Russes que j'ai connus, et j'en ai connu un grand nombre, qui pour la plupart n'ont eu envers moi que des procédés obligeans (plusieurs même m'ont honoré d'une amitié toujours présente à mon esprit, et toujours infiniment chère à mon cœur), qu'ils ne pensent pas que ce soit la prévention qui conduise ma plume ; non : mais puis-je, moi qui les aime, pardonner à celui qui devoit préparer leur bonheur, et qui n'a travaillé qu'à les en éloigner pour les siècles ? Il est très-naturel que les souverains russes réunissent tous leurs efforts pour transformer en un dieu, s'ils le peuvent, le fondateur de leur despotisme · mais la nation, et le public européen, n'ayant pas les mêmes intérêts, ne doivent pas être dupes de leur charlatanisme politique.

(2) Ce qui aide le plus aux progrès de nos lumières, ce sont les découvertes dont le génie et le temps nous enrichissent, telles qu'ont été celle de la poudre à tirer, celle du nouveau monde, et celle de l'imprimerie : ce sont encore la chevalerie, et les premiers ordres qu'elle a enfantés; les tournois, et la galanterie qu'ils ont introduite dans nos mœurs, ainsi que le point d'honneur; les efforts, si souvent renouvelés, et toujours si vains, pour le rétablissement de la liberté, dans presque toute l'Italie, durant plusieurs siècles ; l'établissement des villes libres et anséatiques dans l'Empire; les droits de bourgeoisie accordés aux habitans des villes en France; celui des élections, et ceux des assemblées de communes. Ne sont-ce pas en effet ces diverses causes, et autres semblables, qui ont transformé en hommes les êtres féroces que le Nord avoit vomis parmi nous, sous les noms de Slaves, Abodrites, Saxons, Danois, Turcs, Huns, Avares, Goths, Ostrogoths, Visigoths, Bourguignons, Francs, Lombards, Normands, Sarrasins, Bohèmes, Moraves, et tant d'autres ? On peut comparer l'Europe recouverte de barbares, à une terre crue qu'un premier labour a retournée en automne : il faut, pour donner à cette terre toute la fertilité qu'elle peut avoir, non-seulement les engrais convenables et les soins d'une bonne culture, mais sur tout les pluies d'automne et du printemps, pour délayer les masses trop compactes, et ouvrir les pores nécessaires aux sucs étrangers; les neiges de l'hiver, pour y répandre les sels actifs qu'elles renferment; l'action fréquente des vents, pour en diviser les parties, et dissoudre ou emporter les plus malfaisantes; et enfin l'action du soleil, pour en vivifier la masse entière. Eh bien! cette terre retournée, qui d'abord ne peut rien produire d'utile, parce qu'elle est trop crue, trop froide et trop compacte, c'est l'Europe repeuplée des barbares du Nord. Il a fallu quinze siècles de tentatives et d'essais pour

arriver au moment d'une heureuse fécondité : espérons que nous y touchons enfin, et qu'elle nous vaudra, pour tous les temps à venir, la vérité et le bonheur !

(3) L'objet de cette note est de fixer l'idée précise que l'on doit se faire des *grands hommes*, en nous appuyant, non-seulement sur les principes de la raison, mais encore sur l'histoire de quelques-uns des héros les plus admirés de notre temps. Si quelques lecteurs se scandalisoient du parallèle que je fais de Pierre premier et de Frédéric second, je ne leur demanderois, pour les convaincre de ma bonne foi et de ma véracité, que de relire cette note.

Les grands hommes ne sont véritablement tels que par leurs talens ou leurs vertus : mais il faut que chez eux ces deux sortes de qualités, séparées ou réunies, soient transcendantes; et que les talens, outre leur supériorité, soient dirigés selon des règles convenables, et vers un but qui soit digne d'eux par son élévation, comme les vertus, outre leurs autres perfections, doivent être couronnées par le désintéressement.

L'*homme de mérite* occupe un échelon mitoyen entre le grand homme et l'homme ordinaire : il se place plus ou moins sensiblement au-dessous du premier et au-dessus du second, selon que la société reçoit ou pourroit recevoir des services plus essentiels de sa part.

Si nous examinons le grand homme et l'homme de mérite hors d'eux-mêmes, c'est-à-dire, dans leurs actions, ils nous paroîtront alors se rapprocher de la classe des hommes célèbres; car la *célébrité*, qui ne devroit appartenir qu'à eux, forme une classe distincte, dans laquelle on inscrit tous les jours une foule d'hommes à qui rien n'est plus étranger que la vraie grandeur et même que le vrai mérite.

Considéré dans ses actions, le *grand homme* est celui qui fait de *grandes choses*, c'est-à-dire, des choses qui exigent une force d'ame ou un génie extraordinaire, capables de produire les effets les plus importans.

L'homme célèbre doit souvent tout à la fortune : le grand homme ne doit quelquefois rien qu'à lui-même; quelquefois même la fortune a des torts incalculables envers lui, comme on peut en juger par Charles XII, qu'elle a forcément confiné dans la classe des hommes célèbres les moins respectés. L'homme célèbre, en un mot, n'existe que par les résultats, dont le grand homme est toujours essentiellement indépendant, puisqu'il est encore grand lors même qu'il est réduit à l'impuissance ou à l'inaction. Le premier se fait remarquer par des choses peu communes, ou heureuses, et toujours éclatantes; le second est dans tous les temps capable d'en faire de fortes et d'admirables.

Tous les deux peuvent être utiles ou funestes aux autres hommes ; mais le second a cela de particulier, que, s'il ne fait pas toujours le bien sous quelque point de vue social, il a du moins toujours, dans son génie et dans son ame, tout ce qu'il faut pour le faire.

Quelquefois le grand homme ne fait le bien présent qu'en préparant de grands maux pour l'avenir : c'est ce que je reprocherai à Pierre premier, qui n'a tiré sa nation du néant qu'en affermissant chez elle, pour de longues années, le sceptre dégradant du despotisme le plus absolu. Quelquefois, au contraire, le grand homme fait moins le bien pour l'époque actuelle qu'il ne le prépare pour des temps plus éloignés ; c'est ce que l'on peut admirer dans Fréderic second, qui, en maintenant le despotisme tel qu'il étoit établi dans ses états, en a, pour ainsi dire, concentré toute la sévérité dans un petit nombre d'articles, et a su fixer, autour de lui et parmi ses sujets, le goût des sciences, l'habitude des mœurs simples et austères, l'étude de la philosophie, la pratique des arts, la liberté de penser et la tolérance.

La position la plus favorable aux grands hommes, est celle qui les environne d'autres hommes qui sont en contraste avec eux ; c'est principalement ce contraste qui leur assure tous les avantages de la plus grande célébrité. Je citerai encore ici Pierre le grand : quelque grandes que fussent ses qualités, le néant qui l'entouroit ne put que les rehausser infiniment : c'étoit un géant au milieu des pygmées ; c'étoit un diamant fin, entouré de pierres brutes et mattes. Si vous changez son entourage, vous trouverez peut-être juste de le comparer avec des hommes qui n'ont pas dans l'histoire le même éclat que lui ; avec le cardinal de Richelieu, par exemple, que peut-être vous lui préférerez ; vous jugerez du moins que, sous plusieurs aspects, Pierre n'a essentiellement différé que par les circonstances extérieures, de ce prêtre, auquel il auroit donné, dit-il, la moitié de son empire pour en apprendre à gouverner le surplus.

Fréderic second n'a pas eu l'avantage de ces contrastes qui font si bien ressortir un grand homme : il a été réduit à rabaisser à la forme des choses ordinaires le bien même dont il s'occupoit ; il a fallu qu'il resserrât dans un cercle borné le développement et l'exercice ou l'emploi de ses qualités, aussi merveilleuses par leur réunion que par leur excellence. Fréderic a fait de grandes choses comme on fait son devoir de tous les jours ; mérite infiniment rare, que l'on peut également remarquer dans le grand électeur son bisaïeul. Louis XIV mettoit du faste jusque dans les petites choses : Fréderic l'évitoit avec soin, même dans les grandes.

L'influence des grands hommes de la classe de Fréderic est

moins frappante mais plus réelle que celle des héros semblables au fondateur de Pétersbourg. Le premier a tout perfectionné, en ne paroissant travailler qu'à maintenir l'ordre établi, comme on peut le prouver par la conduite, aussi invariable que sagement combinée, qu'il a tenue durant tout le cours de son règne, pour tout ce qui concerne la religion, la liberté des opinions, les finances, la police, la justice, la guerre, la politique, les arts et les sciences.

Si on nous demandoit pourquoi Pierre le grand n'a pas fait mieux, nous répondrions que c'est parce qu'il n'en a eu ni la pensée ni la volonté : son génie ne s'est pas étendu plus loin que ses œuvres ; car, après qu'il eut détruit les complots que sa sœur avoit formés contre lui, la nation russe ne fut plus dans ses mains que comme une pâte molle, qu'il pétrissoit à volonté. Si l'on nous faisoit la même question par rapport à Fréderic le grand, nous dirions qu'il a eu la pensée et le désir de faire mieux, mais que les circonstances environnantes lui en ont ôté la possibilité : il auroit tout perdu, s'il eût oublié que chez lui, et de son temps, les opinions publiques étoient formées, fixes et déterminées ; il n'a pu que chercher à opérer sagement et lentement sur ces opinions elles-mêmes. Or, c'est sur tout à leur influence sur les opinions variables des peuples, que les hommes destinés par leur génie à jouer un grand rôle sur le théatre du monde, doivent l'avantage de perfectionner, ou le malheur de corrompre, l'esprit public de leur siècle : vérité qui, généralement sentie, a donné lieu à l'axiome latin : *Regis ad exemplar totus componitur orbis.* Ce n'est pas qu'il faille être roi pour exercer un aussi grand pouvoir ; il suffit d'avoir une certaine célébrité. Une marquise de Pompadour, ou un duc de Choiseul, occasioneront de plus grands changemens dans les opinions publiques qu'un Turenne, qu'un Colbert ou qu'un Sully : un Fréderic y influera d'une manière plus importante qu'eux tous, et un Voltaire y causera encore plus de changemens qu'un Fréderic. Ces deux derniers exemples prouvent que c'est rarement sans quelque inconvénient que le bien se fait ou se prépare : les succès des grands hommes excitent l'ambition de mille imitateurs, qui troublent la société plus ou moins long-temps par leurs prétentions extravagantes ; et combien ne pourroit-on pas citer de tyrans littéraires qui se sont crus les héritiers de Voltaire ? et n'est-ce pas au génie et au grand caractère de Fréderic que nous devons le don-quichotisme de Joseph second, et la lutte opiniâtre de Catherine seconde contre les obstacles que le génie conservateur des nations opposoit à son ambition romanesque ?

« Ce sont les grands hommes qui font la force des empires », dit Bossuet. Cet auteur, qui avoit tant de titres pour se permettre d'apprécier les grands hommes, auroit parlé avec plus de justesse

s'il

s'il avoit dit qu'en général ils ont beaucoup de part au maintien de cette force, et plus encore à l'établissement des causes, des principes et des opinions qui la produisent; car, d'ailleurs, lorsque le cours des choses est réglé de manière à rendre un empire vraiment fort, cet empire peut se soutenir dans la plus grande prospérité durant plusieurs générations successives, sans qu'il y ait de grands hommes; il suffira qu'il y ait une série non interrompue d'hommes de mérite. Ce sont l'énergie, l'accord et la perfection des mœurs, des lois et des institutions publiques, qui font la force des empires.

« Mais, ajoute Bossuet, quelle constitution peut produire les « grands hommes? c'est, répond-il, celle qui donne les senti- « mens forts et les impressions nobles; celle qui les répand « dans tous les esprits, et les fait passer insensiblement de l'un « à l'autre. Et qu'est-ce, par exemple, qui fait la bravoure « des François? N'est-ce pas (c'est toujours lui qui parle), « n'est-ce pas l'opinion, reçue dès l'enfance, et établie par le « sentiment unanime de la nation, qu'un homme sans cœur se « dégrade lui-même? Voyez également les Romains : jusqu'à « quel point n'étoient-ils pas nourris dans les mêmes sentimens! « Ils n'entendoient parler que de la grandeur de Rome : les pères « qui n'élevoient pas leurs enfans dans ces maximes, étoient « appelés et repris en justice, comme coupables d'un attentat « envers la patrie. Quand on a commencé à prendre ce train, les « grands hommes se font les uns les autres. Si donc Rome en « a plus porté que les autres villes, ce n'est point par hasard : « constituée comme elle étoit, elle avoit le tempérament qui devoit « être le plus fécond en héros. »

Qu'on me permette encore quelques réflexions sur ce passage, dans lequel Bossuet établit si nettement l'influence de l'esprit public. Les hommes éminemment supérieurs aux autres ne peuvent puiser que dans les sources qu'il indique des motifs qui soient dignes d'eux, et qui puissent les mettre parfaitement en valeur; mais c'est le génie qui les crée et les éclaire de son flambeau, ou les anime de ses feux. La nature prépare les grands hommes; les circonstances, les temps, les lieux et les choses les développent en les faisant agir. Un empire vraiment fort aura donc des grands hommes plus fréquemment que tout autre, parce qu'en général les mêmes causes doivent également opérer des deux côtés : mais rien ne prouve que cette coïncidence de la force d'un empire et de l'existence des grands hommes soit absolument nécessaire, car combien de fois n'a-t-on pas vu des hommes dignes de toute notre admiration chez des nations foibles ou affoiblies?

On peut diviser les grands hommes en plusieurs classes : les uns créent les nations; les autres les organisent, les perfectionnent, les conservent ou les défendent, les éclairent et les illustrent, ou les égarent, les corrompent et les perdent. Ces classes nous donnent les fondateurs, les législateurs, les héros, les sages, les savans et les ambitieux conquérans ou despotes; souvent un même homme réunit plusieurs de ces titres en lui-même.

(4) Ces différences, si importantes dans l'état où peuvent se trouver les nations, nous font voir combien il y a souvent peu de justesse et de réflexion à répéter une maxime que l'on regarde comme raisonnable parce qu'elle a un certain air de courtoisie, mais que la saine raison ne réprouve pas moins, vu qu'elle est contraire à la vérité et à la morale publique. On prétend que l'on ne doit mépriser aucune nation, ou, ce qui revient au même, que l'on ne doit parler de toutes les nations qu'avec respect. Et celles qui n'ont jamais eu, ou qui n'ont plus que des vices? et même celles qui ont des vices inconnus à tous les autres peuples? Eh quoi! estimerez-vous Thersite comme vous estimez Achille, Ulysse ou Nestor? Estimerez-vous les Asiatiques comme les Européens, les sauvages comme les peuples policés, et les peuples pervertis comme ceux qui n'ont que des vertus? Pouvez-vous respecter les Romains de Séjan comme ceux de Brutus l'ancien? Mettrez-vous les Egyptiens de nos jours sur la même ligne que ceux des temps les plus reculés? Le principe de courtoisie envers les hommes et envers les nations, est sans doute du nombre de ceux que l'on doit nous inculquer avec le plus de soin : mais il ne faut pourtant pas le faire prévaloir sur le principe bien plus sacré de la justice et de la vérité. Si j'accoutumois une nation à mentir par courtoisie pour complaire aux autres nations, je ne rendrois aucun service à celles-ci, que je confirmerois au contraire dans tous leurs défauts; et je corromprois celle-là, je l'avilirois, au lieu de lui être utile. C'est se rendre coupable d'une faute très-grave que de parler mal des individus ou des peuples, lorsque le mal qu'on en dit n'est pas fondé, ou que l'on n'est pas autorisé à le dire par des motifs honnêtes et plausibles; mais ce n'est pas mériter un moindre blâme que de pallier des vérités qui, quelque désagréables qu'elles soient, ont l'avantage de ne pouvoir être révélées sans tourner au profit de ceux qu'elles peuvent blesser, et même de ceux qu'elles ne concernent pas. Les hommes, pris individuellement ou collectivement, en vaudroient infiniment mieux, s'ils étoient assurés qu'on ne leur épargnera aucune vérité flatteuse ou mortifiante; et c'est aux philosophes, à ceux qui ont le courage de vouloir être utiles, même au risque de déplaire, c'est, dis-je, à eux à se charger du rôle généreux de diseurs de vérités : c'est à eux à répartir, avec autant de franchise que de justice, le blâme et la louange aux nations comme aux

individus, en laissant la courtoisie à ceux qui, attentifs aux intérêts particuliers de leur vanité ou de leur fortune, craignent peu de n'être au fond que de lâches adulateurs et des empoisonneurs perfides de leurs semblables.

(5) On voit tous les jours des hommes qui, parvenus à un âge mûr, abjurent des principes, ou même renoncent à des corps entiers de doctrine, dans lesquels on les avoit élevés, mais dont l'expérience, la réflexion ou de nouvelles études leur ont suffisamment prouvé la fausseté. Ce fait est si généralement vrai (sur tout parmi les hommes qui pensent), que rien n'est plus rare que d'en trouver qui conservent encore à cinquante ans toutes les opinions qu'on leur a inculquées dans leur jeunesse. Si je concluois de cette seule observation, que notre éducation est vicieuse quant aux choses qu'on nous enseigne plus encore peut-être que par la méthode que l'on suit, je n'imagine pas que personne pût se refuser à la justesse de cette conséquence. Mais j'ai en ce moment un autre objet en vue.

Lorsque ces opinions ou principes, ainsi abandonnés durant le cours de la vie, ont amené à leur suite des pratiques particulières qui leur sont analogues, et qui nous ont semblé devoir en être un résultat nécessaire, utile ou convenable; lorsque ces pratiques, adoptées dès notre jeune âge, considérées comme moyens de perfection ou sources de bonheur, et chéries comme étant de notre choix, ont acquis chez nous la force d'autant d'habitudes bien formées, avant que le doute ne fût venu en ébranler la base: alors ce n'est pas assez, pour s'abstenir de ces pratiques habituelles, que d'oublier sans retour, ou couvrir de son mépris, les principes qui leur ont servi d'appui; il faut, pour être entièrement d'accord avec soi-même en cette circonstance délicate et pénible, une force d'esprit beaucoup plus extraordinaire qu'on ne le croiroit d'abord. Essayons de rendre ce point de psychologie plus sensible par quelques exemples ou anecdotes: après quoi, nous dirons un mot de son importance et de l'attention que le législateur doit y avoir.

Les protestans ont rejeté la doctrine du purgatoire, et ont continué de croire aux revenans et de les craindre. Il y a, en effet, autant d'histoires de revenans dans les villes protestantes que dans les catholiques. J'en citerai trois qui sont particulièrement en honneur à Berlin: 1.°, une femme blanche, que l'on voit en plein jour balayer une salle du château, lorsqu'il doit mourir quelqu'un de la famille royale dans l'année, mais qui disparoît dès qu'on l'approche; 2.°, une autre femme blanche, qui, après onze heures du soir, reste quelque temps immobile, au coin d'une petite rue, dans la grande promenade qui conduit au parc; et 3.°, un enterrement qui se fait à certaines époques, entre minuit et une heure, dans la rue qui porte le nom de *Leipsick*, et d'où une main invisible renverse, d'un vigoureux soufflet, les curieux qui, n'importe à quel étage, osent ouvrir la fenêtre pour le voir passer.

Qu'on ne dise pas que le peuple seul croit à ces contes de bonnes femmes, car, dans plusieurs cercles, même à la cour, on craint d'en parler, et ceux qui, plus courageux, ont l'air d'en plaisanter, rient moins qu'ils ne cherchent à rire, tandis qu'à côté d'eux les visages s'allongent et peignent l'embarras de l'esprit. Qu'on ne dise pas que ces dernières personnes ne sont que des femmes ignorantes, ou des hommes aussi ignorans qu'elles; car j'ai vu de ces ames candides qui avouent leur foiblesse à cet égard, j'en ai vu, dis-je, dans le corps diplomatique, dans celui des pasteurs du S. Évangile, et à l'académie: je citerois M. Gleditsch, célèbre botaniste, qui a vu, dans un coin de la salle de l'académie, feu M. de Maupertuis qui étoit mort à Bâle depuis quelque temps; je citerois un autre savant, très-zélé protestant, qui, dès qu'il est seul la nuit, ou qu'il passe près d'un endroit où l'on a inhumé quelqu'un de sa connoissance, frissonne de peur, et en fait ingénument l'aveu le plus authentique; je citerois une société nombreuse, composée de généraux et autres seigneurs, qui, en 1764, invoqua le diable en grand secret, mais avec toutes les cérémonies requises, pour parvenir à la découverte d'un trésor que le diable s'obstina à garder pour lui; je citerois une célèbre princesse qui, durant la guerre de sept ans, consulta plusieurs fois les sorciers, magiciens et diseurs de bonne aventure du pays, sur les opérations entamées ou projetées par son frère.

Ces derniers traits m'ont conduit au-delà des revenans, et rapproché de ma proposition générale. C'est à cette proposition générale que les faits suivans ont rapport.

Maupertuis, qui d'ailleurs tenoit si peu aux dogmes de sa religion, conserva toute sa vie l'habitude de se mettre à genoux pour faire une courte prière avant de se coucher; il tenoit si fortement à cette petite cérémonie, qu'il s'y conforma même un jour qu'il fut obligé de coucher dans une même chambre avec le marquis d'Argens, et que ce dernier tenta vainement de l'en distraire, en lui criant avec encore plus de malice que de surprise: « Maupertuis, que faites-vous? mon ami, nous « sommes seuls! »

Le marquis d'Argens lui-même, qui certes étoit aussi peu religieux que son président Maupertuis, ne pouvoit pas se résoudre à être treizième à table, ou voir sans frémir renverser une salière, ou croiser un couteau avec une fourchette. Dans le temps qu'il travailloit à son histoire de l'esprit humain, il lui arriva un jour de jeter au feu, à minuit, tout ce qu'il avoit composé dans sa soirée, parce qu'il se rappela que c'étoit le premier vendredi du mois. Et c'étoit à Potsdam, à côté de Fréderic, que toutes ces idées se maintenoient! et ce fut en vain que Fréderic, dans sa société la plus intime avec ces philosophes, ne manqua jamais l'occasion de couvrir ces sortes de foiblesses de ses sarcasmes les plus mordans!

Hobbes, dit-on, ne croyoit pas en Dieu, et craignoit *les esprits*. On citeroit mille autres preuves semblables de la foiblesse de l'esprit humain : mais il importe moins de les accumuler ici que d'en rechercher la cause psychologique.

D'après la faculté que nous avons de concevoir entre les objets de nos connoissances des rapports d'identité, de dépendance, de liaison, de ressemblance, d'analogie ou d'opposition, nous acquérons l'habitude de lier ainsi chacune de nos opinions à un aussi grand nombre qu'il nous est possible d'autres opinions déjà admises, ou que par là même nous jugeons bonnes à admettre : c'est ainsi que nous formons entr'elles une chaîne qui les consolide l'une par l'autre. Les anneaux de cette chaîne, qui ne sont autres que les rapports que nous venons d'indiquer, se fortifient toujours plus avec le temps, à moins qu'une puissance majeure ne vienne les briser; ils s'attachent toujours plus étroitement aux objets sur lesquels ils reposent; ils acquièrent toujours plus de masse et de stabilité; et ils deviennent à la fin comme inébranlables, et par leur liaison, et par leur propre poids. Si donc un des objets auxquels une chaîne semblable aboutit, vient à disparoître par l'effet d'une passion vive ou d'une conviction parfaite, l'anneau rompu laisse la chaîne dans son état d'immobilité, et les autres anneaux peuvent n'être pas même ébranlés.

Qu'importe, au surplus, que les rapports dont la chaîne se compose comme d'autant d'anneaux contigus, soient réels ou imaginaires, vrais ou faux, nécessaires ou passagers! Dès que nous les avons admis comme vrais, la chaîne existe, et l'habitude la rive tous les jours plus fortement sur tous les points où elle touche, de manière qu'à la fin son effet devient indépendant, en quelque sorte, de la raison elle-même. Nous avons donc des routines d'idées, d'opinions et de raisonnemens; nous avons des routines d'affections, de sentimens, et de goûts particuliers et personnels, aussi bien que des routines de sensations et d'actions : l'esprit et le cœur ont leurs ornières, aussi bien que les corps qui sont assujettis à un mouvement périodique et régulier sur un même terrain.

Des législateurs peuvent-ils assez méditer sur ces phénomènes et sur leurs causes, lorsqu'ils ont à décider quelles opinions il leur convient de détruire, de maintenir ou d'établir, et quels moyens il est à propos qu'ils emploient pour parvenir plus sûrement au but qu'ils se seront proposé? La science de gouverner les sociétés nationales repose sur une profonde théorie, qu'on ne peut trop étudier, et qui embrasse l'entière connoissance de l'homme et des hommes.

J'écris dans une époque à jamais mémorable, entouré d'un grand nombre de législateurs. Quelques-uns d'entr'eux pourroient croire que je m'arroge le droit de leur donner des leçons, et leur amour propre pourroit s'en offenser... Qu'ils se rassurent: j'écris d'après eux, et non pour eux. Je n'adresse point la parole à ceux qui sont entrés dans la carrière: emportés dans leur course rapide, par un mouvement qu'il ne leur est ni permis ni possible de modérer, ils n'auroient plus le temps de m'entendre; il ne seroit plus en leur pouvoir de changer leur direction d'après mes idées. Mais les temps sont venus où l'Europe, et peut-être le monde entier, va se créer une nouvelle législation : par tout nous allons voir de nouveaux codes, devenus inévitables aujourd'hui que, grâces à l'imprimerie, la raison a si décidément étendu ou fortifié ses droits. Il y aura par conséquent, chez les différens peuples, des législateurs nouveaux, soit qu'ils soient élus par la nation, soit qu'ils soient choisis par les souverains, soit que les rois s'en réservent à eux-mêmes les immenses et pénibles travaux. Eh bien, c'est à tous ces législateurs encore inconnus, c'est à tous ces futurs bienfaiteurs du genre humain, que j'adresse mes réflexions, dans l'espérance que, si elles ne leur sont pas nécessaires, elles leur en inspireront d'autres plus importantes.

> .... *Fungar vice cotis, acutum*
> *Reddere quæ ferrum valet, exsors ipsa secandi.* (Hor.)

(6) Est-ce en parlant du perfectionnement de l'esprit public, ou de ses variations, ou de sa durée, que l'on peut citer tant de nations qui n'ont, pour ainsi dire, que flotté entre les extrêmes, depuis qu'elles existent, ou du moins depuis qu'elles nous sont connues? tant de nations qui, sans jamais descendre jusqu'à la dissolution sociale, et sans jamais s'élever jusqu'à un état de perfection vraiment désirable, ont ainsi vacillé durant des siècles sur l'espace plus ou moins borné de la médiocrité? Ces sortes de nations méritent d'autant plus de fixer au moins un instant le coup-d'œil attentif de l'observateur, qu'elles forment le très-grand nombre des peuples, et que c'est toujours chez elles, à quelques écarts près, que retombe l'histoire universelle du genre humain. Mais pour faire connoître cet état, si non uniforme, du moins très-circonscrit, des sociétés politiques, et cependant ne pas nous astreindre à reporter en quelque sorte sur des milliers de cadres divers des traits toujours semblables, des

couleurs toutes pareilles, et presque les mêmes tableaux ; bornons-nous à un seul exemple, et choisissons-le tel que, sans différer totalement des autres, il ait cependant à nous offrir quelques singularités frappantes et plus instructives encore que curieuses. C'est de l'Angleterre que je vais entretenir un instant mes lecteurs. Écartons de nous avec un soin égal les mensonges injurieux et les mensonges adulateurs : écrivons, non pour le jour, mais pour tous les temps. Ne montrons que la vérité, et montrons-la toute entière!

C'est dans l'esprit public des Anglois qu'il faut chercher les causes de leur bonne ou mauvaise fortune nationale; mais c'est dans les causes physiques et morales de cet esprit public qu'il faut aller l'étudier lui-même : dans ses causes physiques, c'est-à-dire, dans le climat, le sol, la position et la population de l'Angleterre ; dans ses causes morales, c'est-à-dire, dans le caractère des hommes qui y ont eu le plus d'influence, et dans la suite des événemens politiques qu'on y trouve principalement à remarquer.

Le climat du centre de l'Europe en général, et celui des îles britanniques en particulier, est à une heureuse distance de la chaleur excessive qui effémine, et du froid rigoureux et glacial qui engourdit. Les peuples qui jouissent de climats ainsi tempérés, et pourtant variables, sont capables d'acquérir différentes sortes de mérite, et susceptibles de beaucoup d'avantages précieux : tout est chez eux plus vrai, non moins énergique, et mieux caractérisé; la force y a plus de fermeté, et le bien plus de permanence, tandis que le mal y est moins tenace.

Le sol peut, à quelques égards, donner lieu aux mêmes raisonnemens. S'il étoit assez ingrat pour n'accorder que peu de produits à une culture bien soignée, le peuple, toujours pauvre, quelque laborieux qu'il fût, seroit ou sauvage ou esclave, quoique distingué par les talens qui tiennent à l'industrie; si, au contraire, le sol étoit assez fertile pour n'avoir besoin que d'une foible culture, le peuple seroit borné et lâche, efféminé et paresseux : mais si le sol, se prêtant sans peine à différentes cultures, récompense largement les soins qu'on y donne, pourvu qu'ils soient assidus et convenables, alors le peuple sera certainement actif et intelligent, laborieux et robuste, confiant tant en lui-même que dans la nature, et par conséquent aussi naturellement disposé à la générosité qu'au courage.

La position des Anglois est en général celle des insulaires, et cette position condamne les habitans, par cela même qu'elle les séquestre des autres hommes, à une mollesse absolue, comme à Otahiti; ou à une férocité particulière, comme chez les Caraïbes, ou aux îles Moluques, ou au Japon, etc.; selon que le sol et le climat sont bons ou mauvais, et que la mer environnante est plus ou moins orageuse ou pacifique. Mais, à mesure que les communications avec les autres peuples se multiplient, tous ces traits distinctifs s'effacent peu-à-peu, sans néanmoins se détruire entièrement. Le spectacle du plus grand nombre des mers offre l'image d'une puissance indépendante et terrible : si les insulaires qu'elles environnent obéissent à des maîtres, un pareil spectacle, un spectacle aussi imposant, ne peut que leur inspirer une obéissance plus servile ; et, s'ils jouissent de la liberté, la vue de l'indépendance irrégulière, capricieuse et indomptable de ces mers, rend le sentiment de cette liberté plus vif, plus impétueux, moins réglé et plus violent. L'homme accoutumé dès l'enfance à voir tous les jours les flots menaçans se briser à ses pieds, mais non sans causer plus ou moins de désastres ; l'homme forcé de les braver et de les surmonter, doit, à ce qu'il semble, être moins susceptible des sentimens qui tiennent de la commisération, et en même temps plus prompt à affronter les périls, que le paisible habitant des terres continentales. En général l'insulaire, loin des mers pacifiques, doit, toutes autres choses égales d'ailleurs, être plus dur à lui-même et aux autres, et si plusieurs causes particulières ont concouru à affoiblir ce caractère chez les Anglois, il paroît néanmoins qu'il leur en reste encore assez pour pouvoir expliquer les reproches d'originalité qui leur ont été adressés plus d'une fois par les autres Européens.

Cette position au milieu de l'Océan, avec l'avantage d'avoir plusieurs ports excellens et d'être à peu de distance de tant d'autres nations, devoit nécessairement inviter les Anglois à étendre ou leur commerce ou leur domination territoriale. Une population plus nombreuse auroit pu les rendre conquérans sur la terre ferme : mais en vain, réduits à eux-mêmes, se seroient-ils livrés à cette sorte d'ambition ; s'ils sont assez forts pour garder au dehors quelques ports utiles, ils ne le sont pas assez pour faire le service de leur marine et pouvoir en outre maintenir sous le joug les peuples qu'ils auroient vaincus. Carthage compte parmi les principales causes de sa ruine l'envie de retenir dans la sujétion des nations beaucoup plus considérables qu'elle : exemple frappant dont l'Angleterre a su profiter, en concentrant toute son ambition sur les conquêtes commerciales.

Si des causes physiques de l'esprit national des Anglois nous passons aux causes morales, nous verrons d'abord que, dans les temps les plus anciens, le gouvernement de ce peuple a dû être, comme celui de tous les Celtes, spécialement fondé sur la liberté, jusqu'à ce que, vaincu par les Romains, par les Anglo-Saxons, par les Danois et par les Normands, et toujours entièrement soumis aux lois de ses vainqueurs, il soit tombé, de degré en degré, dans l'esclavage, et se soit peu à peu façonné au joug du despotisme, ainsi que le reste de l'Europe. Nous verrons qu'ensuite quelques souverains ont favorisé le retour de ce peuple vers l'antique liberté, soit qu'ils y aient été mus par principe de vertu ou par politique, et pour s'assurer de l'affection publique : et c'est parmi ces restaurateurs partiels des droits sociaux que nous compterons particulièrement Alfred, vainqueur des Danois, homme de bien sur le trône, savant homme dans des siècles d'ignorance, philosophe au sein de la barbarie, auteur d'excellentes lois, fondateur de l'académie d'Oxford, et créateur du jury ; Henri I.er, qui ramena à l'unité les poids et les mesures du pays, rétablit les lois que son père avoit abrogées et que la nation regrettoit, et signa la charte des priviléges nationaux, première époque de la renaissance de la liberté en Angleterre ; Jean sans terre, que ses barons forcèrent de signer également la même charte ; Edouard I.er, qui donna au parlement la forme qu'il a conservée depuis, et Henri VII, qui augmenta essentiellement les pouvoirs des communes. En cherchant ce petit nombre de faits consolans dans une longue suite de siècles barbares, qui font horreur et pitié, on voit une lutte interminable entre le despotisme, quelquefois réprimé, mais se ranimant toujours, et la liberté, souvent proscrite, mais toujours réclamée.

Un trait qui sans doute paroîtra digne d'être observé, c'est que le peuple anglois, l'un des peuples de l'Europe des plus souvent conquis, ait néanmoins toujours été l'un des plus fiers. Nous ne nous arrêterons pas à rechercher comment et pourquoi cette nation, défendue par un rempart naturel toujours si périlleux et si difficile à surmonter en des siècles d'ignorance, a néanmoins été plus souvent conquise que les nations voisines : mais nous dirons que, n'ayant jamais manqué de se fondre avec leurs vainqueurs, au point que bientôt il n'a plus été possible de distinguer les uns d'avec les autres, les vaincus eux-mêmes n'ont pas tardé de s'enorgueillir de la victoire qui les a soumis, comme si elle eût été le fruit de leur bravoure, et qu'il n'y a plus eu personne qui ait eu à rougir du sentiment pénible de la défaite. Cette logique de l'amour propre ne peut s'employer que lorsque le vainqueur s'arrête et fixe sa résidence au lieu même de son triomphe ; circonstance particulière à tous les vainqueurs de l'Angleterre, les Romains seuls exceptés. Si les Anglo-Saxons, les Danois et les Normands avoient gouverné leurs sujets de loin, ceux-ci, n'ayant à partager aucun des fruits de la victoire, et étant abandonnés à toutes les passions des proconsuls, seroient tombés, de défaite en défaite, dans une sorte d'humilité nationale, qui est une disposition prochaine à la servitude. Mais heureusement l'orgueil de tous pouvant se prévaloir de la bravoure d'un petit nombre, les Anglois ont pu conserver jusqu'à un certain point cette sorte de confiance et d'énergie qui donne ou augmente la force qu'elle suppose.

Nous conclurons de tous les détails que nous avons plutôt indiqués que parcourus, que dans la Grande-Bretagne l'esprit public a dû être, il y a environ trois cents ans, un composé 1.° des opinions communes aux autres Européens, 2.° du caractère particulier des insulaires placés loin des mers pacifiques, 3.° des défauts ordinaires à ceux qui ont à gémir sous le joug du despotisme, 4.° des élans propres aux vrais amans de la liberté, 5.° des vices qui dégradent les hommes corrompus, et 6.° des perfections qui caractérisent les nations civilisées. C'est sous le point de vue que nous présente ce mélange singulier, qu'il faut considérer la nation angloise à l'époque de la grande révolution qu'elle a éprouvée depuis Henri VIII, et dont il nous reste à parler: révolution également remarquable, soit que nous en considérions les agens, soit que nous nous arrêtions aux différens buts que ces agens s'étoient proposés, soit que nous examinions les moyens auxquels ils ont eu recours, et le succès qu'ils ont obtenu.

1.° Quel groupe bizarre que celui des hommes qui ont eu le plus de part à la révolution angloise! quels contrastes ridicules ou odieux ils nous présentent! Quels hommes pour conduire un peuple à la conquête de ses droits, qu'un Henri VIII, qui porta sur le trône d'Angleterre toutes les atrocités de la jalousie italienne, toute la dureté d'un pédant, toute la fougue d'un despote, tous les scandales d'un homme débauché, toutes les passions et tous les excès propres à caractériser l'homme né pour être le fléau des autres! une Marie, dévote intolérante, ame dure, sèche et sombre, persécutant avec calme, incapable de sensibilité comme de repentir! une Elisabeth, coquette aussi cruelle que son père, envoyant ses amans à l'échafaud comme il y avoit envoyé ses maîtresses ou ses épouses; ayant, mais avec plus de génie, la politique retorse de Louis XI et l'ame fière d'Edouard III! un Jacques premier, homme si foible et si mal-adroit, que ses connoissances acquises et ses talens ne servirent qu'à lui faire perdre tout crédit au dedans et au dehors! un Charles premier, mal-adroit comme Jacques premier, ou, si l'on veut, ayant toutes les bonnes qualités propres à faire plaindre son infortune, sans avoir aucune de celles qui pouvoient la prévenir! un Charles II, beaucoup plus foible à tous égards que son père, trop retenu pour dire jamais une chose folle, et trop timide pour oser jamais faire une action courageuse! un Jacques II, le plus inepte des Stuards, comme roi, et le plus honnête homme, comme particulier! un Guillaume d'Orange, qui n'eut pour lui qu'une ambition opiniâtre et taciturne, qu'il ne sut ni vaincre ni justifier par des victoires! Que dirons-nous si à côté de ces souverains nous plaçons des parlemens, persécuteurs des protestans sous Henri VIII, leurs fauteurs sous Édouard VI, et leurs bourreaux sous Marie ; des peuples divisés en Wighs et en Torys, et livrés, quant à la religion, à des esprits de partis aussi acharnés qu'absurdes, c'est-à-dire, outre les catholiques et les presbytériens, des peuples livrés aux systèmes des anabaptistes, des puritains, des quakers, des sacramentaires, des agitateurs, des indépendans et des applanisseurs? Que sera-ce, si, pour compléter le tableau, nous citons les Laud, les Felton, les Buckingham, les Staffort, les Fairfax, les Monross, les Monck, les Essex, les Manchester, les Damby, les Ludlow, les Ireton, les régimens de frères rouges, et Cromwell, l'exemple le plus effrayant de l'abus monstrueux que l'hypocrite peut faire des rares et imposantes qualités de l'homme?

2.º L'ambition, l'orgueil, la vengeance, chez les chefs; le zèle, la docilité des partisans et serviteurs bien dévoués, chez les subalternes; l'esprit de parti et le fanatisme de sectaires, chez tous: voilà ce qui a animé les acteurs de la révolution angloise; voilà les principes dans lesquels il faut aller chercher quels étoient les buts divers que se proposoient ceux qui créèrent et prolongèrent cette scène de troubles, de dévastations, d'horreurs, de crimes et d'absurdités.

3.º Les moyens ont été dignes des acteurs et de leurs desseins: c'étoient la guerre, les proscriptions, les fureurs populaires, les assassinats secrets et les massacres publics, le fanatisme, l'hypocrisie, le glaive et l'évangile, le délire et la démence de toutes les passions.

Telles sont les causes qui, durant plus d'un siècle et demi, ont amené et perpétué en Angleterre des excès de terrorisme, de misère, de désordres, d'anarchie, de guerres civiles et d'horreurs, qui auroient enseveli tout autre peuple dans l'esclavage le plus absolu, et qui ont élevé l'Anglois à un gouvernement infiniment supérieur à celui qu'il avoit eu jusque-là, quoique d'ailleurs il y ait encore des défauts, si essentiels, qui s'y manifestent tous les jours.

Tout ce que nous avons dit de l'esprit public de l'Angleterre, présente un mélange d'avantages et de défauts, capable de produire tout à la fois les plus grands biens et les plus grands abus ou désordres; mélange qui explique en même temps l'admiration singulière de Montesquieu pour les lois angloises, et les reproches que tant d'autres auteurs font à ces mêmes lois, ainsi qu'aux mœurs, au caractère et aux vertus de cette nation.

L'Angleterre ne doit rien à ceux qu'ont joué un rôle chez elle depuis Henri VIII jusqu'à Guillaume d'Orange : elle doit tout à son esprit public, dont nous croyons avoir suffisamment indiqué les causes physiques et morales. Elle ne doit son élévation, et les dangers qui la menacent, qu'au mélange bizarre des mœurs européennes, bigarrées des teintes fortes et originales qui caractérisent la plupart des nations insulaires; qu'au mélange des traits polis et façonnés des peuples civilisés et presque serviles du continent, avec quelques-uns des traits prononcés qui appartiennent aux partisans de la liberté; qu'au mélange, enfin, des sentimens qui tiennent à l'amour de la patrie, et de ceux qui touchent, ou à la philantropie, ou à l'égoïsme. Si un esprit public ainsi composé ne peut pas nous donner un peuple accompli, au moins ne le met-il pas dans l'état désespéré des peuples qui n'ont plus aucune physionomie, ou que l'on ne peut distinguer que par leur mobilité, leur légèreté et leur inconséquence. Ajoutons que, si l'on veut prévoir ou expliquer la corruption et la dégénération du peuple anglois, il ne faudra pas remonter à d'autres considérations qu'à celles qui nous ont guidés dans cet article.

Avant de terminer cette note, je me permettrai encore deux ou trois réflexions, que le lecteur appréciera.

La première concerne les peuples insulaires placés loin des mers pacifiques. Il me semble que l'on ne peut guères s'en former une idée plus juste, lorsqu'on veut les comparer aux peuples du continent, qu'en se rappelant les poésies d'Ossian, et qu'en les rapprochant de celles des autres poëtes célèbres, anciens ou modernes. Combien la teinte de l'un diffère de celle des autres! Chez Ossian, les passions semblent convulsives plutôt que véhémentes; les mouvemens sont des saccades plutôt qu'une énergie soutenue : les images sont plus lugubres que touchantes; les sentimens plus hyperboliques que vrais, plus monotones que constans, plus violens que déterminés, et plus sombres que tristes. Ce poëte ne nous peint que des vagues écumeuses qui se brisent contre les rochers, et rejettent sur les rivages les débris des vaisseaux; les vents qui sifflent dans les airs, et amènent les tempêtes; le tonnerre qui frappe les arbres antiques, et consterne tous les êtres animés; les ombres des morts qui, dans les ténèbres de la nuit, errent autour des tombeaux; le croassement des oiseaux qui présagent les malheurs, et le crime qui, méprisant les remords, médite de nouveaux forfaits, tandis que les haines préparent des vengeances consolatrices aux innocentes victimes de ses précédens attentats.

La seconde réflexion que j'ose présenter au lecteur, c'est que chez les Anglois, en général, l'esprit public est si privativement national, ou si exclusif, qu'on y méconnoît, ou qu'on y dédaigne, qu'on y repousse, toutes les opinions, même les plus plausibles et les plus justes, dès qu'elles se présentent comme reçues par la majorité des autres nations. Il faut, chez eux, que même la philantropie et le cosmopolitisme, pour être accueillis, aient l'air singulier et original. Il faut être anglois jusqu'à cesser d'être humain ou raisonnable, plutôt que de ressembler aux étrangers. La liberté elle-même ne plaît qu'autant qu'elle a ce caractère véritablement exclusif. De là provient cette *humeur* qui plaît au peuple, et dont on s'enorgueillit en quelque sorte, parce qu'on la regarde comme une qualité qu'aucun autre peuple ne partage. De là tant de contrastes qui étonnent, et qu'on ne retrouve point ailleurs; la plus savante morale, à côté des écarts les plus audacieux; la plus profonde philosophie, alliée à tous les désordres du cœur et de l'esprit; de fréquens et admirables exemples de vertus, au milieu d'une corruption systématique, dont on a cessé de rougir, et tous les extrêmes, dans la vie privée et dans les affaires publiques.

Ma dernière réflexion est, que c'est la nation angloise, par rapport à elle-même, et non ses torts envers les autres peuples, que mon sujet m'appelle à examiner. Que son ministère, abusant de sa confiance, la joue avec adresse et succès; qu'il perpétue, affermisse et augmente chez elle une vénalité que déjà l'on avoue hautement, et que l'impunité semble justifier; que, de cette sorte, tout principe de vertu tombe toujours plus dans le discrédit et l'oubli, ou dans le ridicule; qu'ainsi l'esprit public se décolore, s'efface, et se dépouille de ses traits les plus beaux, pour se revêtir de ceux de la cupidité, du faste, de l'orgueil, de la suffisance, de la fausseté et de l'inhumanité : je dirai seulement que cette nation se hâtera sans doute de maintenir, avec cet enthousiasme ferme et décidé qui lui est propre, la garantie légale des personnes et la liberté de la presse ; qu'elle se hâtera de se donner une représentation mieux proportionnée, et de mettre plus de tolérance dans l'ordre politique de sa religion ; mais que, si elle négligeoit ces moyens de salut, elle périroit dans des convulsions plus violentes, ou dans une dégradation plus complète et plus hideuse, que toute autre nation, parce que l'on s'enfonce nécessairement plus avant dans les désordres, à mesure qu'on y tombe de plus haut. Si cette nation, oubliant ce que l'on doit toujours à la dignité de l'homme social, s'opposoit par jalousie aux nobles élans des autres peuples vers la liberté; que, pour réprimer ces élans, elle ne craignît pas de s'engager dans les guerres les plus cruelles et les plus odieuses; si elle paroissoit mieux aimer se jeter dans le gouffre d'une ruine totale que de ne pas retenir les autres dans l'esclavage ; si, ne craignant pas de disputer d'immoralité avec les souverains qu'une malheureuse destinée a le plus écartés de tous les principes, cette nation laissoit loin derrière elle les plus célèbres faux-monnoyeurs, les Philippe-Auguste, les Philippe-le-Bel et les Frédéric II, qui, après tout, n'ont altéré que leurs propres monnoies, et même ne se le sont permis que par une sorte de nécessité et pour se sauver eux-mêmes, tandis qu'elle ne s'y seroit décidée que pour nuire à autrui, que ce seroient les monnoies étrangères qu'elle falsifieroit, et qu'en donnant ce grand et nouveau scandale au monde, elle emploîroit, même avec une publicité révoltante, le ministère officiel de ses gouvernans les plus respectés pour payer de cette fausse monnoie ceux qui auroient versé leur sang pour sa cause : je dirois que cet excès de dépravation perdroit pour tous les siècles à venir la réputation de l'Angleterre, qui, en cette occasion, auroit surpassé nos plus détestables tyrans, dont la monstrueuse clique n'a pas poussé la scélératesse jusqu'à contrefaire les papiers de banque anglois, quoiqu'on lui en ait donné le conseil, et que par là elle ait pu jeter le commerce et le gouvernement de nos ennemis dans la confusion la plus désastreuse. Mais je dirois aussi qu'une nation ne veut pas toujours ce que fait son gouvernement, sur tout quand celui-ci est égaré par des passions particulières ; et je penserois encore que la nation angloise ne verroit pas sans en être indignée le déshonneur où on la plongeroit, et qu'elle finiroit par en tirer elle-même une vengeance éclatante. Si j'étois forcé de regarder cette nation comme complice volontaire des ministres que je viens de signaler, je dirois : « Ne la citons plus quand nous aurons à parler de liberté, « de mérite et de vertu... »

(7) Si l'on y réfléchit attentivement, on verra que l'on peut rapporter à ces trois causes toutes les révolutions que nous retrace l'histoire, sans en excepter même celles que les conquérans font chez les peuples conquis, car on n'est pas vaincu quand l'esprit public n'est pas foible ou affoibli. Harrington observe que l'on auroit tort d'attribuer uniquement les troubles publics à l'opiniâtreté des factions, ou même à la mauvaise administration d'un seul, ou encore à la stupidité féroce, à l'aveugle indocilité du peuple ; il pense que par tout on doit remonter au renversement de la balance des propriétés. « Si un « seul homme, dit-il, a la moitié, ou plus, des propriétés natio-« nales, le gouvernement marchera vers le despotisme, et « lorsqu'il y sera parvenu, il n'y aura plus de troubles (à moins « que ce ne soit pour changer cette balance des propriétés). « L'aristocratie aura la même chance, par tout où la moitié, « ou plus, des propriétés sera dans les mains d'une classe ou « caste particulière de citoyens ; et si les propriétés sont assez « heureusement distribuées pour que la masse générale du « peuple en ait la majeure part, le gouvernement n'aura de « repos à attendre que sous la forme républicaine, vers laquelle « il aura nécessairement une pente invincible. » On voit que, selon Harrington, les révolutions deviennent inévitables lorsque

l'on veut changer la distribution des propriétés, ou lorsque le gouvernement établi n'est pas celui que demande la distribution existante.

Ce système, qui paroît d'abord si lumineux, a toutefois le désavantage de ne pas nous montrer comment on pourroit arriver au meilleur partage des propriétés, et le maintenir ensuite. D'ailleurs il ne nous offre aucune garantie contre les excès et les abus du despotisme et de l'aristocratie, et dès-lors c'est en vain qu'il leur promet le repos.

La cause secondaire qui produit le plus de révolutions, ce sont les calamités publiques, au moins chez les peuples qui conservent encore quelque courage. A mesure que ces calamités sont plus désespérées, le peuple se rappelle plus vivement ses droits, et se détermine plus décidément à les reprendre, soit pour les exercer lui-même, soit pour en confier le maintien à d'autres. C'est le mal alors qui produit le remède. Pour juger de la vérité de cette dernière observation, jetons un coup d'œil sur l'histoire de la féodalité, et l'établissement de l'indépendance de la Suisse, de la Hollande et des États-unis.

1.º La féodalité est le présent le plus pernicieux que nous aient fait les Barbares du Nord : c'est un système qui, comme celui de Brama, devient une source infaillible de divisions. Elle a fait le malheur de l'Europe, et le fait encore, quelque affoiblie qu'elle soit aujourd'hui. Son effet le plus sûr est de tout ôter aux uns, pour tout donner aux autres. C'est par elle, dit Voltaire, que l'Europe fut hérissée de châteaux et de brigands. Dès que la féodalité fut établie parmi nous, les habitans de la campagne y furent tous plongés dans la servitude ; les bourgeois y furent méprisés et rançonnés : le brigandage des seigneurs s'y porta à tel excès, qu'après avoir épuisé tous les autres moyens de dépouiller les habitans et les voyageurs, ces mêmes seigneurs forcèrent enfin les uns et les autres à ne plus vendre qu'à eux et à ne plus acheter que de leur part, et le tout aux prix les plus lésionnaires, ainsi qu'il est naturel de le croire. C'est pour arrêter ce pillage, éternel opprobre des nobles, qu'il fallut établir en France que ce seroit *déroger* que de faire le commerce.

Ce trait prouve à quel degré il faut que le mal s'élève pour qu'on puisse y adapter quelques remèdes. Il en est un autre qui prouve combien ces remèdes sont, pour l'ordinaire, foibles en comparaison du mal que l'on veut réparer : c'est que les rois, trop souvent contrariés dans leur despotisme par ces armées ou légions de seigneurs de tout grade, qui ne valoient pas mieux qu'eux, et qui couvroient la terre de leurs châteaux forts ; c'est que les rois, à qui la féodalité devint odieuse, mais qui n'osèrent néanmoins lui faire une guerre ouverte, se bornèrent, pour la détruire, à donner peu à peu des priviléges aux villes de leurs états, à établir des tribunaux sédentaires, et à créer des magistratures consulaires et municipales.

2.º Les Suisses étoient si cruellement vexés par les princes de la maison d'Autriche; les commissaires et gouverneurs qui leur étoient envoyés par ces despotes devenoient de jour en jour si insolens, si cruels et si rapaces, qu'enfin sous le règne d'Albert, la patience des peuples se trouvant épuisée, trois simples particuliers formèrent le plan de l'insurrection la plus juste et la plus admirable. Chacun de ces trois premiers héros se chargea (vers l'an 1315) de se choisir trois autres coopérateurs dignes de partager leurs périls, leurs travaux et leur gloire. Ces douze patriotes, parmi lesquels on se plaît à retrouver Guillaume Tell, gagnèrent quelques cantons; et ce fut avec ce foible secours que se fit la révolution helvétique, sans chefs, sans princes et sans bruit, et par la force d'un courage inaltérable et le développement des vertus les plus précieuses et les plus rares. La fameuse bataille de Morges (en 1600) consolida la liberté des Suisses, et convainquit la fière Autriche que c'étoit sans retour que ce beau fleuron s'étoit détaché de sa couronne. Cependant on ne peut que gémir de retrouver dans cette belle époque de l'histoire du genre humain deux grandes et tristes preuves de notre imperfection; car les Suisses, en faisant de si grandes choses pour détruire la tyrannie, ne firent réellement aucun pas vers l'amélioration des idées politiques de leur temps: ils conservèrent tous les vices et toutes les bigarrures de leur administration intérieure; et, de plus, le reste du monde ne sut profiter ni de leur exemple ni de leurs succès.

3.º Les Hollandois ne soutinrent également de si longs et de si pénibles combats, avec tant de bravoure et de persévérance, que pour se soustraire aux persécutions insensées et barbares des mêmes maîtres. Ils n'eurent point en pensée le projet de faire des changemens dans la distribution des propriétés, et, comme les Suisses, ils n'atteignirent qu'imparfaitement le but qu'ils auroient dû se proposer. Il leur a fallu deux cents ans d'expérience, et l'exemple des François, pour les amener à la véritable liberté de conscience et à l'entière liberté civile. Jusqu'à cette dernière époque, ils n'étoient, en quelque sorte, parvenus qu'à changer de culte et de maître: récompense, beaucoup trop foible, de quatre-vingts ans de sacrifices et d'efforts.

4.º Quant aux habitans des Etats-unis, il semble, et ce n'est pas sans une vive douleur qu'on peut en faire la réflexion, il semble qu'une guerre à outrance de sept ans consécutifs n'ait pas été assez longue, ou assez révoltante, pour rompre les liens qui les avoient précédemment attachés à leurs tyrans: il semble qu'ils aient encore besoin des dures et pénibles leçons de l'expérience, pour apprendre qu'un peuple qui veut être libre
ne

ne doit pas plus s'abandonner de confiance au particulier qui a été son libérateur qu'à ses anciens ennemis; qu'il faut au moins laisser écouler quelques générations avant que de contracter des alliances étroites avec ceux qui ont cherché avec tant d'acharnement et de fureur à les asservir; et qu'enfin l'ingratitude envers leurs premiers alliés, et l'infidélité à leurs premiers traités, ne sont pas des vertus républicaines.

(8) Peut-être imaginera-t-on que j'aurois dû donner dans cet ouvrage une attention plus détaillée que je ne l'ai fait à l'article des finances : mais puisque les différentes formes de gouvernement n'ont point dû entrer dans le plan de ce traité, j'ai dû également m'abstenir d'y parler des branches particulières d'administration qui n'ont et ne peuvent avoir d'autre marche, d'autre développement et d'autre caractère, que ceux qu'elles reçoivent de ces formes de gouvernement; car c'est dans celles-là que celles-ci se décomposent, qu'elles manifestent leur action, et qu'elles produisent le bien ou le mal qui leur est propre.

Il est évident, d'après cette observation, que je ne dois examiner, ni rejeter, ni proposer aucun système de finances, quelque importante que soit, pour l'état et pour les citoyens, cette branche d'administration, qui est si excessivement embrouillée, et qu'il est si urgent d'éclaircir.

Ce qui a causé le plus d'embarras sur cette matière, c'est moins encore la complication des détails qu'elle embrasse, que la multiplicité et la diversité des ouvrages dont on a inondé le public à ce sujet : ces ouvrages offrent, en effet, à l'homme studieux une abondance peut-être plus apparente que réelle, mais qui, par la confusion qu'elle jette dans les idées, écrase les esprits plutôt qu'elle ne les enrichit; et ce désordre est porté à tel excès, que l'on est fondé à croire que l'on ne pourra revenir à des notions utiles sur les finances que quand on sera parvenu à nous donner un ouvrage assez parfait pour faire oublier ou proscrire tous ceux que nous avons.

Je ne dirai pas que la finance n'est pas l'objet d'une science particulière; mais je dirai que le génie de la fiscalité, réuni au génie de l'intérêt personnel, a totalement dénaturé cette science, en l'étendant, d'une part, sur tout ce qui tient à la fortune publique ou individuelle, tandis que, de l'autre part, on travailloit à rebuter les esprits les plus courageux par l'incertitude des conjectures, la hardiesse et l'étendue des systèmes, la masse des calculs, la complication des formes, la subtilité des raisonnemens et le merveilleux des résultats que l'on promettoit : en un mot, on s'en est si malheureusement occupé depuis un siècle, qu'au lieu de perfectionner cette science on en a fait un chaos.

au très-grand profit des ministres d'état, des financiers et de tous les vampires qui se mêloient des affaires publiques.

Une semblable position ne peut que conduire aux plus funestes conséquences ; et nous commencions à les éprouver toutes ensemble, lorsque la révolution se fit : aussi doit-on remarquer que ce n'est que pour réparer les désordres des finances, que, depuis six ans, on a fait des choses si étonnantes parmi nous. Ce sont les finances, sur tout, qui ont fait convoquer les états généraux, qui ont réuni les trois ordres en une seule assemblée, qui ont fait abolir les priviléges et les impôts indirects : ce sont elles qui ont fourni des prétextes pour brûler les châteaux, établir le maximum et les réquisitions, et le gouvernement révolutionnaire : en un mot, les véritables amis de la liberté ont eu pour motif, et les tyrans ou spoliateurs pour prétexte, de sauver la nation de l'abyme où les finances l'avoient jetée. Il est donc vrai que le désordre des finances est la principale source du mal que la révolution nous a fait, et du bien qu'elle fera à nos descendans.

Mais, pour assurer ce dernier objet, il faut débarrasser les finances de toutes les subtilités, de tous les sophismes, de tous les échafaudages, de tous les systèmes qui en ont fait une science inabordable ; il faut les ramener à toute la simplicité des premiers principes, et ne pas oublier qu'il est peu de garçons marchands qui ne parviennent aisément, quelque bornés qu'ils puissent être, à comprendre ce que c'est que les registres journaux et ceux de correspondance, de comptes, de *doit et avoir*, de situation de caisse et de balance, ou de résultats et affaires finies.

En 1790, un député disoit, en ma présence : « Les finances « nous perdront. » « Oui, lui répondis-je, elles vous perdront, « parce que vous n'avez pas le courage de les aborder : la peur « vous en éloigne, et vous n'êtes jamais assez bien placés pour « en juger sainement, outre que, par une suite de votre préven- « tion, vous n'êtes pas dans la disposition d'esprit qu'il faudroit « avoir pour ne s'en former que des idées justes. Vous imitez le « voyageur qui voit à côté de sa route une grotte obscure, et « n'ose y entrer, parce qu'il ne réfléchit pas que, s'il y entroit, « la lumière du dehors viendroit l'y éclairer. Osez pénétrer dans « le labyrinthe des finances ; on en a trop étendu l'espace : « commencez par le resserrer ; retranchez-en tout ce qu'il y a « d'étranger ; revenez aux principes, aux notions les plus simples, « et ne vous en écartez plus : vous verrez, avec surprise, que « cette science sera facile à saisir et même à démontrer. »

J'ajouterai ici, à l'appui de ce que je disois alors, que les vrais principes des finances peuvent eux-mêmes être réduits à un très-petit nombre : tous remontent, comme autant de corollaires, à cet axiome général, qu'il ne doit y avoir de finances qu'autant que l'on a de dépenses à faire pour le bien de la société, dépenses qui ne peuvent avoir lieu que d'après des recettes antérieures. Tout se réduit donc ici aux deux articles de dépenses et de recettes toujours correspondantes entr'elles. Ainsi l'on doit d'abord connoître et fixer les besoins, et y proportionner les recettes que l'on devra faire, parce que l'on ne doit se permettre que les dépenses convenables, c'est-à-dire, nécessaires, ou évidemment et généralement utiles. Lorsqu'on est convenu de ces premiers points, il ne reste plus qu'à choisir le mode que l'on doit préférer pour assurer la recette et régler la dépense : ce mode sera sensiblement indiqué, quant à la recette, par la nature, les avantages et les inconvéniens de chaque genre d'imposition, comparé à tous ceux qu'on y peut opposer. Ici tout se rapporte à trois idées, en ce que l'on doit préférer les impositions les plus égales, les moins onéreuses et les plus sûres, en les considérant sous les deux rapports de leurs objets et de la manière d'en procurer la rentrée. Quant à la manière de régler les dépenses, elle est beaucoup plus facile encore, et l'on a d'admirables modèles à suivre à cet égard, dans l'ordre qui est établi chez quelques nations européennes.

Je ne m'arrêterai point sur les questions secondaires auxquelles ce sujet nous conduit naturellement. Si l'on veut m'objecter les détails contentieux qui tiennent aux finances, je dirai seulement qu'il faut toujours les renvoyer aux tribunaux, car ce seroit appeler les abus et autoriser les faveurs, d'une part, et les injustices les plus arbitraires, de l'autre, que d'attribuer les fonctions de juges à ceux qui sont commis pour diriger la recette ou la dépense contre ceux qui ont à recevoir ou à payer.

Si l'on objecte la manutention et la régie des biens nationaux, je dirai que, lorsque ces biens ne sont point productifs, la nation ne doit en acquérir ou en conserver que pour le besoin réel que peut en avoir le service public, et que ces sortes de propriétés communes n'ont de rapport avec les finances que par le chapitre des dépenses, auquel elles appartiennent quant à leur achat ou construction et quant à leur entretien, articles auxquels on ne doit jamais pourvoir que par la voie de l'entreprise et au concours. Si, au contraire, il s'agit de biens communs ou nationaux qui soient productifs, je dirai : 1.°, qu'il n'en faut point qui n'appartiennent à toute la nation, parce qu'il ne faut point d'intérêts communs qui soient opposés entr'eux ; l'un seroit sacrifié à l'autre, et ce seroit toujours l'intérêt plus général qui seroit lésé ; et 2.°, que les biens nationaux vraiment productifs doivent être précieusement conservés, parce que leur produit tend à diminuer la masse des impôts ; mais qu'il est absolument nécessaire qu'ils soient cédés à bail et surveillés, comme on le voit dans les états et pour les bailliages du roi de Prusse.

Si l'on veut élever la question relative aux impôts indirects, je dirai qu'on peut sans risque admettre ceux qui ne sont que locaux et destinés à des dépenses locales, pourvu qu'ils n'exigent pas beaucoup d'employés, et qu'ils puissent sûrement et facilement être surveillés; mais que l'on doit toujours rejeter, au moins dans l'intérieur, ceux qui emploient un grand nombre de personnes, et qui exposent les citoyens à des vexations, à une grande perte de temps, à des fouilles et à des avaries.

Si, enfin, l'on veut examiner la convenance ou la disconvenance qu'il y a à contracter des dettes nationales, soit perpétuelles, soit viagères, je dirai que les nations agricoles doivent s'en défendre, à quelque prix que ce soit, parce que l'intérêt de ces rentes, étant plus fort que celui des biens-fonds, devient nécessairement ruineux pour elles; au lieu que les peuples marchands gagnent à en contracter autant que le comporte leur crédit, attendu que les billets de ces dettes, formant un nouveau capital dans le commerce, augmentent les fonds mis en circulation, et par conséquent rapportent un intérêt plus fort que celui que l'on paie aux rentiers, pour peu que le commerce soit actif et prospère.

Que ces diverses questions, et toutes celles du même genre, soient décidées dans le public par des opinions lumineuses et bien prononcées; que l'on y joigne quelques maximes bien répandues, telles que celles de n'admettre jamais aucun étranger dans la gestion des finances, de ne rien confier qu'au moyen du concours, avec caution, sous la réserve d'une surveillance active et d'une reddition annuelle de comptes par parties séparées et par résultats généraux; que l'on regarde l'impôt comme une garantie de la propriété; que l'on sache qu'il ne pourra y avoir ni obscurité, ni fluctuation, ni arbitraire, ni vexation; en un mot, que l'esprit public soit, à cet égard, ce qu'il doit être; et l'on verra que les finances seront régies à la satisfaction de tous les citoyens : la science en deviendra simple, facile et entendue de tout le monde; les fripons dédaigneront de s'en mêler; l'ordre s'y établira d'une manière aussi générale que stable, et l'état jouira d'une constante prospérité.

(9) C'est peut-être ici le lieu de tracer un tableau rapide des tentatives, des crimes et des fautes qui distinguent les principaux chefs des divers partis du dedans et du dehors, qui se sont croisés ou se sont succédés les uns aux autres dans la révolution française. Le lecteur y verra du moins combien l'esprit humain est souvent borné dans sa prévoyance, superficiel dans ses conjectures, vain dans ses jugemens, inconsidéré dans ses désirs,

et immoral dans ses desseins; en un mot, foible et présomptueux, vicieux et faux, dans ses principes et dans sa conduite.

Je n'ai été initié dans les secrets d'aucun parti: tous les chefs ou premiers acteurs qui vivent encore, dévoileront-ils jamais ces secrets importans dont ils sont seuls dépositaires? En tout cas, ceux qui sont morts ont emporté les leurs avec eux; et qui peut dire combien d'erreurs ou de lacunes déformeront de cette sorte l'histoire de notre révolution? Combien de précieux détails les Pétion, les Danton, et tant d'autres, n'ont-ils pas enterré avec eux? Mais si je ne puis sonder la conscience des uns et des autres, je puis au moins suivre leur réputation, et juger de la mesure et de la décadence de leur crédit.

Je ne dirai donc pas si d'Orléans avoit formé les projets qu'on lui a imputés: mais je dirai que, s'il les avoit conçus, il a été dupe de ses propres pensées, de ses amis, de ses flatteurs et de ses partisans; qu'il s'est ruiné à pure perte; que, sur un si grand théâtre, il n'a joué qu'un petit rôle, et qu'enfin il n'a su que mourir.

Je ne dirai pas si Mirabeau s'étoit en dernier lieu vendu à la cour: mais je dirai que cet homme extraordinaire, le premier héros de la révolution; celui qui, par son nom, son activité, sa hardiesse et son génie, a le plus contribué à la mettre en mouvement, étoit trop pauvre pour satisfaire ses passions, et trop esclave de ses passions pour les contenir; et qu'il est mort, déjà suspect à tout le public, et à la veille de se voir sans crédit et par conséquent sans pouvoir.

Je ne dirai pas si La F.... ne s'étoit proposé que de devenir l'homme du roi auprès du peuple, et l'homme du peuple auprès du roi : mais je dirai que ce jeune guerrier, plus discret que profond, plus brave que résolu, ne joignoit pas d'assez grands moyens à l'ambition qu'on lui prête, et qu'il s'est enlacé lui-même dans les pièges qu'on l'accuse d'avoir tendus aux autres.

Je ne dirai pas jusqu'à quel point il est vrai ou faux que Du M...., plus vaste dans ses idées, plus rapide dans ses intrigues, plus immoral dans ses principes, et ayant moins de prudence que d'esprit et de bravoure, a voulu se tirer du chaos révolutionnaire en créant des souverainetés qui lui assurassent un abri: mais je dirai que, toujours embrouillé dans son jeu, et aimant à suppléer au défaut des autres moyens par les coups d'autorité, il s'est précipité lui-même dans l'abyme où il a disparu.

Je ne dirai pas, enfin, combien Louis XVI étoit secrétement d'accord avec ses frères et ses alliés, ou combien les uns et les autres, en lui montrant les apparences d'un accord flatteur, étoient occupés d'intérêts étrangers et contraires aux siens: mais je dirai qu'il a été dupe et victime de tous ceux qui avoient des relations avec lui (le roi d'Espagne seul excepté); que sa famille, ses serviteurs, ses courtisans et ses alliés l'ont tous, à cette seule exception près, égaré, trompé et perdu.

Je dirai que le clergé a été dupe de sa propre avarice, et du souvenir d'une ancienne autorité que le scandale de ses mœurs et les progrès des lumières lui avoient fait perdre; que la noblesse a été dupe de ses préjugés, qu'elle avoit follement imaginé être enracinés chez le peuple comme chez elle; que la magistrature, dans sa morgue usurpatrice, a pris l'impunité dont elle jouissoit pour une autorité bien établie, et que la finance a imaginé qu'un faste insolent étoit un titre valable au respect du peuple.

Les autres hommes qui, livrés à l'esprit de parti, ont eu de la célébrité dans notre révolution, méritent peu d'occuper une place dans cette note, parce qu'ils fournissent peu de matière à l'instruction. Ils ont pu, momentanément, usurper un crédit immense, mais ils n'ont eu aucun titre pour le conserver. Robespierre étoit aussi lâche et aussi dénué de talens qu'il étoit hypocrite et sanguinaire. Danton, plus révolutionnaire que tous les autres, étoit paresseux, dissipé, confiant en lui-même, et rapace. Les cliens de l'un et de l'autre, cette troupe de monstres atroces et brigands qui se réunissoient au haut de la montagne, formoient, à leur suite, un cortége effrayant, semblable à une nuée de corbeaux, ou plutôt à une armée de tigres; mais, comme ils n'ont rempli que des rôles secondaires, on n'a plus rien à dire de remarquable sur leur compte quand on les a nommés. Je ne parle ici que des montagnards, car les autres partis n'ont eu aucun héros dont on se souvienne, si ce n'est, parmi les partisans de la noblesse, Cazalès, le premier orateur de l'assemblée constituante, et aussi digne d'estime par la franchise de son caractère que par ses talens; et, parmi les défenseurs du clergé, l'abbé Mauri, chez qui l'habitude de la prédication avoit réduit l'art oratoire à l'art du parlage et des sophismes. On conçoit, au reste, que je ne comprends pas au nombre de ces hommes de partis les véritables citoyens, les vrais patriotes, qui, pris individuellement, ont peu marqué, et qui néanmoins ont seuls déterminé, par leur masse, tout le bien qui s'est fait.

Ce coup d'œil nous conduit à une vérité qui a déjà été saisie par plusieurs observateurs, savoir, que si la révolution a procuré un vrai gouvernement républicain aux Français, c'est que, parmi tous ceux que l'ambition, l'intrigue ou le fil des événemens ont placés aux premiers rangs, il ne s'en est trouvé aucun qui eût d'assez grandes qualités pour s'y maintenir et se rendre maître absolu des opinions. Un homme d'un grand caractère, mis à la place de l'un d'eux, auroit pu, selon ses vues secrètes, nous replier sous le joug du despotisme, ou nous enlacer dans le système de l'aristocratie souveraine, ou nous égarer dans le tortueux labyrinthe d'un gouvernement mixte, plus difficile à mouvoir, et non moins sujet aux abus. Heureusement personne n'a su mériter et retenir la faveur populaire à un assez haut degré pour atteindre un semblable but ; et la nation, étant restée maîtresse d'elle-même, a dirigé la révolution conformément à ses intérêts et à ses droits.

Si de l'intérieur nous tournons nos regards sur ce qui s'est passé au dehors, nous verrons que toutes les cours de l'Europe, en général, ont été dupes de la cour de Vienne, qui elle-même l'a été des cours de Londres et de Pétersbourg. Le feu roi de Suède se constitua le Don-Quichotte de la coalition, et ce rôle, après son décès, trouva des amateurs. Les rois de Prusse et d'Espagne ont été les seuls qui aient su se retirer à propos : l'Empire et l'Italie, qui n'ont pas eu la même prudence, ont partagé les désastres de la révolution qu'ils vouloient étouffer. C'est de Vienne que se sont répandues en Europe toutes les idées fausses ou exagérées qui ont alarmé les esprits sur les desseins des Français, sur les députés des assemblées législatives, sur les jacobins naissans, sur les droits de la nation, et sur la liberté ou la captivité du roi avant 1792: mais c'étoit Pitt qui souffloit toutes ces idées au cabinet de Vienne, dans l'espoir de ruiner la France, comme le cabinet de Vienne avoit l'espoir de la partager ; et Catherine secondoit Pitt, en faisant semblant d'être convaincue la première, afin de précipiter tous les autres dans le gouffre qui se creusoit. C'est Vienne qui a permis et fait permettre aux émigrés les prises d'armes, les enrôlemens et la formation d'une armée; c'est cette cour qui les a fait accueillir comme formant la nation française, et qui a donné l'exemple de refuser de négocier avec les ministres d'un roi constitutionnel: le corps germanique a été entraîné par l'autorité et les menaces de l'Autriche et de la Prusse, car ce corps n'auroit d'ailleurs jamais songé à lutter contre la France, qui, seule, pouvoit le soutenir. Mais l'Autriche échauffoit tous les princes à force de calomnies, et la Prusse elle-même fut effrayée des idées de propagande que Londres et Vienne faisoient seules répandre parmi nous: peut-être aussi offroit-on à la Prusse la perspective d'un partage qui l'autoriseroit à s'arrondir, et dans lequel on avoit bien résolu qu'elle n'auroit aucune part. L'Angleterre, en accréditant ces chimères et ces illusions, ne vouloit qu'assurer son commerce exclusif sur la ruine de tous, tandis que la Russie, se proposant d'écraser un jour l'Angleterre elle-même lorsqu'elle n'auroit plus qu'elle à combattre, secondoit des vues qui favorisoient les siennes. Louis XVI, séduit par cet accord apparent, annonçoit qu'il étoit libre, et étoit convenu qu'on ne le croiroit pas : il l'annonçoit, et Vienne décidoit qu'il étoit forcé de mentir. Le prince de Kaunitz lançoit des diatribes diplomatiques contre les jacobins, qu'il appeloit les Français ; il renvoyoit avec dédain l'ambassadeur Noailles à Cobentzel ; et il ouvroit des négociations à Reichenbach, et concluoit des traités secrets contre nous à Pilnitz et à Breslau, tandis que le duc de Brunswick préparoit ses manifestes.

Enfin, quand on fut prêt, on força la France à rompre avec les uns et les autres. A Londres on renvoya, de la manière la plus injurieuse et la plus insolite, notre ambassadeur : à Vienne, Cobentzel nous ordonna de rétablir la monarchie sur les bases de la séance royale du 23 juin 1789, et, dès-lors, de rétablir la noblesse, le clergé, les capitaineries, les droits féodaux, la dixme, la gabelle et tous les droits des princes de l'Empire. N'étoit-ce pas vouloir nous jeter, par l'irritation, dans tous les excès qu'on nous a reprochés ? Vienne, Londres et Pétersbourg ont donné, en cette occasion, des leçons toutes neuves d'astuce et de perfidie, d'audace et de machiavélisme, en même temps qu'elles ont été dupes les unes des autres, et plus encore de leurs propres passions. Catherine seule a rempli ses vues jusqu'à un certain point, en ce qu'elle n'a mis en avant que des paroles qui ne coûtent rien, et qu'elle a, sinon ruiné, du moins affoibli quelques-uns de ses concurrens. Les autres n'ont pas conservé assez de calme pour concevoir qu'on ne travaille qu'à sa propre ruine quand on entreprend d'empêcher, par de pareils moyens, une nation nombreuse et valeureuse, de faire chez elle une révolution qui a été préparée par tant de siècles d'abus, et rendue nécessaire par les progrès de la raison et de la philosophie, par l'esprit public.

(10) Montesquieu observe que tous les ambitieux cherchent à établir l'impunité pour tous les crimes, lorsqu'ils entrent dans la périlleuse carrière des révolutions. Alors un de leurs premiers soins est de travailler à rendre encore leurs concitoyens pires qu'ils ne sont : ils corrompent le peuple par tous les moyens, et sur tout par séduction et à prix d'argent. Si on les accuse de brigues, ils corrompent aussi les juges, ou ils les intimident ; ils troublent les élections, et anéantissent ainsi la véritable autorité du peuple, qu'ils cherchent à dégoûter de son pouvoir et de ses droits, en rendant plus sensibles et plus intolérables les inconvéniens du gouvernement républicain. Mais lorsqu'une fois ils sont les maîtres, ils songent à rétablir l'ordre pour consolider leur autorité, en faisant sentir le bonheur du gouvernement d'un seul... Ce que Montesquieu disoit des Romains, ne pourroit-il pas s'appliquer à plusieurs autres peuples ? Le lecteur ne placera-t-il pas ici Cromwell à côté d'Auguste ? et

ne nous a-t-on pas dit que le buveur de sang Robespierre songeoit aussi à revenir à des idées d'ordre et de justice, lorsqu'il auroit suffisamment arrosé de sang humain le sol de sa patrie?

Dans la partie subversive du plan que l'on vient de décrire, les ambitieux sont toujours vigoureusement secondés par les hommes perdus de mœurs, de réputation ou de débauches; par les hommes ruinés, par les fainéans, par les fripons de tous les étages; en un mot, par ceux qui craignent les lois et n'attendent plus rien des autres hommes. Ils trouvent tous, dans ces sortes de circonstances, une nouvelle ressource, qui leur est d'autant plus chère qu'ils n'ont plus rien à perdre; et c'est ce qui réunit ces misérables à ceux que l'ambition égare. Les uns et les autres recherchent donc et favorisent également les troubles ou renversemens de l'ordre public, et si la corruption ou dépravation générale est assez grande pour qu'ils prévalent sur les personnes de l'état mitoyen, qui sont par-tout le dernier refuge de l'honnêteté et des vertus sociales, alors les bons citoyens, assurés qu'ils sont les plus foibles, ne s'occupent plus qu'à se cacher, pour ne pas périr; et l'état est perdu, à moins qu'un événement extraordinaire ne vienne le sauver. Mais si les ambitieux réussissent dans leurs vues criminelles, leur premier pas, au moment de leur retour vers l'ordre, est, et doit être, d'immoler, comme dernières victimes de leurs fureurs, ces êtres vils qui leur ont servi d'instrumens, et dont la mort les justifie aux yeux du vulgaire: et c'est encore ainsi que Robespierre avoit résolu de couronner ou de réparer ses innombrables assassinats par le supplice, si justement mérité, de ses confidens et de ses satellites.

(11) Il est difficile de méditer sur les excès et les travers auxquels l'esprit de parti porte les peuples dans ces sortes de révolutions, sans se rappeler ce que nous avons vu au milieu de nous durant les années précédentes: l'ambition et la cupidité des uns, la duperie des autres, et la misère de tous; la réproduction journalière et l'entassement des crimes, des fourberies, des intrigues, des tracasseries, des trahisons, des rapines, des brigandages, et de tous les genres de désordres et d'atrocités; autant d'esprits de partis que nous avions précédemment eu d'opinions nationales, et tous les jours autant d'esprits de partis nouveaux que de nouveaux chefs de bandes et de grands réformateurs; toutes les idées interverties et confondues, tous les sentimens dénaturés ou anéantis; l'avilissement des choses honnêtes, et la flétrissure attachée aux mots qui les expriment; et, par conséquent, la souillure du ridicule et du déshonneur, ou le sceau de la haine, imprimé aux moyens les plus convenables

de rétablir parmi nous l'unité nationale. En effet, n'a-t-on pas successivement détérioré et proscrit tout ce qui étoit bon? N'a-t-on pas brisé tous les ressorts moraux? Les mots sacramentaux les plus respectables ne sont-ils pas devenus des titres de proscription, ou des mots honteux que tout le monde repousse loin de ses lèvres et de sa pensée? Et qu'est-ce encore, même aujourd'hui, pour tant de personnes, que le titre de *patriote?* combien veulent être encore *monsieur* plutôt que *citoyen?* qu'est-ce, enfin, aux yeux d'un trop grand nombre, que d'être *Français*, c'est-à-dire, que d'appartenir à un peuple qui, malgré ses malheurs, est encore le premier peuple du monde?

En soulevant ainsi les esprits contre les mots qui devoient nous être les plus chers, on a eu soin de les remplacer par d'autres qui convinssent mieux aux plans destructeurs que l'on se proposoit. On savoit quelle est la puissance des mots de ralliement sur les esprits bornés et superficiels, ou ignorans, quand on parvient à les égarer et à les exalter : aussi les factieux ont-ils toujours eu soin d'y recourir; et quel effet n'ont pas produit chez nous tous les mots de ce genre auxquels le crime et l'erreur ont donné de la vogue? En est-il un seul qui n'ait pas causé des méprises générales et d'affreuses injustices? Combien de fois n'a-t-il fallu qu'appliquer tel mot à telle personne, pour la perdre sans examen et sans ressource? Quelle épouvantable et sanglante histoire que celle que l'on pourroit faire des mots *privilégiés*, *royalistes*, *aristocrates*, *côté droit*, *côté gauche*, *club de 1789*, *club des feuillans*, *fayétistes*, *liste civile*, *ci-devants*, *modérés*, *hommes suspects*, *girondins*, *fédéralistes*, *muscadins*, *jeunesse de Fréron*, *chouans*, *jacobins*, *sans-culottes*, *terroristes*, *patriotes de 1789*, *patriotes exagérés*, *buveurs de sang*, *babouvistes*, et tant d'autres encore!

Ce n'est pas, sans doute, que chacun de ces mots n'ait pu légitimement être appliqué à plus ou moins de personnes, et que ceux qui ont mérité que l'application leur en fût faite aient tous été innocens, ou excusables, ou dignes de louanges: mais je veux dire que, dès qu'un mot semblable a été jeté dans le public comme mot de ralliement, et qu'il a malheureusement acquis une certaine vogue, il devient pour ceux qui l'adoptent une source de crimes et de malheurs; que la passion a beaucoup plus de part que la vérité et la justice aux applications qu'on en fait; que le peuple, emporté par l'enthousiasme du zèle ou par celui de la haine, n'examine plus, et ne permet plus d'examiner, dès que le mot sacramental a été prononcé; et qu'enfin l'arrêt de proscription est aussi irrévocable contre l'innocent que contre le coupable que le hasard, l'esprit de parti, la justice ou le crime a désigné pour victime.

(12) Pour montrer comment les esprits de partis conduisent, à travers les déchiremens les plus douloureux, de célèbres nations à une ruine entière, quel autre exemple plus frappant, dans les temps modernes, aurons-nous à présenter à nos lecteurs que celui de la république de Pologne? Ah, jetons un dernier regard, disons un triste adieu à cette nation qui eut des époques si brillantes; qui, durant plusieurs siècles, défendit l'Europe contre les barbares, et qui périt aujourd'hui, victime de ses passions plus encore que des passions des autres: mais que cet adieu puisse être utile! Osons imiter ces conservateurs des hommes qui vont étudier chez les morts les moyens de sauver les vivans. Laissons à d'autres le soin de marquer pour la postérité, sur la carte de l'Europe, la place ou fut la Pologne, et de prévenir de vaines disputes sur l'existence de cette autre Atlantide: ne nous bornons pas à pleurer sur ce vide immense, au-dessus duquel reste suspendu le glaive de la désolation, et autour duquel errent en vain, pour n'y rentrer jamais, les ombres gémissantes de ses derniers habitans!

Que le lecteur attentif suive l'histoire de cette vaste et riche contrée; qu'il en examine la position; qu'il en médite les lois et le gouvernement, bien plus encore que les guerres, les victoires ou les défaites; et il sera bientôt convaincu que ce n'est pas aux puissances co-partageantes qu'il faut attribuer cet effrayant anéantissement de toute une nation, puisque l'ordre de la nature ne permet pas que les vautours manquent jamais là où il y a des cadavres à dévorer! il sera bientôt convaincu, dis-je, que ce n'est pas dans le camp du brave et malheureux Kosciusko qu'il faut aller chercher les causes de cette catastrophe; que c'est uniquement dans les diètes et diétines, toujours turbulentes et divisées, dans la loi absurde d'un *veto* anarchique, dans le premier partage qui se fit il y a vingt et quelques années, et dans les causes qui amenèrent ce partage, ainsi que dans les effets qui l'ont suivi.

1.º La noblesse polonoise s'est long-temps distinguée, dans ses diètes ou diétines, par le patriotisme le plus désintéressé et le plus sublime: mais peu à peu la chaleur de l'esprit de parti a remplacé le zèle de la vertu; l'intrigue a remplacé la prudence; les talens ont été pervertis; on s'est fait des moyens de séduction et de corruption de tout ce qui peut avoir l'apparence du bien; la popularité des uns et la générosité des autres sont devenus autant de piéges; les passions les plus funestes au dedans ont été enhardies par l'espoir de l'impunité; l'espoir du succès, fondé sur les lenteurs, sur les irrésolutions, sur les négociations gauches et mal-adroites, et sur le découragement, a provoqué l'ambition des puissances voisines. De là une foule de partis différens qui, successivement, se sont croisés, coalisés et combattus, selon les circonstances, chacun d'eux s'arrogeant, tour à tour, le droit de décider du sort de l'état et de proscrire tous les citoyens qui lui étoient contraires. C'est ainsi que la noblesse polonoise est tombée dans la corruption qui l'a perdue, dans les désordres qui ont énervé la Pologne, et qui l'ont rendue le jouet de toutes les passions : c'est ainsi que la guerre civile est parvenue à promener ses torches funèbres dans tous les palatinats, et qu'enfin les bons citoyens, cherchant envain où pouvoit résider l'autorité légitime, n'ont plus fondé leurs droits que sur la force, ont pris les armes pour repousser la violence, comme d'autres les prenoient par esprit de licence et de rébellion, c'est-à-dire, pour profiter des malheurs publics; que les trahisons, les brigandages, les meurtres leur ont si souvent tenu lieu de politique; et qu'en un mot la nation a tant de fois été exposée à toute l'insolence et à tous les genres de cruautés dont peut être capable une multitude effrénée, qui, indépendamment des excès que provoque une impunité assurée, n'a jamais plus de fureur que lorsqu'elle est ameutée contre elle-même.

2.° Tous les Polonois, par une contradiction fatale, étoient convaincus de l'absurdité de leur *veto*, et ne vouloient cependant pas en avouer le danger; leur orgueil personnel étoit d'ailleurs singulièrement intéressé à le maintenir, et une aveugle confiance leur faisoit en même temps espérer d'échapper, comme leurs ancêtres, aux suites naturelles de cet absurde principe de gouvernement. Telle est la cause pour laquelle les Polonois sont restés seuls en arrière du reste de l'Europe, qui, sous leurs yeux et autour d'eux, perfectionnoit tous les jours ses institutions sociales, en partie pour leur perte, et sans qu'ils voulussent s'en apercevoir ou qu'ils eussent le courage d'en profiter. Il y a, par malheur, des vices et des abus qui nous deviennent tous les jours plus chers, et dont, au bout d'un temps, il n'est presque plus possible de se détacher. « Carthage périt, dit Montesquieu, « parce que, lorsqu'il fallut retrancher les abus, elle ne put « souffrir même la main d'Annibal; Athènes tomba, parce que « ses erreurs lui parurent si douces qu'elle ne voulut pas en « guérir; et, parmi nous, les républiques d'Italie, qui se vantent « de la perpétuité de leurs gouvernemens, ne doivent se vanter « que de la perpétuité de leurs abus : aussi n'ont-elles pas plus « de liberté, ni même de puissance, que Rome n'en eut du « temps des décemvirs. »

Ne sont-ce pas là les raisons pour lesquelles Mably et J. J. Rousseau ont envain médité et écrit sur les moyens de sauver la Pologne de la ruine qui la menaçoit? Qu'auroit-on pu ajouter à ce qu'ils en ont dit, ainsi qu'au tableau philosophique que Garan de Coulon nous a tracé de l'état politique, ancien et moderne, de cette république? Une nation qui succombe, presque sans effort, après avoir été si bien avertie, et qui succombe en présence et dans le silence des peuples! Quel scandale! que de leçons, et quelles leçons, à toutes les sociétés politiques!

3.º Le premier partage de la Pologne a rendu les deux autres inévitables : il a prouvé aux voisins qui la dépéçoient en la dévorant, qu'elle étoit dégénérée au point de tout souffrir et de ne plus résister à rien. Lorsqu'une nation reçoit et dissimule de semblables offenses, il devient inutile d'examiner si c'est par impuissance ou par lâcheté qu'elle périt ; c'est toujours par défaut de sensibilité nationale, puisqu'en pareil cas, le peuple qui conserve quelque énergie se défend sans descendre à aucun calcul, et que, de toute manière, la nation qui manque de ce courage est une nation perdue, à laquelle il ne reste plus aucune ressource.

Non-seulement les Polonois ont à se reprocher d'avoir souffert le premier partage ; mais, de plus, ils l'ont provoqué, ils l'ont pardonné. Que l'on se rappelle les temps qui tiennent à cette époque : lorsque les puissances spoliatrices formoient autour de la Pologne des cordons de troupes contre la peste qu'elles annonçoient exister dans l'intérieur de ce pays malheureux, pourquoi le gouvernement de la Pologne, et la Pologne toute entière, ne déclaroient-ils pas de la manière la plus authentique, à toutes les cours et à toutes les nations, que cette peste tant annoncée n'étoit qu'une fable, comme en effet on vit bientôt qu'il n'y avoit eu d'autre maladie qu'impassibilité d'une part, et voracité de l'autre? et ce Poninsky, ce traître aussi méprisable qu'odieux, qui avoit vendu et dépouillé sa patrie pour la livrer ensuite, et n'en point éprouver de remords! ce misérable n'a-t-il pas scandaleusement joui de ses crimes dans l'impunité, au milieu de ses compatriotes et durant plusieurs années...? O Pulawsky, tu avois l'ame plus noble, et tu n'en as pas moins été le jouet des passions les plus criminelles! ta nation n'en a pas moins été la victime! Tu vois aujourd'hui ton immense fortune donnée, comme une dépouille, à un esclave orgueilleux, qui fut aussi étranger à ta famille qu'à ta patrie! Hélas! à qui peux-tu imputer qu'à toi-même la misère à laquelle tu te vois condamné? Et vous, Radzivil, Czertorinsky, Poniatowsky, Oginsky, Sapiéha, vous tous, célèbres magnats, qui avez tant de fautes à vous reprocher! ah, ce n'est pas pour insulter à vos souffrances et vous poursuivre jusqu'au fond des déserts où vos races vont se perdre dans la misère, les regrets et l'oubli, que je vous interpelle ; c'est pour donner aux nations qui existent encore, mais qui peuvent être demain menacées du même sort que vous, c'est, dis-je, pour leur donner une importante leçon. Puisse-t-elle leur être aussi profitable qu'elle leur est nécessaire!

4.º Parmi les causes de la ruine de la Pologne je n'oublierai pas le crime d'orgueil, qui, de la part de la noblesse, a de tout temps retenu le peuple dans l'état le plus abject. L'ignorance, la misère, le goût de l'oisiveté, la superstition et le découragement sont des maladies qui énervent tout esprit public, ou qui le pervertissent; mais le peuple polonois, réduit à cet état de dégradation depuis si long-temps, n'a pu avoir aucun autre esprit public que celui des Turcs, des Russes, des Prussiens, des Bohémiens, qui, tous également serfs, l'entourent de toutes parts, et ne peuvent avoir d'autre sentiment et donner d'autre exemple que celui de l'avilissement et de l'entier oubli de soi-même. D'ailleurs, que pouvoit ce peuple dans son état de dispersion? Les vastes forêts qui l'environnent et en séparent les parties habitées, le défaut de grandes routes qui puissent faciliter les communications, le défaut de places considérables qui puissent offrir des points de ralliement ou de défense, toutes ces circonstances retenoient le peuple polonois dans l'impossibilité de défendre ses droits contre ses maîtres, ou de défendre la patrie contre les brigands étrangers.

La triste conclusion à laquelle toutes ces considérations viennent aboutir, c'est que les Polonois ont disparu pour les siècles, d'autant plus qu'étant divisés en trois lots, ils pourront moins que jamais communiquer entr'eux, se concerter et s'entr'aider; d'autant plus, encore, que leurs nouveaux maîtres ne manqueront pas, sans doute, d'éviter ces actes extraordinaires de tyrannie qui, plus que les lois les plus oppressives, soulèvent les peuples par le scandale qu'ils donnent et par l'effroi qu'ils inspirent, bien plus encore que par le mal réel qu'ils peuvent avoir pour objet direct; d'autant plus, enfin, que les autres nations qui pourroient, devroient et voudroient venir, quoique tardivement, au secours de la Pologne pour en faciliter la résurrection, trouvent mille motifs d'inaction dans leur propre foiblesse, dans les embarras momentanés qu'elles éprouvent, dans les dangers dont on a le soin et l'adresse de leur offrir la perspective, et jusque dans la méfiance qui les éloigne les unes des autres.

O peuples européens, vous qui existez encore, lisez, méditez l'histoire de la Pologne! contemplez-en la catastrophe; voyez les effets des esprits de partis. N'oubliez pas que, comme Montesquieu l'a observé, c'est beaucoup plus par la violation des mœurs, que par celle des lois, que les nations périssent. Voyez les nobles polonois dépouillés arbitrairement, et conduits, comme de vils troupeaux, au fond de la Sibérie: voyez les peuples soumis indistinctement à la loi militaire, devenus soldats par force, et gémissant sous le poids d'une oppression d'autant plus odieuse que c'est la politique qui l'inspire, la politique, plus cruelle même que la haine, parce qu'elle est plus inexorable, et que, du moins quelquefois, la haine s'adoucit à la voix de la pitié. Peuples qui existez encore, ne vous lassez point de ramener vos pensées sur ceux qui dévorent les nations, et sur vous-mêmes! Préparez vos plans de défense, et ne comptez que sur vous. Soyez unis, sur tout. Pardonnez beaucoup à vos concitoyens, pour n'être pas réduits à tout souffrir des ennemis du dehors; étouffez tout germe de division ; ou préparez-vous au sort des Polonois !

QUATRIÈME PARTIE.

Des moyens de déterminer, recueillir et assortir entr'eux les élémens encore informes de l'esprit public chez les peuples nouveaux;

Et sur tout des moyens de ranimer, redresser et réintégrer l'esprit public des peuples affoiblis et corrompus.

Cette partie renferme, ainsi que le titre l'annonce, deux articles distincts : le premier concernant la formation des peuples nouveaux, et la détermination de leur esprit public; et le second, les traits caractéristiques des peuples corrompus, et la réintégration de leurs principes moraux. Donnons, s'il se peut, à l'un et à l'autre le développement qu'ils méritent.

Article I.er

Le lecteur a vu dans la seconde partie de cet ouvrage, et j'ose espérer qu'il ne lui reste aucun doute sur ce point fondamental, il a vu que jamais il ne peut y avoir un peuple existant sans esprit public. Mais il ne suffit pas de prouver que n'avoir point d'esprit public, et former un peuple, sont deux idées inconciliables entr'elles : il faut faire observer, de plus, comment ce n'est que par cet esprit public préexistant que l'on est parvenu à réunir

réunir en société des hommes épars ou étrangers les uns aux autres; il faut examiner, dans leurs premiers âges, les peuples dont nous connoissons véritablement l'origine, et voir comment leurs premiers chefs ou fondateurs n'ont été redevables de leurs succès qu'aux opinions communes déjà répandues et établies parmi les hommes qu'ils rassembloient. C'est un nouveau point de vue trop intéressant, à tous égards, pour que l'on puisse ne pas s'y arrêter.

Que furent donc à leur berceau, car c'est à peu près à ce petit nombre que nous réduit l'insuffisance de l'histoire, que furent le peuple juif, le peuple romain, la colonie de Guillaume Penn, et les missions du Paraguay?

La plus ancienne époque à laquelle les Juifs puissent remonter, comme peuple, c'est celle de leur fuite de l'Egypte, car jusqu'à cette époque nous ne voyons dans les descendans d'Abraham qu'une famille errante, et ensuite esclave et dispersée; une famille, et non une société politique. Or, de bonne foi, Moyse auroit-il pu déterminer les esclaves de sa race à fuir avec lui dans les déserts de l'Arabie, et à supporter tant de fatigues et de privations, avant de se reposer en la terre qu'il leur avoit promise, si tous, lorsqu'il leur en fit la proposition, n'avoient pas été imbus de la même croyance et animés des mêmes sentimens que lui? Romulus auroit-il pu rassembler ou retenir sur les bords du Tibre les compagnons qu'il s'étoit choisis, et creuser les premiers fossés de Rome, si tous n'avoient pas eu la même ardeur guerrière que lui et le même besoin de piller? Penn auroit-il été suivi de ses colons, lorsqu'il alla s'enfoncer dans les déserts de l'Amérique, si les motifs philantropiques que l'intolérance religieuse lui avoit rendus si chers, n'avoient pas inspiré à un grand nombre d'autres Européens le même dégoût de nos gouvernemens, et le même désir d'aller jouir dans un autre monde du repos de l'esprit et de la liberté de conscience? Enfin les jésuites missionnaires dans le Paraguay seroient-ils jamais parvenus à établir, au milieu des forêts qu'ils parcouroient, la sorte de communautés, fraternelles plutôt que civiles, mais religieuses et non monastiques, qu'ils avoient imaginées, si, en cathéchisant les sauvages du pays, ils n'avoient pas su préliminairement leur faire partager le zèle qui les animoit eux-mêmes, et adopter la doctrine qui les dirigeoit?

On nous reprochera peut-être ici de n'avoir pas compté la nation vénitienne parmi les peuples dont l'origine nous est connue? Venise, née vers le commencement du cinquième siècle dans l'isolement et le silence, n'obtint les accroissemens insensibles de son association politique et la forme primitive de son gouvernement, qu'à la faveur de l'obscurité timide et circonspecte où elle fut long-temps obligée de se renfermer. Le voile épais qui la couvrit alors aux yeux des autres nations, la sorte de solitude profonde où elle se tint renfermée, nous dérobent les détails de son premier âge : elle est à cet égard semblable aux peuples dont nous ne connoissons pas assez l'époque originaire pour en tracer l'histoire, c'est-à-dire, pour développer avec exactitude les causes, la marche et les progrès de leur formation.

Cependant Venise peut encore donner lieu à des conjectures très-vraisemblables, et nous fournir des observations importantes : essayons de les recueillir.

Que de pauvres pêcheurs élèvent de frêles et simples cabanes dans des îles désertes, autour desquelles leurs occupations les rappellent ou les retiennent le plus habituellement, ce n'est pas encore là ce qui constitue une société nationale : c'est une position où l'on est fondé à supposer des rapprochemens de circonstances, des associations d'intérêts particuliers, de convenances et d'habitudes, peut-être des liaisons de parenté, en un mot, les premiers effets naturels de la bienveillance et de la sociabilité humaine; mais il n'y a encore là ni pacte reconnu, ni droits consacrés, ni devoirs consentis, ni autorité établie, ni lois promulguées, ni gouvernement adopté. Cet état est sans doute celui par où les hommes ont le plus souvent passé pour arriver à l'état de nations; mais l'intervalle qui sépare ce dernier état de celui de famille, n'est pas encore franchi.

Que les hommes riches ou illustres des pays circonvoisins viennent se cacher dans une retraite aussi peu connue ou aussi peu suspecte, lorsque les Huns et les Goths répandent la désolation et la frayeur dans ces belles contrées de l'Europe : l'existence mystérieuse et temporaire de ces hommes, trop foibles pour se défendre; leur retraite dans des îles aussi généralement méprisées, et peut-être inaccessibles à des armées de barbares, qui par bonheur n'ont pas les moyens ou la volonté de porter la mort et le ravage sur les mers comme sur le continent, ne peut d'abord produire aucun effet politique dans un asile où tous les vœux se bornent à être oublié ou méconnu.

Mais si ces débordemens des sauvages du Nord se renouvellent, se succèdent, et semblent devoir, au lieu de passer et de disparoître comme les torrens, prendre un cours régulier et durable, de manière à perpétuer les malheurs et à écarter toute espérance pour long-temps; alors nos fugitifs, consternés et abattus, se verront retenus à demeurer dans ces mêmes îles où ils n'avoient précédemment cherché qu'un asile passager. Peu à peu ils s'occuperont des moyens de s'y défendre; ils s'y construiront des domiciles plus commodes et plus solides : Venise s'élévera au-dessus des flots, à mesure que ces hommes en deviendront citoyens. Peu à peu ils joindront l'aisance au nécessaire, et les précautions qu'exige la sûreté au dehors, à celles que requiert la sûreté au dedans : ainsi ils établiront peu à peu l'ordre et la police; ils se donneront des autorités publiques, un gouvernement et des lois.

Telle est l'idée que l'on peut se faire de l'origine de cette ville, aussi extraordinaire par les principes qui la régissent que par sa topographie. On y voit comment l'esprit public a dû s'y former, et comment il y aura rendu naturelles et indigènes l'habitude des précautions, la soumission aux lois, la sagesse et la prudence, qui en ont toujours fait le caractère particulier, et qui s'y sont si bien enracinées dans les opinions nationales, que rien n'a pu, dans les siècles suivans, en affoiblir l'impression. *La terreur et la misère ont créé Venise*, a dit Voltaire; et en effet, si le peuple vénitien n'a aucune part au gouvernement, c'est une suite immanquable de la misère trop commune dans l'état de pêcheurs : si la plus haute sagesse a réglé les mœurs de cette république, et a combiné ses lois et dirigé sa politique, au point que Harrington n'a pas cru que ce gouvernement pût finir avant la destruction du genre humain; c'est une suite à peu près nécessaire de la longue terreur qui a habitué les nobles Vénitiens à calculer, prévoir et prévenir les événemens fâcheux qu'un état peut avoir à craindre, et même ceux qui sont le plus cachés dans l'avenir.

C'est encore à cette terreur, à ce principe si propre à comprimer de la manière la plus efficace les désirs des ambitieux, les intrigues des traîtres et les indiscrétions des foibles, qu'il faut attribuer l'art de concilier, d'une part, la liberté et l'égalité, toujours maintenues selon des modifications particulières, mais diversement, entre ceux qui ont ou peuvent avoir quelque part à l'administration, et entre ceux qui ne peuvent y en avoir aucune; et de l'autre part, ce profond mystère qui couvre les vues du gouvernement, cette réserve et ce silence religieux, si rigoureusement imposés à tous, sur tout ce qui a rapport à l'ordre public ou aux intérêts de l'état.

Quant à la nullité à laquelle sont réduits les citoyens qui résident sur la terre-ferme, il suffira, pour concevoir qu'elle étoit inévitable, de réfléchir au défaut de communication de ces citoyens avec la capitale.

Quelque imparfait au surplus que ce tableau paroisse, il ne nous convaincra pas moins que la nation vénitienne ne s'est formée qu'à l'aide de l'esprit public qui en avoit antérieurement rassemblé les premiers habitans ; esprit public qui n'a été chez eux que le résultat des besoins, de la misère et de la terreur, qui y avoient amené, réuni et retenu les pauvres et les riches.

Tout prouve donc que l'esprit public précède même les premiers rassemblemens de familles en sociétés politiques, puisque lui seul les prépare, les détermine et y préside ; et n'est-ce pas ce que nous pouvons également conclure du peu que nous savons des premiers âges des autres peuples ? Par tout, en remontant aussi haut que la connoissance des faits historiques peut nous le permettre, ne trouvons-nous pas toujours des opinions reçues, une doctrine admise, des maximes respectées, et fondues dans les mœurs, en un mot, un véritable esprit public ?

Nous disons, *en remontant aussi haut que la connoissance des faits historiques peut nous le permettre*, attendu que chez les nations sans nombre, autres que les quatre ou cinq que nous avons citées, chez toutes les autres nations qui ont successivement ou simultanément couvert le globe, nous ne parvenons à saisir aucune trace de leur formation primitive, ou nous n'en saisissons que de foibles et d'équivoques ; et quelle lumière, en effet, l'histoire nous fournit-elle sur le berceau de toutes ces nations ? D'où venoient, et comment s'étoient réunis, les premiers Mèdes et Assyriens, les Chaldéens ou Babyloniens, les Egyptiens, les Perses, les Arabes, les Phéniciens, les Chinois, les Indiens et les Grecs ? Pouvons-nous percer les ombres épaisses qui dérobent à notre instruction les travaux, les vertus et le génie de tant de fondateurs, de législateurs et de héros, dont la fable, plus que l'histoire, nous a transmis les noms? Que pouvons-nous conclure pour notre objet du peu que l'on nous raconte de Ménès, de Bélus, d'Assur, de Ninus et de Sémiramis? d'Egyptus., de Cécrops, de Cadmus, de Dardanus, de Sésostris, de Minos, des héros argonautes et des demi-dieux chantés par Homère? Aurons-nous de plus heureuses récoltes à faire, en passant de l'orient au midi, à l'occident ou au nord? Que peuvent nous apprendre, sur leur origine, les peuples de l'Afrique? Que recueillerons-nous d'instructif sur les premières époques des Latins, des Etrusques, des Ibériens, des Celtes, des Gaulois, des Bretons, des Germains, des Goths, des Scythes et des Scandinaves? D'où viennent tous ces peuples? comment et quand se sont-ils formés en nations? quels gouvernemens ont-ils d'abord choisis ou reçus? quels motifs ou quelles circonstances, quelles causes, ont déterminé leur choix et leur obéissance? et quelles ont été les suites immédiates ou prochaines de leur première situation? C'est envain que vous leur ferez ces questions à tous; aucun d'eux n'y pourra satisfaire: il règne à cet égard parmi les hommes une ignorance aussi générale que profonde.

Quant aux colonies, leur origine n'intéresse que foiblement la question que nous examinons ici. Les colonies ne sont pas des nations nouvelles; elles n'ont de particulier que leur transplantation et les soins qu'exige un nouvel établissement: ce sont des cadets qui quittent la maison paternelle et qui choisissent un autre domicile; ils emportent avec eux leur patrimoine en valeur équivalente; ils emportent du moins leurs usages, leurs mœurs, leurs opinions, leur caractère, en un mot, l'esprit public de ceux dont ils se séparent. Il est bien évident que Syracuse n'a pu avoir, à son origine, d'autre esprit public que celui de Corinthe : Carthage n'a pu être, à son aurore, qu'une sorte de copie de Tyr; copie, aussi imparfaite que l'on voudra, mais ayant d'ailleurs les mêmes traits : les Marseillois auroient-ils pu ne pas ressembler aux Phocéens ? On aura les mêmes choses à dire de tant d'autres peuples fameux qui ont illustré les îles de l'Archipel, l'Asie mineure, la Sicile et la grande Grèce, mais qui ne sont que des colonies d'un petit nombre de nations plus anciennes (1).

Jamais colonie naissante ne peut avoir à nous offrir, sous son point de vue social et moral, que le tableau de ce qu'étoit la mère patrie au moment de la séparation. Si ce n'est pas toujours l'esprit public seul qui a rassemblé les colons et qui les a mis en route; s'il a quelquefois fallu, pour les déterminer et les guider, le concours de l'autorité publique, ou de la nécessité, ou de l'ambition, ou de quelque autre cause, soit politique, soit religieuse; il est au moins certain que cet esprit public a suivi ces colons, et qu'il a principalement décidé de leur conduite, de leurs lois, de leur gouvernement, et de leurs revers ou de leurs succès. C'est lui qui, les ayant auparavant accoutumés de vivre ensemble, les a disposés aux liens d'une même association, les y a soumis et les y a retenus. Ainsi les colonies elles-mêmes servent à prouver que l'esprit public précède la formation des sociétés, et que lui seul peut nous y préparer. Ainsi, le peu de lumières qu'il nous est possible d'acquérir sur l'origine des peuples, démontre, de quelque part qu'elles nous viennent, qu'il est impossible de caractériser la société politique que l'on forme, autrement que par l'esprit public que l'on a. Il est donc évident encore, que, lorsque l'on veut remonter à l'origine des peuples, ce ne doit être que pour examiner comment on s'y est pris, non pour leur donner un esprit public, mais seulement pour déterminer cet esprit, recueillir et assortir entr'eux les élémens qui le composent.

Et n'est-ce pas sur ces principes essentiels que les plus célèbres législateurs de l'antiquité, ceux que l'on peut en quelque sorte placer à côté des premiers rassembleurs d'hommes, ont réglé leur conduite ? ne se sont-ils pas tous renfermés, en général, dans le cercle des opinions qui étoient adoptées de leur temps ? Leur plus grande hardiesse ne s'est-elle pas bornée à prendre les mesures propres à fortifier celles de ces opinions qui convenoient le mieux à leurs vues ? Parvenir à augmenter l'énergie des opinions favorables; rendre, pour ainsi dire, ces opinions immortelles dans la société ; les dégager de quelques erreurs trop nuisibles ou trop discordantes ; savoir y accorder les élémens de l'ordre public, et en faire, en quelque sorte, un objet de culte national : tel a été le plus admirable effort de leur génie ; tel a été le plan qui les a conduits à civiliser les peuples, et à donner de la stabilité à leur existence, et plus ou moins d'amélioration à leur sort.

Nous ne citerons ici qu'un exemple, celui d'Iphitus, l'instituteur des jeux olympiques, le plus parfait modèle de ceux qui se proposent de diriger vers les grandes choses, par la civilisation, les peuples encore sauvages.

Iphitus n'a point créé d'opinions ; toutes celles qu'il produit ou qu'il favorise existoient déjà plusieurs siècles avant lui, et dans le temps du siége de Troye, comme on le voit dans Homère, sur tout à l'occasion des jeux donnés par Achille pour honorer la mémoire et consoler l'ombre de Patrocle. Mais avec quelle sagacité de sagesse et de génie n'a-t-il pas deviné, qu'en instituant une grande fête nationale, il recueilleroit les plus importantes de toutes les opinions des Grecs; qu'il les affermiroit par la solennité même de cette fête; qu'en les réunissant ensemble comme en un faisceau, il les corroboreroit les unes par les autres; qu'en consacrant ainsi ces opinions et tout ce qui constitue les mœurs publiques, il leur donneroit une énergie inconnue jusqu'à lui; qu'en attachant tous les peuples de la Grèce à des intérêts communs, d'autant plus chers que ces intérêts tiendroient aux sentimens les plus naturels à l'homme, il formeroit entr'eux des liens assez étroits pour ne plus faire à plusieurs égards qu'un seul peuple de tous ces peuples; et qu'enfin il contribueroit, plus efficacement que personne, à prolonger, dans un avenir de plus de mille ans consécutifs, les vertus, les talens et la gloire de cette belle contrée de l'Europe?

Ce n'est donc point précisément pour avoir introduit de nouvelles opinions, ni pour avoir voulu en proscrire quelqu'une des anciennes, que l'instituteur des jeux olympiques a mérité une place parmi les grands hommes de l'antiquité ; c'est pour avoir porté au plus haut degré, chez tous les Grecs, le zèle et l'enthousiasme pour celles de leurs opinions dont il avoit fait l'objet direct de ses jeux, ou que les assemblées générales, telles qu'il les avoit combinées, devoient fortifier parmi eux, sans qu'il eût besoin de les énoncer ou de paroître s'en être occupé. Iphitus a fait de grandes choses : il a propagé ou épuré les lumières et les vertus, non par la voie longue de l'enseignement, mais par le moyen plus rapide du sentiment le plus général; moyen dont les avantages inestimables sont tels qu'on ne pourroit en espérer de semblables de tous les autres procédés qu'il seroit possible d'y substituer.

Le magistrat ne rend de grands services au peuple qu'à l'aide des bonnes lois : les grands capitaines ne peuvent sauver ou illustrer la patrie qu'à l'aide du courage de leurs compagnons d'armes : on peut dire à peu près la même chose de tous ceux qui, en quelque autre genre que ce soit, peuvent se rendre utiles à la société; ils ne le font qu'à l'aide des mœurs, des talens, de l'émulation ou de l'industrie nationale. Mais Iphitus a des droits antérieurs à tous les leurs : il revendique sa part dans leurs succès et même dans leur mérite particulier, parce que c'est lui qui crée, anime ou soutient l'industrie, les talens, le courage, les mœurs, les lois et les vertus de la nation.

Maintenant sans doute, et d'après tous les détails où nous sommes entrés, nous pouvons aborder la question qui est le premier objet de cette partie de notre ouvrage, et rechercher les moyens les plus convenables et les plus sûrs de déterminer, assortir et fortifier les élémens de l'esprit public, encore informe, vague et grossier, d'un peuple nouveau. Mais tout ce qui précède ne suffit-il pas pour indiquer ces moyens au lecteur ? Il n'est personne qui, comme nous, ne recommande aux premiers chefs des peuples naissans, d'étudier Moyse, Romulus, ou plutôt Numa Pompilius, Guillaume Penn et les missionnaires du Paraguay; de les étudier long-temps, pour ne les suivre qu'avec la plus grande réserve; mais sur tout d'imiter Iphitus. Tous observeront que Moyse avoit à donner des lois à un peuple que l'ignorance, le malheur et un long esclavage avoient rendu foible, crédule et superstitieux : que ce n'étoit que par le merveilleux qu'il étoit possible de donner à ce peuple du ton, de l'énergie et du courage : que même ces Juifs, malgré le miracle du buisson ardent, malgré les entretiens de Moyse avec Dieu, malgré les tables de la loi gravées par Dieu lui-même; malgré les prodiges des plaies de l'Égypte, du passage de la mer rouge, des événemens du mont Sinaï, de la nuée qui les guide dans le désert, de la manne céleste qui les nourrit, du rocher aride qui fait jaillir de son sein une source abondante d'eau pure; malgré tant de miracles, ces Juifs, abrutis et charnels, adorent encore le veau d'or et pleurent les oignons de l'Egypte. Que falloit-il de moins que tout ce que Moyse a fait, pour transformer en un peuple organisé les vils esclaves de Pharaon (*) ?

Si Moyse, pour donner un esprit public aux Juifs et leur inspirer quelque élévation dans les sentimens, fut obligé de faire intervenir une divinité protectrice et sévère; Numa et

---

(*) Dirai-je, avec les ames pieuses, que tous ces miracles étoient vrais? en ce cas ma remarque est fondée. Dirai-je, avec les incrédules, que ces miracles étoient faux ? Qu'importe, puisque le peuple les croyoit? Mon raisonnement devient, par cette croyance, aussi juste que s'ils eussent tous été vrais.

Romulus recoururent également au même moyen, pour dompter, calmer et contenir l'indocilité féroce des premiers Romains. Sans nous arrêter ici à faire remarquer avec quelle adresse, après avoir fait disparoître Romulus, on persuade au peuple qu'il est élevé au rang des dieux ; sans nous étendre sur les entretiens de son successeur avec la nymphe Egérie ; pouvons-nous ne pas admirer l'art avec lequel ce dernier sut imprimer tant de décence et de dignité au collége de ses pontifes, à ses flamines, à ses vestales, à ses prêtres saliens et à ses augures ? Combien ce costume imposant, ces augustes cérémonies, cet air grave, ce recueillement, ces fêtes fréquentes, ne devoient-elles pas réprimer ce peuple, qui n'avoit eu d'abord pour premier objet que le plaisir de la rapine et du massacre ?

Chez les Juifs et chez les Romains, les principes religieux ont été des moyens de civilisation : chez Guillaume Penn et chez les jésuites du Paraguay, ces mêmes principes ont été l'objet direct et principal de la politique. Moyse et Romulus avoient besoin du secours de la religion, l'un pour élever des esclaves jusqu'aux vertus sociales, et l'autre pour ramener des brigands à ces mêmes vertus ; au lieu que Penn ne se proposoit véritablement que d'établir la tolérance et l'égalité des quakers, de même que les jésuites ne vouloient qu'établir la fraternité, la charité, la communauté des biens et l'abnégation chrétienne. Les formes de gouvernement que ces derniers ont imaginées et admises, n'ont été de leur part que des moyens choisis pour arriver à leur but favori.

Malgré ces différences, essentielles à remarquer, il est vrai que dans la législation des quatre ou cinq peuples dont nous venons de parler, la religion a été le trait le plus saillant; circonstance bien singulière, et pour laquelle nous avons dit qu'il falloit beaucoup de réserve à imiter ces législateurs, sur tout si on les compare à Iphitus, qui est le modèle le plus universellement convenable.

Ce n'est pas que les idées religieuses aient été étrangères au plan de ce grand homme : au contraire, c'est au nom des dieux que tout se fait chez lui; c'est sur l'autorité des oracles que tout est ordonné; c'est par des sacrifices que ses jeux commencent et finissent; et parmi les opinions qu'il recueille et qu'il consacre, il y en a au moins autant de religieuses que d'autres. Mais il trouve cette religion toute établie chez les Grecs, il ne la leur donne pas : mais il la met en actions sociales, douces et vertueuses, et non en maximes austères, farouches, attristantes et presque anti-sociales : mais sa religion est comme livrée à la bonne-foi publique; on n'y persécute point pour y astreindre les affections et les pensées : mais la religion des Grecs étoit, pour ainsi dire, une religion terrestre, humaine, mondaine et civile ; les hommes chez eux montoient moins aux cieux que les dieux ne descendoient sur la terre.

Iphitus, contemporain, ami, confident, émule et non rival de Lycurgue, qu'il consulta sur tous les détails de son plan, comme lui-même en fut consulté sur toutes les lois projetées pour Sparte, Iphitus ne rassembla pas un peuple nouveau, ainsi que les fondateurs que nous avons cités ci-dessus, mais resserra par de nouveaux liens les peuples de la Grèce entr'eux. Jamais aucun homme n'a uni plus étroitement les hommes d'une même langue. Il fit de sa petite province une terre sainte, une terre sacrée, et chère à toutes les ames sensibles et vertueuses : il en fit la patrie de la paix, qui y fut toujours respectée ; la patrie des talens et des qualités sociales, qui y reçurent leurs récompenses : il en fit la résidence naturelle et favorite de la gloire et du bonheur.

Et quels sont les moyens qu'il employa ? un seul, les jeux olympiques. Mais quel art, quel accord dans toutes les parties de son plan ! saison agréable, emplacement heureux, distribution parfaite, bâtimens superbes, jardins magnifiques ; annonces solennelles, appareil imposant jusque dans le choix des juges, publicité dans l'exécution des lois, cérémonies augustes dans le couronnement des vainqueurs, récompenses infiniment honorables ; tous les intérêts réunis ; culte imposant, système moral le plus sacré ; système politique le plus entraînant, opinions nationales les plus dominantes, intérêt personnel le plus puissant ; par tout simplicité apparente, et grandeur majestueuse et réelle ; concours de toutes les autorités, et affluence de tous les peuples !

Mais qui donc avoit dit à Iphitus que cette unique institution conduiroit à de si admirables résultats ? Le même génie qui la lui avoit inspirée, le génie créateur de l'homme et ordonnateur des sociétés. En étudiant l'homme, Iphitus avoit déchiffré et recueilli ces grandes vérités, ces maximes précieuses qui le guidèrent, et que nous allons esquisser dans deux tableaux opposés (*).

Premier tableau. « Plus l'homme est isolé, « plus il est borné. Combien est courte et « pénible la route de celui à qui on n'a pas « indiqué ou frayé le chemin ! combien est « petit l'esprit de celui qui ne s'est enrichi des « idées de personne ! combien est morne, « dure et sèche, l'ame de celui en qui l'on n'a « pas souvent excité la sensibilité ! Sous tous « les rapports, la nature ne nous a donné que « des germes de facultés, et ce n'est que par « l'exercice, par notre travail, aidé de celui « des autres, que nous parvenons à les déve- « lopper. L'homme qui est seul n'a ni l'occa- « sion ni la pensée de se former aucun « sentiment moral et habituel, aucune vertu « civique, aucune affection bienfaisante, au- « cune des facultés qui font le bonheur des « individus et des nations. Voyez les hommes « qui, sous le sceptre des despotes, ne com- « muniquent point ensemble : ils n'oseroient « s'aimer; comment oseroient-ils s'unir entr'eux? « Courbés sous le joug des préjugés, façonnés « à celui de la tyrannie, n'ayant de vertus que « celles qu'inspire la peur, ils ignorent si la « nature leur a donné des droits; ils n'aper- « çoivent aucune des vérités qui pourroient « disposer leur ame à quelque élévation. Si « on leur présentoit ces vérités, ils se croi- « roient coupables d'y arrêter leurs regards; « ils trembleroient d'effroi, s'ils surprenoient « à ce sujet quelque vœu dans leur cœur. Ils « ne voient que le ciel, qu'on leur dit avoir

---

(*) Ces deux tableaux sont extraits de mon ouvrage *sur les fêtes nationales*.

« fabriqué

« fabriqué leurs chaînes, et l'enfer, qu'on leur
« peint comme prêt à engloutir quiconque
« auroit la témérité de secouer la sienne: toutes
« les puissances humaines, célestes et infer-
« nales, leur offrent indulgence et miséricorde
« pour tous les vices et pour tous les crimes;
« il n'y a que les vertus sociales pour les-
« quelles on ne leur permet d'attendre de
« pardon, ni en ce monde, ni en l'autre!
« Tel est l'excès de foiblesse, d'affaissement,
« d'abrutissement et de nullité, où on réduit
« les hommes, même au sein des sociétés,
« lorsqu'on parvient à les isoler. »

Le second tableau que la méditation dut retracer au fond de l'ame d'Iphitus, peut se réduire aux traits suivans : « Rapprochez les
« hommes ; mettez-les, non-seulement en
« société, mais en présence les uns des autres,
« et sur tout en spectacle, les uns aux yeux
« des autres; et vous les rendrez plus parfaits
« et meilleurs. C'est à cette fréquentation ha-
« bituelle, où l'ame se porte par tous les sens
« sur les autres hommes, où l'on cherche sur
« tout à se faire voir et à se faire entendre,
« où l'on sent vivement que l'on est vu,
« entendu, observé et jugé : c'est à cette sorte
« de fréquentation, qui n'est jamais plus par-
« faite que dans les grandes fêtes nationales,
« que l'on est redevable des vertus civiques les
« plus pures ; de l'émulation, la mère des
« talens ; du patriotisme, l'ame des nations ;
« des mœurs publiques, et de l'enthousiasme
« le plus puissant pour tous les principes qui
« fondent l'honneur commun et le bonheur
« de tous. Et n'est-ce pas dans les fêtes natio-
« nales, et par ces fêtes, que doivent sur tout

« se retracer dans nos ames les images vives « et brillantes qui ne s'effacent jamais, ces « tableaux sublimes et touchans qui, par-tout « et toujours, nous rappellent si délicieuse- « ment la patrie, et nous attachent par les « souvenirs les plus flatteurs, par tous les char- « mes du plaisir et de la sensibilité, en un « mot, par tout ce qui peut accroître et enno- « blir nos jouissances dans la prospérité, et « nous consoler dans l'absence et le malheur? « Illusions enchanteresses, qui nous reportez « avec un si tendre intérêt vers tous les mo- « mens de notre enfance et de notre première « jeunesse; de cet âge où tout étoit fête, « spectacle et jouissance pour nous! quel est « l'homme abandonné de la nature entière, à « qui vous ne rendez pas sensible la vérité « que l'on vient d'énoncer! »

Ces sortes de tableaux, tracés dans l'ame d'Iphitus par la main du génie, pouvoient-ils lui laisser quelque doute sur le succès du moyen qu'il se déterminoit à employer? et que pourroit imaginer de mieux, ou de plus, celui qui se trouveroit dans une position semblable à la sienne? quel autre moyen lui paroîtroit, ou encore nécessaire, ou plus parfait? que lui resteroit-il à désirer, sur tout si, en recourant aux procédés qui tiennent au plan d'Iphitus, et qui peuvent en assurer l'exécution, il y joignoit, 1.º le talent si rare et presque nou- veau, de rapprocher, d'une manière adroite, sa doctrine des axiomes du sens commun, des indications de la nature, des principes évidens de la raison, des affections les plus douces et les plus flatteuses, en un mot, de la vérité, de l'utilité, de la vertu et de l'harmonie qu'il est si important d'établir entre ces divers avantages ; 2.° le talent si précieux, d'unir étroitement entr'elles toutes les opinions qu'il voudroit conserver ou faire naître et affermir ; 3.° le talent, plus précieux encore, de bien choisir, et de placer au centre de toutes les autres, les opinions qu'il devroit rendre plus saillantes, afin de les faire dominer ; 4.° enfin le talent de les vivifier toutes par le sentiment de la plus grande énergie, selon le besoin et les circonstances, et d'appeler à leur suite toutes les autres opinions qui pourroient arrondir ou compléter le système entier de l'esprit public ?

Mais ces talens même ne se manifesteront et ne se développeront jamais avec plus d'avantage que par l'institution dont Iphitus fut l'auteur. Ce n'est pas qu'il n'y ait encore beaucoup d'autres institutions sociales qui peuvent leur être favorables : tout ce qui est du ressort des lois, et sur tout des lois de police, ne peut jamais être étranger ou indifférent à l'esprit public. Cependant nous écartons tous ces objets, parce qu'ils appartiennent trop spécialement aux diverses formes de gouvernement pour que nous puissions nous y arrêter. Il nous suffira d'observer ici qu'Iphitus forma son plan pour des peuples libres, et que ces peuples sont, en effet, les seuls chez qui l'on puisse instituer de véritables fêtes publiques : on ne présente aux esclaves que des cérémonies qui, plus elles sont grandes, plus elles affermissent dans chaque spectateur le sentiment de l'admiration pour ses maîtres, et de son abaissement personnel. Il est vrai, néanmoins, que ces mêmes cérémonies s'appellent ordinairement *des fêtes ;* mais ce sont des fêtes de cour, c'est-à-dire, qu'elles ont exclusivement le caractère de fêtes pour les despotes, comme les cérémonies religieuses pour les dieux. Au surplus, s'il ne peut y avoir de fêtes nationales que pour les peuples libres, c'est que ces peuples sont les seuls à qui on puisse parvenir à donner un esprit public parfait.

Article II.e

Sans vouloir affoiblir la gloire du bienfaiteur de l'humanité dont nous venons de parler, il faut néanmoins convenir qu'il est naturel qu'en procédant avec zèle et sagesse, on parvienne à disposer un peuple à devenir heureux par la civilisation, lorsque l'on rencontre des ames pures, c'est-à-dire, sans vices et sans préjugés ou préventions; des ames simples, et dès-lors faciles à persuader; des ames fraîches, chez qui les impressions qu'on veut leur donner se reçoivent sans obstacles, et deviennent naturelles et durables; des ames neuves, enfin, chez qui ces impressions sont toujours vives, fortes, et par conséquent effectives. Le législateur, alors, est en général dans une position semblable à celle d'un sage qui se consacre à l'éducation de la jeunesse: sa route est tracée, et son zèle est soutenu par l'espoir fondé d'un véritable succès. La seule différence que l'on puisse remarquer entre l'un et l'autre, c'est que le plan du premier est plus compliqué que celui du second, vu que l'école de celui-là comprend la nation toute entière.

Mais à quels moyens recourir pour conserver les mêmes espérances lorsque l'on s'adresse à l'âge le moins flexible, c'est-à-dire, lorsqu'on s'adresse à des ames vieilles, chez lesquelles

les ressorts n'ont plus d'élasticité ; à des ames usées, chez lesquelles tout sentiment est flétri ; à des ames blasées, pour lesquelles rien n'a plus de saveur ; à des ames corrompues, qui n'ont plus que de la répugnance pour tout ce qui est bon ; à des ames perverties, qui n'ont plus de goût que pour ce qui est mal ? On conçoit qu'il faut ici des moyens extraordinaires. Pour rajeunir le monde physique, il faudroit, dit-on, une révolution dans la nature et dans ses lois : eh bien (nous l'avons déjà dit, et il faut le redire encore), vous ne rajeunirez pas la société si vous ne faites une révolution dans l'ordre public et dans les mœurs. Les risques et les inconvéniens en sont effrayans, sans doute ; mais ce n'est qu'à ce prix qu'on peut obtenir de si grands résultats. Entrons, osons entrer dans les détails d'une révolution politique, moins encore pour déplorer les malheurs qui en sont presque toujours inséparables, que pour rechercher comment on pourroit assurer les succès d'une entreprise aussi périlleuse, et en affoiblir ou abréger les inconvéniens.

Au reste, qu'on ne s'étonne pas si, pour montrer comment on pourroit régénérer l'esprit public chez un peuple corrompu, nous nous attachons uniquement à rechercher comment il faudroit s'y prendre pour faire chez ce peuple une révolution heureuse par les moyens qu'on emploiroit, et par les succès que l'on pourroit espérer. Former l'esprit public d'un peuple nouveau, c'est créer plutôt que révolutionner ; circonstance qui seule rend le sort d'un premier législateur infiniment préférable au sort d'un réformateur. Pour ce dernier, il ne peut travailler sur les opinions sans frapper sur tout ce qui intéresse l'ordre social: changer les opinions vicieuses ou erronnées, c'est détruire tout ce qu'elles ont fait établir, ou tout ce dont elles ont fait abuser. Ainsi, redonner un autre esprit public à un peuple corrompu, c'est tout renverser et tout changer chez ce peuple; et voilà pourquoi, ayant à traiter de réformation dans l'esprit public, c'est de révolution que nous sommes obligés de parler.

Nous dirions bien à ceux qui sont réduits à recourir à ce renversement moral, d'en brusquer l'action autant qu'il sera possible; c'est une opération chirurgicale, que l'on ne peut rendre moins douloureuse qu'en l'abrégeant: mais peut-on, à cet égard, ce que l'on désire le plus? Ceux qui font les révolutions sont presque toujours, rapidement et forcément, entraînés au-delà du terme qu'ils se sont proposé, et ce n'est plus alors dans toute l'impétuosité du tourbillon qu'ils peuvent se tracer leur route ou rester maîtres de la suivre. C'est donc avant d'agir qu'ils doivent, autant que la sagesse le comporte, se prémunir contre les directions irrégulières et malheureuses; préparer, dans le calme de la méditation, les changemens qui sont devenus inévitables ou avantageux; prévoir les obstacles et les dangers, et prendre, pour y échapper, les mesures les plus convenables, ou du moins les plus honorables, afin qu'une époque aussi importante puisse laisser après elle, au défaut d'un succès plus satisfaisant, des traces consolantes pour le présent, et des espérances fondées pour l'avenir.

Puisque, dans le mouvement révolutionnaire, on est si difficilement le maître de régler sa marche et son action, nous ne dirons rien à ceux qui déjà s'y trouveroient engagés; ce n'est que sur ceux qui veulent s'y préparer d'avance que nous dirigerons nos vues. Nous les inviterons sur tout à se faire d'abord une idée juste de l'état et des dispositions d'un peuple véritablement corrompu, afin qu'ils puissent mesurer de l'œil l'abyme qu'ils ont à combler, et juger de l'efficacité des moyens qu'ils prendront pour y parvenir. Mais la corruption des peuples a différens degrés, et par conséquent un grand nombre de symptômes, plus ou moins graves, qui tantôt se succèdent les uns aux autres, et tantôt s'accumulent de la manière la plus alarmante. Essayons de réunir les plus dangereux en un même tableau, et de les crayonner avec assez de fidélité pour que le lecteur ne puisse les méconnoître.

Qu'est-ce donc qu'un peuple bien corrompu ? C'est un peuple chez qui les opinions communes sont rejetées avec dédain, et les affections sociales entièrement éteintes, la raison décréditée, les lois méprisées, l'amour de la patrie ridiculisé, et les mœurs proscrites; le peuple, en un mot, qui rougit de ses antiques vertus, comme on rougit de ses foiblesses et de ses erreurs, et qui s'applaudit d'être vicieux et inconséquent ou lâche, comme on pourroit s'applaudir d'être philosophe.

Que l'on suive ce peuple avec attention, dans les détails les plus propres à déceler les principes qui le dirigent; on le voit dominé par la vanité la plus active, par cette sorte de vanité qui, s'accrochant à tout, ne choisit en tout que ce qui est petit, inutile, nuisible ou absurde : on le voit altérer la justesse des idées les plus naturelles, par le crédit qu'il donne aux sophismes ; anéantir, sous la touffe épaisse et concentrée de l'égoïsme, que l'on érige en sagesse, la sensibilité expansive, qui seule fait le lien et le charme de la société ; renverser tous les principes du bon sens devant les caprices du bel esprit ; chérir le plus les abus les moins tolérables, et s'en faire un titre de distinction et un sujet de jactance ; étaler la profusion la plus folle dans ses dépenses particulières les moins nécessaires, et refuser de concourir, par le plus léger sacrifice, au salut de l'état ; remplacer, enfin, les bases de l'ordre public par l'indifférence, tant pour le bien ou le mal moral, que pour l'estime ou le blâme de quiconque n'extravague pas à l'unisson du plus grand nombre.

Continuez d'observer ce peuple : vous le verrez porter la perversité jusqu'à se persuader qu'il s'embellit en affichant la légèreté de caractère la plus pitoyable, les fantaisies de la mode les plus folles, le persifflage le plus sot, le jargon le plus insipide, les airs les plus ridicules, et le ton le plus inconsidéré ; par un effet immanquable de cette démence, vous verrez que, chez lui, tous font consister leur mérite personnel le plus flatteur à s'abandonner à tous ces travers, avec connoissance de cause, sécurité et satisfaction, sans retenue et sans pudeur.

Ne détournez point encore vos regards attristés de dessus ce peuple aussi digne de pitié que de colère : vous le verrez, alliant les extrêmes les plus absurdes aux plus faux calculs, porter les prétentions personnelles au point que tous se croiront exclusivement capables de gouverner l'état, et que ce seront les plus ignorans et les plus ineptes qui afficheront leurs prétentions avec le plus de morgue, et mettront le plus d'acharnement à décrier les opérations qui se feront sans eux ; tandis que, par une inconséquence ou une contradiction révoltante, ils n'auront, au fond, que l'insouciance la plus froide pour la chose publique. Tantôt vous les verrez repousser dans la foule le citoyen probe le mieux connu, pour élever, avec un aveugle engouement, l'étranger le plus suspect, et livrer à sa voracité la fortune nationale et le sort des races futures ; tantôt déserter les étendards qu'ils ont suivis avec le plus d'honneur, mettre à prix d'argent le crime et la vertu, calculer et balancer tranquillement le produit de la fidélité et celui de la trahison ; se munir du masque de tous les partis, pour s'en couvrir à-propos, selon les temps et les personnes, et marcher ainsi à la fortune, à travers les désolations, et sur les ruines et les cadavres ; tantôt, encore, s'abandonner aux passions les plus exaspérées, se jeter dans les factions les plus criminelles, se nourrir de haines, d'intrigues, de cabales et de complots ; tantôt, enfin, couvrant leur profonde déraison du manteau d'une philosophie sophistique et subtile, et se faisant un mérite de l'effronterie et une vertu de ce qui est excès, dédaigner le soin de déguiser les friponneries qu'ils feront ou permettront de faire au détriment de la nation, assurer l'impunité aux brigandages les mieux constatés, récompenser le crime et honorer les vengeances,

Ne négligez pas de voir comment ce peuple, ainsi vicié sous tous les aspects, parvient, plus tôt ou plus tard, à pressentir les angoisses affreuses que doit lui causer la perspective rapprochée des catastrophes et des déchiremens qu'il se prépare; et comment il commence à reconnoître et à redouter l'aiguillon des besoins impérieux qu'il n'a su ni prévoir ni prévenir. Sondez bien toutes ses souffrances, lorsque déjà il se regarde comme atteint de tous les maux qui doivent être la suite de ses préjugés trop peu réfléchis, de ses sottises érigées en maximes, de ses abus aussi multipliés que destructifs, et de ses désordres aussi odieux qu'enracinés; lorsqu'en même temps, fatigué du désir stérile de se réformer, découragé des essais impuissans qu'il a faits à ce sujet, épuisé par les efforts partiels et discordans qu'on lui a déjà conseillés, rebuté de tous les plans de régénération, si gauchement combinés et si ridiculement exécutés, par lesquels on l'a tant de fois trompé, il n'est plus capable d'accueillir aucun projet utile qu'avec le sentiment pénible d'une fastidieuse satiété ou le sarcasme mordant du mépris; et qu'enfin, renonçant à tout espoir de se corriger, il tombe dans l'affaissement, et cherche un vain repos dans l'abandon le plus absolu.

Tel est le peuple que je vous donne à réformer et à sauver, ô vous que le ciel doua de génie, de courage et de vertu! tel est le peuple que je livre à votre zèle! Invoquez la sagesse, et immolez-vous à la gloire d'avoir conservé toute une nation à elle-même. Laissez un grand exemple à l'univers, et un modèle rare aux siècles à venir : et qu'importent vos privations et vos périls, si, le succès couronnant vos efforts, vous offrez à la terre l'exemple d'un peuple heureux!

Pour remplir cette haute et brillante destinée, reportez votre plus sérieuse attention sur la nature de l'homme en général; appliquez-vous à discerner ce qu'il y a de plus indélébile dans son caractère, et saisissez avec précision les plus invariables principes que cet examen puisse vous fournir? Considérez que, sur tout chez les peuples corrompus, les intérêts de chaque particulier, par là même qu'ils sont immodérés, étant nécessairement inconciliables avec les intérêts de tous, il faut qu'il y ait toujours lutte de tous contre chacun, et que par conséquent l'individu soit partout contenu ou réprimé par le plus grand nombre. Observez encore, que si, pour l'ordinaire, l'individu perverti est incorrigible, il ne peut jamais en être de même d'une nation toute entière, parce que la diversité des positions, la différence des personnes, la contrariété de leurs goûts, de leurs vues et de leurs plans, nous assurent qu'il y aura toujours quelques ames plus saines, capables de ramener les autres au bien, si elles sont heureusement secondées, et d'autant plus énergiques que le mal et le danger seront plus grands. Rappelez-vous, enfin, que les hommes n'acquièrent quelque valeur que par la sociabilité; que toujours nous sommes avides des connoissances qui peuvent nous devenir utiles, et qui nous manquent; que la vérité a, de cette sorte, un très-puissant attrait pour nous tous; que, si elle peut être méconnue par des hommes isolés, elle ne peut jamais l'être par tout un peuple, lorsqu'on la présente sous le jour pur de l'évidence ; et que l'imprimerie nous fournit des moyens, aussi prompts qu'infaillibles, de répandre la lumière par tout, et d'étendre son empire sur tous les esprits. Ces vérités incontestables, et tant d'autres encore qui viendront s'y joindre d'elles-mêmes, vous convaincront que, plus la perversion d'un peuple sera excessive et publiquement affichée, plus un homme de bien, réunissant au zèle et à la vertu un vrai génie, un caractère prononcé et une réputation méritée, pourra certainement parvenir à se faire entendre et à se faire suivre, et que tout le secondera, l'inconstance, la lassitude des combats, l'effroi de l'avenir, le besoin et la honte; car, par un effet naturel de ce qui est excès, plus le crime est effrontément applaudi, plus, enfin, on est près d'en rougir.

Or, par quels moyens pourrez-vous sûrement profiter de ces dispositions naturelles et même nécessaires? par quels moyens vraiment efficaces ramènerez-vous à la vérité, à la justice, à l'ordre et à la nature, la nation ainsi égarée, énervée et pervertie? Ces moyens pourroient, en quelque sorte, se réduire à un seul, que nous indiquerions aux législateurs, en leur disant : « Faites sur la nation que vous avez à
« régénérer de ces impressions profondes qui
« se communiquent de générations en géné-
« rations, jusques bien avant dans les siècles.
« La vérité, et la vérité toute entière ! ayez
« le courage de l'entendre, de la rechercher
« et de la dire ! ayez ce courage, ou brisez
« vos tablettes! »

Mais, quelques talens que nous joignions à notre zèle, il faut encore, diront les législateurs des peuples corrompus, il faut encore que des circonstances favorables viennent seconder nos efforts et notre adresse? — Eh, qui peut en douter? notre plus haute sagesse ne consiste qu'à savoir attendre ces circonstances, pour les saisir et nous y conformer! — Mais il nous faut encore le concours des événemens journaliers les moins prévus. — Certainement: que peut l'homme contre l'autorité ou la puissance des événemens? Existe-t-il une éloquence capable d'étouffer l'éloquence des faits? Les faits, les événemens sont la parole de la nature, celle qui ne trompe point, la plus imposante, la mieux entendue et la plus décisive. Il faut donc savoir profiter des faits et des circonstances; il faut savoir les tourner à son avantage; et la méthode à suivre, pour cet effet, varie et doit varier à l'infini, selon les temps, les lieux et les peuples eux-mêmes. Objectera-t-on encore, combien cette tâche est difficile à remplir? Eh, qui donc a dit aux hommes sans génie et sans vertu, qu'ils pourroient sauver les peuples? Nous n'entrerons point, d'ailleurs, dans les détails inépuisables que tous ces points de vue nous offrent(2): nous nous restreindrons à quelques principes généraux, applicables par tout, parce qu'ils sont d'un ordre antérieur à toutes les hypothèses, et supérieur à tous les cas particuliers.

Nous dirons donc, que l'homme appelé à sauver d'une ruine totale un peuple égaré, dégradé et perverti, doit se bien convaincre qu'il ne réussira pas s'il s'écarte des règles qui suivent.

Première règle. Avoir un plan médité, combiné et arrêté d'avance, et ne paroître jamais en dévier, même dans les occurrences les plus difficiles et les plus délicates (3). Si, en effet, on a vraiment le désir de faire le bien, peut-on se flatter d'y réussir, en abandonnant tout au hasard? peut-on ne pas recourir à la méditation, pour s'assurer des moyens les plus propres au succès? et quelle considération, quel motif pourroit justifier des écarts qui seroient le fruit de l'inconstance, de la précipitation, de la foiblesse et de la témérité? Qui peut ignorer combien, en pareils cas, la moindre fluctuation jette de discrédit et sur les entreprises et sur les personnes? Qui ne sait pas combien la fermeté et la persévérance ajoutent, aux yeux du public, à l'opinion avantageuse que l'on se fait de ses chefs, et augmentent la confiance que l'on met en eux? Cette règle est si essentielle, que, si quelque événement inopiné oblige de changer en quelques points le plan que l'on s'est tracé, il faut que l'on paroisse avoir prévu ces sortes d'incidens, et avoir tout préparé pour n'en être point déconcerté. Mais, en effet, la sagesse ne consiste-t-elle pas à tout prévoir? et si les bases du plan que l'on adopte portent toutes sur la vérité, quel sera le jeu des événemens ou des passions, qui pourra le renverser ou le déranger?

Deuxième règle. Comprendre sur tout trois objets dans son plan: le premier, le choix des opinions anciennes que l'on veut conserver et ranimer, et celui des opinions nouvelles que l'on se propose de faire adopter; le second, la détermination de celles de ces opinions que l'on devra hautement avouer et énoncer, et de celles qu'il sera plus à propos de ne pas professer d'abord explicitement, et pour lesquelles il conviendra de laisser au temps et aux hommes à les produire formellement, lorsqu'elles auront acquis assez de consistance pour faire partie du code de morale publique; et le troisième, la combinaison des mesures particulières que l'on devra prendre pour rappeler sans cesse au peuple les faits ou les considérations les plus propres à consolider les opinions avouées, et à conduire adroitement à l'admission des autres. Est-il besoin d'observer que ces mesures ne produiront l'effet qu'on s'en promettra, qu'autant qu'elles seront analogues aux qualités sociales de l'homme en général, et en même temps aux qualités particulières du peuple auprès duquel on les emploira, de manière que tout y soit favorable aux intérêts les plus précieux de ce peuple, à ses affections les plus chères, et à ses besoins les plus essentiels (4)?

Troisième règle. Faire de la bienfaisance nationale, entée sur la justice, l'objet principal, l'objet le plus manifeste de toutes les opinions que l'on choisit. C'est ici que l'évidence des principes doit tout diriger, afin que l'ordre et la police soient garantis, moins encore par les réglemens eux-mêmes, que par un profond respect pour les lois (5). Il faut, en conséquence, que jamais on ne tolère aucun oubli à cet égard, sur tout chez ceux qui sont commis à quelques fonctions publiques, et que par tout celui qui occupe une place plus éminente donne toujours le premier exemple, ou soit toujours le premier puni (6): il faut qu'une surveillance générale et continue, animée, applaudie, secondée par tous les citoyens, et honorable pour ceux qui en sont chargés, prévienne assez efficacement les crimes pour qu'on en ait rarement à punir. Tel est l'esprit qui doit présider à la confection des lois; telles sont les vues que le législateur devra toujours avoir devant les yeux, et dont aucune considération ne devra jamais l'écarter.

Quatrième règle. Choisir les bonnes mœurs pour le centre autour duquel doivent venir se ranger toutes les institutions nationales. Pour atteindre à ce but si essentiel, on aura soin qu'il y ait toujours salaires suffisans pour les places nécessaires (7), encouragemens convenables pour l'industrie, protection puissante pour les entreprises ou travaux utiles, récompenses flatteuses pour les belles actions, secours réels et prompts pour les besoins ou les malheurs, et honneurs publics et durables pour les vertus. On aura plus soin encore de bien fondre dans l'esprit public, comme maximes universellement avouées, que, sans talens, on ne peut avoir droit à aucune place; que, sans morale, les talens ne peuvent être que pernicieux; et que, sans vertus domestiques et privées, les mœurs publiques ne sont que mensonge et hypocrisie : il faut que le respect dû aux bonnes mœurs ne soit pas un vain titre, et que, jusques dans le sanctuaire des lois, elles obtiennent leur triomphe le plus beau et le plus imposant; et pour cela, il faut que, dans la rédaction du code pénal, les peines, toujours égales pour ceux qui font les mêmes fautes, soient tellement distribuées, que, par des dispositions aussi justes que sages, il y ait des ménagemens particuliers pour ceux qui ont de bonnes mœurs, et une sévérité plus

plus rigoureuse pour ceux dont les mœurs sont moins régulières et moins pures.

Cinquième règle. Affermir le plan que l'on se sera tracé, par ses qualités imposantes, par son mérite transcendant, par son dévouement absolu, par son courage inaltérable, et par un désintéressement sans lequel les autres qualités, dont néanmoins il ne dispense pas, ne produiroient aucun effet utile. Que le sage, appelé par son zèle ou par sa place à ramener tout un peuple à la vertu, soit bien convaincu qu'il n'obtiendra aucun crédit, et par conséquent aucun succès, s'il n'a lui-même encore plus de vertus qu'il n'en demandera aux autres (8); que, par conséquent, il ne se permette jamais dans sa conduite aucune autre finesse que la retenue et la discrétion; que tout mensonge, privé ou public, formel ou indirect, soit à ses yeux un des crimes des plus odieux envers la société; que, non content d'être pur et intact, il écarte de sa personne tout ce qui peut jeter du louche sur son caractère et sur ses intentions, et qu'en un mot, il s'observe en tout jusqu'à ne se permettre aucune démarche, même innocente, qui puisse être mal interprétée ou donner quelque inquiétude sur sa moralité.

Sixième règle. Prendre, pour arriver au but que l'on se propose, des voies aussi douces que certaines, et aussi adroites que convenables: ne jamais oublier que c'est principalement à l'équité des lois à fonder le respect qui leur est dû, comme c'est à leur bienfaisance à déterminer l'amour qu'on doit leur porter, et comme encore c'est aux vertus des hommes publics à faire l'éloge du gouvernement : se rappeler tours les jours que les opinions ne se commandent pas; qu'il faut avoir l'art de les persuader au peuple, en les annexant à l'idée de l'intérêt personnel ou commun, et à tous les sentimens qui forment les jouissances honnêtes de l'ame. Il faut même que ces plaisirs de l'ame, qui naissent du développement et de l'épurement de nos qualités morales, soient le principal objet des soins du législateur; que cet homme, sauveur de ses frères, recherche, établisse et perfectionne les institutions les plus propres à les fortifier et à nous les rendre toujours plus chers; que, de toutes parts, il inspire à tous ses concitoyens ceux des principes moraux qui tiennent de plus près aux sentimens les plus généreux, et sur tout au désintéressement, la plus pure et la plus sublime de nos vertus sociales, la source de toutes les autres; et qu'enfin (laissant aux raboteurs d'hommes, qui ne polissent que pour rapetisser, la ridicule et misérable ressource des hochets des cours, des décorations enfantines des grands, des ajustemens féminins des demi-dieux modernes, des rubans légers, croix mignonnes et brillantes, placards volumineux, symboles de la foiblesse et de la frivolité) il sache préférer lui-même, et faire préférer à la nation, les moyens qui ne civilisent qu'en donnant aux hommes un plus grand caractère de dignité; qu'il sache préférer lui-même, et faire préférer aux autres, des récompenses qui placent à demeure les belles actions au milieu de la société, telles que seroient des monumens qui rappelleroient sans cesse les grands hommes et les grands événemens pour lesquels on les auroit élevés, et telles que seroient encore des inscriptions solennelles, qui, gravées sur le marbre et l'airain, iroient instruire, exciter à la vertu, et porter aux grandes choses la postérité la plus reculée (9).

Mais, quelque importantes que soient les règles que nous venons de tracer aux législateurs, elles ne produiront leur effet qu'à demi, si l'on n'y ajoute pas les trois moyens suivans, c'est-à-dire, si l'on n'organise pas l'instruction publique sur le plan le plus uniforme et le plus convenable; si l'on ne dirige pas la bibliographie avec autant de soin que de sagesse, et si l'on n'institue pas des fêtes nationales heureusement assorties. Il n'est aucun lecteur, sans doute, qui, d'après tous les ouvrages qui existent sur ces trois objets, ne soit déjà convaincu des effets inappréciables qu'on peut attendre de l'emploi qu'on en fera. Nous y avons d'ailleurs été déjà ramenés plus ou moins souvent, et sur tout au dernier, par la nature même du sujet que nous traitons, et nous aurons encore à nous en occuper dans notre cinquième partie. Ainsi, pour éviter des répétitions inutiles, nous bornerons ici à quelques observations courtes et particulières tout ce que nous pourrions dire sur des matières aussi essentielles et aussi étendues.

1.° Le premier des trois moyens sur lesquels le législateur doit plus spécialement arrêter son attention, c'est l'instruction publique : il doit se bien convaincre que, pour en retirer les fruits infiniment précieux qu'il est permis d'en attendre, il faut déterminer, avec autant de précision que de sagesse, non-seulement ce que l'on enseignera, mais encore le plan et la méthode selon lesquels cet enseignement devra se faire, et les qualités que l'on devra exiger dans les professeurs, quant aux lumières, aux talens, au zèle et aux mœurs. Il doit être vivement frappé de ce principe, que dans cette institution on ne doit pas s'arrêter aux avantages que chaque individu pourra en retirer pour son propre compte, et que ce sont, avant tout, les opinions morales, les maximes communes et les bases de la sociabilité, qu'il y faut profondément graver dans toutes les ames. Ce qu'il doit considérer encore davantage, c'est que le but le plus essentiel est d'y inculquer à la jeunesse l'uniformité de la doctrine que l'on enseignera à ces hommes naissans, chez qui les impressions faites avec une adresse convenable se gravent pour toute la vie, lorsque les leçons en sont mises à la portée de tout le monde, et qu'elles sont développées d'une manière intéressante, méthodique et lumineuse. Ce qu'il importe enfin que le législateur n'oublie pas, c'est que les leçons ainsi données à la jeunesse ne se bornent pas à instruire des élèves à qui l'on parle, et qu'elles instruisent même les âges plus avancés; car, quel est le père, le parent ou l'ami qui, par amitié ou par complaisance, ne condescende pas quelquefois à questionner ou à entendre un jeune homme sur l'objet de ses études, soit que l'on veuille s'assurer de ses succès, soit que l'on veuille l'encourager? Or, lorsque ce jeune homme répétera les leçons utiles, et fondées sur la vérité, qu'on lui aura données, le père, le parent et l'ami se permettront-ils de contester ce que ces leçons renfermeront de juste, de vrai, d'évident et d'utile? oseront-ils y paroître indifférens ? auront-ils l'inconséquence d'en détruire l'effet, soit par des critiques déplacées, soit par des plaisanteries plus nuisibles encore ? Non, ils mettront bien plutôt leurs soins à paroître frappés de la solidité des principes, et à en appuyer même l'importance par leurs propres réflexions; et de cette sorte ils se pénétreront eux-mêmes des leçons qu'ils entendront répéter, ils se rappelleront des vérités qu'ils avoient oubliées, ils apprendront même ce qu'ils n'avoient jamais su : la jeunesse, en un mot, deviendra en quelque sorte leur institutrice, à son tour ; ils ne voudront pas valoir moins que l'enfance, et ils en vaudront mieux tous les jours. C'est par là que l'instruction de la jeunesse est vraiment l'instruction de tout le monde, et qu'elle peut si essentiellement et si directement influer sur la régénération de l'esprit public.

2.° Les effets admirables de cette instruction seront bien plus prompts et bien plus assurés, si l'on sait en même temps diriger la bibliographie, que le législateur, grâce à la découverte de l'art d'imprimer nos pensées et nos affections, doit regarder comme une seconde instruction publique, comme le complément et la continuation de la première. Je ne dirai pas au législateur qu'il doit chercher à inspirer le goût de la lecture aux citoyens, mais je l'inviterai du moins à ne pas l'étouffer, car l'aiguillon de l'amour-propre, et celui de la curiosité, si naturelle à l'homme, suffisent pour faire naître ce goût et le maintenir. Je lui dirai de prendre des mesures propres à rendre ce goût honorable, et pour cela, d'avoir soin que l'on préfère toujours, pour les emplois qui supposent quelques connoissances, les personnes les plus instruites. Je lui dirai de favoriser encore ce goût si précieux en encourageant de préférence la confection des livres les plus généralement utiles, et pour cela, non-seulement de récompenser ceux qui s'en occuperont avec le plus de succès, mais encore de veiller à ce que leurs ouvrages soient à la portée de tous, pour le style et pour le prix. Je lui dirai principalement de prendre les mesures convenables pour ramener tous ces ouvrages à une doctrine concordante et uniforme. Je l'exhorterai à faire répandre dans le public des choix de maximes sociales, des recueils de vérités sensibles et intéressantes, des précis des lois d'ordre et de police les plus usuelles, des tableaux de toutes les bases du gouvernement, et de mettre tous ses soins à faire de ces ouvrages les livres les plus familiers aux enfans et les plus respectés des vieillards. Je lui rappellerai les institutions les plus mémorables des anciens, et je lui demanderai pourquoi il n'en imiteroit pas les plus utiles ? je lui demanderai pourquoi il n'ordonneroit pas au magistrat de chaque commune, de prononcer devant la tombe de chaque citoyen défunt, et au moment de son inhumation, l'éloge ou le blâme qu'il aura mérité durant sa vie, et même d'inscrire avec laconisme cet éloge ou ce blâme sur les registres publics ? Je lui demanderai pourquoi il n'établiroit pas un concours permanent et toujours ouvert pour les ouvrages dont nous venons de parler, pour les livres élémentaires, et plus encore pour les discours que l'on devra prononcer et les hymnes que l'on devra chanter aux fêtes nationales ? pourquoi même on ne referoit pas les livres anciens que l'on emploie à l'instruction de la jeunesse, ou qui servent aux progrès des sciences, ou qui même contribuent le plus à l'amusement ? N'est-il pas évident, que par ces moyens réunis on parviendra sûrement à donner à tous la même ame, et l'ame que l'on voudra; et par conséquent à régénérer l'esprit public, et à rendre la nation heureuse et puissante ?

3.° Ce succès ne pourra être douteux, si aux deux moyens précédens vous joignez une institution semblable à celle d'Iphitus, c'est-à-dire, si vous y joignez l'art de réunir souvent les hommes en grandes masses, et de les placer dans des situations d'esprit douces et satisfaisantes, en les entourant de l'image de la liberté, du calme de l'espérance et des charmes de la bienveillance, sources intarissables des agrémens les plus purs de la vie (*).

―――

(*) Est-il nécessaire d'avertir, qu'en revenant, aussi souvent que je le fais, à l'idée des fêtes nationales, je n'ai point en vue les mascarades ridicules, absurdes, indécentes, gigantesques et très-ennuyeuses, dont on nous a fatigués pendant deux ou trois ans de notre révolution ? Les ordonnateurs de ces prétendues fêtes n'ont été que des dominateurs despotiques et ignorans, qui confondoient avec de vaines et pesantes cérémonies les fêtes propres à fonder la sociabilité sur les charmes de la réunion libre des hommes. Si l'on veut me nier que ces mascarades, qui blessoient toutes les convenances, aient été conçues par des cerveaux creux et déréglés, je dirai alors qu'elles l'ont été par des tyrans, ennemis déguisés et malheureusement trop adroits des vertus sociales; par des hommes qui ne cherchoient qu'à corrompre jusqu'aux sources où nous pouvions puiser les sentimens qui rapprochent les hommes entr'eux : ils ont été des hommes présomptueux et irréfléchis, ou des monstres semblables aux harpies, qui salissoient et empoisonnoient les meilleures choses. Les fêtes dont je parle n'ont rien de commun avec ces extravagantes cérémonies : je n'en développe point ici le plan, parce que ce seroit un long ouvrage dans un autre ouvrage; mais on peut en voir l'idée et les détails dans le *Journal d'instruction publique*, par *Borrelly*; et si l'on daigne y jeter un coup-d'œil, on sera convaincu que les fêtes nationales, telles que je les conçois, sont le moyen le plus sûr de nous procurer les avantages inestimables que j'annonce.

Si l'on m'objecte que ces moyens sont lents, tandis que chez un peuple corrompu les pertes les plus douloureuses se renouvellent tous les jours, et que tous les jours le mal et le péril s'accroissent; je répondrai, qu'il n'est pas donné à l'homme de faire succéder en un instant, chez tout un peuple, la vigueur de la santé la plus robuste à l'épuisement et à la débilité que cause une maladie aussi grave; je répondrai, que l'on ne guérit les peuples que comme les individus, en les faisant passer par tous les degrés successifs d'une longue convalescence, sur tout quand il a fallu les assujettir à des remèdes violens, et peut-être leur faire subir de cruelles amputations.

Au reste, ces moyens bien ordonnés produiront l'effet que nous en faisons espérer, par tout où les hommes ne se seront pas entièretement dépouillés de leur propre nature et de leurs qualités sociales. S'il existoit une nation où la dépravation fût portée à tel excès que ces remèdes, les plus puissans de tous, et ce régime, le plus sage et le plus sain que l'art puisse prescrire, ne produisissent aucun effet avantageux; quel autre parti resteroit-il à votre indignation, que d'abandonner cette nation à elle-même? quel autre parti resteroit-il à votre pitié, que de la frapper de la verge des tyrans, jusqu'à ce qu'une sensibilité salutaire et quelque énergie redonnassent quelque espérance?

Mais, et nous l'avons déjà observé, il n'arrive jamais que tout soit gangrené dans les corps politiques les plus violemment attaqués: chez les peuples les plus corrompus, il reste toujours des citoyens probes et vertueux, et, avec un grand nombre de personnes qui ont au fond de l'ame moins de vices qu'elles n'ont la complaisance, la sotte vanité et la foiblesse d'en montrer en dehors, un certain nombre d'hommes énergiques et capables des plus grandes choses ; et ce sont ces hommes qui, dans la foule, établissent une si honorable exception ; ce sont eux qui, si vous les ranimez par l'heureux emploi de la bibliographie nationale, si vous les dirigez par une excellente instruction publique, si vous les fortifiez par de bonnes lois et par votre exemple et votre courage, et si dans de pareilles circonstances vous les réunissez souvent dans des fêtes convenables, ne tarderont pas à se distinguer et à se reconnoître, s'empresseront de se réunir entr'eux, s'encourageront mutuellement et en imposeront par leur fermeté. Voilà la phalange invincible à la tête de laquelle vous ne vous placerez pas envain. Peu à peu ses progrès deviendront plus sensibles ; les hommes qui ne sont que foibles viendront en grossir les rangs. Peu à peu on sera plus disposé à les entendre ; leur crédit s'établira : par tout où ils paroîtront la pudeur renaîtra ; on finira par avoir honte de les contredire. Peut-être verrez-vous d'abord quelques hypocrites parmi leurs partisans ; mais en ce cas, l'hypocrisie peut équivaloir, quant à ses effets extérieurs, à une véritable conversion ; et ne finira-t-elle pas par y conduire ? Ce phénomène ne doit-il pas être compté parmi les miracles qu'opère la raison armée de l'évidence, et soutenue par un concours aussi imposant ? Ainsi, les passions désordonnées et anti-sociales reprendront insensiblement, aux yeux de tous, leurs propres traits, leurs traits les plus hideux ; les travers, les ridicules, les vices seront successivement signalés, et condamnés par le plus grand nombre ; l'odieux égoïsme sera proscrit par l'opinion publique ; la froide insensibilité se transformera en amour de la patrie ; le bel esprit déconcerté se taira devant la raison ; la vérité reprendra ses droits, et les principes toute leur force ; et enfin, par un effet naturel et immanquable des moyens que nous proposons, la nation sera rendue à elle-même, aux bonnes mœurs, à la vertu et au bonheur.

Tel est le but que doivent avoir en vue, et tels sont, pour y atteindre, les principaux devoirs que doivent remplir, ceux qui, pour ramener un peuple corrompu à l'observation de l'ordre et à la jouissance de ses droits, se trouvent placés comme chefs à la tête des révolutions. On voit dans ce qui précède la tâche brillante et redoutable qu'ils ont à remplir : on y voit, plus sensiblement encore, les talens et le génie, le zèle et les vertus, le courage surtout et l'héroïsme, qui leur sont indispensablement nécessaires pour obtenir quelque succès.

Quelles sont les qualités rares et précieuses que vous jugeriez être nécessaires à l'homme qui, découvrant une mine d'or dans un pays sauvage et inhabité, entreprendroit de la mettre en valeur, et d'en employer la matière aux usages les plus utiles et les plus convenables ? C'est déjà beaucoup que de reconnoître ce métal sous les enveloppes grossières qui le couvrent et le déguisent : mais il faut de plus l'en séparer, et, si ce mélange est interne, il faut rendre toutes les parties à leur pureté naturelle et primitive ; si elles sont non encore réunies, mais éparses et disséminées, il faut les recueillir et les fondre en masses.

Et ces opérations, qui sont le fruit d'une science profonde et très-étendue, ne sont encore rien en comparaison de celles qui doivent suivre. En effet, il faut transporter les lingots aux lieux où l'on doit en faire usage, et les y convertir sous des formes nouvelles, selon l'emploi auquel on les destine; c'est-à-dire, qu'il faut recourir tout à la fois à tout ce que l'industrie, la mécanique et les arts ont de plus ingénieux. Représentez-vous, par exemple, les obstacles qui s'opposent au transport de ce trésor, dans un pays inculte et non encore pratiqué, à travers les montagnes escarpées, les forêts, les fondrières et les torrens! Il faut y tracer des routes, et créer toutes les pièces du char dont on veut se servir; il faut saisir, apprivoiser, atteler et diriger les animaux propres à traîner ce char; il faut les nourrir, leur donner la connoissance de leur service et le mérite de la docilité; il faut savoir les soulager au besoin, et prévenir les dangers auxquels on les expose; et, lorsqu'il s'agira de préparer la route que l'on devra suivre, par combien de circuits ne faudra-t-il pas se détourner forcément de sa direction, soit pour profiter d'un terrain plus ferme ou plus uni, soit pour éviter des pentes trop roides, ou de profonds abymes, ou tant d'autres obstacles insurmontables ou trop périlleux?

Cependant vous ne voyez encore que les travaux préparatoires; et qu'est-ce que l'immense détail des métiers auxquels vous voyez que l'on doit avoir recours, en comparaison des talens et des connoissances nécessaires pour remplir les vues que s'est proposées l'auteur de la découverte ? C'est ici qu'il faut qu'il réunisse tout à la fois, à la pratique du mineur, de l'ingénieur et du mécanicien, les conceptions heureuses du génie, l'élégance et la finesse du goût, et toutes les convenances qui donnent la perfection à nos ouvrages les plus précieux et les plus agréables.

Mais si la mal-adresse ou la pauvreté des hommes, si le temps qui altère et confond tout, ou si des accidens malheureux ont amalgamé le métal qui exige tant de travaux avec des matières étrangères et impures qui en ternissent l'éclat et en neutralisent les propriétés les plus essentielles, ne faudra-t-il pas, pour le dégager, recourir à l'art et à la science des chimistes les plus habiles ? pourra-t-on le rendre à lui-même sans le faire passer au creuset ? Si l'on emploie avec mal-adresse ou ineptie l'action du feu, en la concentrant avec trop de force sur un même point, ne détruira-t-on pas entièrement le corps qu'on y soumettra, au lieu de le purifier ?

Calculez les connoissances, comptez les talens, mesurez le courage et la persévérance, et la sagesse et les précautions, que l'entreprise dont nous parlons exigeroit nécessairement pour réussir ; et alors vous aurez une idée sensible, quoique bien imparfaite encore, du génie et de l'ame, sans lesquels notre législateur ne fera que hâter la perte de sa nation, et consacrer pour des siècles, à la médiocrité et à la misère, aux imperfections et aux erreurs, aux vices et à tous les malheurs, les hommes dont le sort lui aura été confié.

Ce pays sauvage et inhabité, n'y voyez-vous pas l'image du monde moral et politique, que l'on a si peu ou si mal cultivé, et qui nous est encore inconnu ? Ce métal disséminé par parties éparses ne vous retrace-t-il pas, d'une part, les élémens de la raison, et de l'autre, les hommes désunis, soit parce qu'ils n'ont point encore d'esprit public, soit parce qu'ils n'en ont plus ? Ces enveloppes de matières grossières et nuisibles ne nous peignent-elles pas les erreurs et les vices où l'ignorance conduit les hommes ? Les travaux innombrables et nécessaires pour dissiper cette ignorance, substituer la vérité à l'erreur, et remplacer les vices par des vertus, ne les retrouvez-vous pas sous l'allégorie de tous les travaux de notre métallurgiste ? et qui ne voit pas dans les précautions multipliées et nécessaires pour la confection de la route que l'on doit suivre, la prudence infinie et la haute sagesse dont on ne s'écarte jamais envain dans le choix des moyens propres à conduire les hommes au but que l'on se propose ? Et pourroit-on autrement réunir les hommes en une masse sociale, les amener surement à une heureuse et durable civilisation; les placer entr'eux dans cet ordre admirable de relations réciproques, où chaque individu est d'une utilité précieuse pour les autres, en même temps qu'il en reçoit à son tour le bonheur en échange des services qu'il leur rend ? établir dans la société, en un mot, cette distribution, ce concours, cette harmonie générale et continue, qui dirige tous les mouvemens et concilie tous les détails; cette marche régulière du monde moral, où tous les hommes, semblables aux corps qui forment le système physique de l'univers, remplissent le rôle qui leur est assigné (10)?

Oui, si le métallurgiste a besoin de tous les talens de l'artiste le plus universel, le législateur a besoin de tous les dons du génie ! Tous les deux ont besoin de toute la force d'ame qui donne la constance, et que nulle difficulté ne peut épouvanter : mais le second a de plus, et sur tout, besoin des vertus les plus sublimes et les plus épurées.

Osez donc briguer ce rôle, hommes foibles et vains, médiocres et suffisans, intrigans et fanfarons, ambitieux et téméraires ! vous qui n'avez pour mérite qu'une présomption irréfléchie, et pour talent que l'aveugle et confiante sécurité avec laquelle vous vous placeriez au timon de l'état pour en laisser flotter les rênes au gré du hasard et des événemens ! Vos intentions, que vous appelez bonnes, parce qu'elles ne sont pas infernales; votre conscience, que vous appelez pure et droite, et qui pourtant ne vous avertiroit pas de votre incapacité; vous justifieroient-elles de la ruine de votre patrie ? vous sauveroient-elles des justes reproches que vous auriez à vous faire, pour avoir recherché, accepté et conservé la place de l'homme de génie et de vertu, qui eût assuré le bonheur de vos compatriotes et celui des générations suivantes ? vous empêcheroient-elles de périr dans l'abyme où vous ne pourriez que précipiter tant de victimes? Ne voyez-vous pas, en effet, que votre criminelle ignorance et votre folle légèreté ne pourroient aboutir qu'à livrer le cours des affaires publiques à toutes les passions des subalternes; et qu'en vous bornant à donner nonchalamment des décisions vagues et générales, dont vous ne définiriez pas même les termes, vous abandonneriez l'état aux actes arbitraires les plus odieux, et aux plus révoltantes injustices ? Fatigués de l'ennui que les affaires inspirent immanquablement à ceux qui ne sont pas capables de les conduire, vous chercheriez à vous en distraire, en vous livrant à de vains amusemens et à de frivoles plaisirs : mais ignoreroit-on cette folle dissipation ? vous la pardonneroit-on, lorsque tout un peuple pourroit vous imputer, jusqu'à un certain point, la continuité et peut-être l'accroissement des privations, des douleurs, des angoisses, de la tourmente et du désespoir, que l'on éprouve trop ordinairement dans le cours des tempêtes affreuses et des convulsions déchirantes des empires ? Celui qui, en la place que vous ambitionnez, ne sauroit pas s'élever ou s'astreindre à tout prévoir, à tout calculer, combiner et diriger, et qui, d'autre part, n'auroit pas l'ame assez forte pour se retirer, ne seroit-il donc pas coupable de tout le mal qu'un autre eût pu empêcher ? Oui; être en ces places éminentes inepte ou tyran, c'est toujours être infidèle.

Et vous, peuples infortunés, qui, par les suites cruelles de vos fautes, de vos erreurs et de celles des générations qui vous ont dévancés, n'avez plus de salut à chercher qu'à travers les orages des révolutions, gardez-vous de choisir pour guides des hommes aussi inconsidérés ! gardez-vous de vous confier à l'insouciance des uns ou au zèle déréglé des autres, à l'extravagante dissipation ou incurie de ceux-là, ou à la véritable incapacité de ceux-ci ! Malheur aux nations qui, trop peu sensibles elles-mêmes à de si grands dangers, apporteroient si peu de soin au choix des personnes à qui elles

confieroient leur propre sort ! Ce seroit un déplorable excès de démence, sans doute, que de se livrer, dans des circonstances aussi critiques, à des ambitieux despotes, hypocrites, spoliateurs ou égorgeurs, à des monstres qui ne sauroient que s'abreuver de sang et de larmes ! Mais seroit-on beaucoup moins insensé, si on s'abandonnoit à la nonchalance, à l'ignorance, à la pusillanimité et à l'ineptie ? ne seroit-ce pas également vouloir périr ? mériteroit-on d'obtenir, pourroit-on attendre un autre sort ? « La foiblesse, dit La Rochefou-
« cault, est encore plus opposée à la vertu que
« le vice. »

Me reprocheroit-on de m'être arrêté à des idées affligeantes, qui ne tiennent qu'à des suppositions tristes à faire et pénibles à retracer ? Que celui qui en auroit la pensée, reporte un instant son esprit sur l'histoire des peuples ; qu'il compte leurs erreurs et sur tout leurs foiblesses, et qu'il dise ensuite si je me suis créé des chimères pour le plaisir de les combattre ! Les suppositions dans lesquelles les hommes dont je parle seroient si essentiellement coupables, ne peuvent-elles jamais se réaliser ? Mais si une seule nation peut être exposée à en devenir victime, n'ai-je pas dû annoncer ce danger ? Quant aux intentions, quel homme seroit autorisé à m'en imputer de répréhensibles ? quel autre sentiment que le plus ardent amour du bien, a donc pu me dicter cet ouvrage, et me retenir si long-temps sur de si sérieuses méditations ? et comment aurois-je pu abandonner à la malignité, à l'aigreur et à la calomnie, une plume consacrée au perfectionnement de l'ordre social ? Ah ! pourquoi décourager
l'homme

l'homme pur, qui présente avec franchise des vérités importantes? Réunissons-nous bien plutôt, pour désirer que les suppositions qui viennent de fixer un instant notre attention, ne se transforment jamais en faits historiques ! Réunissons-nous pour féliciter les peuples qui savent ne jamais faire que des choix dictés par la sagesse, et pour bénir et célébrer les hommes vertueux qui se dévouent au salut de leur patrie !

NOTES.

Les expéditions des deux Brennus, les colonies si nombreuses des Grecs, les établissemens de Sésostris dans ses courses romanesques, ceux des fuyards de Troye, des Mèdes, des Babyloniens, des Perses, des Romains, des Carthaginois, ceux des Chinois dans des temps plus anciens, et des Turcs, des Sarrasins, des Huns et de tous les Barbares du monde, dans des temps plus modernes; tous ces grands événemens, qui nous fournissent pour la plupart de si tristes époques, se réduisent, sous le point de vue politique, à des changemens de souverains ou de chefs, à des changemens de dénominations sociales et de formes de despotisme: il en résulta, non des peuples nouveaux, mais une autre physionomie chez des peuples existans. Désigner une nation par les noms successifs d'Esclavons, de Limigantes, de Venètes, de Scythes, de Gètes, de Sarmates ou de Polonois, n'est qu'un embarras de plus pour celui qui cherche à s'instruire; et si, d'ailleurs, on finit par débrouiller le chaos de toutes ces variations, et par répandre un peu de jour sur toutes les catastrophes qui les ont précédées ou suivies, quelles conséquences utiles en pourra-t-on tirer? Lorsque vous aurez développé et expliqué tous les phénomènes du volcan de l'Etna, qu'aurez-vous à nous dire de nouveau ou de bien essentiel sur ceux du Vésuve, du mont Hécla, et de mille autres qui ont existé, ou existent encore, au Mexique, dans le Pérou et dans toutes les autres régions de la terre?

Les Romains et les Grecs donnoient leurs lois et leur langue aux peuples conquis: les Barbares du Nord, au contraire, mêloient leur langage et leurs lois aux lois et au langage des vaincus: les Chinois ont converti en Chinois tous leurs vainqueurs: les Turcs ont tout fait Turc, et les chrétiens ont porté le christianisme par tout où ils ont pénétré.... Tous ces faits prouvent que le jeu des effets et des causes varie à l'infini, selon les circonstances: les partis les plus nombreux entraînent naturellement la minorité; mais un zèle intolérant et destructeur parvient à vaincre toutes les résistances. En général, le mieux, quand il est bien connu, l'emporte sur le bien, de même que le bien sur le mal, la vérité sur l'erreur, les lumières sur l'ignorance, et la raison sur les sottises: mais trop souvent aussi les hommes n'ont à passer que d'une sottise, d'un abus, d'un vice, d'une erreur et d'un malheur à l'autre; et même alors il n'est pas rare de les voir se précipiter du mal dans le pire, jusqu'à ce que l'expérience, ou le hasard, ou une puissance étrangère, vienne les sauver. Osez parcourir le labyrinthe de toutes les variations réelles ou possibles ; remontez par tout des effets aux causes, et vous verrez que tout vous ramènera au premier principe de tout, à l'esprit public préexistant.

(2) De tous les moyens propres à répandre promptement parmi le peuple une doctrine nouvelle, il n'en est peut-être pas de plus sûr que les sociétés populaires, sur tout lorsqu'il s'agit de détruire des erreurs et des abus, et d'établir les principes du droit naturel. Ce sont les clubs qui ont recueilli, chez nous, les étincelles du feu patriotique que tant de personnes avoient intérêt d'éteindre ; ce sont eux, principalement, qui ont entretenu et fomenté ce feu sacré : disséminés sur toute la France, et correspondant entr'eux, ils ont gardé, pendant un temps, l'arche nationale, éclairé tous les cantons, surveillé tous nos ennemis, et déjoué ou découvert leurs complots. Qu'ils soient tombés, alors, dans des erreurs involontaires, c'est l'appanage de l'humanité, de la bonne foi, et sur tout d'un zèle ardent : mais ils ont sauvé la patrie ; ils ont corroboré l'assemblée constituante, ils en ont quelquefois éclairé et même enhardi le courage ; ils ont rallié le peuple autour de l'autel consacré à la loi ; ils ont été, en un mot, le plus redoutable ennemi de tous nos ennemis.

Par malheur, plus ces sortes d'assemblées acquièrent de réputation, de crédit et d'autorité, plus aussi les intrigans de toute espèce s'agitent pour y entrer et y dominer ; et c'est ainsi qu'il est impossible que les clubs ne changent pas bientôt de nature, et ne détruisent pas, tant par l'engouement pour certaines personnes, que par l'exagération des principes et par l'usurpation de l'autorité, tout le bien qu'ils auront fait d'abord ; il est impossible qu'ils ne replongent pas le peuple dans les erreurs les plus funestes, qu'ils ne le rejettent pas dans les passions les plus violentes, et qu'enfin ils ne le ramènent pas au despotisme absolu, par toutes les fureurs de l'anarchie et tous les excès qui pourront convenir à une foule de tyrans épars sur tout le sol de la patrie.

On peut conclure de ces vérités, si bien prouvées aujourd'hui, que, lorsque l'on veut faire une révolution, loin de craindre les clubs, il faut les créer, les animer et les soutenir, parce qu'ils sont infiniment utiles, ou même nécessaires, pour tirer le peuple de l'erreur, de l'apathie et de la pusillanimité ; mais que, dès l'instant que l'on a obtenu d'eux ce service essentiel, il faut mettre tous ses soins à les décréditer, et se hâter, sinon de les fermer, au moins de détruire leur influence. Le droit de s'assembler en sociétés populaires, pour s'instruire mutuellement et en commun, est un droit inhérent à l'exercice de la liberté civile; on ne peut donc pas le proscrire entièrement: mais on peut et l'on doit défendre les dénominations ambitieuses, usurpatrices ou particulières, les correspondances et les affiliations; en effet, ce sont là des formes et des traits caractéristiques que le droit naturel ne réclame pas, qui donnent un plus grand et plus redoutable crédit à ces sociétés, et que, par conséquent, la loi doit sévèrement écarter. Lorsque leur dénomination sera simple et insignifiante, que leur organisation ne permettra rien au-delà de l'instruction et de la discussion; que jamais on ne pourra y prendre aucun arrêté social, et qu'elles seront toutes isolées et comme inconnues les unes aux autres; elles seront sans danger, et tomberont d'elles-mêmes, dès qu'elles ne seront plus nécessaires.

Un autre moyen d'assurer les succès d'une révolution, moyen moins universel, peut-être, et moins rapide dans ses effets que le précédent, mais plus régulier et moins dangereux, c'est la liberté de la presse. La loi qui l'établira, donnera une force nouvelle à toutes les ames, et une plus grande énergie aux talens et aux vertus. La liberté de la presse peut seule éclairer le public sur la conduite des agens de la nation, intimider ceux qui seroient tentés de prévariquer, et punir ceux qui se seroient rendus coupables. Cette liberté peut seule soutenir l'édifice de la constitution civile, que la corruption et la vénalité auroient bientôt renversé, si, dès la première atteinte, l'alarme ne pouvoit facilement en être répandue par tout. Cette liberté, d'ailleurs, n'est-elle pas de droit naturel? Y a-t-il rien qui soit plus à moi que moi, et plus indépendant chez moi, que mon ame et ma pensée? et quelle puissance sur la terre a droit d'étendre son empire sur les esprits?

Que produiroient, d'ailleurs, les entraves que vous voudriez mettre à cette liberté? Rien n'est plus facile que de prohiber: mais les livres qui n'entreroient pas par les portes, passeroient par-dessus les murs; et, si c'étoient de mauvais livres, ils n'en feroient que plus de mal, parce qu'ils seroient plus recherchés et moins contredits.

Sans doute, la liberté de la presse, semblable aux meilleures choses, est sujette à des abus; mais un père, qui voit des personnes de son voisinage afficher des vices honteux, crève-t-il les yeux à son fils pour qu'il ne soit pas témoin de leur conduite? faut-il mutiler tous les esprits, et les retenir dans l'ignorance, de peur qu'ils ne soient égarés ou séduits? « Le « bien et le mal croissent ensemble dans le champ de la vie, « a dit Mirabeau: la connoissance du mal est nécessaire à la « connoissance du bien. »

Au surplus, ce n'est point gêner la liberté de la presse que d'armer la loi contre ceux qui en abusent, comme ce n'est pas défendre les couteaux que d'armer la loi contre ceux qui égorgent à coups de couteaux. Si vous aimez la justice, l'ordre public, le gouvernement et les mœurs, faites procéder contre ceux qui auront diffamé des citoyens, corrompu les cœurs et soulevé les esprits contre le gouvernement adopté par la nation: il est absurde d'imaginer que l'on ne puisse discerner le mal d'avec le bien, et poursuivre l'un sans détruire l'autre.

Une observation importante, que je ne dois pas omettre, c'est que c'est le sentiment intime de la liberté, plus que la liberté elle-même, qui élève l'ame et l'ennoblit: celui qui seroit libre sans le savoir, auroit encore la lâcheté d'un esclave, et celui qui se croiroit libre dans les fers de l'esclavage, seroit encore capable de toutes les vertus. Ainsi, dans les mesures que vous prendrez pour arrêter ou prévenir les abus de la presse, évitez sur tout de paroître porter atteinte à la liberté même. Il faut que le peuple tout entier conserve toujours le sentiment bien prononcé de cette liberté; objet digne de la plus grande attention dans tous les temps, sans doute, mais spécialement aux époques où les esprits sont plus disposés à s'alarmer, c'est-à-dire, lorsque l'on ne fait qu'établir la liberté, et que les hommes n'ont point encore, à cet égard, la sécurité que donne une longue possession.

(3) L'un des plus grands défauts où puisse tomber un législateur dans sa marche, c'est le tâtonnement. Le public ne manque jamais de tirer de ce défaut, dès qu'il l'aperçoit, deux conséquences qui jettent également, et non sans quelque raison, le législateur, même le mieux intentionné, dans le discrédit le plus funeste. L'une de ces deux conséquences est que le législateur est borné d'esprit, ou foible de caractère; et l'autre, qu'il est insouciant, ou présomptueux et étourdi. Quand même il y auroit, dans un code promulgué par parties détachées, toutes conçues l'une après l'autre, quelques grandes vues que l'on ne pourroit s'empêcher d'admirer et d'applaudir, le peuple n'en jugeroit pas les autres avec moins de sévérité, parce qu'il sent, comme par instinct, la vérité de la maxime où La Rochefoucault nous dit, que « l'action la plus éclatante n'est pas grande, quand elle n'est « pas l'effet d'un grand dessein. »

Mais ce grand dessein peut-il être conçu par plusieurs? ou, si plusieurs peuvent également le concevoir, peuvent-ils de même le développer ensemble, et en assortir tous les détails? Quelle république a été organisée par plusieurs? Athènes se confia à Solon. Peut-on méditer en commun? Ainsi, que ceux qui ont assez de zèle et de génie pour combiner et rédiger un plan, s'en occupent séparément, et qu'ensuite on discute en commun tous ces projets, qu'on en recherche les avantages et les inconvéniens, que l'on se décide enfin sur la priorité; après quoi, on en examinera de nouveau tous les articles. N'est-ce pas là la marche la plus convenable pour arriver à un heureux succès? toute autre voie ne risque-t-elle pas de nous conduire à des idées incohérentes, et à des lois disparates? Ne devroit-on pas craindre de jeter les esprits dans la confusion, et les consciences dans la perplexité, en voulant fondre ensemble des choses discordantes?

On a cité et critiqué, il y a quelques années, un mot que l'on attribuoit au citoyen Siéyès, et où l'on faisoit dire à ce représentant du peuple français, celui de tous qui doit le plus exclusivement à son génie méditatif et profond la haute réputation dont il jouit, « que la constitution politique d'un état « devoit être jetée en bronze. » On a ridiculement supposé qu'il vouloit dire que l'on devoit concevoir, discuter, arranger et arrêter, en un seul et même instant, toutes les parties d'un ouvrage aussi immense: c'étoit attribuer à un homme de mérite les conceptions absurdes d'un sot, tandis qu'au contraire, le citoyen Siéyès, si le mot est de lui, a dit une des choses des plus précieuses à recueillir pour les progrès de l'ordre social. En effet, si on veut l'entendre et se donner la peine de le commenter, on verra que c'est comme s'il avoit dit aux législateurs de tous les siècles : « Ne vous pressez point de statuer
« et de promulguer, d'ordonner et de défendre. Si vous vous
« laissez aller à cet empressement enfantin, vous serez souvent
« forcés de révoquer le lendemain les lois de la veille; vous
« détruirez le respect, qu'il est si essentiel de maintenir, pour
« les lois et pour les législateurs; vous vous priverez vous-
« mêmes de la ressource qu'il vous importe le plus de vous
« ménager, la confiance du public en votre sagesse; vous trom-
« perez l'attente du peuple; vous jetterez tous les esprits et toutes
« les idées dans la confusion; vous justifierez, enfin, de la
« manière la plus triste, l'observation de Montesquieu, qu'*il n'y*
« *a point de plus cruelle tyrannie que celle qu'on exerce à*
« *l'ombre des lois, avec les couleurs de la justice, et lorsqu'on*
« *noie des malheureux sur la planche qui devoit les sauver.* Et
« quand vous voudrez réparer vos erreurs, ramener votre plan
« à l'unité, et mettre de l'accord entre toutes les parties de
« votre travail, vous ne le pourrez plus : la diversité et l'immensité
« des détails, dont vous vous serez entourés, vous offusqueront
« la vue; vous ne parviendrez point à vous en débarrasser l'es-
« prit; l'enchevêtrement de ces détails vous mettra, de toutes
« parts, dans l'impossibilité d'agir : vous ne ferez, par consé-
« quent, qu'un ouvrage en marqueterie, qui n'aura rien de
« grand, et ne sera remarquable que par la bigarrure et le
« désordre qu'il y aura entre les parties qui le composeront. Et

« quel bien aurez-vous fait au genre humain? Vous nous aurez
« prouvé, par une nouvelle et funeste expérience, que *les appa-*
« *rences de la vérité font souvent plus de mal en ce monde que*
« *la vérité elle-même n'y fait de bien*, ainsi que l'a dit le célèbre
« moraliste que j'ai cité plus haut. »

« Pour obtenir un vrai succès, et travailler utilement au bien
« de l'humanité, méditez long-temps; discutez, à plusieurs
« reprises, tous les articles de votre code, avant de rien statuer
« sur aucun point; suspendez, en un mot, toute décision,
« avant d'avoir bien examiné, dans toute son étendue, le champ
« que vous avez à défricher: peu à peu, si vous suivez cette
« méthode, les idées se rapprocheront, et vous conduiront à
« des résultats concordans entr'eux et uniformes; il se formera
« dans votre esprit un tout régulier et complet. Votre travail
« ne présentera ni lacune ni disparate; il sera heureux et facile,
« hardi et grand, et vous paroîtrez l'avoir conçu d'un seul jet,
« l'avoir *jeté en bronze;* et vous aurez véritablement établi, et
« affermi pour des siècles, le règne de la raison, de la loi et
« du bonheur des peuples. »

« Mais, quelque sage, quelque parfait que soit votre plan,
« dans ses détails et dans son ensemble, vous n'aurez rien fait
« pour les temps à venir, si vous ne l'affermissez pas sur des
« bases solides, si vous n'y ajoutez pas des mesures coactives,
« d'une part, et coërcitives, de l'autre; coactives, si jamais les
« premières autorités n'opposoient qu'une inertie coupable aux
« besoins ou aux dangers de l'état, et coërcitives, si ces mêmes
« autorités s'égaroient dans les voies qui leur auront été tracées.
« Si vous ne prenez pas des mesures semblables, rien ne garan-
« tira la durée et le maintien de votre plan; rien ne vous sauvera
« des écueils dont les passions humaines environnent sans cesse
« les établissemens les plus nécessaires ou les plus respectables.
« Placez donc, à la tête du gouvernement que vous instituerez,
« et en autant de corps distincts et indépendans, non-seulement
« ceux qui devront projeter et rédiger les lois, ceux qui auront
« à les rejeter ou à les sanctionner, et ceux qui seront commis
« pour les faire exécuter; mais encore des hommes choisis pour
« se tenir au milieu d'eux tous, suivre de l'œil tous leurs actes
« publics, et n'avoir d'autre faculté, d'autre pouvoir, que ceux
« de la surveillance, et de la poursuite en jugement de quiconque
« seroit coupable dans l'exercice de ses fonctions. Ces surveillans
« formeront un jury national, qui sera sans inconvénient, puis-
« qu'il ne pourra avoir aucune part à la confection et à l'exé-
« cution des lois, mais qui consolidera l'édifice constitutionnel:
« ses devoirs, son intérêt et sa position écarteront tous les
« dangers que l'on peut craindre de la part des autres corps,
« et les bornes qui lui seront prescrites préviendront tous les

« abus que l'on pourroit appréhender de sa part, sur tout si
« vous évitez de rendre un de ces quatre corps trop foible, en
« comparaison des autres, par le nombre de ses membres, ou
« par les circonstances qui concilient la considération publique,
« et si vous les rendez tous également dignes de la confiance de
« la nation, par les formes que l'on suivra dans leur nomina-
« tion et par les époques rapprochées de leur renouvellement.
« Au surplus, ce n'est pas moi qui vous propose ces bases de
« constitution nationale : c'est la sagesse, la prudence, la con-
« noissance des hommes et des choses ; c'est la raison et le bon
« sens, qui commandent de s'y appuyer, sous peine de honte
« et de regrets d'autant plus cuisans qu'ils seront aussi stériles
« que tardifs. »

(4) Il est si important de ramener toutes les institutions publiques vers les intérêts communs les plus précieux et les affections sociales les plus chères, que, s'il le faut, on ne doit pas même craindre de laisser ou de donner quelques défauts, soit au peuple, soit à la législation, lorsque ces défauts sont les seuls ou les plus sûrs moyens d'arriver à quelque avantage bien essentiel, ou de le conserver.

Ainsi, lorsque les propriétés de la nation sont assez inégalement distribuées pour qu'il y ait, d'une part, un certain nombre de familles excessivement riches, et, de l'autre, une grande population pauvre, mais naturellement industrieuse, qui n'ait que les arts de goût pour s'élever au-dessus de l'indigence ; alors, malgré les reproches que l'on est fondé à faire au luxe en général, vous favoriserez les progrès de ce luxe jusqu'à un certain point ; et vous bornerez l'austérité de vos principes à écarter seulement les excès qui frappent plus directement sur les bases de l'ordre moral, et à diriger le goût national vers la perfection des arts qui se concilient le mieux avec les vues les plus sages du gouvernement.

Ainsi, lorsque, par la nature de son sol, une nation est appelée à la vie pastorale, et que, d'ailleurs, la rudesse de caractère qu'elle joint à la simplicité de ses mœurs, l'éloigne de cette douce aménité qui fait un des principaux charmes de la société, vous ne vous permettrez point de combattre chez elle cette rudesse, que vous aimerez mieux supporter que d'y substituer une perfection secondaire, qui en détruiroit une autre que la convenance locale rendroit beaucoup plus essentielle.

Ainsi, lorsque vous aurez à poser les bases du gouvernement, si vous avez pour voisins des peuples corrompus, mais sur tout ambitieux, intrigans et avides de richesses ; si, parmi ceux qui ont de plus étroites liaisons avec vous, il en est qui soient connus pour réunir aux lumières et aux talens plus d'exagération que de sentiment, et plus d'activité que de vertu; si ces nations ne dédaignent aucun moyen d'amonceler les richesses particulières; si, en un mot, la vénalité de leurs citoyens pervertit chez eux toutes les qualités estimables qu'ils affectent de cultiver : alors, malgré les réclamations d'une philantropie plus spécieuse que raisonnable, vous poserez comme principe invariable la loi de ne jamais admettre les étrangers aux charges de l'état; vous ferez sentir qu'il y a autant d'injustice que d'imprudence à donner à ces étrangers ce que tant de titres réclament en faveur des enfans de la patrie, qui sont toujours si sensiblement intéressés à la prospérité commune, tandis que, trop souvent, les autres ne sollicitent les places que pour spolier ou trahir.

Ainsi, lorsque vous verrez autour de vous, et dans le sein de la nation, une race particulière d'hommes dégradés depuis une longue suite de siècles, et qu'un système complet d'opinions révérées sépare entièrement des autres hommes; lorsqu'une autre classe d'hommes, plus distincte encore par l'abjection de son état que par ses qualités physiques et originaires, vous retracera les malheurs et la condition des Ilotes; vous vous garderez bien d'accorder les droits de citoyens aux uns, ou de rendre tous les droits de la liberté aux autres, sans prendre la précaution de les amener successivement à se rendre dignes de ces précieux avantages, dût cette précaution réduire à une marche lente et partielle le bien que vous voudrez faire.

Ainsi, lorsque vous statuerez sur les peines dues aux crimes, si vous démêlez dans le caractère de la nation moins de réflexion que de pétulance, moins de sagesse que d'ardeur, moins d'examen que de résolution et de confiance; vous laisserez les philosophes approfondir les questions relatives au droit de vie et de mort; et cependant, bien assuré que ce seroit compromettre la sûreté publique que de calquer la loi sur des principes généraux, encore vagues, et peut-être plutôt sophistiques que bien prouvés, vous conserverez la peine de mort pour les grands attentats, jusqu'à ce que l'énergie des opinions saines puisse remplacer dans le public l'effet des échafauds, en rendant les hommes meilleurs.

(5) Les anciennes lois ont un grand avantage sur les lois nouvelles. Le public a peine à se persuader que celles-ci, qui n'avoient encore hier aucune autorité, en aient subitement, et comme par une sorte de féerie, acquis une si grande et si respectable aujourd'hui : le public, ou, si l'on veut, le peuple, qui ne se guide que par des opinions non suspectes, par les exemples et par ses propres habitudes, ne peut pas ainsi se persuader que ce qui n'est pas loi un jour le soit devenu le lendemain.

Il faut le temps à tout, et principalement à des changemens aussi considérables que ceux des lois.

Quand on veut établir des lois nouvelles, il faut, sans doute, les discuter: tout le monde est bientôt instruit de la diversité, de la contrariété et de la fluctuation des opinions; tout le monde est bientôt instruit des partis qui se forment, des intrigues qui se nouent, et de tous les moyens que l'on emploie. Eh, comment avoir, en pareil cas, un respect bien profond pour des lois qui ne proviennent que de ces sortes de conflits? adopterons-nous, sur parole, des principes que nos pères n'ont pas connus ou qu'ils ont dédaignés; les adopterons-nous, si, parmi les mille causes diverses qui ont concouru à les transformer en lois, il en est plusieurs qui soient peu honorables à nos yeux, et si les hommes qui y ont eu le plus de part, et que nous croyons bien connoître, nous paroissent peu dignes de notre confiance et de nos respects? les adopterons-nous, en un mot, s'il ne nous est pas démontré que ces principes sont justes, utiles ou nécessaires, et si ceux qui nous les proposent ne jouissent pas, en général, de la plus parfaite réputation, quant aux lumières et à la vertu?

Les lois anciennes ont, au contraire, tous les préjugés pour elles. Elles sont le trésor du peuple, qui, dans l'état d'ignorance où on l'a retenu jusqu'ici, est nécessairement soupçonneux et facile à alarmer; c'est à ces lois qu'il attribue la conservation de ses propriétés et le maintien de la tranquillité dont il a joui: le respect qu'il porte à ses ancêtres couvre et protège ces lois, qu'il regarde comme la source de tout ce que la nation a fait de grand; c'est à ce point central qu'il rapporte les vertus qu'il a cultivées, et la gloire qu'il s'est acquise. Comment donc peut-on les ébranler avec un succès désirable, si le législateur n'a pas pour lui l'évidence de la raison, et la force entraînante de sa réputation, de sa conduite et de ses propres exemples?

(6) Le vice le plus ordinaire aux chefs des nations n'est pas tant de se permettre à eux-mêmes des iniquités, vexations ou escroqueries, que de les pardonner à leurs favoris ou subalternes. Cette foiblesse, qui finit toujours par être découverte et sévèrement jugée, perd dix hommes puissans pour un que la fortune punit de ses délits personnels. Souvent elle tient à une bonté de caractère, qui est louable dans un simple particulier, mais qui, dans un homme public, devient un vice d'autant plus dangereux qu'elle est intimement liée aux dispositions naturelles de l'ame, et que rien n'est si rare que de s'en corriger. L'homme immoral, qui d'ailleurs a de la fermeté dans le caractère, peut calculer ses intérêts, et, d'après ses calculs, devenir, par principe de prudence, aussi sévère et aussi exact que si la justice

seule le dirigeoit : mais celui qui n'a que de la mollesse dans le caractère, pardonnera toujours tout à ceux qui sauront le dominer, lui plaire ou le toucher. C'est envain qu'on lui mettra sous les yeux le tableau des périls auxquels il s'expose par son indulgence ; c'est envain qu'il prendra même à ce sujet les résolutions les plus absolues ; la foiblesse lui fera dire, à chaque occasion nouvelle qui se présentera, ce que la cruauté faisoit dire, dans un sens tout contraire, à Louis XI, chaque fois qu'il vouloit faire commettre secrétement un assassinat nouveau : « Encore celui-ci, bonne vierge ! plus que celui-ci ! » et Louis XI, en composant ainsi à chaque fois avec la bonne vierge, dont il baisoit si dévotement l'image, a continué d'être assassin jusqu'à ce que lui-même cessât de vivre. Lorsque je vois un homme public user d'une lâche condescendance envers ses parens, ses amis ou ses protégés, je me rappelle malgré moi le mot de Louis XI, et il me semble lui entendre dire : « Encore celui-ci ! « plus que celui-ci ! » Jamais l'homme foible ne se corrige réellement : il ne cessera de permettre ou de pardonner l'iniquité, que lorsqu'il descendra de la place qu'il occupe pour rentrer dans la foule des vivans ou pour se ranger parmi les morts. Combien n'est-il donc pas important de n'élever aux places éminentes que des hommes aussi fermes que justes !

(7) Lorsque l'on ne salarie point d'une manière suffisante les agens publics chargés de fonctions régulières et ordinaires, il arrive nécessairement ou immanquablement de trois choses l'une. 1.°, Ces agens négligent leurs fonctions, le service ne se fait pas ou se fait très-mal, et, s'il est permis de rappeler une expression proverbiale qui vient d'eux, ils n'en donnent à la nation que pour son argent : 2.°, ou bien, ils se salarient eux-mêmes, c'est-à-dire, qu'ils pillent la nation ou les particuliers qui ont besoin d'eux ; genre de dépravation d'autant plus redoutable, qu'elle corrompt entièrement les mœurs publiques, et qu'elle est presque toujours impunie, parce qu'un principe d'équité naturelle, qui nous dit que toute peine mérite son salaire, semble la justifier aux yeux du peuple : 3.°, ou bien encore, on supplée au défaut d'un payement convenable par des honneurs qui ne peuvent manquer d'être avilis dès qu'on en fait un semblable emploi ; car que reste-t-il à la vertu, si les honneurs sont prodigués aux fonctions les plus communes et les plus ordinaires ? quel prix les plus braves militaires pouvoient-ils attacher à la croix de S. Louis, lorsqu'ils en voyoient décorer également de simples commis qui jamais ne s'étoient couverts que de la poussière des bureaux ? Il est à propos d'observer ici que, le plus souvent, le défaut de salaire tarde peu à faire naître tous ces inconvéniens à la fois ; et qui pourroit en calculer les résul-

tats? qu'est-ce que l'épargne que l'on croit faire à la nation, en comparaison des maux infinis que ces abus entraînent après eux? Il faut faire rechercher aux hommes qui ont des mœurs et des talens les places utiles et nécessaires au service public; il faut y attacher ceux qui y sont propres par leurs mœurs et leurs connoissances ou habitudes acquises; et, pour cet effet, il faut sur tout les mettre à l'abri du besoin. Le citoyen de la Haye de l'Aunay, qui a administré les finances de Fréderic II durant vingt et un ans, lui dit, vers les commencemens de son administration, un mot précieux à recueillir, et que l'on aime à entendre de la bouche d'un financier: « Vous vous plaignez, « Sire, de tous vos employés! vous les accusez de vous voler! « c'est que vous les payez trop mal : vous donnez à peine à « ceux de la dernière classe de quoi avoir les bottes dont ils ne « peuvent se passer. Sire, l'homme, en général, désire d'être « honnête, et il l'est pour l'ordinaire, quand il le peut; mais « il faut qu'il vive! Au lieu de sept à huit écus, que vous « donnez par mois à vos derniers commis, donnez-leur en treize; « accordez-leur, de plus, une part dans l'excédant de vos pro- « duits : ils ne vous voleront plus, et vos revenus doubleront. » Fréderic suivit le conseil de son administrateur général : tout le monde fut content; on n'imagina aucun nouvel impôt, on n'en augmenta aucun, et les produits furent doublés.

(8) On aura peine à croire que, dans les temps de troubles et d'anarchie, les chefs des factions aient la hardiesse d'avancer des maximes directement opposées à ce principe, et que la foule de leurs partisans les admettent et les répètent avec autant de confiance que d'immoralité. Qui de nous, cependant, n'a pas entendu, durant le règne affreux du terrorisme, des hommes qui alors étoient les braves de la montagne, et qui aujourd'hui sont des premiers à reprendre le masque de la modération et de la tolérance; qui de nous ne les a pas entendus redire du ton tranchant et décisif de la conviction, et comme un homme capable diroit une vérité importante, que, « peu importe que « l'on ait des mœurs, pourvu que l'on soit bon républicain! »... Quand on pense que c'est d'après des maximes semblables que l'on a choisi, pendant un temps, les agens à qui l'on confioit la chose publique, faut-il être surpris que la France ait été comme abandonnée à l'ineptie, à la rapacité et aux désordres les plus révoltans? Nos zélateurs par excellence livroient ainsi les intérêts les plus sacrés de la patrie à des hommes à qui ils se seroient bien gardés de remettre le soin de leurs propres affaires : et ces zélateurs étoient des héros, devant lesquels la multitude venoit se prosterner!

Au surplus, si je me suis déterminé à faire cette note, que

je pourrois grossir de tant d'autres citations aussi peu croyables, et néanmoins aussi exactes, ce n'est pas seulement dans l'espérance d'amener à une confusion salutaire et à une juste méfiance d'eux-mêmes quelques-uns de ceux qui ont débité cette scandaleuse morale devant moi, lorsque l'aspect de l'échafaud m'interdisoit la faculté de les confondre; mais c'est principalement pour montrer à quel excès de déraison peuvent se porter les hommes fascinés et aveuglés par l'esprit de parti ou de faction. Depuis que l'art de l'imprimerie peut consacrer les expériences de chaque jour à l'instruction et à l'utilité des générations futures, ce seroit un crime que de dérober à l'histoire des faits propres à éclairer nos neveux sur les écarts qu'ils pourroient avoir à craindre et à prévenir.

« Peu importe qu'un homme ait des mœurs, pourvu qu'il soit « bon républicain!... » Veut-on calculer le mal que cette maxime et quelques autres semblables, accréditées par des hommes qui partageoient la puissance, ont occasioné parmi nous? une seule considération va fournir ce calcul..... La révolution devoit réformer nos mœurs, par l'effet naturel de l'ardeur du zèle et du patriotisme, qui portent à des sacrifices généreux, et par l'effet naturel de l'exemple et de la surveillance générale, qui portent à des sacrifices politiques. L'évidence des principes, la sévérité des mœurs, l'enthousiasme de la liberté, l'idée d'un véritable républicanisme, l'intérêt commun, le péril présent; la gloire de sauver la patrie, d'en humilier les ennemis, et de préparer le bonheur du monde; que falloit-il de plus pour nous exciter à la plus admirable émulation? Nous devions tous devenir meilleurs, et nous le serions devenus, si l'on n'avoit pas égaré et confondu la raison, d'une part, et ranimé et enhardi toutes les passions, de l'autre. Or, c'est par les maximes contre lesquelles je m'élève ici que l'on a atteint ce double but. Lorsque des hommes puissans ont affiché ces maximes comme règles importantes et nécessaires de l'état, tous les hommes pervers ont compris qu'il ne s'agissoit, pour eux, que d'ajouter le masque de l'hypocrisie à tous leurs vices, et que de porter ce masque avec effronterie. C'est par l'exagération qu'ils ont paru bons républicains, et c'est par cet affreux républicanisme qu'ils ont assouvi toutes leurs passions. Les hommes enclins à la même perversité, mais retenus jusque-là par les lois, par l'opinion publique et par leur propre foiblesse, se sont enhardis à cet exemple; et c'est ainsi que la corruption s'est accrue chez les uns et développée chez les autres : c'est ainsi que l'on a fait des maux incalculables, au lieu du bien auquel nous étions tous appelés. Or, tous ces maux, je les attribue à ceux qui ont avancé et répandu les maximes que je cite : je ne balance pas à rendre les fauteurs des unes responsables des autres. Il y avoit en France un certain nombre d'hommes corrompus, et, au lieu de les comprimer, ou même de les corriger, ils les ont encouragés; ils les ont accueillis, et, par là, ils en ont augmenté le nombre de tout ce que nous avions d'hommes foibles ou sans principes et sans caractère, c'est-à-dire, qu'au lieu de réorganiser la nation, ils ont achevé de la perdre autant qu'il dépendoit d'eux. Ce sont eux qui, par leurs maximes outrées, ont jeté tous les intrigans, tous les pillards, tous les brouillons dans les sociétés populaires, dans les comités des communes et dans toutes les places, d'une extrémité de la France à l'autre, de sorte que tout ce qui nous restoit d'hommes honnêtes a été écarté, menacé, persécuté, ruiné et proscrit. Tel est le résultat de vos déclamations inconsidérées, et de votre conduite insensée ou perverse, ô vous qui pensiez que « peu importe qu'un homme ait des mœurs, pourvu « qu'il soit bon républicain ! »

(9) Les tempéramens foibles ont besoin de ménagemens particuliers, que les hommes robustes peuvent impunément négliger: on condamne les malades à un régime dont on dispense les hommes sains. Ces maximes, appliquées aux nations, nous feront concevoir que, lorsqu'il s'agit de tirer un peuple de la barbarie, on fait sagement de lui donner, je ne dis pas, des tournois, qui tiennent à une sorte de jeux et d'exercices toujours utiles, mais des ordres honorifiques et autres institutions semblables. Les tournois nous ont amenés à deux sentimens infiniment précieux dans des temps d'ignorance et de barbarie, à deux sentimens dont les avantages ont été incalculables; je veux dire, le sentiment de l'honneur, et celui de la galanterie. Le premier nous a conduits peu à peu, et par l'effet de la délicatesse qui lui est propre, à la probité, à la fidélité, à la constance, à la générosité et au plus noble courage : le second nous a formés insensiblement à l'honnêteté des mœurs, à l'envie de plaire, et à cette politesse qui, lorsqu'on n'en abuse pas, est, parmi les hommes bien nés, une des principales sources des agrémens les plus chers de la société. Mais les ordres honorifiques, quoique l'un des fruits des tournois, ne sont que des échafaudages féodaux, que les peuples doivent se hâter de renverser dès qu'ils ont élevé parmi eux l'édifice de la morale.

Il est absurde d'exiger d'un homme instruit et réfléchi, qu'il s'assujettisse à des révérences profondes et bien respectueuses devant des décorations qui, puériles en elles-mêmes, et honteuses ou ridicules ou criminelles dans leur origine, ne servent qu'à étayer le despotisme, qu'à enchaîner les hommes puissans, qu'à avilir les peuples, et qu'à élever l'orgueil, le faste, la vanité et la sottise au-dessus du mérite, des talens et des vertus. Ainsi le sage, aussitôt que l'homme social est assez perfectionné pour sentir ces vérités, doit se ressouvenir, et rappeler aux autres, que rien ne devroit moins flatter que ces décorations. Le philosophe doit alors dire aux peuples: « Comment pourriez-« vous regarder comme digne d'exciter votre ambition cette « jarretière que l'adultère Édouard III escamota dans un bal; « cette toison que Philippe le bon institua, on ne sait pourquoi; « ce saint-esprit dont Henri III s'avisa de décorer ses mignons, « et ce saint Michel de l'odieux et sombre tyran Louis XI? et « tous les autres ordres qu'on a imaginés à l'imitation de ceux-ci, « l'aigle noir, l'aigle blanc, l'éléphant, les ordres de Marie-« Thérèse, ceux de Catherine, et les croix de saint Louis et « du mérite? et toutes les autres bagatelles dont l'usage a précédé « celles-ci, les croix de Malthe et de l'ordre teutonique; celles « des évêques, des abbés et des chanoines, tant sécularisés que « réguliers; et les très-ridicules clefs de chambellan, etc.? On « auroit peine à s'empêcher de rire de l'histoire de tous ces « hochets d'enfans, et de l'importance absurde que la vanité y « attache, si, d'ailleurs, on n'y découvroit pas l'une des plus « grandes preuves de la foiblesse de notre esprit, et l'un des « principaux moyens par où on perpétue l'esclavage et la cor-« ruption dans la société. Et comment ne pas gémir de voir le « peu qu'il en coûte au despotisme pour égarer les hommes, « bouleverser tous les principes du bon sens et de la morale, « enchaîner les forts des nations, et museler ceux qui devroient « ramener les autres à ce qui est utile et vraiment honorable? »

Fréderic, que je me plais tant à citer, se détourna pour rire sans être aperçu, lorsqu'en présence de son armée il se dépouilla de son cordon jaune, et le passa lui-même au cou du général Ramin, qu'il venoit de nommer gouverneur de Berlin, dans l'assurance que cet homme, bien dur et bien grossier, y maintiendroit une discipline sévère. Fréderic profitoit de l'imbécillité des hommes; mais il conservoit toujours les idées saines d'un philosophe.

(10) Le fameux abbé de Saint-Pierre écrivit un jour au père Castel, pour lui reprocher de consacrer aux recherches d'une physique plus ingénieuse qu'utile des talens que l'esprit de leur état et l'amour de la vertu auroient dû faire uniquement employer au perfectionnement de la science, bien plus honorable et plus importante, de la morale. Le père Castel répondit par une longue lettre, qui a été imprimée dans je ne sais plus quel journal, il y a environ trente ans. Ce religieux, si célèbre par son clavecin des couleurs, prouve à l'abbé de Saint-Pierre que la physique est, aux yeux du philosophe, la plus parfaite école de la morale; que même celle-ci n'est fondée que sur celle-là, et que l'on risque infiniment de se tromper, lorsque l'on se fie à un autre guide. Pour développer cette doctrine, que l'on pourroit regarder comme

paradoxale au premier coup d'œil, notre religieux philosophe cite plusieurs axiomes, ou principes, ou règles de physique, qu'il applique à la morale ou à la politique d'une manière aussi ingénieuse que satisfaisante. J'en indiquerai deux qui se trouvent avoir quelque rapport avec le sujet que je traite.

Le premier est cet axiome qui nous dit que dans le système du monde tous les corps cherchent toujours à se mettre en équilibre; qu'ils s'approchent sans cesse de cet état, autant qu'il est possible, tandis que, par la disposition de l'ordre établi, jamais ils ne peuvent y arriver: disposition d'autant plus admirable et plus heureuse, que le parfait équilibre ne pourroit exister sans produire un repos parfait, une cessation de tout mouvement et de toute action, et par conséquent un véritable état de mort universelle.

Le second est cet autre axiome où nous disons que tout corps, mis en mouvement, affecte nécessairement de suivre la ligne droite; axiome évident pour quiconque sait réfléchir, et malgré lequel néanmoins aucun corps, dans le système entier de l'univers, ne parvient jamais à décrire réellement que des lignes courbes, parce que par tout des causes étrangères altèrent, plus ou moins, la direction donnée : mais que l'axiome reste sensiblement vrai, et même est d'autant plus important à observer, que ce n'est qu'à cause qu'il existe, et qu'il fait loi dans le monde physique, que toujours les courbes sont aussi peu courbes qu'il est possible ; c'est-à-dire, qu'elles ne s'écartent jamais de la précédente direction qu'autant qu'il est nécessaire, et qu'elles s'en rapprochent tant qu'elles peuvent.

Ce n'est pas sans une vive satisfaction que l'on voit, dans la lettre du père Castel, combien ces axiomes, appliqués à la morale, deviennent féconds et précieux. C'est au premier qu'il rapporte le système de la balance politique entre les nations qui composent la société humaine. On y voit combien ce système mérite l'attention de ceux qui gouvernent : on y voit combien de sacrifices il est raisonnable de faire pour le maintenir, ou, du moins, pour ne pas trop s'en éloigner : on y voit que nécessairement toutes les puissances se réunissent, tôt ou tard, contre celle qui s'en écarte trop sensiblement, et la ramènent à ce grand principe, ou préparent sa ruine; tandis que, d'un autre côté, malgré tous nos efforts, jamais cette balance n'est parfaitement égale, et que même tout s'oppose dans la nature à ce qu'elle puisse l'être jamais.

Le second axiome ne donne pas lieu à des applications moins justes et moins frappantes: nous y retrouvons, en effet, les causes et les règles de la conduite que sont forcés de suivre les hommes publics, dans le gouvernement des peuples, à la rencontre des obstacles que des circonstances involontaires, et plus moins indépendantes, ne cessent d'opposer à leurs vues les plus salutaires. Si, dans ces occasions, les hommes publics s'obstinoient à ne considérer que le but qu'ils se proposent ; si jamais ils ne vouloient se détourner en rien de la ligne la plus courte et la plus droite, ils se perdroient eux-mêmes, et briseroient le vaisseau de l'état contre les écueils. Il faut qu'ils sachent tourner adroitement les obstacles qu'ils ne peuvent lever ; mais ils ne doivent se permettre ces sortes de courbures que le moins qu'il est possible : ils doivent toujours se tenir aussi près de la ligne droite qu'ils le peuvent ; et c'est la fidélité à suivre cette règle importante qui fait la différence entre l'homme de génie qui gouverne avec autant d'habileté que de fermeté, et le politique immoral qui ne calcule que les succès du moment. Le premier acquiert un crédit toujours croissant, et donne une grande stabilité au bien qu'il fait, parce qu'il maintient sa réputation d'homme juste, sage et invariable : le second n'a bientôt plus la confiance de personne, et les premiers succès que lui a procurés sa finesse mobile, mensongère et dangereuse, finissent immanquablement par le conduire, lui et sa nation, aux revers les plus désastreux et les plus humilians.

CINQUIÈME PARTIE.

Des objets vers lesquels il importe plus particulièrement de chercher à diriger l'esprit public.

Après une longue et périlleuse navigation, où l'on a échappé à tant d'écueils, couru tant de dangers, essuyé tant de tempêtes; où l'on a si long-temps vogué dans des plages inconnues ou barbares, où l'on a soutenu tant de combats et supporté tant de privations; où tant de fois, enfin, on a été contrarié par les vents ou arrêté par le calme, égaré par sa prudence même, et réduit, pour tout secours, à son propre désespoir : de quel doux et inexprimable sentiment n'est-on pas affecté, au moment, tant désiré, où l'on aperçoit le port dans lequel on doit retrouver le repos, ses amis et sa patrie; au moment où l'on sait que l'on va jouir du fruit de son courage et de ses peines, entouré de tous ceux que l'on a toujours aimés ? n'est-ce pas là une perspective délicieuse, qui équivaut à tous les plaisirs de la vie ? Quel tableau ravissant on se fait alors des occupations auxquelles on va se livrer ! avec quelle satisfaction, s'abandonnant aux charmes d'une rêverie consolante, et anticipant sur toutes les jouissances que l'on se promet, on distribue d'avance toutes ses heures entre les devoirs de famille, les devoirs de citoyen, et ceux de l'amitié ! comme on se voit prévenu par les caresses des uns, honoré de l'estime de tous, et couvert du suffrage de sa propre conscience! avec quel délice on travaille! avec quel délice on se repose! Mais si l'on rapporte avec soi les dons les plus amples de la fortune; si l'on doit partager son bonheur avec ses proches, ses voisins et ses compatriotes; si même on le voit, ce bonheur, s'étendre sur l'avenir, en se perfectionnant! ah! convenons que jamais il ne fut donné à l'homme vertueux et sensible, de goûter une félicité plus désirable.

Cette félicité rare est une image fidèle de celle qui est réservée au législateur qui se dévoue tout entier, et avec autant de pureté et de zèle que de talens, au bonheur de sa patrie. Mais avant d'arriver à ce terme fortuné et si honorable, combien de fois il a déjà goûté toutes les douceurs qu'il se promet d'y trouver avec le repos! combien de fois, sur tout aux époques où il a le plus travaillé à se préparer toutes ces douceurs et à s'en rendre digne, combien de fois ne se les est-il pas représentées aussi vivement que si elles eussent déjà été réellement effectuées! Et n'est-ce pas ce tableau anticipé de son bonheur futur, qui le console dans ses peines, l'anime contre les obstacles et le fortifie dans les périls? n'est-il pas la source de ce sentiment héroïque qui le soutient, lorsqu'il s'enfonce dans ses méditations profondes, et rédige le code qui doit lui attirer les bénédictions des âges à venir? Plein de cette image touchante et sublime, il démêle avec sagacité, il discute et fixe avec précision les objets vers lesquels il doit plus essentiellement et plus particulièrement diriger l'esprit public, qu'il organise ou qu'il rétablit.

Ce sont ces derniers objets, ceux vers lesquels il importe le plus de diriger l'esprit public, qui forment la dernière tâche du législateur, et qu'il nous reste à parcourir avant de terminer cet ouvrage; objets que nous croyons devoir diviser en deux classes : la première renfermant les objets généraux qui, à quelques égards, embrassent tous les autres et y conduisent; et la seconde renfermant des objets particuliers, qui méritent une attention spéciale, à raison de leur liaison plus étroite avec nos besoins, de leur importance plus sensible, et du prix que le public doit y attacher.

Première Classe.
Objets généraux.

Le premier objet de toutes les sociétés, l'objet qui en est essentiellement et toujours le seul et véritable but, consiste dans le plus grand avantage des associés. Nulle société n'existe, et ne peut exister, que par ce pacte général et simple, qui se réduit entre tous les sociétaires à ces deux mots : *unissons-nous pour nous entr'aider.* Mais si ce principe, dont l'évidence se fait sentir à tous les cœurs, comme elle frappe tous les esprits, ne peut pas être révoqué en doute; il faut convenir que les autres objets dont nous avons à parler, et vers lesquels il est si important de diriger l'esprit public, n'en sont que le développement, ou, si l'on veut, ne sont que des buts secondaires, que des moyens d'atteindre à ce but primitif, fondamental et nécessaire. Tous lui sont subordonnés dans une gradation sensible, quoique peut-être difficile à calculer; tous sont placés au dessous, à une distance plus ou moins grande, de manière qu'il n'en est aucun qui puisse en prendre la place sans nous exposer aux périls les plus imminens et les plus graves. Changer l'ordre que la nature et l'essence des choses ont établi entre tous ces objets, seroit une des plus funestes subversions, et nous conduiroit successivement à tous les désastres, à tous les malheurs publics et particuliers.

Ce n'est pas que jamais les objets ou buts secondaires, qui vont nous occuper, puissent produire aucun mal, ou manquer de produire le plus grand bien, tant que l'on aura soin de s'en former une idée juste et bien précise, et que l'on ne s'en écartera par aucune sorte de méprise, d'altération, de déviation, de mélange ou d'exagération. Il sera toujours vrai que, de tous les moyens d'assurer aux hommes en société les plus grands avantages qu'ils puissent désirer et obtenir, il n'en est point qui soient plus nobles et plus beaux, plus convenables et plus sûrs, et même plus nécessaires, que ceux que nous allons examiner. Mais il est si facile de tromper la confiance et la bonne-foi ! il est si facile d'outrer et d'égarer le zèle ! et si l'on y parvient, en élevant un de ces objets secondaires au rang d'objet primitif, nous nous attacherons bientôt exclusivement à cet objet ainsi déplacé ; nous perdrons de vue le but principal, et il arrivera que, selon le choix et la nature de l'objet devenu mal-à-propos exclusif ou favori, nous ne serons plus amis de la vérité ; nous serons enthousiastes, intolérans et persécuteurs : ou bien, nous ne serons plus amis de la liberté ; nous nous livrerons à la licence et à tous les excès de la désorganisation : nous ne serons plus amis de l'égalité, nous nous jetterons dans la confusion et le désordre ; nous mépriserons, nous proscrirons les différences que le travail, la vertu, les talens, la conduite, l'âge et la nature mettent entre les individus : nous ne serons plus amis du droit de propriété; nous le serons des vols commis ou à commettre, et de tous les brigandages consommés ou projetés : nous ne serons plus amis de la sureté publique; nous applaudirons à la violation de l'ordre et de tous les droits : nous ne serons plus amis de la justice; nous couronnerons le crime, nous persécuterons la vertu ; nous serons barbares et féroces: nous ne serons plus amis de la bienfaisance; nous ne le serons que de la spoliation, et nous détruirons ou nous laisserons détruire toutes les institutions utiles, pour ne pas nuire aux spoliateurs : nous n'aurons plus de lois que celles des sauvages, ou des tyrans, ou des fous; notre gouvernement ne sera plus qu'un système organisé de brigandages; nos mœurs ne seront plus qu'un tissu de déréglemens, et notre éducation qu'un apprentissage de crimes et d'erreurs.

Oui, on ne peut trop le répéter, la société a pour but unique le plus grand avantage de tous; et les premiers, les plus parfaits moyens de nous faire atteindre à ce but, et par conséquent les objets vers lesquels il est si essentiel que le législateur dirige ou incline l'esprit public; les objets que le législateur doit sans cesse avoir sous les yeux et dans la pensée, et sur lesquels, par conséquent, il est si juste que nous-mêmes nous arrétions un instant nos regards, sont, en les suivant dans l'ordre le plus convenable, et en ne les regardant jamais que comme objets secondaires et subordonnés:

1.° La vérité, ou, si nous nous en rapportons à Cérutti (*), la réalité dans les rapports des choses et des idées entr'elles, qui constitue la vérité philosophique; la réalité dans les faits et leurs causes ou effets, qui constitue la vérité historique; et la réalité dans l'imitation, qui constitue la vérité des arts.

Si vous voulez construire un édifice solide, vous ne l'élèverez point sur des fondemens mobiles. Il n'y a donc que les opinions qui aboutissent à une utilité réelle et invariable, et qui en même temps soient évidentes, qui puissent former un esprit public vraiment stable : les opinions qui ne tiennent qu'à une utilité passagère, partielle ou apparente, ne forment qu'un esprit de mode, qui tombera avec les préjugés ou avec les causes éphémères qui le soutiennent : celles qui ne reposent que sur l'erreur, ne peuvent donner qu'un esprit désastreux, qui s'éclipsera avec l'erreur elle-même. « L'ignorance, dit Helvétius, plus barbare en-« core que l'intérêt, a versé le plus de calamités « sur la terre. » Pensée, qui n'est malheureusement si juste que parce que l'ignorance écarte de la vérité, et conduit à l'erreur, ou ne conduit à rien.

Mais notre objet n'est pas seulement ici d'observer que la vérité doit seule dicter les opinions que l'on veut fondre dans l'esprit public : nous désirons sur tout, que l'on sente combien il importe de faire entrer dans les ames le plus grand respect et le plus saint amour pour tout ce qui est vrai, de manière que la tiédeur envers la vérité soit regardée comme une infi-

---

(*) Cérutti, que je ne citerai jamais sans payer à sa personne et à sa mémoire un tribut d'estime, d'attachement et de regret!

délité envers la nation; que l'abandon de la vérité soit réputée trahison; que le désir de tromper soit l'un des délits les moins pardonnables et les moins pardonnés, et que l'erreur soit comptée au nombre des foiblesses les plus honteuses et les plus pernicieuses. C'est ce sentiment qu'il faut infuser dans les mœurs : il faut que celui qui ment dans les affaires privées, soit présumé menteur dans les affaires communes, et exclu des fonctions publiques; et que celui qui mentiroit dans l'exercice de ces mêmes fonctions, soit un objet d'horreur pour tous; qu'il soit proclamé comme tel, et couvert du mépris le plus universel et le plus ineffaçable.

Prêterons-nous ici l'oreille aux partisans des erreurs sacrées ou profanes, et anciennes ou modernes? Qu'ils nous disent donc quelle erreur n'a pas inondé la terre de malheurs et de crimes? qu'ils nous disent donc quel malheur public et quel crime n'a pas été le résultat d'une erreur, quelle qu'elle soit? Que ces partisans téméraires de l'art des ménagemens parcourent l'histoire, et qu'ils essaient de soutenir la confrontation des siècles ! qu'ils comptent, qu'ils pèsent les horribles et monstrueuses conséquences des erreurs des peuples; et qu'ils osent encore protéger les ruses timides, les mesures obliques, et tous les moyens tortueux qui perdent le genre humain ! Vouloir nous faire craindre la vérité ! vouloir nous y faire renoncer, ou nous faire transiger avec l'erreur ! Malheureux ! est-ce l'erreur, n'est-ce pas la vérité, qui devient notre refuge contre la calomnie et la diffamation? Lorsque nous sommes condamnés au tribunal de l'iniquité, le juge à qui nous en appelons, dans l'expansion de notre douleur, est-ce encore l'erreur, ou n'est-ce pas encore la vérité ? n'est-ce pas la vérité que l'innocence invoque en montant sur l'échafaud ? Lorsque tout nous abandonne, la vérité n'est-elle pas notre soutien fidèle et consolant ? si vous êtes accusé, si vous êtes trahi, n'est-ce pas à elle que vous léguerez le soin de vous justifier, le soin de votre vengeance ? Quel autre appui avons-nous dans les situations les plus douloureuses de la vie ? quel autre témoignage que le sien attendons-nous et de nos amis et de la postérité ? Avons-nous, enfin, un trésor plus précieux ? Eh bien ! c'est aussi le trésor le plus précieux des nations ! C'est cette fille du ciel qui porte le remord et l'effroi dans l'ame des tyrans : c'est elle qui les fait pâlir et reculer à l'aspect de leurs crimes. Si le repentir fait quelquefois réparer le mal qu'ils ont fait, c'est elle qui porte le repentir au fond de leur ame. Non, rien ne doit jamais éteindre, rien ne doit jamais obscurcir parmi nous, le flambeau de la vérité (1).

2.° La liberté, soit civile, soit politique, c'est-à-dire, la faculté acquise et le droit, non-seulement avoué et légalement établi, mais toujours maintenu en plein exercice, 1.° de ne point faire ce que la loi n'a pas prescrit, et de faire tout ce qui n'est point prohibé par la loi ; et 2.°, de n'être régi qu'en conséquence et qu'en vertu des lois faites ou consenties par la majorité des citoyens ou de leurs représentans délégués par eux. C'est de cette double liberté qu'il faut que tous aient une notion juste et précise, qui leur soit donnée ou toujours reproduite par l'esprit public lui-même : c'est à l'une et à l'autre de ces deux sortes de liberté, qu'il faut que tous soient attachés par des sentimens de la plus grande énergie, que l'esprit public entretienne, nourrisse et ranime sans cesse dans toutes les ames.

Mais ce n'est pas assez que l'esprit public nous inspire, et échauffe en nous le zèle pour nos droits sous ces deux points de vue si importans ; il faut que la liberté de tous nos compatriotes nous soit également chère, car c'est la compromettre pour nous-mêmes que de souffrir qu'on en prive illégalement un seul de nos co-associés : le souffrir, c'est déjà mériter de la perdre. La liberté n'est pas un bien particulier, qui s'accroisse en se concentrant; elle ne se fortifie pour chacun de nous qu'autant qu'elle se communique à tous : c'est un trésor qui ne s'augmente qu'à mesure qu'il se répand. Au surplus, en tournant ainsi l'esprit public vers l'amour de la liberté, en se rappelant sans cesse que le bonheur de tous en dépend, aussi bien que la prospérité et la gloire de la patrie, on ne peut pas mettre trop de soin à écarter les notions fausses, insuffisantes et exagérées, par lesquelles tant de personnes cherchent à la défigurer. Plus la liberté bien entendue est féconde en avantages précieux, plus les erreurs qui en usurpent le nom sont funestes ; et dans quels abymes ne précipite-t-on pas les peuples qui y sont le plus attachés, lorsqu'on peut les égarer sur ce principe sacré ! O amour de la liberté ! toi seul élèves les ames, enfantes les héros, crées les talens, épures les vertus ! Quel mérite peut exister où tu n'es pas ? Peut-on renoncer à ton culte, sans se voir transformer, entre les mains du despotisme et de la tyrannie, en un vil instrument, en un automate flexible? Mais si l'on brûle sur un autel sacrilége l'encens que l'on croit t'offrir, de combien de crimes tu deviens ou la cause ou le prétexte! combien de tyrans tu secondes! combien de lâches et de profonds hypocrites tu favorises! combien de scélérats tu encourages! Est-il une seule de ces considérations que l'esprit public ne doive pas nous rappeler tous les jours?

3.° En est-il une seule qui ne doive nous porter à nous attacher invariablement au principe de l'égalité sociale; de cette égalité dont on ne peut abjurer le sentiment ou étouffer le désir, losqu'on est animé par un véritable patriotisme? de l'égalité sociale, dont l'abandon fait également fuir de dessus la terre la vérité et la liberté? de cette égalité précieuse, qui consiste à nous assurer à tous les mêmes récompenses pour les mêmes belles actions, comme les mêmes peines pour les mêmes délits; la même protection dans les mêmes périls, les mêmes secours dans les mêmes besoins, les mêmes encouragemens dans les mêmes entreprises; les mêmes devoirs et les mêmes droits, les mêmes lois, la même justice et la même bienfaisance? Et qui pourroit ne pas chérir ce nivellement légal, sans lequel il ne peut plus y avoir parmi nous qu'un vain fantôme d'humanité, de sociabilité et de vertu?

Mais ce nivellement admirable et fraternel, qui doit compenser les inégalités de la nature ou même de la fortune, doit-il les détruire? Non, sans doute : nous n'adopterons point la doctrine insensée qui nous diroit de devenir tous foibles, infirmes, fainéans, dissipateurs ou ineptes, parce qu'il y a parmi nous des êtres débiles ou vicieux. Nous n'adopterons point la doctrine absurde et inhumaine, qui nous diroit de descendre tous à l'état de mendicité, parce qu'il y auroit des indigens parmi nous. Nous n'adopterons point cette égalité chimérique, qui ne pourroit exister sans détruire la nature, que l'on ne peut préconiser, sans étouffer l'émulation, les talens, les arts, l'industrie, les vertus et même l'amour du travail; et que l'on ne peut essayer d'établir sans ôter à la société ses moyens de défense contre ses ennemis, et ses ressources contre les accidens naturels, inévitables ou imprévus. Où seroit le patrimoine du pauvre, si personne n'avoit plus de superflu? et comment n'avoir pas de pauvres tant qu'il y aura des passions, des vices, de l'incapacité, de longues infirmités et des malheurs involontaires? Et quel génie infernal a jamais dit aux plantes d'une même espèce de ne plus nous offrir les charmes de la variété? Cette monstrueuse égalité, qui anéantiroit l'inépuisable richesse et la beauté toujours nouvelle de l'ordre social et de la nature, malgré les défectuosités qui leur échappent; cette monotone et stérile égalité ne peut exciter que les vœux des génies destructeurs; et si on vouloit nous y concentrer, ne nous priveroit-on pas de tous les moyens d'exercer les plus douces vertus? On détruiroit, dans ses bases, le pacte primitif qui nous réunit pour nous entr'aider! nous ne saurions plus comment on répare chez les foibles les trop grands avantages des forts!

Et quel seroit enfin le résultat d'une tentative aussi funeste et aussi extravagante? Ne seroit-ce pas de nous ramener, par la route aussi sûre que désastreuse de tous les excès de la misère, sous le joug de la tyrannie la plus vexatoire (2)?

4.° Le droit de propriété, c'est-à-dire, le droit de jouir et de disposer à son gré des biens que l'on a légitimement acquis ou reçus. Si l'homme n'avoit de droit qu'à sa propre personne, il tiendroit infiniment peu à la société, ou plutôt elle seroit pour lui sans motif et sans objet : elle ne pourroit plus servir qu'à sa défense personnelle. Or, quel est en général l'homme assez lâche, si d'ailleurs il est sain et robuste, qui pense ne pas suffire à sa propre défense, lorsqu'il n'a rien hors de lui-même qui puisse partager son affection ou ses soins ? Si l'on peut rencontrer de ces ames pusillanimes dans les sociétés corrompues, on avouera du moins qu'il n'en est point de telles parmi les sauvages, c'est-à-dire, parmi ceux pour qui la société commence.

D'ailleurs, le sauvage lui-même n'a-t-il que sa vie et son corps à protéger ? Vous supposez donc qu'il n'a ni un père, ni une mère, ni une épouse, ni des enfans ? vous supposez donc qu'il n'a pas, au moins, une cahute pour les abriter, et qu'il ne recueille aucun fruit pour les nourrir ? Sa cahute, les fruits qu'il conserve, le produit de sa chasse ou de sa pêche ; que dis-je ? le coin où il pêche, le canton où il chasse, voilà déjà des propriétés: propriétés infiniment chères par le sentiment du besoin et de la reconnoissance, autant que par l'effet de l'habitude ! propriétés sacrées par le souvenir que ses pères en ont joui, et que leurs ombres y errent encore, comme dans sa pensée, et s'y plaisent, comme dans son cœur! Ces sauvages qui, lorsqu'on les vouloit forcer à aller vivre dans un autre pays, se contentèrent de répondre : « dirons-nous aux ossemens de « nos ancêtres, qui reposent ici : *levez-vous* « *pour nous suivre dans une autre région*, « n'avoient-ils donc pas le sentiment de la propriété territoriale?

Projetez une société où des droits fondés sur de semblables titres ne soient pas admis et consacrés : quel sera l'homme, imbécille et barbare, que vous parviendrez à y engager? Le droit de propriété est donc essentiellement un des premiers droits que toute société doive garantir : ce seroit dissoudre l'une que de méconnoître l'autre.

On ne m'objectera pas les sociétés où tout est en commun, car ce n'est pas être sans propriétés que d'en avoir qui soient générales. L'héritage d'une famille n'est-il à personne, tant que le partage n'en est pas fait? L'habitant du Paraguay n'avoit-il rien à lui, tant que les greniers de la communauté n'étoient pas épuisés? Il avoit des propriétés, car la portion qui lui revenoit dans les distributions, étoit de la part des distributeurs une justice et non une bienfaisance ; c'étoit une dette acquittée, et non pas un don accordé : en un mot, chacun avoit droit à ce qu'il recevoit, et ce droit constatoit une véritable propriété. Divisée ou non divisée, la propriété n'en existoit pas moins dans le fait et d'après le pacte social.

On convient que dans les sociétés où les propriétés sont distinctes, la prudence et la sagesse peuvent et doivent prendre quelques précautions pour écarter les trop grandes fortunes, toujours si périlleuses pour le maintien de la justice, des lois, des mœurs, de la tranquillité et de la liberté publique (3) : on convient qu'il est nécessaire que chaque citoyen sacrifie proportionnellement une partie de ses propriétés, et même son repos, son temps et sa personne, aux besoins du corps social, soit dans le cours ordinaire des événemens, soit aux époques des crises extraordinaires que l'état peut quelquefois éprouver. Mais ces clauses attachées au contract commun ne sont pas même des exceptions, puisqu'elles ne s'appuient que sur l'importance du principe que nous proclamons; elles confirment le droit de propriété, puisqu'elles n'ont lieu que pour le maintenir.

Et ne voit-on pas, que par tout où l'on cesse de reconnoître et de respecter ce droit sacré, par tout où les propriétés sont menacées ou envahies, les liens de la société se relâchent sensiblement : des citoyens s'expatrient; d'autres préfèrent le parti de l'insurrection : une révolution naît, et la société succombe à ses pénibles efforts ou remonte enfin aux vrais principes? Vous observerez que c'est à cette cause que le genre humain doit la plupart des révolutions dont l'histoire nous offre le tableau.

Telles sont les notions invariables, et heureusement évidentes, que l'esprit public doit chercher à graver toujours plus profondément dans tous les esprits, afin de nous fortifier toujours plus contre les passions et les abus qui leur sont contraires.

5.° La sûreté, ou la réunion des mesures convenables et nécessaires à prendre pour que tous les droits de la société et tous ceux des citoyens soient suffisamment maintenus, et la fidélité à suivre toutes ces mesures, sans jamais se relâcher ou se tromper sur aucune. Non; ce n'est pas assez que nos droits soient reconnus et avoués : il faut qu'ils soient proclamés. Ce n'est pas assez encore que la nature en soit développée dans toutes leurs ramifications, et circonscrite dans leurs justes bornes, au point qu'il ne reste à personne ni doute sur leur réalité, ni erreur sur leur essence, ni indifférence sur leur violation : il faut que personne ne puisse se méprendre sur leur importance et leur étendue, et que l'on n'y ajoute rien, qu'on n'en change ou retranche aucun point; il faut que l'ordre établi soit tel, qu'aucun individu ne puisse impunément s'en écarter pour enfreindre aucun de ces droits; il faut sur tout, et l'esprit public peut seul produire cet heureux effet, il faut que tous les citoyens soient vivement frappés de la sainteté de ces droits, et que tous sachent combien ils sont chers et précieux à la nation; il faut enfin que tous soient convaincus que ces mêmes droits, sans exception, seront vigoureusement défendus contre toutes les entreprises générales ou particulières, et du dedans et du dehors; il faudroit même que l'on fût persuadé qu'il n'est pas possible que personne veuille les attaquer, car, lorsqu'il s'agit de liberté, de justice, de secours et de sûreté, ce qui importe le plus, ce n'est pas seulement de nous en procurer les avantages, c'est de nous inspirer un sentiment intérieur et général, qui nous persuade que nous jouissons en effet de ces avantages inestimables, et que nul ne peut nous les ôter.

Le soin des législateurs et du gouvernement
ne

ne doit donc pas se borner à nous assurer nos droits; il doit s'étendre jusqu'à nous faire connoître, voir et sentir qu'ils nous sont tous véritablement assurés. C'est là ce qui nous donne la sécurité de l'ame, le plus doux avantage que nous procure la société : cette sécurité calme, qui fait le repos de tous (4), qui nous environne dans le silence de la plus profonde solitude, et dans les ténèbres épaisses de la nuit, comme au centre des cités, et au milieu de la foule comme au sein de l'amitié : cette sécurité touchante, qui nous lie si étroitement entre nous par des affections toujours invariables; qui nous inspire la franchise et la candeur, le courage et la fermeté, en un mot, les plus belles et les plus précieuses vertus! Et quelles mœurs, que celles d'un peuple où chacun se confie en ses administrans et en ses co associés, et sait ne pas s'y confier envain! Voilà la source d'où vous découlez le plus essentiellement, gaieté de caractère, obligeance de l'ame, activité dans l'industrie, constance dans le travail, exactitude à ses devoirs, modération dans ses désirs, dévouement à sa patrie, attachement à ses concitoyens, respect pour ses magistrats, amour de ses lois, zèle pour son gouvernement, héroïsme à le défendre, paix et bonheur pour tous!

6.° La justice, que l'on appelle par excellence *la fille du ciel*, et qui n'a pas besoin d'être énoncée dans le pacte primitif des nations, parce qu'elle y est toujours présupposée; la justice, dont le principe, le besoin et le sentiment déterminent principalement la vocation des hommes dans leurs réunions sociales, et qui consiste dans la ferme et prompte fidélité à maintenir à chacun de nous la pleine et entière jouissance de ses propriétés et de ses droits. La justice est, pour chaque individu, ce que la loi générale est pour la société elle-même. Si on pouvoit la refuser à un seul citoyen, ne lui donneroit-on pas lieu de conclure que le pacte commun n'existe plus pour lui? et comment pourroit-il espérer encore d'être entr'aidé, là où on lui enleveroit ce qui est à lui, où on lui dénieroit ce qui lui est dû? et comment pourroit-on supporter l'idée d'une injustice impunie, dans le sein de la société à laquelle on appartient, tandis que les particuliers et les nations elles-mêmes doivent être justes envers les étrangers, les inconnus, et les ennemis les plus cruels et les plus féroces? Le peuple qui devient injuste dans ses inimitiés, n'est-il pas condamné au tribunal des autres peuples? ne devient-il pas, à leurs yeux, un objet de mépris, de haine, d'indignation, d'horreur et de proscription? Qu'est-ce donc que le droit de la guerre, sinon le code des lois que la justice éternelle impose encore à ceux qui se sont déclarés ennemis les uns des autres? Combien donc n'importe-t-il pas d'écarter de l'esprit de tous, non-seulement la crainte d'une injustice dans le sein de la société, mais même l'idée que ce délit soit possible? Or, c'est à l'esprit public seul qu'il appartient de rendre effectivement ce délit impossible, par l'horreur que l'on saura en inspirer à tous; c'est à lui seul qu'il appartient de le faire regarder comme ne pouvant échapper, si jamais il existoit, à une punition aussi effrayante que certaine.

7.° La bienfaisance, qu'il ne faut pas réduire

au simple désir de faire du bien, ni borner au seul plaisir que l'on goûte à satisfaire ce désir, mais qui doit essentiellement s'étendre jusqu'à faire de la pratique des bienfaits une science que l'on étudie et un art que l'on perfectionne, afin de perpétuer et de répandre toujours plus les avantages qui en résultent. La loi de s'entr'aider astreint à des obligations étroites, et les citoyens, et le corps social lui-même.

La société ne doit pas se contenter de venir au secours de ceux qui ont des besoins, tant à titre d'indigence, qu'à titre d'infirmité, ou pour quelque autre cause que ce puisse être: elle doit sur tout, soit en multipliant les moyens d'acquérir des talens utiles et de les faire valoir, soit en encourageant les particuliers à la bienfaisance, soit par d'autres mesures également sages; elle doit chercher, d'une part, à diminuer le nombre de ceux qu'il faut secourir, et de l'autre, à augmenter toujours la masse des secours que l'on distribue. Ordre dans l'abondance, économie dans la générosité, sagesse et promptitude dans la distribution; il faut allier ici des vertus presque contraires. Du reste, les établissemens formés pour les infirmes, indigens ou abandonnés; ceux que l'on ménage à la prospérité des fabriques et du commerce; ceux que l'on destine à l'encouragement des arts ou à leur perfection; ceux qui ont pour objet d'animer et d'étendre toujours plus l'agriculture; les institutions propres à favoriser les bonnes études, la formation du bon goût, les progrès des sciences, le développement des talens, l'entretien et la sûreté des grandes routes; les communications faciles et convenables; les magasins communs; les récompenses nationales; tous les encouragemens ou secours accordés par la société, ne sont pas de simples bienfaits de la part des gouvernemens : ce sont des obligations rigoureuses à remplir; objets directs du pacte primitif, que l'on ne peut négliger sans crime.

Une autre obligation du gouvernement, c'est d'inspirer aux citoyens une sorte de passion pour la bienfaisance; de les porter à cette vertu par tous les motifs convenables, et même de leur fournir et les occasions et les moyens de l'exercer. Que de puissantes raisons le gouvernement n'a-t-il pas ici à faire valoir auprès de nous? Rarement on a besoin de recevoir les services que l'on a rendus, quoique souvent on ait besoin d'en recevoir d'autres : plus rarement encore peut-on les recevoir de ceux qu'on a obligés, ou les rendre à ceux de qui on les a reçus; mais on reçoit un service et l'on peut en rendre un autre. Les uns nous obligent, et ce sont les autres que nous pouvons obliger à notre tour : admirable réciprocité, qui forme et resserre si délicieusement les nœuds de la société ! Est-il une sorte de fraternité que l'on doive inculquer davantage aux hommes, et dont on doive nous faire plus vivement chérir les principes dès notre plus tendre enfance? N'est-ce pas là que se trouve la perfection de la société humaine? Est-il une plus précieuse émulation entre les citoyens et l'état, que cette émulation de bienfaisance? et n'est-ce pas une cruauté envers nous-mêmes, et un déni de justice envers les autres, que de nous y refuser?

C'est sous ces différens points de vue que

l'esprit public doit nous peindre la bienfaisance, en la présentant comme une vertu, la plus recommandable de toutes, d'homme à homme, et comme une justice du corps envers ses membres. Non-seulement il faut exciter le désir de faire du bien et y faire trouver un charme particulier; mais il faut que l'esprit public entretienne et ranime toutes ces opinions par tous les moyens que la politique peut mettre en œuvre.

8.º Les lois, ou l'expression de la volonté générale, suffisamment constatée, librement émise, avec intention d'obliger, et promulguée dans cette même vue, avec les formalités déterminées et connues d'avance. Où en seroit la nation, si elle ne tenoit pas fermement à ses volontés les plus authentiques ? L'esprit public doit donc maintenir, avec le plus grand zèle, le respect public et particulier que tous doivent porter aux lois, et la soumission sincère et effective qu'ils doivent avoir pour elles. Il est permis, sans doute, de discuter les lois, lorsque cette discussion tend à en faire mieux connoître la nature et l'objet, ou même à en préparer le perfectionnement : mais l'esprit public ne doit jamais tolérer la manière de les discuter, qui tendroit à en détruire ou affoiblir la vigueur ; ces lois doivent se réunir à l'esprit public, pour écarter à cet égard, avec autant de vigilance que de fermeté, quelque méprise, erreur ou malveillance que ce soit.

C'est pour toutes ces considérations réunies qu'il est si essentiel que les lois soient respectables par elles-mêmes ; car quelle puissance peut maintenir en nous une véritable et durable vénération pour des lois irréfléchies, nuisibles ou proposées à contre-temps, dictées par l'esprit de parti, rédigées avec mal-adresse, et promulguées sans dignité ? L'esprit public ne doit point pardonner au législateur d'y jeter ou d'y souffrir des notions vagues ou obscures, des expressions louches ou insignifiantes, des pensées fausses ou triviales ; il ne doit point lui pardonner la paresse d'esprit, l'ignorance, la précipitation, la légèreté, la suffisance, ou aucun vice qui lui fasse dédaigner les détails, négliger les exceptions nécessaires, se dispenser du soin de définir, méconnoître les avantages de l'ordre et de la méthode dans ses méditations, les avantages de la suite et de la liaison dans les résultats, et enfin ceux de la précision, de la correction et de la clarté, dans toutes les parties du code national.

Il est d'autant plus important de donner la plus grande perfection aux lois que l'on fait, qu'en général il y a toujours dans le public une grande défaveur contre les lois nouvelles. Les lois anciennes ne se présentent le plus souvent à nous qu'entourées de tout le respect que nous avons pour nos ancêtres (*) : c'est à elles que nous attribuons tout ce qui a été fait de grand ou de beau ; elles sont à nos yeux l'appui aussi bien que la cause de tout ce qui existe. Le temps jette un voile sur leurs défectuosités, ou même les jusifie : tous les préjugés enfin se réunissent aux intérêts les plus puissans, pour les maintenir, jusqu'à ce que la main de la philosophie vienne les ébranler, et les faire disparoître sous les ruines de l'opinion

---

(*) Ceci est une redite ; mais elle est si nécessaire, et l'objet en est si important, que le lecteur, loin de la blâmer, y applaudira sans doute.

publique. Quant aux lois nouvelles, tout s'élève contr'elles. Nous en connoissons les auteurs, que quelquefois nous nous croyons dispensés d'estimer; nous en devinons les motifs, qui ne nous paroissent pas toujours louables : la méfiance, l'esprit de contradiction nous anime; les préventions nous échauffent; nous citons ou nous forgeons des anecdotes : en un mot, les erreurs ou la vérité, le zèle ou les passions concourent de toutes parts à infirmer les lois même les plus nécessaires. Combien donc n'est-il pas essentiel que le législateur parvienne à les fortifier de tout le crédit que l'esprit public peut leur donner?

9.° Le gouvernement, ou la totalité des moyens établis, des formes prescrites, des procédés choisis, et des agens employés pour régir l'état, y maintenir l'ordre, y faire exécuter les lois, en un mot, conduire la société au but de son institution, de sa conservation et de sa prospérité.

Si le gouvernement n'est pas investi de toute la puissance nationale, exécutive, coactive et coercitive, il devient nul : ainsi, point d'autorité active qui puisse croiser la sienne, tant qu'il se conforme aux lois; point de force d'inertie qui puisse affoiblir ou arrêter son action ou son impulsion, tant qu'il ne sort pas de la ligne qui lui a été tracée. Il faut qu'il marche, avec fermeté, par la route la plus droite, du pas le plus libre et le plus rapide, et qu'il arrive sûrement et promptement à son terme : il faut que ses ordres produisent toujours leur effet à l'intérieur, sans avoir besoin du concours ou de l'appareil d'aucune force, et qu'à l'extérieur ils soient toujours accompagnés des forces les plus imposantes : il faut que par tout il ait les yeux de lynx, le vol de l'aigle, et qu'il frappe comme la foudre, ou vivifie comme le soleil.

Le gouvernement devient malfaisant et destructeur, s'il ne fait pas l'emploi le plus juste, le plus sage et le plus régulier de la puissance qui lui est confiée. Ainsi, prudence dans les résolutions et fermeté dans l'exécution, mais toujours selon la loi, conformément à l'ordre, et pour le bien; telles sont les conditions sous lesquelles il lui est permis et prescrit d'agir. On sent donc qu'il a vraiment besoin de réunir les vues supérieures du génie le plus lumineux et le plus vaste, la prévoyance et la sagacité du zèle, les mesures et les précautions que l'expérience peut indiquer, la droiture et l'invariabilité du caractère, le dévouement du plus parfait patriotisme, et la pureté et la sublimité de la vertu.

Si les chefs du gouvernement n'ont pas ces grandes qualités, s'ils les remplacent par de grandes foiblesses ou par de grandes passions; s'ils ne parviennent pas à contenir dans les bornes du devoir leurs différens subalternes; à quels dangers ne seront pas exposées les nations? et quelles ressources nous reste-t-il pour animer ou effrayer, ramener ou punir ceux qui ont tous les moyens d'action et d'impunité, quand ils veulent faire le mal ou négliger de faire le bien?

Nos ressources principales sont dans l'esprit public; et si on s'arrête à en considérer la nature, elles paroîtront infaillibles, elles paroîtront infinies, par tout où l'esprit public sera bien composé, suffisamment éclairé et d'accord avec lui-même. Cet esprit étouffera, s'il le faut, toutes les passions dans l'ame des agens publics : il suffira pour énerver, s'il en est besoin, tous les ressorts de leur puissance dans leurs propres mains. Lui seul portera le remord et l'épouvante, la pusillanimité et la consternation au fond de leur cœur : en appréciant avec équité leur conduite, il leur placera sous les yeux, la sentence d'anathême prononcée contr'eux par leurs contemporains, le jugement de la postérité sur leur compte, et la balance éternelle de la justice, toujours consultée et toujours incorruptible. Il fera ployer devant la loi ceux à qui avoit été remise la force de la loi. Il tracera, autour de ceux qui seront criminels, le cercle de la réprobation, dans l'enceinte duquel ils se verront abandonnés à la plus soudaine et profonde solitude ; il exaltera leurs dénonciateurs et les rendra invincibles : on n'aura pas même besoin, pour renverser ces tyrans, de l'action de l'insurrection la plus ordinaire, si l'esprit public a vraiment l'énergie qui lui convient.

10.° Les mœurs, ou les habitudes naturelles ou acquises, soit pour le bien, soit pour le mal, soit même pour des objets indifférens à l'un et à l'autre, pourvu d'ailleurs que ces habitudes aient toutes rapport à des actions extérieures, et qu'elles soient adoptées ou avouées par la nation, c'est-à-dire, communes au plus grand nombre des individus. On doit encore faire entrer dans cette définition, les opinions publiques qui tiennent immédiatement à ces habitudes, soit qu'elles en résultent, ou qu'elles y conduisent, ou qu'elles tendent à en éloigner.

On voit que nous ne parlons point ici des habitudes qui ne sont que personnelles, et qui, en caractérisant les individus, sont d'ailleurs étrangères à la société; habitudes qui naissent pour l'ordinaire de l'état qu'on exerce, de la première éducation qu'on a reçue, ou de quelque caprice de l'esprit, ou de quelque vice du corps. On voit encore que nous ne parlons pas des habitudes particulières aux familles ou aux professions, quand elles y sont concentrées, et qu'elles ne servent ni ne nuisent au vrai caractère des habitudes nationales; quand elles sont en quelque sorte à côté de celles-ci, sans les favoriser ou les contrarier. Nous ne parlons que des mœurs publiques de toute une nation, considérées sur tout sous le rapport qu'elles ont avec l'esprit public qui constitue la société, avec le caractère commun qui décide des succès, le génie local qui guide dans le choix des buts et des grands moyens, et les opinions nationales qui déterminent la marche que l'on suit (5).

Si les habitudes de la nation sont trop diverses, non pas seulement entr'elles, mais d'un individu à l'autre, il y aura des mœurs particulières chez ce peuple; mais ce peuple n'aura point de mœurs publiques.

Si ces habitudes ne reposent point sur les opinions nationales, les mœurs n'auront aucune stabilité, aucune énergie; elles ne seront point respectées : on rougira de les avoir; on s'en accusera : quel effet pourroient-elles produire?

Si ces habitudes n'ont point entr'elles une certaine analogie qui leur donne une sorte d'unité de ton et de but, et par conséquent une sorte d'unité de caractère; si les unes sont sérieuses ou sévères, ou nobles et obligeantes, ou honnêtes et polies, et les autres burlesques et bouffonnes, ou serviles et rebutantes, ou dures et grossières : il arrivera que le mépris ou le dégoût, justement excité par celles-ci, retombera sur celles-là; que toutes finiront par être un objet de dédain, et qu'en tombant ainsi dans le discrédit, elles précipiteront les peuples dans tous les vices avant-coureurs de leur ruine.

O peuples ! épurez, respectez, maintenez vos mœurs ! elles sont le résultat, le premier effet et l'expression de l'esprit public : c'est par elles que l'esprit public parle à tous, qu'il manifeste et qu'il exerce sa puissance, qu'il se montre, qu'il agit et qu'il commande ou défend. O peuples ! rappelez-vous sans cesse que ce sont les mœurs qui dictent les lois et qui les font observer; qui déterminent la forme du gouvernement et en font toute la force, qui organisent la société et en assurent la conservation et la prospérité; qui font valoir et perfectionnent les talens, qui animent et épurent les vertus. O peuples ! ne permettez jamais que l'on viole vos mœurs, qu'on les avilisse, et sur tout qu'on les fronde par des usages contraires. Du jour où vous souffrirez ce dernier excès de dépravation, du jour où, par un délire inouï on s'en fera un titre de fatuité, vous daterez votre corruption, votre désorganisation, votre chute prochaine. De ce même jour vous compterez les mouvemens accélérés de votre ruine, et vos pas hâtifs vers l'esclavage et la destruction.

11.° Les vertus privées; ces vertus ingénues et modestes, amies de l'obscurité, qui naissent dans le sein des familles, et ne s'exercent au dehors qu'en se couvrant du voile de la pudeur. Ces vertus sont la plus touchante expansion de la belle nature; le bienfait le plus précieux que nous ayons pu recevoir avec le don de la vie, c'est le penchant qui nous porte à les pratiquer : développez-le, entretenez-le, fortifiez-le, exercez-le, ce penchant, vous pères, mères, qui désirez que vos enfans soient heureux !

Les vertus privées sont la source de toutes nos vertus publiques : combien ne devons-nous pas être soigneux d'honorer ceux qui en donnent l'exemple ! combien ne doit-on pas nous inculquer dès l'enfance, que nul homme public n'a les vertus de sa place, quand il n'a pas celles qui tiennent à l'homme privé. Il faut que cette opinion (nous l'avons déjà dit) soit répandue, accueillie et démontrée : oui, il faut que tous sachent et répètent que les vertus publiques de l'homme, à qui les vertus privées sont inconnues ou étrangères, ne sont et ne peuvent être qu'une odieuse et dangereuse perfidie.

C'est à l'esprit public à faire valoir cette importante et salutaire opinion; et avec quelle éloquence de raison et de sentiment ne doit-il pas nous persuader que les vertus privées sont le premier mérite de l'homme; le plus beau titre que nous puissions avoir à la liberté individuelle et politique; l'aveu le plus solennel, que nous sommes égaux et frères ; le plus auguste hommage que nous puissions rendre à la justice qu'on a exercée envers nous, et à la reconnoissance que nous devons aux autres; en un mot, la preuve la plus sublime que nous sommes nés pour la société, et que nous avons droit à tous les avantages qu'il est permis de s'en promettre.

12.º L'amour de la patrie, ce principe invariable et tout-puissant qui nous intéresse si tendrement au pays auquel nous appartenons par notre naissance, à la masse générale des habitans qui y sont attachés par les mêmes liens que nous; au gouvernement, aux lois et aux mœurs qui nous y réunissent en une même société, ainsi qu'à la gloire et aux revers, et aux avantages ou inconvéniens que nous avons à y partager entre nous.

L'esprit public ne doit jamais nous laisser ignorer, jamais il ne doit souffrir que nous oubliions un instant, combien la patrie est chère aux ames honnêtes. Pour accroître en nous cet amour de la patrie, ce sentiment fécond en vertus aussi généreuses et héroïques que favorables à notre propre bonheur; il faut que l'esprit public mette à profit le souvenir des jouissances innocentes et pures de notre enfance, ainsi que des sentimens vertueux et plus élevés qui nous ont animés ensuite : il faut qu'il y joigne le tableau fidèle de tout ce que nous devons à une patrie qui a pourvu à notre conservation et à celle de nos propriétés et de nos droits, à notre perfectionnement, et même aux agrémens ou aux consolations de notre vie. C'est ainsi, et sans oublier la perspective riante des plus flatteuses espérances pour l'avenir, que l'esprit public parviendra à resserrer toujours davantage des liens tissus par la nature et par l'éducation; des liens qui, nous unissant étroitement au sol qui nous a nourris, et à tous nos concitoyens comme à nos propres familles, consolident et augmentent notre bonheur; nous ménagent les secours utiles ou nécessaires pour les accidens futurs, et nous garantissent que la mémoire de nos pères sera protégée, et que nos droits les plus précieux nous seront conservés.

Il faut que l'esprit public grave dans toutes les ames, et fasse retentir au fond de tous les cœurs, cette sentence, si honorable pour ceux qui la professent, et qui est l'expression la plus touchante du véritable amour de la patrie: « Malheur, double malheur à l'homme souf- « frant, dont les peines ne seroient pas agra- « vées par le spectacle des douleurs de ses « compatriotes ! Bénédiction, double béné- « diction à l'homme malheureux qui, dans le « cours de ses douleurs personnelles, se sentira « soulagé et consolé par le spectacle du bon- « heur qu'il verra régner autour de lui ! »

13.° Le courage, sentiment de hardiesse, de force, de fermeté et de dévouement, qui nous élève au-dessus des périls, nous roidit contre les obstacles, et nous soutient dans le cours de la vie, au milieu des tribulations et des souffrances. Le courage est nécessaire par tout et pour tout : et que seroient les hommes, s'ils n'avoient pas cette qualité ? N'avons-nous pas, à des époques plus ou moins fréquentes, des besoins, des maladies, des calamités à éprouver? n'avons-nous pas des dangers à courir et des traverses à essuyer ? Non, le mépris de la mort n'est même pas l'objet le plus essentiel du courage : c'est sur tout contre les douleurs du corps, les peines de l'ame; les privations affligeantes, les séparations éternelles ; les adversités imprévues ou accumulées, les injustices des hommes et du sort; les mortifications imméritées, les calomnies atroces et perfides; le coup, trop sensible, que porte au fond de nos cœurs l'indifférence et la désertion de nos proches, l'ingratitude et la trahison de notre ami, l'état d'abandon où tous nous délaissent;

c'est là, lorsque nous n'avons plus que nous-mêmes pour lutter contre la fortune; c'est là que nous est vraiment nécessaire cette qualité qui caractérise si particulièrement l'homme libre ou digne de l'être, l'homme qui connoît et respecte la dignité de sa nature, l'homme destiné à s'élever à toute la hauteur de la vertu.

Combien donc n'est-il pas à propos que, dès notre enfance, toutes les opinions nationales concourent à former en nous l'heureuse et indispensable habitude du courage? Doit-on manquer de nous peindre le lâche comme toujours retréci en lui-même, et mourant sans cesse de sa propre frayeur et du mépris d'autrui; et le brave, comme se montrant avec confiance et sécurité, toujours animé par une circulation libre, régulière et forte dans toutes les humeurs nécessaires ou utiles à sa constitution, soutenu par un calme imperturbable, et jouissant au moins du moment de la vie qui lui est accordé, de sa propre estime, et de son droit à la considération de tous?

Mais, comme le courage est étroitement lié à nos qualités ou habitudes physiques, il faut encore que l'esprit public nous détermine à braver les fatigues, à résister aux travaux les plus pénibles, et que même il nous prépare et nous accoutume, par les lois de l'éducation la plus austère, aux exercices les plus durs et à la pratique constante de la sobriété. Il faut sur tout ne pas nous permettre de confondre le courage avec l'insouciance qui ne prévoit rien, avec la témérité qui cherche le péril pour s'y précipiter, et cette fureur effrénée et anti-sociale, qui brusque tout, affronte tout et ne jouit que des offenses qu'elle fait à tous. Il faut nous apprendre enfin, que le vrai courage est inséparable de la sagesse, de l'honnêteté, de la modération, de la douceur, de la générosité et de la justice.

14.° L'accord des opinions nationales entr'elles ; accord qui est le complément et le perfectionnement de l'esprit public. Comme les opinions dont il s'agit forment ensemble le véritable lien de la société, on imagine facilement de quelle importance il est que chacune d'elles nous attache à toutes les autres aussi fortement qu'il est possible : c'est que, si jamais sur notre globe l'immutabilité peut s'annexer à ce qui est bien, le peuple, dirigé et conduit par un esprit public composé comme nous le supposons ici, jouira du bonheur le plus pur, le plus général et le plus inaltérable, sans pouvoir craindre aucune sorte de vicissitude.

Mais nos opinions ne peuvent fonder parmi nous de si merveilleuses espérances qu'autant qu'elles réuniront les conditions suivantes : 1.° la condition de ne faire par leur réunion qu'un seul faisceau, si bien tissu et si serré, que rien ne puisse le rompre ou le délier, et que chercher à en affoiblir ou ébranler une partie, soit attaquer le tout, et paroisse une témérité monstrueuse, qui indigne, révolte et épouvante tous les esprits; 2.°, la condition de ne rendre ainsi indissoluble l'accord de toutes nos opinions, qu'en les appuyant toutes également sur leur analogie mutuelle, sur les convenances locales, sur les principes sacrés de la justice, sur la vérité, et même sur l'évidence, autant que la nature des choses peut le permettre; et 3.°, la condition de modifier et combiner tellement toutes les institutions sociales et publiques,

publiques, qu'elles découlent sensiblement de nos opinions comme de leur source commune, et qu'elles s'y rapportent parfaitement, de manière que tous les objets, toutes les actions, les lois et les usages, la conduite des affaires et la nature des fêtes, les vertus touchantes ou sublimes, et les jouissances honorables ou légitimes, le travail et le repos, les goûts et les passions, en portent toujours l'empreinte, et en fassent en quelque sorte, à tous les yeux et dans tous les cœurs, l'objet révéré du culte le plus auguste.

Deuxième Classe.
Objets particuliers.

Il nous reste encore à indiquer les objets particuliers vers lesquels le législateur doit principalement diriger l'esprit public : objets sur lesquels il est à propos que nous arrétions nos regards autant qu'il sera nécessaire, pour rechercher et faire sentir quelles sont les opinions que l'esprit public doit en quelque sorte infuser en chacun de nous, relativement à tous ces objets; quelles maximes plus importantes il doit nous inculquer, et, en conséquence, quels moyens le gouvernement doit prendre pour remplir à ce sujet les vues de la société et assurer le bonheur général.

Si nous donnons à cette dernière recherche l'attention qu'elle mérite, nous nous convaincrons que l'esprit public, pour être parfait, doit:

1.º Faire aimer le travail. Celui qui n'a pas cette précieuse disposition, s'épuise de langueur et d'ennui; il s'abandonne aux désordres, et provoque de bonne heure les infirmités de la vieillesse. Qui ne fait pas le bien, fait toujours le mal, car il faut agir, et rien n'est indifférent. Travaillons pour avoir des forces et pour les conserver, car le plus grand ennemi de la santé de l'homme, c'est l'oisiveté. Travaillons pour satisfaire à nos besoins, car c'est la loi de la nature. La nature ne nous a pas promis de nous livrer elle-même les choses qui nous sont nécessaires; elle ne nous les offre que de loin, au contraire, et c'est à nous à franchir l'intervalle qui nous en sépare. Il nous faut atteindre au sommet des arbres, pour en avoir les fruits; plonger au fond des eaux, pénétrer dans les déserts les plus sauvages, et creuser la terre, pour nous approprier les richesses qui y sont cachées; encore-faut il les façonner de mille manières différentes, selon nos intérêts et nos usages. Travaillons pour avoir des mœurs et conserver tous nos droits à l'indépendance et à la liberté : travaillons enfin pour nous acquitter envers la société, par les services que nous lui rendrons, et écarter de nous le mépris si justement reservé à quiconque n'est sur la terre qu'un fardeau volontairement inutile et incommode !

2.° Nous ménager des secours pour nos besoins. Les secours publics sont strictement dûs à ceux à qui ils sont nécessaires; mais ils ne sont dûs qu'à eux. Les refuser à ceux-ci, les leur distribuer avec partialité, ou les accorder à d'autres; exercer la bienfaisance nationale avec une négligence odieuse, ou avec une dureté révoltante, ou sous l'enveloppe justement suspecte du mystère; et (que sait-on?) puiser peut-être, à la faveur de ces désordres, puiser au sein de la misère et de la douleur les moyens de satisfaire à la cupidité des uns, ou d'ajouter à l'opulence et de suffire à la profusion des autres; ce sont là, sans doute, des abus qui ne doivent jamais être impunis, puisqu'ils sont essentiellement intolérables. Un autre scandale que l'esprit public doit également sauver au peuple, c'est le scandale que l'on donneroit en objectant ce qu'il pourroit en coûter à la nation pour remplir cet article de ses engagemens envers tous ses membres. Nul calcul n'est admissible contre un devoir, et ici le calcul porteroit l'épouvante et la consternation dans l'ame de tous les pauvres. Nous devons des secours à ceux à qui il ne reste plus que la faculté de les réclamer: la nature, l'humanité, la raison, notre pacte commun, tout concourt à nous faire de ce devoir la loi la plus sacrée. Au surplus, un zèle pur et plein de sollicitude trouve, quand il le faut, des ressources intarissables dans les découvertes du génie, dans les recherches d'une industrie active, dans les règles d'une exacte justice, et dans les lois d'une sage et heureuse économie : c'est à l'autorité administrative et paternelle, à savoir y recourir. Malheur à celle qui ne sauroit pas ou ne daigneroit pas en profiter !

3.º Honorer l'agriculture. Quelle profonde corruption, si cette doctrine paroissoit étrange! quel affreux égarement, si elle paroissoit peu fondée! La terre est le fonds que Dieu a destiné à pourvoir à nos besoins; fonds inépuisable, mais qui ne remplit son objet qu'autant qu'il est cultivé ! La terre est donc, par une suite de sa destination, consacrée à nos travaux: elle demande à être arrosée de nos sueurs. Voyez le tableau qu'elle nous offre, quand on l'abandonne à elle-même! quelles sont les productions désordonnées qu'elle entasse! animaux malfaisans, perfides et féroces; insectes aussi redoutables par leur variété et leur nombre, que par leur malignité; plantes vénéneuses et toujours funestes, quel que soit celui de nos sens par où nous en approchons. Tous les êtres, tous les corps, y sont en même temps destructifs les uns des autres. La chaleur qui entretient la vie, y est fétide et inflammatoire; les eaux qui nous abreuvent, y sont empoisonnées; l'air qu'on y respire, y est corrompu : tout y présente l'image du désordre, de la malfaisance, de la douleur et de la mort. Quelle stérilité seroit plus hideuse ou plus effrayante que cette affreuse fécondité?

Voyez ensuite la terre, habitée et cultivée par une nation instruite et laborieuse! Par tout l'ordre règne, la sagesse dirige, et l'art embellit: les objets les plus redoutés disparoissent ou se changent en décorations : il n'y a plus de fertilité que pour ce qui est utile ou agréable: la richesse et l'abondance étalent leurs trésors de toutes parts : la terre est alors vraiment hospitalière. On diroit qu'une puissance inconnue y change la nature des choses; toutes prennent un caractère conservatoire, un principe de salubrité : l'air est pur; les eaux sont saines; la chaleur est douce et vivifiante; les plantes sont nourricières ou agréables; les insectes n'y existent plus que pour se détruire mutuellement; les animaux deviennent les serviteurs, les compagnons, les amis de l'homme; les couleurs même semblent plus variées et plus belles, et les formes plus parfaites. L'homme vit dans l'abondance pour lui-même, et il lui reste de quoi exercer les plus douces vertus, tandis que, d'une autre part, le travail lui donne la sobriété, la santé, une bonne conscience, le contentement et des mœurs.

Tels sont les admirables effets de la culture de la terre : est-il rien de plus juste que de l'honorer ? et ne devons-nous pas, au moins, ce dédommagement à ceux que la monotonie et les fatigues y viennent quelquefois tourmenter ? Devons-nous oublier, que chez des peuples renommés pour leur morale, la main des souverains s'honore à conduire la charrue ? devons-nous être surpris que les anciens, se souvenant encore d'avoir vécu de glands, aient, par motif de reconnoissance, attribué l'invention de l'agriculture à leurs dieux les plus révérés ? L'agriculture est la vraie vocation de l'homme ; c'est son état le plus nécessaire, le plus utile et le plus noble : quel autre état pourroit donc lui disputer le premier rang dans la carrière des honneurs ?

4.º Protéger le commerce. Le commerce est l'aide et le soutien de l'agriculture : c'est le principal moyen de l'animer, et le seul d'y suppléer. Il en multiplie et varie les productions par ses échanges : il supplée à ce qui lui manque, et place utilement ce qu'elle a de superflu : il nous éclaire des lumières de tous les peuples, nous enrichit de leurs talens, nous guérit de nos erreurs et nous garantit de celles des autres : il produit l'émulation, et encourage à la vertu par la force et l'éclat des exemples étrangers. Mais à quel prix parvient-il à nous rendre des services aussi précieux ?

Il faut, pour arriver à ces heureux effets, il faut que le commerçant parcoure les régions lointaines, qu'il s'enfonce dans les déserts, qu'il traverse les mers, qu'il s'expose à toutes les fatigues, qu'il affronte tous les dangers, qu'il brave les intempéries des saisons et l'influence des climats. Ses propriétés seront successivement par tout, dans tous les dépôts, sur toutes les routes, et dans les mains de tous les peuples. Comment donc les conservera-t-il, comment échappera-t-il lui-même à tant de périls, s'il n'existe pas une puissance active et redoutable, qui par tout le suive, l'environne, et le couvre de sa protection? une puissance qui le garantisse de tous les malheurs, lui applanisse les obstacles, lui prépare les routes, les dépôts et tous les moyens de communication, et qui le sauve des piéges de la cupidité des uns et de la trahison des autres, de l'infidélité et de la rapine, de toutes les passions et de tous les crimes?

En protégeant le commerce contre tous les ennemis qui l'entourent de près, ou l'épient de loin, le gouvernement ne doit pas oublier de le défendre également contre lui-même, en réprimant ses propres excès, et en le retenant sous les lois sévères de la bonne-foi, de la fidélité, de l'exactitude, de l'honneur, et même de la modération, de la générosité et du patriotisme. La protection dont il s'agit ici comprend donc aussi avec le maintien d'une liberté convenable, la sévérité d'une justice entière, et toute la vigilance d'une police soutenue.

5.° Animer l'industrie, la troisième source directe de la richesse et de la prospérité nationales. L'industrie renferme tout à la fois le désir qui fixe l'attention, l'instinct qui recherche, la sagacité qui devine, le génie qui invente, le talent qui exécute, le goût qui indique de nouvelles perfections, et la dextérité qui remplit tous ses vœux. Cette même industrie se retrouve par tout, dans les découvertes qu'elle offre à nos plaisirs ou à nos besoins ; dans la main-d'œuvre, qu'elle facilite ; dans le choix des objets, dont elle augmente la valeur ; dans les moyens, qu'elle multiplie en les simplifiant, et dans les frais qu'elle diminue. C'est elle qui rend plus utiles ou plus agréables les productions de la terre, et qui les rend propres à des usages nouveaux plus avantageux, soit en leur donnant des formes nouvelles qui embellissent, soit en leur donnant des qualités ou propriétés nouvelles plus précieuses. Elle nous occupe plus fructueusement en multipliant les motifs, les moyens et les occasions de travailler ; elle s'étend à tout, et réussit en tout : ce fut elle qui changea nos cabanes en palais superbes. Si vous admirez chez les anciens tant d'institutions nobles ou touchantes et toujours si parfaites, n'y admirez-vous pas sur tout l'industrie qui les adapta si heureusement aux vues que l'on s'y étoit proposées ? en admirant les conquêtes des Macédoniens ou des Romains, n'admirez-vous pas en particulier l'industrie qui perfectionna les phalanges des uns et les légions des autres ? et quel plus vaste sujet d'admiration, que l'industrie étonnante du commerce à Tyr et à Carthage ? L'industrie seconde nos efforts dans les genres d'entreprises les plus opposés, dans le zèle qui souvent a besoin d'être industrieux, et dans les vertus qui lui doivent souvent tout leur succès.

Aussi ne devons-nous pas croire que la

nature ait placé l'invention sous telle latitude, et le perfectionnement sous telle autre : l'esprit public seul tourne de préférence l'industrie vers certains procédés; et c'est au législateur à diriger l'un et l'autre vers tout ce qui est utile et nécessaire; à les détourner de tous les goûts futiles, stériles ou pernicieux, et à les ramener sans cesse vers tout ce qui est beau, noble, grand, avantageux et convenable.

6.° Faire cultiver les sciences. Nous ne dirons pas combien les sciences sont utiles et nécessaires; il suffit, pour s'en convaincre, de comparer des peuples ignorans à des peuples éclairés : nous ne dirons pas combien les sciences sont honorables; il faudroit n'avoir jamais su penser pour en douter. O Européens! contemplez l'état d'abjection et de misère auquel sont réduits les esclaves de l'Asie, et les sauvages de l'Amérique et de l'Afrique; et calculez par combien d'avantages inestimables les sciences vous élèvent au-dessus d'eux! La vérité est accessible pour vous; vos yeux peuvent en soutenir l'éclat : vous abjurez les préjugés antiques; vous renoncez aux erreurs de vos aïeux; vous êtes prémunis contre l'imprévoyance et les illusions : vous descendez dans les replis les plus cachés ou les plus obscurs de votre propre substance; vous vous élancez hors de vous-mêmes, pour décomposer tous les corps et en découvrir la nature! Vous convertissez à vos usages jusqu'aux poisons! Vous sondez les profondeurs de la terre et des mers; vous en retirez les trésors qui y restoient enfouis! Vous vous liez à toutes les nations, par la chaîne du commerce et des arts : vous vous tracez des routes sûres au milieu des écueils et sur les abymes! Vous vous rendez maîtres des élémens : vous vous élevez dans les cieux ! Vous embrassez les infiniment grands, comme vous développez les infiniment petits ! Vous créez de nouveaux mondes, et leur donnez des lois ! Mais n'oubliez pas à qui vous êtes redevables de tant de prodiges : gravez sur l'airain, ayez toujours devant les yeux la liste nombreuse des savans de tous les siècles, qui ont consacré à votre bonheur leurs études opiniâtres et leurs veilles constantes, les méditations les plus profondes, les recherches les plus pénibles, les essais les plus multipliés, les sacrifices les plus généreux et les calculs les plus sublimes. Vous ajouterez à cette liste, à mesure que nous aurons à les pleurer, vous y ajouterez les noms de ceux qui, au milieu de nous, aggrandissent encore tous les jours la sphère de nos connoissances, et qui, par de nobles travaux, atteignent ou même surpassent leurs modèles. Nous jouissons de leurs succès : ah ! sans doute, nous leur vouons une reconnoissance aussi vive qu'elle est juste, une reconnoissance que la postérité partagera !

7.° Perfectionner les arts; l'un des fruits des plus désirables de la société. Pour l'homme né et retenu dans la solitude, les arts sont, les uns nuls, et les autres infiniment bornés. Ceux-là sont nuls, parce que, hors de la société, ils sont sans objet, sans moyen, sans motifs; ils ne peuvent être d'aucun usage : la matière première n'en existe point; on manque également de l'aide et des instrumens nécessaires pour les pratiquer. Ceux-ci sont infiniment bornés, parce que ce n'est que par la diversité des procédés dont nous sommes les témoins, ou dont on nous instruit d'ailleurs, que nous parvenons à bien concevoir que l'on peut faire mieux ou plus mal que nous ne faisons. Les arts se divisent naturellement en deux classes, celle des arts que l'on appelle plus spécialement *arts utiles*, et celle des arts que l'on distingue plus ordinairement par le nom d'*arts agréables*. Le perfectionnement des uns et des autres tient de près à leur nature. Les premiers se perfectionnent toujours plus, à mesure qu'ils sont plus nécessaires ou plus utiles; c'est-à-dire, qu'il en est qui ne s'élèvent au-dessus des premières ébauches, que dans les pays où l'agriculture prospère et réclame plus particulièrement leurs secours, tandis que d'autres n'atteignent leur véritable but qu'à la faveur du commerce, ou par le développement et les progrès de l'industrie, et sur tout des fabriques. Les seconds attendent nécessairement, pour se perfectionner, que les sciences aient augmenté la masse de nos idées, et que le goût ait incliné les mœurs vers tout ce qui est de son ressort. Ainsi, tous les arts se perfectionneront à l'envi les uns des autres, chez les nations qui donneront des soins convenables aux objets dont nous avons parlé ci-dessus; et qui y joindront la formation d'un goût décidé et aussi pur dans ses jugemens qu'étendu dans le nombre des objets qu'il embrassera; et ce ne sera que chez ces nations que l'homme, étendant ses jouissances beaucoup au-delà de ses besoins, semera l'agrément sur tout ce qui l'environne, et le fera naître, pour lui-même et pour les autres, de toutes ses pensées et de toutes ses actions, même les plus ordinaires et les plus indifférentes.

8.º Exciter l'émulation, ou le désir de se distinguer en se rendant utile. Ce désir est l'ame des talens et même des vertus : gardons-nous donc, en cherchant à l'inspirer ou à le nourrir, gardons-nous de le confondre avec les vices qui en flétrissent la pureté et en corrompent tous les fruits; avec la rivalité, qui cherche moins à atteindre le but véritable, qui est l'utilité générale, qu'à obtenir une vaine et coupable distinction au détriment de ses compétiteurs; avec cette sorte d'hypocrisie particulière aux charlatans, qui veut moins le mérite réel que l'apparence, et qui cherche moins à valoir qu'à enlever le prix à ceux qui valent beaucoup; avec cette ambition dangereuse, qui ne se propose l'utilité pour les autres qu'afin d'avoir les succès pour soi-même; enfin avec cette jalousie honteuse et vile, qui attache le sentiment de la haine au sentiment de sa propre foiblesse, et qui, au lieu d'acquérir des titres pour soi, s'indigne et s'irrite contre ceux qui en acquièrent.

Il importe plus qu'on ne peut le dire d'écarter de l'idée de l'émulation tous les vices qui tâchent de la contrefaire, et qui sont si loin d'elle. L'émulation est noble, franche et ingénue; c'est une des passions réservées aux belles ames : elle ne produit que du bien; elle crée ou elle perfectionne, soit dans les sciences, soit dans les arts, et elle nous fournit tous les jours de nouveaux modèles de vertus. Elle est sur tout généreuse : les vrais émules sont amis, au lieu que les vices qui en usurpent le nom pour s'en faire un masque.... mais ne suffit-il pas de les avoir nommés, pour faire sentir toute l'horreur qu'ils méritent?

9.° Etablir des encouragemens; l'un des plus sûrs moyens d'exciter l'émulation, d'animer l'industrie, de faire prospérer les arts et les sciences, et de fortifier tous les sentimens vertueux en les épurant. Ces encouragemens ne doivent pas être confondus avec les secours que nous avons réclamés ci-devant en faveur des besoins, des infirmités et des malheurs extraordinaires : ce sont des secours cependant, mais des secours établis dans d'autres vues et mérités à d'autres titres. Ici, il ne s'agit plus de causes actuelles et de considérations particulières : en appliquant ces encouragemens au profit des individus, ce n'est qu'à des motifs de bien public que l'on doit céder; le seul objet que l'on doive se proposer, c'est de seconder le zèle impuissant ou timide, de soutenir des efforts trop pénibles, de compenser des sacrifices ruineux, et de suppléer enfin à la foiblesse des moyens. Quiconque offre de rendre de grands services à la société, et prouve suffisamment qu'il en a la capacité aussi bien que la volonté, doit obtenir, si le gouvernement n'est pas inepte ou malveillant, non-seulement assez de secours pour assurer ses succès, mais encore autant qu'il lui en faut pour doubler ses forces, son courage et son activité.

Tout le monde conçoit facilement de quelle manière on peut, dans tous ces encouragemens, concilier la plus heureuse économie avec la plus noble magnificence. Nous nous bornerons donc à observer ici, que jamais ces mêmes encouragemens ne doivent être incertains, mesquins ou tardifs : il faut qu'ils soient préparés et réglés d'avance par des établissemens stables et connus; il faut, pour ainsi dire, les voir de loin, et être assuré de les obtenir; il faut qu'ils soient fondés sur des bases fixes, et qu'en cette partie, comme en toute autre, il règne un ordre constant et respecté, et une fidélité véritablement incorruptible.

10.° Donner des récompenses; nouvelle sorte d'encouragemens non moins utile que la précédente. Les récompenses ont même, aux yeux du public et pour ceux qui les obtiennent, un mérite particulier, qui les rend plus flatteuses et plus honorables, en ce que celui qui les reçoit ne les a pas sollicitées, ou du moins ne les a pas attendues pour faire le bien. L'encouragement, proprement dit, s'accorde donc à celui qui entreprend, et la récompense, à celui qui a déjà rempli son objet; mais ce qui est récompense pour l'un, devient toujours encouragement pour tous les autres, si l'on n'en détruit pas l'effet par quelque disconvenance odieuse ou ridicule. C'est que, pour être aussi utiles qu'il est juste de le désirer, les récompenses doivent, 1.°, ne jamais être accordées qu'au mérite, et 2.°, y être toujours proportionnées: il faut qu'elles soient analogues aux besoins de ceux que l'on récompense, et aux services qu'ils ont rendus; plus ou moins fortes ou brillantes, selon les risques que l'on a courus et les efforts que l'on a faits; et toujours variées, selon qu'il s'agit de talens et de vertus, de talens utiles ou de talens agréables, de vertus modestes ou de vertus d'éclat. Les récompenses doivent donc tenir tantôt à l'idée de profit, et tantôt à l'idée d'honneurs : elles doivent être ou plus modiques ou plus généreuses, momentanées ou permanentes, délivrées avec pompe ou avec une simplicité touchante, ordinaires enfin, ou rares et plus remarquables.

Comme les titres des personnes à récompenser

varient à l'infini, ainsi qu'on le voit, tant par la nature des choses que par les circonstances, tant par les motifs que par les sacrifices et les résultats, il faut aussi, pour déterminer les récompenses, avoir égard aux causes qui ont fait agir, aux moyens qu'il a fallu employer, et aux effets que l'on a produits; et c'est cette admirable variété, cette sage combinaison d'honneurs et de profits, toujours adroitement distribués, qui font circuler dans toutes les ames une heureuse et féconde émulation, et qui accroissent et perpétuent toutes les sources de la prospérité publique.

11.° *Répandre l'instruction.* La nature, en nous organisant pour l'existence, nous a donné des besoins qui se renouvellent ou se succèdent tous les jours, et que, sous peine de mort ou de douleur, il faut satisfaire, pour ainsi dire, à l'instant qu'ils se font sentir. L'âge, à mesure qu'il s'avance, nous donne les besoins qui naissent des passions qu'il apporte avec lui. L'état de famille accumule par-dessus nos besoins personnels, les besoins de tous nos proches. La société générale augmente encore la masse de tous ces besoins, en y ajoutant sur tout un grand nombre de besoins moraux. L'expérience enfin, nous faisant rapprocher le passé de l'avenir, et nous accoutumant peu à peu à rejeter sur l'un l'image de l'autre, nous fait éprouver, dès-à-présent, le sentiment de besoins qui n'existent pas encore, et souvent de ceux qui ne doivent jamais exister. Cette chaîne, déjà si longue, est de plus considérablement augmentée par les besoins qui nous viennent des arts, des sciences, des habitudes, des mœurs, des goûts particuliers ou communs, des plaisirs, des liaisons, et des vertus elles-mêmes.

Et c'est l'être ainsi accablé de besoins si divers, si fréquens et si impérieux, que l'on nous assure être né pour le bonheur ! Sans doute, l'homme est né pour être heureux; et il le sera, si ceux à qui il est d'abord confié dès sa naissance, si lui-même ensuite, et la société générale enfin, concourent, autant qu'ils le doivent, à le mettre en état de remplir sa destinée. Plus il a de besoins légitimes, plus il a de titres et de moyens pour arriver à une véritable félicité, puisqu'il ne peut satisfaire aucun de ces besoins sans y puiser quelque sorte de jouissance; et que, pour qu'il puisse sûrement les satisfaire, la nature lui a donné deux puissans moyens, ses propres facultés, et les secours d'autrui. Nos besoins, en un mot, je parle de ceux qui sont dans l'ordre régulier de la nature, ces besoins dont nous nous plaignons quelquefois si indiscrètement, sont la source unique et la seule mesure de notre bonheur. Mais il faut travailler à écarter de nous les besoins que nous ne pourrions satisfaire, et plus encore ceux que nous ne satisferions qu'en nous rendant coupables : mais il faut que la société dans le sein de laquelle nous naissons, remplisse tous ses devoirs à notre égard; il faut que tout se réunisse pour nous assurer les secours qui nous sont nécessaires, et pour développer en même temps les facultés dont, à notre arrivée dans ce monde, nous avons apporté le germe ou le principe.

Notre soutien dans notre plus tendre enfance, ce sont des secours qui, pour nous être accordés, n'attendent pas que nous les sollicitions.

O amour maternel, c'est à vous que notre première foiblesse est confiée ! c'est vous qui nous apprenez à exister, à sentir, à parler, à penser et à agir. Que d'instructions précieuses et nécessaires nous devons à votre patience toujours si tendre, à votre douceur toujours inaltérable, à vos soins si ingénieux, à votre sollicitude si touchante ! Ah ! lorsqu'un jour vous nous aurez remis en d'autres mains, la tendresse et la reconnoissance nous ramèneront sans cesse vers vous ! le besoin et le plaisir de vous aimer, seront le premier de vos bienfaits !

D'autres secours, d'autres instructions, d'autres sentimens nous lient ensuite à un père, à des proches, à des commensaux, à des amis, à des personnes chargées de nous instruire plus méthodiquement. Ici, l'instruction devient pour nous une occupation directe ; le cercle s'en aggrandit de toutes parts, à mesure que le développement de notre constitution physique et intellectuelle nous en donne l'aptitude : les besoins se multiplient autour de nous, tous nous sollicitent et nous entraînent ; et pour pouvoir répondre à tant d'interpellations, nous nous hâtons de voir, d'entendre et d'observer ; nous interrogeons et les hommes et la nature ; nous nous précipitons dans la carrière de l'expérience ; nous recherchons, nous recueillons, nous puisons de tous côtés une ample moisson d'instructions : aux besoins de ces premiers âges, la prévoyance joint ceux de l'avenir ; le tableau du monde nous les fait connoître, nos premières expériences nous les font pressentir ; tout nous les annonce et nous avertit de nous y préparer.

Et cependant les passions, ces principes d'activité

d'activité qui régissent en nous l'homme physique et moral, et qui sont la source principale de nos biens et de nos maux; les passions, naturellement si impérieuses, et toujours si bienfaisantes ou si funestes, se montrent de plus près, s'emparent de notre ame et de nos sens, et nous font parcourir à pas de géants la carrière de la vie. Ces passions, une fois maîtresses, ne nous abandonnent plus; elles nous cèdent l'une à l'autre, durant le reste de nos jours, et ne s'éteignent qu'avec nous. Mais quelles leçons elles donnent, quelles lumières elles fournissent ! C'est à leur empire que nous devons tous nos goûts; à mesure qu'elles épuisent les besoins physiques, elles y substituent les besoins moraux : l'imagination leur ouvre le champ des besoins possibles; et la sensibilité, qui se développe avec elles, leur donne un caractère fixe, les attache invariablement à des objets déterminés, et décide enfin de notre sort.

Abandonnerez-vous l'homme à ces guides aveugles, et par conséquent si dangereux? Le plus grand de nos besoins, en arrivant à ces passions, n'est-ce pas le besoin d'instruction sur elles-mêmes? Plus l'homme est susceptible d'énergie, plus il est disposé à se livrer à quelque passion favorite, qui subjugue les autres et qui l'asservisse. Mais l'homme foible, qui est successivement le jouet de toutes les passions, de tous leurs caprices et de tous leurs excès, est-il moins invariablement leur victime ? et qui pourra les préserver, l'un et l'autre, des malheurs qui les menacent? qui leur apprendra à connoître, à contenir, à régir leurs passions ? La raison, à mesure qu'elle se formera; la réflexion, à mesure qu'on nous y accoutumera; l'expérience, à mesure qu'on l'éclairera; en un mot, c'est à l'instruction, préparée et méthodique, à nous précautionner, à nous fortifier contre nos passions.

Cette instruction méthodique, aux progrès de laquelle notre amour-propre est si vivement intéressé, et dont le besoin se fait si bien sentir, en appelant à son aide tous nos autres besoins, pour lesquels seuls il existe; cette instruction, dont le besoin crée, ou du moins développe en nous, la curiosité, l'émulation, le goût et l'envie de plaire; cette instruction est un arbre immense, qui étend ses branches sur tout l'univers : elle se dirige vers tous les objets, afin de les rapprocher de nous, et de les soumettre à l'action de tous nos sens. Le but de l'instruction étant de nous donner des connoissances exactes et certaines, elle cherche à nous mettre à portée de tout voir, de tout entendre, de tout peser, analyser et réorganiser à volonté : elle nous invite à nous enfoncer dans les méditations les plus profondes, à recueillir les observations les plus diverses, à entasser le trésor de nos souvenirs, et à projeter les événemens à venir : elle nous fait parcourir les mondes passés et futurs, les mondes réels et supposés. Mais, sur tout, elle rassemble autour de nous les causes qui nous déterminent à agir, les motifs qui doivent dicter nos choix, les moyens qu'il est plus à propos de prendre, les règles ou procédés qu'il faut suivre, et le but que nous devons toujours avoir devant les yeux; et n'est-ce pas elle qui nous élève à la contemplation des idées du beau, de l'honnête, de la décence et de la vertu?

n'est-ce pas elle qui nous démontre et qui affermit dans notre ame les principes du devoir? n'est-ce pas elle qui nous fait apercevoir les avantages et les charmes de l'ordre bien établi dans le sein des familles et dans les sociétés politiques, à l'imitation de celui qui règne dans la nature? n'est-ce pas elle, enfin, qui, en nous apprenant à pourvoir à tout ce qui peut nous être nécessaire, nous fait placer au premier rang de tous nos besoins le repos d'une bonne conscience, les affections douces et les sentimens généreux?

Mais tous ces effets ne peuvent être produits que par une instruction méthodique. En effet, examinez l'homme aveuglément livré à ses besoins et à lui-même. Quel sera le fruit des instructions que le hasard lui offrira de toutes parts? quel sera le résultat de tant de notions fausses ou imparfaites, et toujours vagues, incertaines et insuffisantes; de tant de préjugés et d'erreurs, jetées dans son ame par tout ce qui le frappe ou l'intéresse? Que peut-il devenir, sinon un être voué à l'ignorance, à la mal-adresse, à la misère, à l'esclavage, aux fautes les plus pernicieuses, aux scandales les plus révoltans, à tous les maux de la vie et à tous les désordres du crime?

Qui pourroit donc ne pas apercevoir, au premier coup d'œil, la pressante et rigoureuse nécessité de préordonner les leçons que la nature nous a préparées, d'y établir un ordre calculé d'avance, d'écarter de nous les lueurs fausses et les prestiges, de ne nous livrer qu'à la vérité, de ne nous conduire qu'au bien? Et n'est-ce pas au gouvernement à se charger de ce soin si essentiel? ne doit-il pas former les établissemens nécessaires ou utiles à cet égard, et prendre les mesures les plus convenables pour que chacun de nous reçoive les instructions les plus avantageuses pour lui-même et pour la société ?

12.° Instituer des fêtes nationales. Lorsque j'ai voulu prouver que l'homme est destiné à vivre en société, j'ai démontré (*) qu'en effet il ne pouvoit naître et vivre que dans le sein de la société, acquérir quelque valeur que par ses secours, et jouir de quelque bien-être que par elle et au milieu d'elle : j'ai démontré, que, plus la société est imparfaite, plus l'homme est borné et malheureux ; que, plus la société est viciée, plus l'homme est lâche ou criminel ; et que, plus la société approche de la véritable civilisation, plus l'homme a de talens, de vertus et de jouissances. J'ai démontré encore, que la perfection, dans la société elle-même et pour chacun de nous en particulier, dépend essentiellement du plus grand rapprochement des hommes entr'eux : que ce n'est que par là que nous apprenons à vivre avec les autres et pour les autres : que les liens mutuels que ce rapprochement forme entre nous, nous font sentir toujours plus vivement, à mesure qu'ils se resserrent davantage, le prix de l'estime et de l'affection de ceux dont nous pouvons avoir besoin, ou avec qui nous sommes accoutumés de vivre ; le prix des vertus sociales les plus douces et les plus liantes, qui répandent le charme de la vie sur ceux qui nous environ-

---

(*) Je pense avoir démontré toutes ces vérités fondamentales, tant dans les différentes parties de cet ouvrage, que dans celui que j'ai donné sur les *fêtes nationales*, en l'an deux, et qui est imprimé dans le *journal d'instruction publique*, par le citoyen Borrelly, tomes 7 et 8.

nent, et nous attirent toutes leurs bénédictions; le prix des vertus généreuses et magnanimes, qui excitent un si vif enthousiasme dans les autres, et nous assurent de leur part une admiration si flatteuse. J'ai démontré enfin, que ce n'est qu'à la plus grande fréquentation des citoyens entr'eux, que nous pouvons devoir l'existence et le perfectionnement d'un véritable esprit public, l'accord et l'énergie des opinions nationales, et enfin les élans, le dévouement et l'héroïsme de l'amour de la patrie.

En recherchant ensuite comment la fréquentation des hommes entr'eux pouvoit conduire à des résultats si admirables, j'ai reconnu qu'ici les véritables causes premières sont le principe de nos besoins, de ces besoins qui se multiplient tous les jours dans la société : la reconnoissance des secours que nous avons reçus des autres; la disposition où nous voyons qu'ils sont encore à nous en rendre de nouveaux; la prévoyance des services que nous pouvons avoir à réclamer d'eux : l'empire des habitudes que nous contractons : le développement de la sensibilité, de l'art des ménagemens, des attentions, des condescendances et des prévenances, que l'exercice perfectionne : le désir de plaire, d'être considéré, accueilli et distingué; désir qui devient tous les jours plus pressant, parce que les avantages qui en sont l'objet nous deviennent ou nous paroissent tous les jours plus nécessaires ou plus importans : l'occasion plus fréquente d'être utiles ou agréables : le souvenir des liaisons passées, le charme des liaisons présentes, et le pressentiment des délices ou des consolations que nous promettent ces mêmes liaisons pour l'avenir.

Mais j'ai observé que le concours heureux de toutes ces causes ne produit aucun effet, ou n'en produit que de très-foibles, dans les rassemblemens pour affaires, non plus que dans les rassemblemens forcés; parce que, dans les uns, nous nous réservons tout entiers à l'examen des objets importans pour lesquels on nous réunit, des passions violentes ou concentrées qu'elles suscitent, et des mesures graves ou décisives qu'on nous y propose; et que, dans les autres, l'idée de la contrainte où nous sommes éteint tous les sentimens, repousse toutes les ames en elles-mêmes, et les rend aveugles, muettes et sourdes pour tout ce qui est hors d'elles.

J'ai observé qu'il ne faut chercher les avantages dont nous parlons que dans les réunions libres et toutes consacrées à elles-mêmes, c'est-à-dire, aux agrémens communs qu'elles peuvent nous fournir: dans ces rassemblemens où l'ame, dégagée de tout souci et de toute crainte, se répand au dehors avec autant de naïveté que de vivacité; où l'on ne s'occupe qu'à voir et à entendre, sachant que l'on est vu et entendu, et où l'on est aussi flatté de ce dernier point que charmé de l'autre.

J'ai observé qu'en effet ce n'est que de cette sorte que l'ame, devenue toute expansive, est particulièrement disposée à désirer qu'il règne un accord parfait entre nous et tout ce qui nous environne, et à faire tous les sacrifices convenables pour l'obtenir; que ce n'est que là que les égards sont sincères et mutuels, la politesse obligeante et soutenue, et la sociabilité douce, naturelle et parfaite.

C'est alors que j'ai dit : « *Instituez des fêtes « nationales,* vous qui travaillez à préparer le

« bonheur des nations : mais que ce soit l'at-
« trait des plaisirs purs de la société, qui nous
« y attire et nous y retienne ; que nous n'ayons à
« en revenir qu'avec la satisfaction d'y avoir été !
« Gardez-vous de ne nous donner que des céré-
« monies au lieu de fêtes : n'oubliez pas que,
« si les cérémonies en imposent, elles n'amu-
« sent pas ; qu'elles gênent, parce qu'elles sont
« graves, et que, pour peu qu'elles soient lon-
« gues, elles ennuient. Songez, sur tout, qu'en
« général elles sont anti-sociales, puisqu'on
« en exclut les profanes ou étrangers, qu'on y
« dédaigne ceux qui n'y ont pas de rôles, et
« que ceux qui en ont un, en sont bientôt
« détournés par la fatigue et même par le ridi-
« cule. Ce n'est que dans les fêtes où tout est
« jouissance et spectacle pour tous, que sont
« vraiment sensibles et touchantes l'image et
« l'expression de la fraternité et de l'égalité :
« fraternité, égalité, dont le sentiment est ce
« que la société peut nous faire éprouver de
« plus délicieux ! »

« Ainsi, puisqu'il faut toujours quelque céré-
« monie dans les fêtes, afin de légitimer ces
« mêmes fêtes et de les rendre plus respecta-
« bles, par là même qu'on en fera connoître
« et qu'on en consacrera l'objet, ayez soin que
« cette cérémonie soit simple et d'une courte
« durée, et que la fête, toujours gaie, agréable
« et variée, se prolonge autant que la journée
« le permettra ; et pour y attacher un plus vif
« intérêt, sans tomber dans les inconvéniens
« d'une vaine et pernicieuse profusion, desti-
« nez-les, ces fêtes, à des exercices utiles et
« bien choisis, et à des distributions de prix
« flatteurs et non coûteux, en même temps

« que, pour tirer un plus grand avantage de
« la cérémonie, sans la rendre embarrassante
« ou dispendieuse, vous la renfermerez prin-
« cipalement dans deux points, l'un, la décla-
« mation d'un discours après ou avant l'an-
« nonce, et l'autre, le chant d'une hymne après
« le discours. Par ces deux derniers objets, vous
« parviendrez facilement à ne former de la
« société toute entière qu'une seule famille,
« et, pour ainsi dire, qu'une seule ame de toutes
« les ames, si les hymnes, le chant et les dis-
« cours sont le fruit d'un concours toujours
« ouvert, et par conséquent les mêmes pour
« toutes les communes de la nation. Cette seule
« mesure vous donnera l'avantage inestimable
« d'établir par tout, et de développer de la
« même manière et en même temps, la même
« doctrine, les mêmes idées, les mêmes opi-
« nions; et d'exprimer et inspirer également
« les mêmes affections et les mêmes sentimens;
« c'est-à-dire, de former, affermir et per-
« fectionner un esprit public qui assure la
« prospérité, la gloire et le bonheur de la
« nation (6). »

NOTES.

L'académie de Berlin ayant proposé, pour sujet d'un prix qu'elle avoit à distribuer, une de ces questions métaphysiques que la philosophie a reléguées dans le nord de l'Europe, d'Alembert eut le courage de dire, dans sa correspondance avec Fréderic, combien cette académie avoit tort de s'arrêter à cette métaphysique vers laquelle Leibnitz et Wolf ont trop incliné les esprits en Allemagne, et qui ne peut jamais nous fournir qu'une science futile et même inaccessible, se perdant dans le labyrinthe de ses conceptions plus raffinées que transcendantes, parcourant sans boussole un monde plutôt imaginaire qu'idéal, s'égarant dans le vide, et finissant toujours par tomber dans le galimathias ou la battologie. Le philosophe français, passant ensuite à ceux qui semblent vouloir fixer les savans sur des matières semblables, blâma avec franchise, et même avec humeur, les académiciens qui, au risque de propager un délire national peu honorable, un goût étranger à nos besoins, laissoient dans l'oubli des questions de la plus haute importance, qui feroient honneur à leur sagesse, et favoriseroient directement les progrès des sciences usuelles et nécessaires. Pour donner un exemple de ces questions qui sont vraiment dignes d'être adressées au monde savant par une académie que protège un roi philosophe, il proposa de demander, s'il peut jamais *être permis de tromper le peuple?*

Fréderic, frappé des raisons alléguées par d'Alembert, et désirant faire tomber dans le discrédit une sorte de philosophie qui n'étoit bonne qu'à jeter du ridicule sur les savans de son pays, ordonna à son académie d'annoncer, pour sujet du prix à distribuer l'année suivante, la question indiquée ci-dessus : la lettre royale se ressentit de l'humeur qui avoit dicté celle de d'Alembert. L'académie se hâta d'obéir, et annonça cette même question comme sujet d'un prix extraordinaire.

Lorsqu'au terme fixé il fallut prononcer entre les concurrens, l'académie prouva qu'elle se connoissoit en politique pratique aussi bien que d'Alembert en politique morale : après avoir déclaré que les académies, en couronnant des discours ou mémoires, ne couronnent que les talens ou les recherches, et n'épousent point les opinions, elle partagea le prix entre les deux pièces qui parurent l'emporter, l'une parmi celles qui soutenoient l'affirmative, et l'autre parmi celles où l'on prétendoit que jamais on ne doit tromper ni les individus ni les peuples.

Cette anecdote fait certainement honneur à d'Alembert et à

Fréderic : le premier y montre le courage d'un vrai philosophe, car ne pouvoit-il pas craindre de jeter de l'ombrage dans l'ame d'un despote, en lui présentant la question qu'il prend pour exemple ? ne pouvoit-il pas craindre que ce roi, avec cette méfiance qui ne l'a jamais quitté, ne crût voir un sarcasme punissable, ou au moins un persifflage insolent, dans la hardiesse avec laquelle on l'invitoit à faire lui-même discuter une matière à laquelle on ne peut guères toucher sans paroître faire le procès aux souverains ? ne pouvoit-il pas craindre, enfin, de perdre par là une amitié qu'il partageoit avec Voltaire, et qui lui donnoit un lustre si flatteur ?

Mais Fréderic a-t-il été, en cette occasion, moins grand que lui ? n'est-ce donc rien que ce calme avec lequel un roi, fortement suspecté d'être trompeur des peuples, par intérêt et par métier, dit à des savans qui vivent sous ses lois : « Faites recher-
« cher combien je pourrois devenir coupable aux yeux de l'univers
« existant et futur, en régnant comme on a régné avant moi :
« appelez sur cette question l'attention de tous ceux qui savent
« lire et penser : méditez-la vous-mêmes, et prononcez publi-
« quement entre le genre humain et tous ceux qui le trompent ? »
La simplicité et la sécurité avec laquelle il accueille les réflexions de son ami philosophe, ordonne de proposer la question, et la laisse ensuite décider sans y exercer aucune sorte d'influence, décèlent évidemment une ame forte, et prouvent que tout ce qui est grand a une analogie particulière avec lui, qu'il désire tout ce qui est juste, et que, malgré les crimes qui entourent tous les trônes du monde, il aime la vérité que les ames foibles ne savent que redouter.

Ne concluera-t-on pas de ce fait et de tant d'autres, que Fréderic auroit voulu faire le bien par des moyens plus honorables que ceux qui étoient admis de son temps ; qu'il auroit fait de grands sacrifices pour y parvenir ; et que, ne trouvant pas les hommes assez avancés du côté de la raison pour changer les systèmes établis, il étoit non-seulement bien éloigné de vouloir nous retenir dans nos erreurs, mais que lui-même il encourageoit ceux qui consacrent leurs veilles à nous en délivrer, et les secondoit, autant qu'il le pouvoit comme philosophe, ne pouvant pas le faire autant qu'il l'eût désiré comme souverain ?

(2) Une des institutions sociales des plus destructives de l'égalité est celle des castes, sous quelque nom, forme ou réserve qu'on l'admette. C'est donc celle contre laquelle on doit le plus chercher à prémunir les esprits ; d'autant plus que ceux qui en sont les fauteurs ont mille sophismes, plus spécieux les uns que les autres, pour en faire regarder l'idée comme utile, nécessaire ou convenable. Ils s'appliquent sur tout à prouver que le maintien

et la stabilité du gouvernement et de ses bases exigent que l'on choisisse les principaux fonctionnaires de l'état dans le sein de quelques familles, où la fortune, les mœurs, l'exemple et l'éducation concourront à préparer les esprits à ce genre d'occupations et de soins, et que, de plus, les hommes ainsi choisis soient assurés, en général, de conserver leurs places toute leur vie. « Si vous changez trop souvent les fonctionnaires publics, disent- « ils, les hommes ne seront jamais pourvus d'une place que « pour en faire l'apprentissage; on les remplacera régulièrement « par de nouveaux apprentifs, au moment où eux-mêmes en « sauront assez pour ne plus faire d'écoles. » Ne diroit-on pas, à entendre ces faux zélateurs du bien public, que, dans un code de législation bien rédigé, on ne peut établir aucune mesure assez sage pour que jamais les hommes nouveaux, que l'on voudra élire, ne puissent être des hommes neufs dans la branche d'administration qu'il s'agira de leur confier? Si l'on statue que nul ne pourra être élevé à un poste supérieur qu'après avoir dignement rempli les places où l'on doit le mieux s'y préparer, comment pourroit-on craindre que le choix ne tombât sur des novices ineptes ou ignorans? La loi sur les promotions peut facilement écarter les inconvéniens que l'on feint de craindre, tandis que l'on y tomberoit immanquablement si l'on ne pouvoit porter ses vues que sur les membres d'une caste privilégiée, que l'on ne connoîtroit jamais qu'imparfaitement, et qui finiroit bientôt par n'avoir plus à offrir aux électeurs que des tyrans orgueilleux, avides, dissipés, incapables et incorrigibles. Est-il possible, à des hommes réfléchis, de se faire illusion sur les vices inhérens à toute famille où la naissance, les priviléges et la fortune deviennent des titres qui dispensent de tous les mérites que les emplois peuvent exiger? Que l'on étudie, sur les lieux, les mœurs et la conduite de la chambre haute à Londres, des magnats en Pologne, du sénat de Gênes, et de celui de Venise, si vanté par Harrington: ne voit-on pas, de toutes parts, l'aristocratie n'avoir plus que son incapacité et ses vices pour justifier son insolence et ses droits, et cependant maintenir, jusqu'à l'époque de la ruine entière de la nation, le pacte de l'inégalité politique; ce pacte de l'injustice sociale, reçu forcément par l'innocence opprimée, et dicté par le crime tout-puissant? Le philosophe, dans ses méditations, et l'historien, dans la recherche des faits, peuvent-ils suivre l'aristocratie de l'œil sans la comparer à la monstrueuse divinité des Ammonites? Ne l'entendront-ils pas, dans l'ivresse de ses égaremens, dire par tout aux nations: « Unissez-vous pour m'adorer et me servir, « moi qui vous opprimerai et ne vous servirai point. Échangez « vos respects contre ma dédaigneuse indulgence, et votre dévoue- « ment contre ma froide insensibilité. Je serai votre idole, sans

« autre titre que votre crédule bonhomie : vous serez mes sacri-
« ficateur et, en même temps, mes victimes : vous m'immolerez
« vos propriétés, le fruit de votre industrie, votre raison, vos
« enfans et vous-mêmes. Voyez-vous la tête hideuse que je me
« suis faite ? Ce n'est point pour la pensée qu'elle est organisée ;
« c'est pour la stupidité, l'opiniâtreté et l'orgueil. Voyez-vous
« mes bras, toujours étendus ? C'est pour tout recevoir, et ne
« rien donner. Mon corps tronqué ne peut se transporter au
« secours d'autrui, parce que je ne fais rien pour personne.
« Mais voyez-vous la vaste capacité de mes entrailles d'airain ?
« Parmi les compartimens qui les divisent, aucun coin n'est
« réservé pour les sentimens généreux et justes ; tout y est disposé
« pour dévorer vos offrandes, à mesure qu'elles viennent s'y
« engloutir. Un feu sacré, qui m'embrase sans cesse, me les
« fait consumer plus vîte ; et le bruit tumultueux et confus,
« qui règne autour de moi, suffit pour vous étourdir, pour
« troubler vos pensées, et comprimer en vous, à l'aide de
« la crainte, toutes les affections de la nature...... » Je le
répète encore ; que l'on examine attentivement tous ces traits,
qui composent le portrait exact et fidèle du dieu Magog, n'y
retrouvera-t-on pas tous les attributs de l'aristocratie ? et quel
est l'homme sensé qui ne rougiroit pas de sacrifier encore à une
semblable divinité ? quel est celui qui oseroit encore la préconiser, et inviter les peuples à lui consacrer leurs hommages ?

(3) La plupart des sophismes où l'on tombe, pèchent moins
par le défaut de principes que par l'application que l'on fait des
principes que l'on admet, et par les conséquences trop étendues
que l'on se plaît à en tirer. « Les personnes riches peuvent faire,
« et font souvent, beaucoup de bien ; donc le gouvernement,
« pour favoriser l'accroissement indéfini des richesses particu-
« lières, ne doit mettre aucune borne à ses soins, à ses encou-
« ragemens, et même à ses sacrifices ? » Cette conséquence
conduit à la subversion de toutes les idées saines : il en résulteroit,
à la fin, que ce ne seroit plus le riche qui viendroit au secours
de l'état, mais que l'état lui-même deviendroit la proie du riche,
et lui seroit toujours immolé... « Les personnes riches peuvent
« faire, et font trop souvent, beaucoup de mal à la société :
« donc on doit ou chasser ou dépouiller les riches, empêcher
« tout nouvel accroissement de fortune ? » Cette conséquence
seroit, tout à la fois, injuste, immorale, impolitique et
impraticable.

L'abus que l'on peut faire d'une chose, quelle qu'elle soit,
ne doit jamais être un titre suffisant pour nous faire renoncer
à ce qui est avantageux de sa nature, à moins que l'abus ne soit
en même temps très-grave et absolument inévitable. Proscrire de

cette sorte, lorsque l'on peut utilement conserver, diriger ou réformer, c'est une opération qui ne peut caractériser qu'un législateur paresseux ou mal-adroit. Laissez aux riches l'espoir et le plaisir d'accroître encore leurs richesses : mais réservez aux pauvres industrieux et économes tous les secours et tous les encouragemens qui dépendent de vous ; et prenez les précautions propres à maintenir ceux-ci dans les principes de la modestie, et à éloigner ceux-là des excès auxquels ils sont trop exposés. Elevez la simplicité des mœurs au-dessus du faste, et fortifiez la vertu contre les attraits de la corruption.

Si, après la destruction de toutes les espèces de priviléges, vous craignez de voir renaître dans l'ordre social une nouvelle sorte d'aristocratie, et même l'aristocratie la plus humiliante ou, du moins, la plus révoltante aux yeux du peuple et la plus funeste dans ses résultats ; l'aristocratie des richesses, en un mot, qui a plus de peine que toute autre à ne pas rougir de son origine, et à se défendre de l'insolence ; n'allez pas, pour cela, enrichir vos ennemis, et étouffer chez vous l'amour du travail et de l'industrie. Bornez-vous à statuer, au nom de la nation, que les majorats et les substitutions sont irrévocablement prohibés comme contraires à l'égalité des droits, et que les impôts mobiliaire et territorial ne seront assis et perçus qu'en martingalle, ainsi que le citoyen Bernardin de Saint-Pierre le proposa en 1791. Ce digne et respectable auteur suppose qu'un capital équivalent à vingt arpens de bonne terre suffit pour sauver une famille laborieuse de tous les besoins de la vie ; et, en conséquence de cette supposition, qui devient la base de son système, et qu'il établit sur des considérations très-plausibles, il demande que celui dont la fortune n'outrepasse pas cette mesure, ne soit assujetti, dans l'échelle des impositions, qu'à une contribution simple, qu'il déclare devoir être très-modique ; tandis que celui dont la fortune s'élèvera au-dessus de cette même mesure, paiera un impôt double pour la portion de son bien qui sera classée entre la valeur de vingt à celle de quarante arpens, un impôt triple pour la portion qui porte la masse de quarante arpens à soixante, et ainsi de suite, jusqu'à ce que l'on arrive au terme où les impôts ne laissent au propriétaire qu'un à deux pour cent du surplus de son bien, terme au-delà duquel tout ce qui n'aura pas encore été imposé le sera au même taux que cette dernière portion.

On peut bien s'attendre à voir les riches accumuler, contre cette sorte d'imposition, tous les sophismes que l'intérêt personnel peut suggérer ; mais il est impossible qu'elle ne paroisse pas sage et convenable aux hommes de bonne foi, pour peu qu'ils aient l'esprit juste et réfléchi. La plus forte objection que l'on puisse y opposer, c'est que les citoyens s'expatrieront dès qu'ils seront riches : assertion contraire à toutes les vraisemblances, et peu faite, par conséquent, pour contrebalancer les principes sacrés de l'ordre et de la justice. On ne quitte point une patrie où l'on est retenu par la nature de ses propriétés, et la difficulté de les transporter ailleurs ; par les chaînes de l'habitude, et les liens de l'amitié et de la parenté ; et sur tout par ses propres mœurs, ses vertus, la jouissance d'une véritable liberté, et le spectacle ou la juste attente du bonheur public : celui qui, en de pareilles circonstances, se resoudroit, par de si foibles motifs, à renoncer à sa patrie, mériteroit d'en être expulsé ; ce seroit vouloir conserver dans son sein le germe de la corruption publique la plus dangereuse que de le retenir, et il faudroit être déjà aussi corrompu que lui, pour en former le projet. L'imposition en martingalle n'a point encore été discutée, et c'est un sujet de scandale pour un grand nombre de citoyens estimables : il leur semble que la difficulté d'en faire l'application, et d'en régler tous les détails, ne peut arrêter que les paresseux d'esprit, race trop commune, sur tout chez une nation vive, où le désir de finir suit toujours de trop près l'instant où l'on commence.

(4) Quand on parle du repos public, on tombe souvent dans une confusion d'idées qui peut conduire à une doctrine absurde et aux conséquences les plus funestes. Le repos de l'esprit, le seul dont il puisse être quesion ici, consiste seulement dans le sentiment de sécurité que donne la certitude que l'on a de la surveillance d'une bonne police, de l'observation de lois sages et suffisantes, et du maintien des droits de tous et de l'ordre public ; et alors nous renvoyons à ce que nous en avons dit dans le texte : ou bien, le mot *repos de l'esprit* signifie l'inaction de l'ame réduite à ne plus oser penser, sentir et parler, ou même déjà accoutumée à ce silence absolu de ses facultés les plus transcendantes. C'est dans ce dernier sens que tous les imposteurs emploient ce mot, lorsqu'ils nous représentent le bonheur de la société comme dépendant du repos du peuple. Mais est-il une opinion plus fausse et plus dangereuse ? Le repos, pris même dans le sens physique, n'est pas un bien, quoiqu'il ait aussi quelquefois ses jouissances : quand il suit un travail long ou forcé, il devient nécessaire, comme la convalescence après la maladie : c'est un état passager ou un terme par où il faut passer pour revenir à l'action, seul but et symptome unique de la vie. Le repos absolu n'est autre chose que la mort : encore même, sous les voiles de la mort, voit-on les vers rongeurs agir sans relâche, et dévorer leur proie ; image qu'on peut regarder comme le fidèle emblème des despotes attachés au cadavre des peuples, qu'ils ont condamnés au repos. Ne nous parlez donc plus de cette tranquillité prétendue, que le despotisme

seul a pu nous peindre comme un état désirable. Ne dites pas que c'est un sommeil, car le sommeil n'est fait que pour ceux à qui la raison donne la paix de la conscience pour le passé, et un légitime espoir pour l'avenir : or, les tyrans n'ont point cette paix, et leurs victimes n'ont plus rien à espérer.

Le repos que l'on nous vante est par tout un fléau : dans les forêts long-temps inhabitées, c'est l'air, qui y est renfermé, comprimé, appesanti et bientôt corrompu : dans les pays qui fournissent des lacs et des marécages, c'est l'eau stagnante, qui engendre et perpétue les maladies : sur mer, c'est le calme, qui fait périr le navigateur : sur terre, c'est un autre genre de calme, qui étouffe les êtres animés ; c'est le silence des tombeaux, c'est l'abattement de l'ame, et le dernier terme du désespoir : le repos, en un mot, est l'ennemi de la nature. Quant au bonheur des êtres organisés, il n'existe, et ne peut exister, que dans une action naturelle, modérée et libre ; action qui, dans le physique, entretient et développe les forces du corps, et qui, dans le moral, entretient et développe les talens et la vertu.

Tous les peuples retenus dans ce repos que l'on affecte de confondre avec le bonheur, sont restés ou devenus ignorans, superstitieux, et dupes de ceux qui ont voulu les tromper, les asservir et les dépouiller. Les peuples libres sont sujets à diverses commotions produites par quelques erreurs ; c'est la pétulance et la fougue d'une jeunesse robuste : mais si le gouvernement est bien organisé, ces commotions sont légères, quoique plus ou moins fréquentes, et ces accidens aboutissent toujours au bien. Ce sont des vents alizés, qui font heureusement voguer le navire de l'état. Le résultat en est toujours une expérience utile de plus, une lumière profitable au peuple, des actes de vertu qui édifient, la découverte de quelques grands talens qui étoient inconnus, et l'effroi ou la chute des ennemis publics. Ce n'est que par là que le peuple s'instruit, et qu'il échappe aux périls. Ces commotions, qui ne font jamais que des maux passagers et partiels, écartent des maux universels et permanens, et elles produisent de grands biens, puisqu'elles peuvent seules maintenir l'intégrité et la vigueur de l'état.

(5) L'esprit public, qui constitue la société, peut-il avoir l'unité qui lui est si essentielle ? le caractère national, qui décide des succès, peut-il être le caractère commun et général ? le génie local, qui guide dans le choix des buts et des moyens, peut-il avoir la trempe particulière et propre qui le distingue et lui donne une action suivie et uniforme, lorsque la nation n'a pas l'unité de langage ? Combien l'énergie d'un peuple, et même sa fortune et sa durée, ne tiennent-elles pas à l'avantage précieux de parler usuellement une seule et même langue ? Je pourrois

également demander, si c'en étoit le lieu, combien même la prospérité publique ne tient pas à la perfection de la langue nationale, et combien, par conséquent, les chefs des nations ne doivent pas chercher à favoriser tout ce qui peut concourir à cette perfection? Je demanderois, par exemple, si l'établissement de l'académie française, et tous les encouragemens que notre gouvernement s'est fait un devoir d'accorder aux divers genres de littérature, depuis un siècle et demi, et d'après l'impulsion que le génie sombre, mais grand, du cardinal de Richelieu sut donner aux esprits, n'ont pas singulièrement contribué à rendre notre langue universelle en Europe; et si toutes ces circonstances ne doivent pas être comptées au nombre des causes directes et principales de la considération dont nous avons joui chez toutes les nations, de l'influence que nous avons eue dans les affaires générales et de la prospérité de notre commerce, aussi bien que de la politesse de nos mœurs, de la délicatesse de notre goût, et de nos progrès même dans les recherches philosophiques? Mais j'abandonne ces discussions, quelque importantes qu'elles soient, parce qu'elles sont étrangères, sinon à cet ouvrage, du moins au véritable objet de cette note.

L'unité de gouvernement présente à l'esprit tous les individus de la nation comme autant d'associés et de frères : ces individus peuvent-ils être étrangers les uns aux autres, au point de ne pas s'entendre, et, par conséquent, de ne pouvoir pas communiquer entr'eux? La nécessité d'assurer la prompte exécution des lois, sur tout en ce qui tient aux détails de l'administration et aux mesures de sûreté, exige encore plus impérieusement l'unité dont nous parlons ; car, s'il faut traduire les ordres en divers idiomes, que de frais superflus, que de retards souvent périlleux, et que de risques d'être en contradiction avec soi-même, par la faute des traducteurs?

La diversité des langues rappelle sans cesse aux peuples qu'ils ont eu une origine différente : elle entretient les préventions nationales, l'indifférence ou la haine. L'histoire nous prouve que jamais deux peuples n'ont été bien fondus en un seul que l'un n'ait adopté la langue de l'autre, comme, d'un autre côté, l'unité de langage maintient toujours des relations étroites, même entre les peuples qui sont soumis aux gouvernemens les plus opposés. Les Romains et les Grecs donnoient leurs langues aux peuples vaincus : les colonies qui ont le plus soigneusement conservé leur langue originaire, sont aussi celles qui ont, plus long-temps et plus parfaitement, conservé leurs mœurs primitives, et qui ont montré plus d'attachement à leur mère patrie. Combien d'observations détaillées n'aurois-je pas à faire ici sur l'Italie, l'Espagne, le Portugal, la France, les îles britanniques, l'Allemagne, l'Allemagne, la rive gauche du Rhin, les Basques et tant d'autres peuples modernes! Par tout on verroit que, si l'unité de langage seule ne fait pas l'union, il est au moins vrai que celle-ci ne peut guères exister sans celle-là. Si l'on m'objectoit que les Alsaciens et les Lorrains allemands sont non-seulement liés à la France, mais que même ils lui sont aussi unis que si la langue française étoit la leur, je répondrois que ce phénomène, si honorable pour eux, est trop rare, en général, pour faire autorité. On renonce plus facilement à son intérêt qu'à son goût, dit La Rochefoucault : et que l'on juge aujourd'hui, si les colons de l'Amérique septentrionale, que de si grandes injustices ont séparés de l'Angleterre, sont véritablement désunis des Anglois? Ne plaçons-nous pas, en quelque sorte, plus près de nous l'habitant de Genève que celui de Bâle? l'habitant de Trèves ne nous sembloit-il pas, avant la révolution, plus étranger que celui de Bruxelles?

Mais par quels moyens peut-on établir cette unité de langue qui est si nécessaire? La réponse à cette question dépend des circonstances où se trouve le gouvernement que la pluralité des langues inquiète ou embarrasse. Dans le cours ordinaire des choses, lorsque c'est la sagesse et la prévoyance, plutôt qu'un besoin bien urgent, qui fait rechercher les moyens dont il s'agit, on ne peut mieux faire que de recourir aux mesures qu'employèrent autrefois les Romains pour répandre leur langue chez les peuples vaincus, et à celles que François premier a prises, dans des temps plus modernes, pour élever enfin la langue française au-dessus de la langue latine. Je n'entrerai pas dans le détail de ces mesures lentes, mais sûres, que l'on retrouve dans l'histoire, et qui se rapportent presque toutes aux soins que l'on prend pour perfectionner sa langue, et à la précaution de n'admettre qu'elle dans les opérations, discussions, correspondances, décisions, ordonnances et jugemens, en matière judiciaire, administrative, militaire et politique.

Par malheur cette marche, qui n'expose à aucune secousse fâcheuse, ne convient pas également dans toutes les circonstances. Si une nation, dans des temps de troubles, est en guerre avec des ennemis que quelque parti de l'intérieur favorise; si c'est aux frontières où sont ces ennemis que règne un idiome étranger; si cet idiome, enfin, est la langue des ennemis eux-mêmes; n'est-il pas à craindre que ceux-ci ne parviennent plus facilement, à l'aide de cette seule circonstance, à gagner la confiance du peuple, à en séduire une partie, ou du moins à s'y ménager des intelligences que le gouvernement ignorera? En pareil cas, il est essentiel de recourir à des moyens prompts et efficaces. Je ne proposerai pas d'établir, dans chaque commune, des maîtres de langue, qui coûteroient immensément, n'auroient point d'élèves, ou ne leur feroient faire aucun progrès : mais, comme dans des temps de troubles il y a toujours trop de coupables, si l'autorité nationale peut heureusement l'emporter sur les factions, je proposerai d'employer les biens que l'on aura été forcé de confisquer, pour transplanter un grand nombre de familles ; les unes, du pays où l'on parle la langue nationale dans le pays où l'on parle l'idiome étranger, et les autres, de ce second pays dans le premier. On dira à chacune de ces familles : « Vous aurez, outre les frais de votre translation, « la moitié en sus du terrain que vous aurez abandonné, et « vous retrouverez, à votre nouveau domicile, au moins l'équi- « valent de ce que vous avez ici, en bâtimens, provisions, « usten les, bétail et autres effets. » Les habitans de la campagne s'empresseront de concourir à ces sortes de colonies, pourvu qu'ils soient assurés qu'on ne les trompe point ; et dès-lors on aura, tout à la fois et dès l'époque même de cette grande opération, rendu à la culture beaucoup de terrains abandonnés, transplanté la langue de la nation aux frontières, éteint les idiomes étrangers en les dispersant dans l'intérieur, détruit les préjugés nationaux, et porté le coup le plus sensible à ses ennemis du dedans et du dehors, en rompant la chaîne de leurs intrigues ; et le tout, en augmentant les fortunes les plus modiques, et en attachant, par leur propre intérêt, les personnes les plus laborieuses au maintien du nouvel ordre que l'on aura voulu établir. Ce plan auroit encore un autre avantage bien essentiel, en ce qu'il n'auroit son exécution que par la détermination libre des citoyens.

(6) « Rien n'est plus beau, peut-être, dans les livres moder- « nes, ainsi que l'observe Garan de Coulon, que ce que dit « J. J. Rousseau sur la manière de donner une trempe indestruc- « tible et (si l'on peut s'exprimer ainsi) l'impression ineffaçable « de l'instinct à l'amour de la patrie, par l'institution des jeux « publics et des fêtes nationales, dont les premiers essais en « France, malgré la teinte de royalisme qu'on y avoit donnée, « ont peut-être plus servi la cause du peuple que la liberté « même de la presse et les sociétés populaires. »

Il est vrai qu'on ne peut rien imaginer de plus beau dans l'ordre social que les fêtes qu'on nous donna à Paris, en 1790 et en 1791, à l'occasion de la première fédération et à celle de l'acceptation de la constitution. Nul de ceux qui ont été assez heureux pour y participer n'oubliera l'espèce particulière et nouvelle de bonheur que tous y goûtèrent : jamais l'impression ne s'en effacera dans les ames sensibles ; et rien ne démontre plus parfaitement que nos vrais plaisirs, ceux que nous sentons le mieux, et qui nous sont les plus chers, proviennent uniquement de la société, et dépendent des qualités et de l'énergie de l'esprit public. En effet, ce que le souvenir de ces fêtes nous retrace plus vivement et plus délicieusement, ce ne sont pas les illuminations, les feux d'artifice, les orchestres, tous ces objets de dépenses que l'on peut aussi bien réunir pour flatter l'orgueil des tyrans que pour rapprocher les concitoyens, et les ramener à un seul et même sentiment: ce qui toucha le plus dans ces fêtes, ce qui fait qu'on ne se les rappelle jamais sans en être encore attendri, c'est que, par une disposition heureuse de toutes les ames, on y vit régner l'accord le plus parfait, la plus douce sociabilité, le ton uniforme d'une égalité naturelle, et toutes les prévenances d'une naïve et sincère fraternité. Dans une réunion de quatre cent mille ames, au moins, point de prétentions, point de faste, rien qui blessât l'amour propre des autres, point de querelles, aucun propos désobligeant, aucune de ces prétendues épigrammes qui peuvent déplaire; par tout la même honnêteté, la même douceur, la même politesse, toujours aussi vraie qu'agréable et gaie: nulle autre trace, en un mot, que celles des vertus qui font aimer la vie parce qu'elles ne nous découvrent autour de nous que des amis. Si jamais on a donné un spectacle sublime au monde, c'est dans ces deux fêtes; et ce sont les Français eux-mêmes, et non pas les artificiers de la cour, qui l'ont donné. Si jamais nous avons senti que nous avions une patrie, c'est dans ces deux jours; et c'est l'accord de tous les esprits qui nous l'a fait sentir.

F I N.

ERRATA.

Page 33, ligne 15, *pensent avoir distingué*, lisez *pensent devoir distinguer*.

Page 56, ligne 42, *à Composte*, lisez *à Compostelle*.

Page 107, ligne 16, *par un exemple*, lisez *par un examen*.

Page 115, ligne 31, *OEreus*, lisez *Cereus*.

Page 117, ligne 17, *l'application au dehors; une force*, lisez *l'application; au dehors une force*.

Page 144, ligne 4, *diamans de ceux*, lisez *diamans, de ceux*.

Ibidem, ligne 13, *les Gothes*, lisez *les Goths*.

Page 156, ligne dernière, *ocales*, lisez *locales*.

Page 158, ligne 31, *d'entreprendre*, lisez *à entreprendre*.

Ibidem, ligne 35, *d'où vient*, lisez *d'où vint*.

Page 168, ligne avant-dernière, *de compassion*, lisez, *de componction*.

Page 176, ligne 24, *notre ame que celles, en*, lisez *notre ame, que celles en*.

Ibidem, ligne 34, *et, en conséquence*, lisez *et, qu'en conséquence*.

Page 178, lig. 7, *faites, car*, lisez *faites: car*.

Page 203, ligne 27, *plus à comparoître*, lisez *plu à comparer*.

Page 235, ligne 30, *vingt-quatre de balle*, lisez *vingt-quatre livres de balle*.

Page 256, ligne 17, *en 1600*, lisez *en 1500*.

Page 276, lig. 10, *à demeurer*, lisez *à demeure*.

www.ingramcontent.com/pod-product-compliance
Lightning Source LLC
Chambersburg PA
CBHW071905230426
43671CB00010B/1486